KB069134

제주 여성문화와
미래 문화유산

제주 여성문화와 미래 문화유산

문순덕 지음

學古房

목차

서 문 • 7

1부 여성문화와 생활문화

1장 제주 여성문화 • 19

2장 제주 창조여신들 • 55

3장 제주 여성, 책 속에서 책 밖으로 • 112

4장 돌로 형상화된 제주 여성상 • 122

5장 물에서 만나는 제주 여성들의 생활상 • 132

6장 돌 · 바람과 인간의 삶 • 140

7장 제주특별자치도의회 여성 정치인들의 첫 무대 • 152

8장 제주 여성교육기관, 회고와 전망 • 169

2부 문화유산과 유산자원

1장 제주 여성문화유적의 문화적 위상 • 187

2장 제주 해양문화유산으로서 이어도 • 202

3장 제주 다크투어리즘 현황과 활성화 방안 • 211

4장 제주 근대 역사문화 시설 현황과 활용 방안 • 236

5장 제주 마을만들기 사업의 문화적 접근과 실천 과제 • 254

6장 공동체 문화 실천의 장으로서 제주시 문화도시 실현 • 286

3부 문화예술과 문화정책

1장 제주특별자치도 인문학 진흥 지원제도 개선 방안 • 299

2장 문화영향평가제도 시행에 따른 제주특별자치도의 시사점 • 326

3장 정부의 지역문화실태조사와 제주특별자치도의 대응 과제 • 360

4장 제주특별자치도 문화예술 10년 성과와 과제 • 396

5장 제주특별자치도 시각예술 10년 성과와 전망 • 419

6장 제주특별자치도 문화 공적개발원조(ODA)의 특성화 전략과 과제 • 434

7장 유엔 지속가능발전목표(SDGs)의 제주특별자치도 적용 방향 • 466

부록 • 495 | 참고문헌 • 501 | 웹사이트 • 512 | 찾아보기 • 514

서 문

우리들은 21세기가 '문화의 시대'라는 말이 보편화된 사회에 살고 있다. 2020년에 이어 2021년에도 인류는 아주 새로운 경험을 하고 있다. 이 경험은 우리들의 미래를 재설계해야 하는 동기로 작동하고 있다. 'COVID - 19'라는 바이러스의 전파를 차단하고, 면역력을 키우면서 일상생활을 영위할 수 있는가에 대한 답을 찾고 있다. 이러한 위기 상황에서 직격탄을 맞은 것은 예술 분야가 으뜸일 것이다. 여가생활의 주요소로 예술 활동과 여행을 꼽는다면 우리들은 여가라는 단어를 표출하기도 미안한 시대에 살고 있다. 물론 경제적인 위기 상황에서는 먹고사는 문제보다 더 중요한 것은 없다. 그래도 심신이 위축되고 피폐한 상황을 극복하고, 사람다운 생활을 회복하는 데는 문화와 예술이 강조된다. 그러면서도 1순위로 탈락되는 것 또한 문화예술이므로 인간사에서 아이러니가 아닐 수 없다.

필자는 언어학 전공자로서 제주방언을 연구하면서 제주학과 여성문화에도 관심을 갖게 되었다. 언어는 사람들의 다양한 삶의 양식을 표출하는 수단이므로 그 언어 속에는 특정 지역 사람들의 역사와 문화가 응축되어 있다. 그런 점에서 언어 연구는 문화 연구로 이어지게 된다.

20대 대학시절부터 직장인으로 살아가는 동안 제주방언 자료를 찾아다녔고, 지역 곳곳에서 많은 사람들을 만나면서 그들의 생활사에 깊이 빠져들었다. 특히 여성주의 시각으로 여성들의 삶을 관찰하였다. 그 결과물은 2000년부터 2021년 현재까지 논문과 단행본으로 발표하였으며, 궁극적으로는 지역문화로 연구의 시각을 넓히는 계기가 되었다.

1990년부터 2010년대 중반까지 대학에서 국어학 분야 강의를 하는 한편 여성문화도 연구하였다. 2006년 10월부터 제주특별자치도 여성능력개발본부(설문대여성문화센터 전신)에서 근무하면서 본격적으로 여성문화와 여성정책을 연구하였다. 2008년 5월 제주연구원으로 자리를 옮기고 나서는 2009년부터 2021년까지 여성정책, 문화정책, 제주방언은 물론 제주학 분야로 연구 범위를 확대하였다.

직장인들은 공식적으로 근무기간이 정해져 있어서 소위 정년퇴직이라는 관문을 통과하게 되어 있다. 필자 역시 회사원으로서 퇴직을 해야 하는 시기가 되었다. 그러면서 살아온 날들을 회고하고 점검해 보고 싶었다.

제주연구원에 재직하는 동안 주로 연구했던 문화정책 분야와 그동안 관심을 갖고 연구해 온 제주 문화 전반을 살펴보려는 계획을 세웠다. 그래서 4~5년 전부터 제주도의 문화사 전반을 내 능력껏 들여다보고 평소에 궁금증을 갖고 있던 여러 지점들을 탐색하겠다는 야심찬 생각을 했다.

우리가 알다시피 책을 쓰는 일은 시간과 준비와 열정이 요구된다.

먼저 책 발간 시기를 정년퇴직 전으로 정하고 나름 전체 얼개를 구상하였다. 그런데 마음먹은 대로 되는 일이 없다는 것을 또 한번 절감하였다. 직장인이라 그날그날 주어진 일들을 처리하느라 글쓰기는 시작도 못하고 정년퇴직이라는 문턱까지 와 버렸다. 그래서 방법을 좀 바꾸기로 하고, 기존에 발표한 글들을 엮는데 일차 목적을 두었다.

그동안 발표한 글들을 하나하나 읽어보면서 시기가 지난 글들과 정책의 변화 등이 드러나는 글들이라 이렇게 엮는 작업이 의미가 있을까에 대한 고민이 앞섰다. 그래도 여성문화와 문화유산, 문화정책 등 관련 자료를 한 데 모아놓고 필요할 때마다 뒤져보는데 의미를 두기로 했다. 또 하나는 15년간 공공기관에 근무하면서 발표했던 흔적들을 스스로 정리해 보는 것에 소소한 가치를 부여하기로 했다. 그러면서 제주 문화의 속살들을 들여다보는 글은 퇴직 이후에 천천히 쓰기로 합리화했다. 이런 작업이라도 하지 않으면 15년 간 열정을 쏟았던 글들이 퇴색할 것 같은 미안함도 있다.

이 책을 준비하면서 가능하면 발표한 글을 그대로 두려고 했으나 글을 다듬는 과정에서 수정과 보완이 필요한 곳이 많음을 알게 되었다. 그래서 골격은 그대로 두고 상황에 따라 본문 내용을 대폭 보완했다. 한 편 한 편의 글은 시의성이 있는 내용이어서 2021년 3월의 시점에서 보완이 필요했다. 글에 따라 발표 당시에는 정책이 미완이거나 추진 중이어서 예측하는 글로 마무리되었다. 반면 지금 시점에서는 완료되거나 변형된 내용들이 있어서 전부 수정하지 않을 수 없었다. 이에 가능하면 내용에 따라 가장 최근의 자료를 제시하였다. 이 과정에서 관련 분야 담당자들의 협조를 받았고, 그들 덕분에 정확한 현황자료를 사용할 수 있었다.

문화정체성을 지키는 것은 문화다양성의 관점에서 출발해야 하므로, 제주의 문화, 여성문화, 문화정책 등 문화를 매개로 할 때는 다양성과 포용성에 토대를 두어야 한다.

제주도가 관광지로 자리매김 되고, 2000년대 들어와서 국내외인들의 제주 이주가 급격하게 증가하면서 공동체 문화의 중요성이 부각되었다. 그 결과 사람들은 제주 전통문화의 참모습을 찾아내고, 그것을 보존하면서 활용할 수 있는 방법으로 관심을 확장하였다. 이와 같은 환경 변화에 따라 제주도의 문화와 문화유산에 대한 관심이 증폭되었고, 특히 국내 이주민들이 증가하면서 지역 공동체의 가치를 재확인하는 계기가 되었다.

결국 문화는 사람들의 움직임에 따라 다양한 층이 만들어지므로 제주도에는 다양한 사람들의 문화가 공존할 수 있어야 한다. 이런 시각에서 이 책은 3부로 구성하여 제주 여성문화와 미래 문화유산으로서 제주 문화의 가치를 들여다보았다.

1부는 여성문화와 생활문화라는 범주로 정하고 제주 여성문화의 제 특징, 여성신화, 돌문화, 여성의 정치적 대표성 확대 방안, 여성교육기관의 흐름 등을 다루었다.

우리나라에서는 1991년 지방자치제도가 부활되고, 1995년 제1회 전국동시지방선거가 시행되면서 지방자치시대로 진입했다고 볼 수 있다. 이후 지방에서는 자신들만의 독자성과 전통성에 관심을 갖는 한편 문화유산과 문화자원의 가치에도 관심이 많아졌다. 제주도 역시 지역 정체성을 정립하고, 세계로 도약하기 위하여 2002년 국제자유도시로 지정되었고, 2006년에는 특별자치도로 재편되어 현재에 이른다. 또한 정부에서는 현대사의 어두운 침묵을 걷어낼 수 있도록 세계평화의 섬으로 지정(2005)하는 등 제주도의 위상에 변화가 있었다. 그렇지만 우리들의 시각은 아직도 제주도에 머물러 있고, 고작해야 서울을 바라보고, 그곳과 비교하는 활동이 보편화되어 있다.

2부는 문화유산과 유산자원으로 범주화하고 여성문화유적의 실상, 해양문화자원의 역사와 가치, 다크투어리즘으로서 제주의 근현대 역사문화자원, 마을자원을 산업화하는 과정에서 문화의 가치 재해석하기 등을 각론으로 포함하였다. 이는 지역의 문화자원을 자산으로 인식하고, 미래의 유산으로 지속될 수 있도록 우리들의 관심과 노력이 필요하기 때문이다.

일반적으로 예술정책이라고 하면 예술가들이 안전하게 창작할 수 있는 여건을 마련해 주는 공급자 중심의 정책이 있고, 공공비용을 투자했을 경우 예술 소비자(향유자)들의 만족도에 역점을 두는 소비자 중심의 정책이 있다. 문화시설 건립, 다양한 콘텐츠 향유 기회 제공 등은 소비자 중심의 정책이며, 소비자의 욕구를 만족시켜 줄 수 있도록 공급자들을 지원하는 정책도 병행되어 왔다.

3부에서는 문화예술과 문화정책이라는 영역에 제주도의 문화정책 지향점을 보여주고자 했다. 우리사회는 전반적으로 산업과 경제에 매몰되어 있고, 우리들은 이런 현상을 당연하게 받아들인다. 이에 경제적 가치를 포용하는 것이 문화 가치임을 정책으로 보여줘야 한다. 그런 점에서 제주도에도 인문학이 대중성을 띨 수 있는 정책, 제주사회의 각종 정책과 사업에 문화영향평가의 방법을 적용할 수 있는 제도 마련, 제주도 문화예술계의 흐름 검토, 문화 공적개발원조(ODA)의 중요성을 인지해야 하는 정책, 유엔 지속가능발전목표(SDGs)와 제주도의 정책 연관성을 다룬 글들로 구성되어 있다.

정부 정책은 국민의 품격과 국격을 높일 수 있는 내용이 주를 이루어야 하고, 지방자치단체의 정책은 지역민들의 삶의 질을 높여줄 수 있는 내용으로 실행되어야 한다. 그런데 정부와 지방자치단체의 정책 내용에 관심을 갖는 대상은 한정되어 있다. 그래도 정책 연구자들은 지역민들에게 필요하고, 필요할 것이라 믿는 대상을 발굴하고 정책으로 추진되기를 갈망한다. 물론 정책 추진 주체는 지방자치단체이지만 관련정책이 좋은 결과를 얻기 위해서는 지역민들도 주도적으로 참여해야 한다. 이 책에 수록된 정책연구들은 이런 기대를 품고 발표하였으나 실행 여부는 미지수이다.

이 책에 수록된 글들은 발표 시기가 달라서 2021년 3월을 기준으로 삼을 때 현황 자료에 차이가 있고, 현장사진에도 변화가 있다. 특히 2부와 3부의 글 중에 문화예술 분야 현황자료들이 발표 당시의 자료인 경우 가능한 범위 내에서 가장 최근 자료로 보완하였다. 또한 현장조사 결과물인 경우 환경변화가 나타난 곳은 기존 사진과 현재 사진을 제시하여 장소의 변화를 보여주고자 했다. 이 책에 실린 사진자료는 필자가 촬영한 자료만 사용하였고, 행정자료는 관련 부서의 내부 자료를 참조하였다.

이 책은 필자가 여성문화에 관심을 갖고 접근한 글들과 제주도 문화자원의 자산 가치가 있음을 살핀 글, 제주도의 문화정책 방향을 제안한 글로 이루어졌다. 따라서 이 분야에 관심 있는 사람들에게 문화적인 요소와 그 문화를 정책화하는 과정을 들여다볼 수 있는 계기가 되기를 바라는 마음뿐이다.

연구 결과가 인쇄물로 나올 때는 최선을 다하고, 보완할 거리가 없기를 바라지만, 이런 희망은 역시나 희망으로 끝나는 것 같다. 연구물을 하나하나 들여다볼 때는 그것대로 의미가 있고, 자료의 가치가 있다고 생각하지만 시간이 지나서 하나로 엮어보니 아쉬움과 부끄러움이 밀려온다. 그 당시에는 시간에 쫓기면서 성실하게 작성했다고 믿었으나, 지금 읽어보면 여기저기 수정하고 싶은 욕구가 넘쳐난다. 이런 간극은 필자의 시각차도 한몫했다.

인류의 역사와 더불어 문화는 생성되고 유지되어 왔다. 사람들은 대체로 먹고살 만하면 문화와 예술에 관심을 쏟는 경향이 있다. 문화예술 향유 기회를 제공하기 위해서 문화예술이 정책화되고, 문화예술 향유 기회의 격차가 있기 때문에 문화복지정책이 추진되고 있다. 또한 축으로는 예술가들도 안정적인 창작 환경이 필요하고, 창작 활동에 전념할 수 있도록 예술인복지정책이 중요하다는 시각이 확산되어 있다. 결국 문화복지정책과 사회복지정책이 보편화되어야 인간다운 삶을 유지할 수 있는 시대가 되었다. 그런 점에서 이 책에서는 지역문화정책의 한 단면을 보여주고 싶었다.

이 책에 수록된 여러 주제들 - 여성문화, 문화유산, 문화정책 - 은 다양성의 관점으로 접근하면 좋겠다. 또한 생활문화, 문화유산, 문화자원 등은 제주 사람들과 더불어 존재했고, 앞으로도 살아남아야 할 미래유산이 되길 바란다.

한 편 한 편 글을 작성할 때마다 행정기관과 관련 분야 담당자들의 도움을 많이 받았다. 연구에 필요한 자료를 요청할 때마다 성심성의껏 기초자료를 제공해 주신 덕분에 이 책을 완성할 수 있었다. 음으로 양으로 도움을 주신 여러분께 이 자리를 빌려서라도 고마운 말씀을 드린다.

그동안 정책연구를 할 때마다 힘든 부탁을 흔쾌히 받아들이고 연구

진으로 참여해 주신 분들, 제주의 문화정책 발전을 위해서 열띤 토론과 의견을 주신 분들, 필자의 불평을 묵묵히 들어주고 지원해 준 지인과 가족들…. 서문을 마무리하면서 많은 사람들의 얼굴이 떠오른다. 그 고마움을 하나하나 나열하지 못함은 필자의 짧은 문장력 탓으로 돌린다.

그래도 필자가 몸담았던 제주연구원의 격려가 제일 크다. 제주연구원이라는 든든한 울타리 안에서 제주 문화 연구에 몰입할 수 있도록 물심양면으로 지원해 준 구성원들에게도 고마운 뜻을 전한다.

인문학은 사람들이 좋아하지만 딱 거기까지이고 더 이상의 희망 있는 행동으로 연결되지는 않다. 독자가 소수임을 알면서도 기꺼이 출판해 준 학고방 하운근 사장님과 편집팀의 손길로 빛을 보게 되었다.

모든 분들께 진심으로 감사드린다.

2021년 6월

思遊齋에서 문순덕

1부

여성문화와 생활문화

1장
제주 여성문화

1. 한국의 여성문화

1.1. 한국 문화의 개념

여성사는 여성문화사에 포함될 수 있으므로, 제주 여성사는 제주 여성문화사의 범주에 속한다. 여기서 문화가 핵심 단어로 떠오른다. '문화'란 특정 국가, 지역, 민족의 여러 요소(법적, 사회적, 제도적 장치, 언어 등)가 반영되어 있으며 특정 지역과 특정한 시대의 사람들이 창조한 모든 것을 가리킨다. 이에 문화의 개념을 좀 더 구체적으로 살펴보겠다.

> 문화란 사람들의 생활양식 전체를 가리킨다. 즉 인간에 의해서 생산된 모든 것이다. 타일러는 문화를 '지식, 신앙, 법률, 도덕, 관습, 사회구성원인 인간에 의해서 얻어진 다른 모든 능력이나 습성의 복합적 총체'라 정의하였다. 문화를 총체론적 관점에서 비교·연구하는 문화인류학

은 인류의 진화, 문화의 발달, 혼인과 가족, 친족, 사회조직, 경제체계, 정치, 법, 종교, 인성, 언어, 예술, 환경, 보건 및 의료, 의식주, 물질문화, 개발 및 도시와 농촌 문제 등을 연구 대상으로 삼았다.

- 한국민족문화대백과사전(encykorea.aks.ac.kr)

인류학자들은 문화란 언어나 관습, 제도와 같이 한 사회의 구성원들에게 공유되고 학습되는 지식의 체계라고 한다. 그런데 문화의 관념적 정의에 따르면 문화는 도구, 행동, 제도 등 관찰될 수 있는 것이 아니라 그러한 결과를 만들게 하는 기준, 표준, 규칙이라고 하여 '문화'(culture)와 '문화적 산물'(cultural artifact)을 구별하고 있다.

- 강영환(1992), 『집의 사회사』, 웅진출판주식회사, 21쪽.

문화는 일상생활과 관련한 모든 것, 정체감을 구성하는 내용, 공동체의 공감대를 구성하는 소통의 네트워크 등을 총 망라한다. 문화는 질서정연한 모습으로 나타나기도 하고, 일상 속에 분포되어 있기도 하고, 현상의 이면에 숨어 있기도 하다.

- 전경옥 외(2004), 『한국여성문화사』, 숙명여대 아시아여성연구소, 14쪽.

인용문에서 보는 바와 같이 문화의 개념을 참고하여 한국 문화의 개념을 정리하면 한국인의 사상, 사회제도 등 총체적인 요소가 반영되어 만들어진 것으로 과거부터 현대까지 면면히 이어져 내려오는 것이라 칭할 수 있다. 그렇다면 한국의 여성문화란 한국 문화의 보편성을 지니면서 여성의 특수성을 지닌다고 말할 수 있다.

1.2. 한국 여성문화의 정의

1995년 북경 여성대회에서 성 주류화 전략(gender main-streaming)이 공식적으로 채택되었다. 이후 여성정책 입안 등 여성의 사회참여 영역에서 성 주류화 전략을 적용하였다. 이렇게 성 주류화 전략을 잘 실행하려면 성인지적 관점에서 여성의 문화를 관찰하는 것이 선결 과제이다. 말하자면 여성을 역사의 주체로 바라보고 여성의 일상적 삶을 중요하게 여기는 것이 여성주의 문화라 할 수 있다.

> 여성주의 문화론은 문화를 삶의 양식으로 보는 광의의 문화 개념에 따라 문화생산물에 나타나는 여성들의 의식과 경험이 갖는 문화적 의미를 어떤 맥락에서 어떤 문제틀과 어떤 방법론으로 밝혀낼지를 연구하는 이론적 흐름이다. 여성주의 문화론은 특정한 역사 시기에서 한 문화의 거시적, 미시적 변수들과 움직임들이(가장 주변화 되기 쉬운 하위 주체) 여성의 몸에 복잡하게 치환, 각인된다는 인식에 근거하는 몸의 유물론을 여성주의 문화론의 기본 작업틀로 사용한다.
>
> - 태혜숙(2004), 「한국의 식민지 근대체험과 여성공간」, 『한국의 식민지 근대와 여성공간』, 여성문화이론연구소, 20쪽.

보편적으로 1960년대 서구에서 일어난 여성운동이나 그 영향으로 한국사회에 반영된 여성운동의 시작은 역사 이래 남성중심의 역사관을 벗어나서 여성의 목소리를 찾아보고, 남성의 조력자에만 머물렀던 여성의 역사를 구체적으로 형상화하려는 시도에서 출발하였다.

따라서 기층문화는 남성문화로 보고 하층문화와 같은 유동문화를 여성문화의 요소로 보기도 한다. 한편 '문화사'에서 '여성문화'를 제거하면 남성문화가 남는 것이 아니고 문화의 실체가 없을 것이라는 급진적 문화관도 있다.

그런데 '문화'란 광의의 개념을 남성문화와 여성문화의 이분법적 사고로 정확하게 구분할 수 있을까? 20세기 후반부터 여성의 사회적 지위 향상을 사회참여 비율이나 등수로 판단하고 있지만 이는 지금까지 남성들이 차지했던 영역에 여성의 진입 폭을 확대하는 수치에 불과하다.

여성의 사회참여 비율로 지위 향상을 논할 시기는 이미 지났다.

우리사회의 모든 영역에서 양적 성장이 어느 정도 이루어지면 질적 성장으로 눈을 돌리는 것은 인지상정이며, 이런 관점에서 여성문화의 가치가 부각되어야 한다. 즉 남성문화의 부속물로 여성문화를 인식해 왔던 관점에서 벗어나서 여성문화라는 독자 영역을 설정할 필요가 있다.

따라서 문화와 여성문화의 개념 정의를 참조하면 여성문화는 문화를 생산하고, 이용하고, 보급하는데 여성이 소극적으로 관여했건 적극적으로 참여했건 간에 여성의 참여에 의해서 생산된 유형과 여성이 문화 창조의 조력자가 되기도 하고, 확대 재생산에 관여해서 생긴 결과물에 해당된다.

또한 선사시대부터 지금까지 여성이 적·간접적으로 관여했던 모든 분야의 창조물이 고정된 모습으로 남아 있는 과거의 산물과 화소(話素)를 유지한 채 변화하면서 생성된 정신적·물질적 문화도 여성문화라 할 수 있다. 따라서 한국 여성문화란 한국 여성이 주체적으로 생산한 정신적 · 물질적 창조물이라 할 수 있다.

1.3. 한국 여성문화의 정체성

문화정체성(文化正體性)을 말할 때는 전통문화가 거론된다. 이때 전통문화란 과거 전통사회의 문화를 가리키며, 문화적 전통이란 과거부터 현대까지 축적된 문화 양식으로 지금까지 유지되고 있는 문화를 가리킨다.

한국의 고유한 문화란 전통문화(과거에 속하는 것)와 문화적 전통(현대에 속하는 것)이 융합되어야 한다. 이러한 전통문화에 여성문화의 특성이 반영된 것을 한국 여성문화의 정체성으로 볼 수 있다. 따라서 한국 여성의 정체성이란 한국 여성의 눈으로 세상을 관찰하고, 세상의 이야기를 직접 듣고 자신들의 문화를 새롭게 창조하려는 의식의 발로라 할 수 있다.

> 문화정체성의 성 분석은 한 사회의 문화를 규정하는데 있어 양성의 시각, 업적과 경험이 균등하게 반영되었는지를 점검하는 것이다. 문화정체성을 규정하는데 중요한 역할을 하는 미디어에 있어서도 성별 역할 및 관계가 어떻게 재현되는지를 분석해야 한다.
>
> 문화복지는 문화향수와 활동에 있어 성별로 균등한 혜택을 받을 수 있도록 문화정책이 입안, 시행되는지를 점검한다. 즉 문화기반시설과 문화행사 등을 통한 문화향수와 활동의 기회에 있어 성별 차이를 분석하는 것이다.
>
> - 이수연 외(2005), 『문화관광정책의 성 분석 및 성 주류화 방안』, 한국여성개발원, 4~5쪽.

1990년대 이후 여성 관련 간행물을 보면 여성문화란 현모양처의 기본 소양을 위한 학습이란 관점에서 벗어나서 여성이 주체적으로 자신들의 삶을 바라보려는 시도가 반영되었다. 이는 세계적인 흐름이기도 하지만 한국사회 역시 여성주의자들이 활약한 결과 여성의 법적 · 사회적 · 경제적 지위 향상에 만족하지 않고 정신적 차별을 인지하고 이를 극복하려는 정책들이 제시되었다.

여성주의 문화관에 따른 연구물로 『한국여성문화사』(전경옥 외, 숙명여대 아시아여성연구소, 2004~2006) 3권이 발간되었다. 이는 개화기부터 현대까지 한국사의 시대 변화에 여성들이 창조적으로 참여했는지, 남성주의 역사의 부산물이었는지를 다양하게 그리고 있다. 여성사와 근대성, 가정생활, 섹슈얼리티, 전쟁, 교육, 대중문화, 여성운동, 여성연구 등 사회제도 전반에 걸쳐서 여성과 관련이 있는 주제를 다루었다. 따라서 여성문화사란 여성사와 생활문화사의 통합 영역으로 볼 수 있다. 이런 관점을 적용하면 제주 여성문화사 정립도 가능하다.

1.4. 한국 여성문화의 연구 동향

우리나라에서는 1980년대 들어와서 공공기관에서 본격적으로 '여성의 문화활동'에 관심을 갖기 시작했으며, 여성들의 지적 호기심을 해소할 수 있는 다양한 '문화교실' 강좌가 민간 중심으로(백화점, 문화센터, 동호회 등) 운영되었다. 여기서 말하는 '문화'란 크게 보면 '문학, 음악, 미술, 영화, 연극' 등 예술분야에 해당된다. 이는 1980년대에 여성들의 문화활동 욕구가 많아지면서 이를 체계화할 필요성을 인식한 결과로 볼 수 있다.

이에 한국여성개발원(현 한국여성정책연구원)에서는 여성의 문화활동을 이론적으로 정립한다는 측면에서 『여성의 문화활동 현황과 발전 방향에 관한 연구』(1994), 『여성의 문화활동 프로그램』(1995), 『여성의 문화활동 활성화 방안 연구 : 여성단체 역할과 정책 지원을 중심으로』(1998) 등의 연구보고서를 발간했다. 이 당시만 해도 여성의 문화활동이란 취미, 교양 중심의 여가활동이라는 인식이 팽배해 있었다. 즉 '문화 = 예술활동'으로 인식하는 경향이 있었으며, '여성문화 = 여성문화예술'로 생각하고 문화예술교육 프로그램을 교양과목 정도의 문화교양 강좌와 동일시하는 성격이 강했다.

시간이 지나면서 사람들은 문화활동 프로그램 개발과 운영을 고민하게 되었고, 이에 대한 사회적 관심이 높아지면서 20세기 말부터 '성인지적 관점'에서 여성문화를 논의하기 시작했다. 그 당시 처음에는 여성의 문화활동을 양적으로 개발하고 보급하는데 주력하다가 여성정책을 새롭게 조망하기 시작했다. 이는 과거 남성주의 시선으로 여성의 문화활동을 운영하고 즐기기에는 여성들의 시각이 주체적으로 변했기 때문이다. 따라서 정책을 입안할 때에 여성주의 관점의 정책이 요구되었으며

성 주류화 정책 등 여성문화정책을 좀더 객관적으로 운영하기를 요구하는 시대가 되었다.

이런 관점에서 한국여성개발원에서는 『문화관광 정책의 성 분석 및 성 주류화 방안』(이수연 외, 2005)을 발간하고, 한국문화관광정책연구원(현 한국문화관광연구원)에서는 『여성문화정책 수립을 위한 기초 연구 : 성 인지적 관점에서 본 문화정책』(2004), 『문화정책의 성 인지(性認知) 분석 평가지표 개발과 적용』(2005) 등을 발간했다. 한편 한국여성개발원에서는 여성문화를 좀더 구체화하고 여성사와 여성문화사를 유형문화재로 인식하고 발굴 및 보존의 과정을 보여주고자 『여성문화유산의 현황과 지역문화자원으로의 활용 활성화 방안』(2004)를 발간했다.

적어도 한국사회에서는 21세기로 넘어서면서부터 여성정책에 문화적 관점을 반영했다고 볼 수 있다. 이는 정부차원의 정책 개발이며 우리사회 구석구석까지 보급되고 국민들의 인식을 전환하는 데는 좀더 시간이 필요해 보인다.

2. 제주의 여성문화

2.1. 제주 문화의 개념과 특징

한국 문화란 한국인의 사상, 사회제도 등 한국사회의 모든 요소가 반영되어 창조된 것으로 지금까지 전승되는 요소를 가리킨다. 한국 문화의 하위범주인 제주 문화란 제주사회의 제 요소가 반영되어 제주인이 창조한 모든 것이라 할 수 있다.

따라서 제주 여성문화란 제주의 역사와 사회제도가 반영된 것을 가리키며 여성이 주체가 되어 창조해 낸 문화이기 때문에 이를 통해서 제주 여성의 삶의 모습과 사회적 지위 등을 파악할 수 있다. 또한 이 결과에 따라 제주 여성의 정체성을 정립할 수 있을 것이다.

제주사회에서 제주인의 정체성이나, 제주 문화의 정체성이 주목받는 것은 제주도가 한국의 일부이긴 하지만 독자성을 지녀왔던 삶의 궤적을 찾아보고, 현대인의 정신세계를 총체적으로 결집할 필요성이 대두되었기 때문이다. 또한 사회가 빠르게 변화하며 거주지역이 확대되고, 다양한 사람들이 섞여 살게 되면서 각 지방이나 개인, 집단의 정체성 정립 필요성도 부각되고 있기 때문이다.

그렇다면 '정체성'이란 무엇인가? 1980년대부터 제주인의 정체성이 학자들 사이에서 논의되었다. 과거 전통적인 농경사회에서는 사람의 주 근거지가 고향의 울타리 안에 한정되어 있어서 개인이든, 사회든 정체성을 인지하지 못해도 자아형성에 큰 영향을 미치지 않았다.

반면 우리사회가 산업사회로 진입한 이후 거주지 이동이 확대되었고, 마을은 집성촌에서 혼성촌으로 변하는 등 잘 모르는 사람들끼리 섞이면서 살게 되었다. 물론 제주인 중에 국내는 물론 가까운 일본으로 이주하는 경우도 많아졌다. 이에 낯선 곳에서 이방인으로 살아가기 위한 방편으로 '고향, 동향, 고국'이 사회언어로 떠올랐으며 개인과 사회의 정체성을 고민하기 시작했다. '정체성'이란 '나는 누구인가, 내 가치관의 실체는 어디에서 오는가, 현 시점에서 나의 지위는 어떻게 형성되었고, 앞으로 형성될 것인가' 등등에 대한 대답이 될 것이다.

따라서 이런 시각에서 제주 여성의 정체성을 유추하려면 제주 여성문화의 어떤 요소가 전승되고 있으며, 무심코 살아온 자신의 인생이나 가치관에 내포된 무엇인가를 그려볼 필요가 있다. 최종적으로는 제주

여성문화의 어떤 요소가 면면히 이어져 내려오면서 제주 여성의 삶에 영향을 미쳤는지 파악하는 것이다. 여기에는 정신문화와 물질문화가 포함된다. 정신문화는 제주 여성을 중심으로 많이 거론되었으며, 강인함과 자립심도 이 항목에 들어간다. 강인함과 자립심 등 특정 기질은 평화의 시대에는 잘 드러나지 않지만 위기(현대는 주로 경제적 위기)의 시대에 빛을 발휘하게 된다. 그런데 강인함, 자립심이란 누구와 어느 시대를 비교해서 설정이 가능한가에 대한 궁금증이 나타나고 있다.

제주도의 기후, 토양, 생산물 등 지리적 환경은 제주인들이 편안히 살도록 놔두지 않았다. 제주도는 예로부터 농업과 어업이 주를 이루었다. 어촌에서는 물질과 어업에 종사했기 때문에 여성의 노동력을 값지게 활용했다. 제주 여성들이 집 안에서 요조숙녀로서, 안방마님으로서 우아하게 살 수 있는 여건이 아니었기에 적극적으로 집안 살림과 경제활동에 참여하게 되었다. 또한 어머니가 가장이 되거나 남편을 도와서 공동으로 협력하지 않으면 먹고살기가 어려웠다.

따라서 제주사회에서는 아주 오래 전부터 여성의 노동참여가 당연시되는 문화였고, 그 의식이 전승되면서 제주인이라면 여성의 바깥일 노동력 제공에 이의를 달지 않았다. 농경시대의 제주 여성들은 육아, 밭일, 바다일(해녀), 교육, 가사노동에 슈퍼우먼으로 동참했다. 한편 산업시대 접어들어도 노동 현장이나 노동 대상이 조금씩 달라진 정도이며, 여성들의 노동력 제공은 지속되었다.

결국 제주도의 사회 · 자연 환경이 여성들의 노동력을 필요로 했기 때문에 여성들은 바다에서, 들판에서 일을 해야만 생활을 유지할 수 있었다. 그래서 외지인이 제주도에 와서 보면 남성은 잘 보이지 않고, 부지런히 일하는 여성들만 보게 되었고, 이런 환경 때문에 제주 여성들의 강인함이 많이 부각되었다.

제주도가 삼다(三多)와 삼무(三無)의 섬이라는 관점이 고착화되었다. 이는 1970년대 민족주의 의식 확산의 일환으로 제주인의 정체성을 형상화할 시대적 소명이 대두되었으며, 학교교육을 통해서 삼다와 삼무정신을 보급했고 그 영향이 지금까지 남아 있다.

'삼다(三多)'란 '여자, 바람, 돌'이 많다는 뜻이다. 조선시대 어느 시점에서 여자가 남자 수보다 많은 적은 있었지만 현재까지 이런 관점이 유효한 것은 제주 여성과 제주 문화를 이해하지 못했기 때문이다. 따라서 이런 고정관념을 올바르게 수정하고 정립할 수 있는 토대를 마련하는 것이 현대를 사는 우리들의 의무이기도 하다.

제주도와 바람 사이에 연상 작용이 나타난다. 이는 제주도가 계절풍이 지나는 통로에 위치해 있어서 바람이 자주 분다는 고정관념이 있었기 때문이다.

돌은 제주도의 대표적인 문화라 할 수 있다. 돌은 '산담, 밭담, 동자석, 집담, 올렛담, 물통, 원담, 돌하르방' 등의 재료가 될 정도로 그 쓰임이 다양하고, 문학의 재료가 되기도 했다. 조선시대에 제주의 풍광을 읊은 한시(漢詩)가 새겨진 '마애명'(磨崖銘)은 명승지 곳곳에 남아 있다. 제주도의 돌은 제주인의 일상사와 밀접하며, 마음의 여유를 주는 재료임을 짐작할 수 있다. 아울러 우리들은 제주의 '돌문화'라는 용어를 사용할 수 있게 되었으며, 평범하게 일상적으로 바라보던 '돌'을 집약해서 '돌박물관'을 만들 정도가 되었다.[1]

'삼무(三無)'란 '도둑, 대문, 거지'가 없다는 말이다. 21세기의 관점으로 보면 이상적인 도시이지만 이 말의 유래가 어찌되었든 간에 제주도는 '아주 가난하지만 평화로운 곳'이었다. 21세기에 들어와서 제주도는

---

1) 제주 돌을 전시테마로 한 '제주돌문화공원'이 2006년 6월 3일에 개관되었다(제주시 조천읍 교래리 소재).

'세계 평화의 섬'으로 지정되면서(2005) 이 용어가 부각되었으나 아주 오래전부터 제주도는 평화의 섬이었다. 다만 과거의 평화는 자생적 의미라면 지금의 평화는 인위적으로 만들려고 노력한다는 점에서 차이가 있다.

2.2. 제주 여성문화의 정의

지금까지 여성주의 시각을 배제하고 인간 즉 남성이 생산하고 향유하는 모든 것을 문화로 바라보는 관점이 우세했다. 반면 여성문화는 남성중심적 시각을 벗어나서 여성의 시각으로 세상을 다양하게 바라보고 사유하고 표현하는 것이다. 여성문화에는 여성들의 삶이 총체적으로 반영되어 있다고 보며, 이는 남성의 삶과는 다르게 생성된 여성의 고유한 문화라 할 수 있다.

여성주의 시각은 남성이나 사회가 만들어 주는 것이 아니라 여성이 객관적 거리를 두고 관찰하고 바라보아야 한다. 여성의 문제는 여성의 힘으로 해결하려는 의지가 중요하다. 문화에 녹아있는 남성문화와 여성문화를 구별하고 이를 성 문화의 차별로 볼 것이 아니라 성 문화의 '다름과 차이'를 인정하고 바라보려는 관점이 중요하다.

한국 여성문화는 한국 여성이 문화 생산의 주체가 되듯이 제주 여성문화는 제주 여성이 객관적으로 세상을 바라보고 제주 문화 생산의 주체가 되는 것이다.

제주 문화에는 한국 문화의 보편성과 제주 문화의 특수성이 있을 것이다. 이에 제주 문화의 중심축에 있는 제주 여성문화가 독자성을 내포한다고 보고 그것을 찾아보고자 한다.

한국인, 한국 사람이라고 할 때 거주지 중심으로 해석하면 한국 내에 사는 사람과 한국인의 혈통을 지니고 다른 나라에서 거주하는 사람을 통칭한다. 이와 비교해 보면 제주인이라고 할 때는 제주에서 출생하거나 제주도를 본적지로 하는 국내외 거주자들도 해당된다. 여기서 제주 여성이란 제주도에 살건 국외에 살 건 거주지의 제한은 없다.

반면 이 글에서 논의하려는 제주 여성문화의 창조 범위는 과거 제주라는 역사적·지리적 환경에 적응하면서 살아온 여성들 즉 제주도에서 출생하여 나름대로 제주사회의 형성에 기여한 여성들의 이야기, 제주의 딸로 태어나서 제주 문화를 향유하면서 살다가 젊은 시절에 고향인 제주를 떠나 타향살이를 하지만 제주 여성문화의 요소를 유지하면서 살아가는 제주 출신 여성들의 이야기가 해당된다.

제주 여성문화의 실체를 증명하기는 쉽지 않지만 대체로 과거 여성들이 역사의 주체자로서, 문화의 생산자로서 자신들의 목소리를 표출한 유형·무형의 산물이라 할 수 있다. 이는 과거의 산물(産物)이 계승된 것은 물론 현재 여성들의 삶에 투영되어 전승되고 있는 정신적·물질적 문화요소 전체를 여성문화라 할 수 있다.

문화유산[2)]이라고 하면 흔히 유형문화재를 떠올리지만 여성의 문화유산을 생각하면 실체가 잘 드러나지 않는다. 이는 남성중심의 역사 속에서 진행된 산물(産物)인 문화재가 남성의 시각으로 형상화되어 있기 때문이다. 여성 문화유산과 남성 문화유산을 명확하게 구분할 필요도 없고, 구분하기 어려운 분야도 있다. 다만 누구의 시각이 많이 반영된 결과물인가, 현재 이러한 문화재로 바라보는 시선에 어떤 영향을 미치는가가 중요하다.

---

2) 2007년에는 「제주화산섬과 용암동굴」(한라산, 성산일출봉, 거문오름용암동굴계)이 세계문화유산에 등재되었다. 이 외에도 제주도는 2002년 유네스코 생물권 보전지역으로 지정되었고, 2010년에는 세계지질공원으로 인증되었다.

따라서 다양한 문화에 내재되어 있는 요소를 살펴보면 남성주의 관점으로 해석하고 전승되는지, 여성주의 관점으로 계승·보존되는지를 어느 정도 파악할 수 있을 것이다. 지금 시점에서 제주 여성문화나 제주 여성 문화유산을 규명해 보려는 것은 현대를 살아가는 제주 여성의 정체성을 확인해 보기 위함이다.

2.3. 제주 여성문화의 정체성

제주도 문헌신화인 「삼성신화」에는 제주의 태초 모습이 잘 드러나 있다. 세 남성이 삼성혈에서 용출하였는데 바다건너 벽랑국(또는 일본국)에서 세 여성(공주)이 오곡씨앗을 갖고 찾아온다. 이 신화에서 세 왕비는 외국 여성이다. 제주 신화에는 여신(女神)들의 활약상이 잘 드러난다. '자청비, 감은장아기' 외에도 인간의 생명을 관장하는 '삼승할망' 등 무속신화의 여신들은 적극적으로 자신들의 삶을 개척하였다. 이 여신들의 혈통이 현재의 제주 여성들에게 면면히 전승된다고 볼 수 있는데, 조선시대 여정(女丁)을 거쳐 일제강점기 독립운동에 참여한 여성, 한국전쟁 당시 해병대에 입대한 한국 최초 여성들의 출현은 당연하다고 볼 수 있다.

조선시대 외지인이 「삼성신화」를 소개한 내용은 다음과 같다.

> 耽羅에는 애초에 사람과 가축이 없었으나 땅 속에서 湧出한 神人 세 분이 있었으니 곧 高乙那·梁乙那·夫乙那다. 이 세 사람은 고기잡이와 사냥을 하며 바다에 이르니 갑자기 神女 세 사람이 바닷가에 떠 와 있었다. 각각 그 한 여인에게 장가들어 자녀를 낳고 대대손손 이어가며 지금에 이르렀다. 그 용출한 穴이 남문 밖에 있는데 세 穴이 솥발과 같이 세 곳에 대치하여 아직도 가리어 막히지 않았다. 보기에 깊이가 1자쯤

되었다. 돌담을 두르고 만들어서 관가에서 봄·가을로 제사를 지낸다. 보기에 매우 기이하다. 이 때문에 섬사람 태반이 高·梁·夫의 3姓이다.

- 고창석 역(1999), 「濟州風土記」, 『제주학』 4호, 李 健 저, 제주학연구소, 28쪽.

20세기 후반부터 제주 여성의 '자립심, 자강심, 독립심, ᄌᆞ냥정신'이 한국사회에서 화두가 되었으며 지금은 이런 단어들이 제주 여성의 정체성으로 굳어지고 있다. 이는 1970년대부터 여성의 사회활동과 경제활동 참여를 권장하는 사회분위기에서 제주 여성은 이미 이런 기질을 발휘했기 때문일 것이다. 또한 우리사회에서는 가정과 사회의 기둥 역할을 묵묵히 수행하는 여성들을 기다렸는데 한국에서도 제주 여성들이 산업사회가 바라는 여성성을 지녔다고 판단한 것은 아닌가 하는 의심이 든다.

제주 여성들은 아주 오래전부터 누구의 도움도 없이 의식주를 해결해야 하는 절박함을 인식하고 이런 환경을 당연하게 받아들였다. 항상 씩씩하게 삶을 헤쳐 나가는 것을 필연적이라 생각했는데 타인들이 그 역할을 과대평가하고 추켜세우니까 자신들의 능력을 초과해서 발휘하고 목표 달성의 수치를 갱신하는데 길들여졌다.

제주도의 개별성과 한국의 보편성을 유지하고 있는 제주 여성문화의 실체를 파악하는 것은 제주 여성의 정체성을 확립하는 한편 제주도를 역동적으로 움직일 수 있는 여성의 힘을 재확인하는 요소가 되기 때문이다. 이에 제주 여성의 실체를 파악하기 위해서 여성주의 시각으로 여성문화를 들여다 볼 필요가 있다.

제주 여성의 정체성이란 제주 여성의 눈으로 세상을 보고, 직접 세상의 이야기를 듣고, 자신들의 문화를 새롭게 조명하려는 의식이 확고함을 뜻한다. 이런 시각을 지니게 되면 여성들은 역사에서 배제된 자신들의 숨겨진 이야기를 주체적으로 읽어내는 방법을 터득하게 될 것이다.

여성문화는 여성이 주도적으로 참여하여 생산된 문화나 여성의 삶이 녹아 있는 유형·무형의 자원이라 할 수 있다. 이에 여성의 이야기가 굴절되는 과정이나 여성이 목소리를 내지 못한 역사 그 자체가 분석 대상이 될 수 있다. 여성들이 역사에 어떻게 기여했는지, 여성들이 문화의 주체임에도 불구하고 조연으로 활약했는지, 제주사회가 여성들을 어떻게 대접했는지, 여성들의 삶이 왜 20세기 후반부터 화두가 되었는지 등을 밝히는 것이 제주 여성문화를 총체적으로 규명하는 작업에 해당된다.

글로벌 시대에 제주 문화의 정체성을 확립하기 위해서는 전통에 기초한 제주 여성문화를 발굴하고 정립하는 것이 시대적 소명이다. 참여정부 들어 양성평등을 지향하는 정책이 있었다. 여성가족부가 설치되었고, 양성평등지원과도 배치되었다. 또한 지방자치단체별로 양성평등을 위한 시책을 폈으며, 여성정책도 문화정책을 기저로 해야 한다는 관점이 대두되었다.

우리나라에서 1960년대 여성주의운동이 시작될 때는 여성을 남성과 분리해서 독특한 문화 소유 집단으로 인식했지만 성평등한 사회를 지향해 가는 시점에서는 성인지적 관점에서 문화를 이해하고 해석할 수 있어야 한다. 그런 점에서 여성문화가 지니고 있는 가치, 의미, 역사성 등을 탐색하는 것은 의미 있는 일이다.

일반적으로 남성중심사회에서 여성문화는 열등하고, 주체성이 결여되고, 피지배문화라는 부정적 색깔이 덧씌워졌다. 따라서 우리들은 특정한 시대와 사회 환경에서 특정 지역 사람들의 의식이 반영되어 창조된 생산물 중에서 '성 문화'(性 文化)의 차이를 도출해야 한다.

한편 남성의 역사, 남성의 문화를 기준점에 놓고 그 대안으로 여성의 역사, 여성의 문화를 찾아내는 방법이 보편화되어 있다. 따라서 남성문화와 여성문화를 흑백논리나 이분법으로 구분하지 말고 각각의 문화가 생성된 사회와 제도, 생산주체의 역량을 객관적으로 다룰 수 있어야 한다. 역사와 남성문화 속에는 여성사와 여성문화가 용해되어 있으므로 비교의 관점에서 출발하여 여성문화의 독자성을 찾아내는 것도 필요하다.

여성문화란 남성중심사회에서 남성문화의 조력자에 머물거나 문화의 비생산자, 비주체자로서 여성 나름의 테두리를 형성하고 여성성이 중심이 되어서 생성된 문화라는 관점이 있다. 또 한편으로는 남성중심문화 속에서 여성 특유의 정서와 경험이 반영된 분리의식에서 형성된 문화라는 관점이 있다.

결국 처음부터 여성문화가 규정되고 조직된 것이 아니라 여성주의 관점으로 유추해 보니까 여성문화의 가치가 부각된 것이다. 이에 과거의 제주 여성들은 삶에 순종하고 수동적 자세로 문화를 창조했지만 그들의 역할이 중요하고, 창조물이 가치가 있음을 규명하는 것이 여성문화의 연구 대상이다.

2.4. 제주 문화의 환경적 요인

제주 여성과 제주 여성문화의 성격을 이해하는데 문헌자료를 참고하는 방법이 있다. 이에 제주의 자연환경, 신앙환경, 생활풍속 등을 살펴보겠다.

2.4.1. 기후와 환경

이 邑(제주) 風土는 우리나라에서는 참으로 특이한 곳으로써 모든 산물이 특수하고 기이하여 또한 이상한 것들을 볼 수 있게 된다. 기후는 겨울철에도 때로는 덥고, 여름에도 때론 서늘하여 변덕스럽고 바람은 따뜻한 듯하면서도 사람의 옷 속으로 파고드는 품이 몹시도 날카롭다. 의복과 음식도 조절하기가 어려워 병이 나기 쉽다. 더군다나 여기에다 구름과 안개가 항상 덮이어 갠 날이 적으며, 盲風과 궂은비가 때를 가리지 않고 일어나곤 해서 무덥고 축축하고 끈끈하여 답답하다. 또한 땅에는 여러 가지 벌레들이 많으며 파리와 모기가 매우 심하다. 지네, 개미, 지렁이들과 더불어 준동하는 모든 곤충들이 다 겨울에도 얼어 죽지 않아서 지나기가 매우 힘들다. 북방의 추운 곳에는 이 같은 피해가 별로 없으니 그곳 생각이 난다.

- 최 철 편역(1983), 「제주풍토록」, 『동국산수기』, 金 淨 저, 명문당, 267쪽.

섬 안은 독한 기운이 찌는 듯이 더워서 가슴이 답답하고, 土地는 습한 열기 때문에 겨울에도 추위가 심하지 않다. 내와 못도 얼지 않아서 얼음을 저장할 수 없다. 蔓菁(순무)·靈草(채소)·蔥蒜(파와 마늘)은 비록 추운 겨울이라 하더라도 그대로 밭에 둔 채 아침저녁으로 캐어다 먹는다.

- 고창석 역(1999), 「濟州風土記」, 『제주학』 4호, 李 健 저, 제주학연구소, 24쪽.

한라산 정상에 이르면 三庚(末伏)의 무더위에도 氷雪이 있어서 매년 여름철에는 장정들을 징발하여 날마다 돌아가며 산에 올라 얼음을 채취하고 하루에 한 번 지고 와서 官家의 貢物로 계속하여 사용한다. 얼음을 채취하기 위해 산에 오르는 사람은 비록 겹친 갖옷(裘衣)을 입는다 하더라도 그 추위를 이겨내지 못하였으니, 그 산이 험준하고 높으며 신령스러움을 상상할 수가 있다.

- 고창석 역(1999), 「濟州風土記」, 『제주학』 4호, 李 健 저, 제주학연구소, 24~25쪽.

일기가 항상 따뜻하다. 봄·여름에는 구름과 안개가 자욱하게 끼고, 가을과 겨울이 되면 갠다. 초목과 곤충은 겨울이 지나도록 죽지 않는다.

- 김찬흡 외 옮김(2002), 『역주 탐라지』, 이원진 저, 푸른사상, 25쪽.

이 섬에 들어가려면 반드시 西北風이라야 하고 나올 때는 東南風이라야 한다. 만일 順風을 만나면 외로운 한 조각의 배라도 아침에 출발하여 저녁이면 건널 수 있으나, 순풍을 만나지 못하면 매나 송골매의 날개가 있다고 하나, 일 년의 세월이 바뀐다 하더라도 건널 수가 없다. 바다의 파도는 동남쪽이 낮고 서북쪽이 높다. 들어갈 때는 그 기세가 조류를 따라 내려가는 것과 같아서 배의 運船이 자못 쉬우나, 나올 때는 조류를 거슬러 올라가는 것과 같은 형세여서 배의 운항이 매우 어렵다. 그러므로 나올 때의 어려움은 들어갈 때에 비해 배나 된다고 한다.

- 고창석 역(1999), 「濟州風土記」, 『제주학』 4호, 李 健 저, 제주학연구소, 24쪽.

2.4.2. 주거 환경

사람이 거처하는 집들은 모두 풀로 덮은 초가 오막살이로써 그것은 풀로 엮어 덮는 것이 아니라 긴 나무를 가로 맺어 그 풀을 짓눌러 놓았다. 기와집은 찾아보기가 어렵다. 두 縣의 官舍까지도 초가집이다. 촌집의 모양을 보면 깊고, 넓고, 침침하며, 각 집들은 서로 연결되어 있지 않다. 品官의 집들 이외에는 모두 온돌이 아닌데, 땅을 파서 돌로 이를 메우고는 온돌 모양으로 흙을 발라 마른 후에 그 위에서 지낸다. 내가 생각하기에 이 지방에 풍병, 습병, 천식 등 악질의 병들이 많은 것은 이런 기후 때문이다.

- 최 철 편역(1983), 「제주풍토록」, 『동국산수기』, 金 淨 저, 명문당, 267~268쪽.

땅은 척박하고 백성은 가난하다. 고려 문종 12년(1058)에 문하성(門下省)에서 아뢰기를 "탐라는 땅이 척박하고 백성이 가난하여 오직 배를 타는 것[木道]으로 생활을 영위한다."고 하였고, 『주기』에는 "흙의 성질이 뜨고 건조하여 밭을 개간하려면 반드시 소나 말을 몰아서 밟아 줘야 한다. 계속하여 2~3년을 경작하면 이삭이 맺지 아니하여 부득이 또 새 밭을 개간하는데 공력은 갑절이 드나 수확은 적으니 곤궁한 백성이 많은 이유인 것이다."고 하였다.

- 김찬흡 외 옮김(2002), 『역주 탐라지』, 이원진 저, 푸른사상, 27쪽.

섬 안의 토지는 모두 모래와 자갈이어서 밭이 매우 척박하다. 黃豆는 小豆의 모양과 같으나 그 색깔이 검고, 小豆는 黃豆의 크기와 같으나 그 색깔은 희다. 黃豆와 같은 赤豆는 전혀 없다. 밀과 보리는 여물지 않아서 피 모양과 같다. 논은 원래 없다. 그러므로 섬 안에서 가장 귀히 여기는 것은 쌀이다. 관가에서는 해마다 兩湖(전라도와 충청도)지방에서 쌀을 구입하여 배로 운반해 오는데 단지 관가의 공물이나 귀양살이 하는 사람의 급료로 나누어 주는 데만 쓴다. 간혹 좁쌀로도 지급하니, 이것이 가장 괴로운 것이다. 대정현에는 간간이 논이 있다고 한다. 섬 안의 살림이 넉넉한 사람들은 밭벼를 갈아서 쌀 대신 사용하고 있다. 그러나 밭벼를 가는 밭은 해를 걸러 가며 밭에 거름을 주고 두 번 세 번 갈아 뒤엎고 나서 파종하는데 김을 매는 공력이 또한 배가 되니 매우 괴롭다.

- 고창석 역(1999), 「濟州風土記」, 『제주학』 4호, 李 健 저, 제주학연구소, 26쪽.

섬 안의 크고 작은 牛馬는 겨울과 여름을 막론하고 모두 들에 놓아먹인다. 그러므로 사람이 사는 집에는 牛馬의 똥이 없다. 섬 사람들은 본래 牛馬의 똥을 쌓아두었다가 밭에 거름으로 사용하는 이치를 알지 못하였던 것이다. 생활이 넉넉한 사람들과 같이 牛馬가 많은 사람들은 종 한 사람을 牧童으로 정하는데, 그들은 牛馬를 몰아 아무데서나 먹이다가 날이 저물면 밭 한 가운데로 몰고 들어가서 매어 놓은 채 밤새도록 풀어놓지 않고 똥을 밭 가운데로 모은다. 다음 날 해가 높이 떠오른 뒤에야 비로소 풀어놓아 먹인다. 날마다 이렇게 하여 牛馬의 똥이 밭 가운데에 꽉 찬 뒤에야 다른 곳으로 옮겨 가서 또 그 밭에 거름을 준다. 이와 같은 일은 봄부터 가을까지 한다. 소와 말이 많은 사람은 거름을 준 밭도 많으나 소와 말이 적은 사람은 겨우 한두 밭에 거름을 줄 뿐이다. 이와 같이 하여 다음 해에 밀과 보리를 파종하면 禾穀이 자못 무성하다. 이를 '糞田의 道'라고 한다. 그러나 이와 같이 하는 집도 많은 것은 아니다.

- 고창석 역(1999), 「濟州風土記」, 『제주학』 4호, 李 健 저, 제주학연구소, 26쪽.

돌을 모아서 담을 쌓았다. 『동문감』에 "제주 땅에 돌이 많고 본래 논은 없어서 오직 보리·콩·조만이 생산된다. 밭에는 예전에 밭담이 없어서 강하고 사나운 집안에서 날마다 야금야금 먹어 들어가므로 백성들이 괴롭게 여겼다. 김구(金坵)가 판관이 되었을 때에, 백성에게 고통을 느끼는 바를 물어서 돌을 모아 담을 쌓아 경계를 만드니, 백성들이 편하게 여겼다."고 하였다.

- 김찬흡 외 옮김(2002), 『역주 탐라지』, 이원진 저, 푸른사상, 27쪽.

새를 엮어서 지붕을 덮지 않는다. 『제주풍토록』에 "사람이 거처하는 집들은 모두 새(띠)로 덮은 오막살이로서, 새를 엮어서 덮지 않고 긴 나무를 가로 얽어매어서 눌러 놓았다. 기와집이라고는 찾아보기 어렵다. 품관인(品官人)의 집을 제외하고는 모두 온돌이 없는데, 방바닥을 파서 이를 돌로 메우고 흙을 발라서 마른 뒤에 그 위에 거처한다."고 하였다.

- 김찬흡 외 옮김(2002), 『역주 탐라지』, 이원진 저, 푸른사상, 29쪽.

2.4.3. 신앙 환경

귀신 위하는 것은 매우 성하여 巫覡(男巫)들이 많다. 그들은 사람을 미신으로 놀라게 하여 사람들의 재물을 빼앗는다. 명절, 朔望, 3·7일에는 반드시 짐승을 잡고, 祠堂에 가서 제사를 하는데 그 수가 삼백여개 된다. 이 사당은 달마다 점점 증가하여 妖怪로운 말이 돌아다닌다. 이곳 사람들은 병이 걸렸는데도 귀신이 노여워한다고 하여 약 먹기를 꺼리며, 죽게 되어서도 미신을 깨닫지 못한다.

- 최 철 편역(1983), 「제주풍토록」, 『동국산수기』, 金 淨 저, 명문당, 268쪽.

섬 안에 구렁이와 뱀보다 더 두려워할 만한 것이 없다. 겨울과 여름을 막론하고 도처에 산재해 있는데, 여름철에 풀이 자라고 毒한 기운이 濕할 때에 이르면 안방이나 집 처마, 마루 밑과 자리 아래까지도 뚫고 들어온다. 어두운 밤이나 깊이 잠든 때는 주의하여 피하려고 하여도 피할 수가 없는 형편이니, 이것이 제일 두려워할 만한 것이다. 섬 사람들은 큰 뱀과 작은 뱀을 막론하고 보기만 하면, 항상 이를 '府君神靈'이라고 하여 반드시 精米와 淨水를 뿌리면서 祝願하지마는 절대로 죽이지는 아니한다. 만일 어떤 사람이 뱀을 죽였다고 하면, 그 사람에게는 반드시 재앙이 있어서 돌아서지도 못하고 죽는다고 한다. 내가 8년 동안 이곳에 있으면서 죽인 큰 뱀은 무려 수백 마리이고, 조그만 뱀은 너무 많아서 그 수를 헤아릴 수가 없다. 그래도 재앙을 당하지 않고 마침내 天恩을 입고 살아 돌아왔으니 이 말이 망녕됨을 또한 알 수 있다.

- 고창석 역(1999), 「濟州風土記」, 『제주학』 4호, 李 健 저, 제주학연구소, 24쪽.

섬 사람들은 귀신 섬기는 일에 매우 부지런하다. 이른바 神堂이 곳곳에 있다. 南門 밖에 城隍堂이 있는데, 그곳을 일명 廣壤堂이라고 한다. 섬 사람들은 대체로 禍福이 있으면, 이곳에서 기도하지 않는 사람이 없다. 자못 그 靈驗이 있다고 한다. 또 神祠로는 남문 밖의 초목이 우거진 사이에 閣氏堂이라 하는 곳이 있는데, 그 神도 자못 신령스럽고 기이하여 섬 사람들은 반드시 매달 초하루와 보름에 이곳에 와서 제사를 지내며 장래의 길흉을 점친다. 그 사람에게 만일 재앙이나 액운이 없으면 神이 그 제사를 歆享하여 별도로 징험할 바가 없는 것처럼 믿는다. 또 그 사람에게 재앙이나 액운이 있으면, 혹시나 조심하여 제사를 지내지 아니하여 신이 흠향하지 않은 것으로 믿는다. 쥐보다는 크고 족제비보다는 작으며, 그 색깔이 매우 누런 쥐 여러 마리가 바위틈에서 나와 사람을 보아도 피하지 않고 제사지내는 음식과 과일을 모두 물어다 먹으면서 왕래가 그치지 아니한다. 주관하는 무당은 장차 다가올 재앙이나 우환이 있음을 알고 杯珓를 던지면서 길흉을 말하면 자주 그 효험이 있었다고 한다. 이러한 일들은 비록 상식 밖이라 하더라도 매우 괴이한 일인 것이다.

- 고창석 역(1999), 「濟州風土記」, 『제주학』 4호, 李 健 저, 제주학연구소, 27-28쪽.

음사를 숭상한다. 풍속은 음사를 숭상하여 산과 숲, 내와 못, 높은 언덕이나 낮은 언덕, 물가와 평지, 나무와 돌 따위를 모두 신으로 섬겨 제사를 베푼다. 매년 정월 초하루부터 보름날까지 남녀 무당이 주신을 모시는 기[神纛]를 함께 받들고, 역귀를 쫓는 행사[儺戱]를 벌이면서 징과 북을 앞세워서 마을을 나들면, 마을 사람들이 다투어 재물과 곡식을 내어 제사한다. 또 2월 초하룻날 귀덕·김녕 등지에서는 나무 장대[木竿] 열두 개를 세워서 신을 맞아 제사 지낸다. 애월 사람들은 떼 모양을 말머리[馬頭]처럼 만들고 비단으로 곱게 꾸며서 약마희(躍馬戱)를 벌여 신을 즐겁게 하였다. 보름날이 되면 마쳤는데, 그것을 연등(燃燈)이라고 하였다. 이 달에는 배 타는 것을 금하였다. 또 봄, 가을로 남녀가 광양당(廣壤堂)과 자귀당[遮歸堂]에 무리로 모여 술과 고기를 갖추어서 신에게 제사한다. 또 제주 땅에는 뱀·독사·지네가 많은데, 만약 회색 뱀을 보면 자귀[遮歸]의 신이라 하여 죽이지 못하게 하였다. 『제주풍토록』에 "사당의 귀신[祠鬼]을 지나치게 숭상하고, 남무(男巫)가 매우 많다. 그들은 재앙과 화가 미친다고 사람들을 위협하여 마치 흙을 주워 담듯이 재물을 빼앗는다. 제주 지방의 명정·초하루와 보름, 칠칠일(七七日 : 7일, 17일, 27일]과 같은 三七日에는 반드시 짐승을 잡아 신당에서 제사를 지낸다."고 하였다.

- 김찬흡 외 옮김(2002), 『역주 탐라지』, 이원진 저, 푸른사상, 24~25쪽.

풍속으로 뱀을 피한다. 뱀을 신으로 받들기 때문에 뱀을 보기만 하면 곧 술을 놓고 祝願하며 절대로 죽이지를 않는다. 나는 멀리서 뱀을 보고는 늘 이것을 죽였는데, 제주 사람들은 나의 이런 행동에 대하여 처음에는 깜짝 놀랐으나 여러 번 보고는 "저 사람은 제주도 사람이 아니기 때문에 뱀을 죽이고도 능히 무사하다."고 할 뿐 종내 뱀을 없애야 함을 깨닫지 못하니, 딱한 일이다.

- 최 철 편역(1983), 「제주풍토록」, 『동국산수기』, 金 淨 저, 명문당, 268쪽.

나는 예전부터 이곳에는 뱀이 많아 비가 오려고 할 땐 뱀들이 머리를 여기저기 내민다는 얘기를 들었는데, 지금 여기 와 보니 그것은 거짓이고, 다만 육지보다 뱀이 많을 따름이며, 또한 이곳 사람들이 뱀을 神으로 받드는 것이 다를 뿐이다.

- 최 철 편역(1983), 「제주풍토록」, 『동국산수기』, 金 淨 저, 명문당, 268~269쪽.

2.4.4. 방언의 특수성

이 고장 사람들의 말소리는 가늘고도 날카로워 마치 바늘 끝처럼 찌르는 것 같으며 또한 알아들을 수가 없는데 여기 온 지 오래되니

차츰 자연히 알아듣게 됐다. 마치 아이들이 甗語를 이해하는 것과 같은 것이라 본다.

- 최 철 편역(1983), 「제주풍토록」, 『동국산수기』, 金 淨 저, 명문당, 269쪽.

제주 지방의 말은 알아듣기 어렵다. 촌백성들의 말은 알아듣기 어려우며, 말하는 억양이 앞은 높고 뒤는 낮다. 김정의 『제주풍토록』에 "이곳 사람들의 말소리는 가늘고 드세어서 바늘로 찌르는 것 같이 날카로우며, 또 알아들을 수 없는 것이 많다."고 하였고, 『州記』에는 "말에는 특이한 소리가 많아서 서울[京]을 서나(西那)라 하고, 숲[藪]을 고지(高之 : 곶)라 하며, 오름[岳]을 오롬[兀音]이라 한다. 톱[爪]을 콥[蹄]이라 하고, 입[口]을 굴레[勒]라 하며, 굴레[草羈]를 녹대(祿大)라 하고, 재갈[鐵銜]을 가달(加達)이라 한다. 그 말소리 따위가 이와 같다."고 하였다.

- 김찬흡 외 옮김(2002), 『역주 탐라지』, 이원진 저, 푸른사상, 23~24쪽.

2.4.5. 삶의 모습

① 등짐지기, 절구, 옷 다듬기

제주에는 짐을 등에다 지기만 하고, 머리에 이고 다니지 않고 절구는 있으나 찧는 것을 못 보았으며, 옷을 다듬는 데도 다듬돌이 없어 두 손으로 포개어 두드린다.

- 최 철 편역(1983), 「제주풍토록」, 『동국산수기』, 金 淨 저, 명문당, 267쪽.

방아질하는 노랫소리가 애처롭다. 제주 지방 풍속에 노역하는 일은 모두 여자를 시킨다. 2~3명 혹은 4~5명이 함께 방아를 찧는데, 반드시 서로 방아질하는 노래를 부른다. 그 음조가 몹시 애처롭다. 맷돌을 가는 노래 또한 그러하다.

- 김찬흡 외 옮김(2002), 『역주 탐라지』, 이원진 저, 푸른사상, 29쪽.

② 물 길어오기

한라산 및 州邑 지방의 우물과 샘은 대단히 적어 이곳 주민들은 5리 되는 곳에서 물을 길어 온다. 물을 퍽 아껴 쓴다. 하루 종일 한두 번 물을 길어 오는데 그것도 소금처럼 짠 것이 많다. 물을 길러 갈 땐 나무통을 등에다 지고 가는데 물을 많이 길어 오기 위해서다.

- 최 철 편역(1983), 「제주풍토록」, 『동국산수기』, 金 淨 저, 명문당, 272쪽.

섬 안의 여인들은 물을 긷는 경우에 머리에 이지 않고 등에 진다. 벌통 모양과 같은 긴 통을 만들어서 물을 긷고 등에 져서 가는데, 보기에 매우 해괴하다. 물을 긷는 것만이 아니라 대체로 이고 갈 수 있는 물건은 모두 지고 다닐 뿐이다. 마치 남정네들이 땔 나무를 지는 것과 같다. 여인들은 방아를 찧을 일이 있을 때에 여러 사람이 힘을 합쳐 일제히 방아 찧는 노래를 부르면서 몇 섬의 곡식을 삽시간에 찧는다. 노랫소리가 슬프고 처량하여 들을 수 없다.

- 고창석 역(1999), 「濟州風土記」,『제주학』 4호, 李 健 저, 제주학연구소, 26쪽.

③ 물질

海産으로는 단지 生鰒·烏賊魚·粉藿·玉頭魚 등 몇 종류가 있고 또 이름을 알 수 없는 몇 종류의 魚物이 있는 외에 별도로 다른 어물은 없다. 그 중에서 천하게 여기는 것은 미역이다. 미역을 따는 여자를 '潛女'라고 한다. 2월 이후부터 5월 이전까지 바다에 들어가 미역을 딴다. 그것을 딸 때 이른바, '潛女'들은 벌거벗은 알몸을 드러낸 채 바닷가에 꽉 차는데, 낫을 가지고 바다에 떠다니며 바다 밑으로 들어가 미역을 따고 나온다. 남녀가 서로 섞이어도 부끄러워하지 않으니 보기에 망칙스럽다. 生鰒을 딸 때도 이와 같다. 이렇게 채취하여 官家에서 징수하는 일에 부응하고 그 남은 것을 팔아서 衣食을 해결한다. 그 생활의 어렵고 고됨은 이루 말할 수 없다. 만일 청렴하지 못한 관리가 있어서 방자하게 貪汚한 마음이 생기면 교묘히 명목을 만들어 무수히 토색질하니, 1년을 채취하여도 그 일을 감당할 수가 없다. 하물며 官門에 실어다 바치는 고통과 吏胥들이 弄奸하는 폐해는 紀律에 몹시 어그러지니 또한 어찌 살아나갈 밑천을 바라겠는가? 이런 까닭으로 탐관오리를 만나면, '潛

女'들은 빌어먹지 않는 사람이 없다고 한다.

- 고창석 역(1999), 「濟州風土記」, 『제주학』 4호, 李 健 저, 제주학연구소, 27쪽.

④ 풍속

풍속은 어리석고 검소하지만 예를 지키고 양보함이 있다. 草家가 많으며, 남녀가 짚신 신기를 좋아한다. 디딜방아는 없고 오직 여인이 손으로 나무절구에 찧는다. 등에 나무로 된 물통을 걸머지고 다니며 머리에 이는 자가 없다. 남녀가 길에서 官人을 만나면 <여자는> 달아나 숨고 남자는 길옆에 엎드린다.

- 김찬흡 외 옮김(2002), 『역주 탐라지』, 이원진 저, 푸른사상, 23쪽.

밭머리에 무덤을 만든다. 喪事를 마친 지 백일이면 복을 벗고 밭머리를 조금 파서 무덤을 만든다. 간혹 삼 년상을 행하는 자도 있다. 풍속은 풍수지리와 복서(卜筮 : 길흉을 점치는 것)를 쓰지 않고 또 부도법(浮屠法 : 불교식 매장법)도 쓰지 않는다.

- 김찬흡 외 옮김(2002), 『역주 탐라지』, 이원진 저, 푸른사상, 24쪽.

장수하는 사람이 많다. 제주 지방 사람은 질병이 적고 젊은 나이에 죽는 사람이 없고 나이 80~90세에 이르는 사람이 많다. 지금 생각하건대, 제주는 비록 더운 지방[炎州]이라고는 하나, 한라산 북쪽에 위치하여 남대양의 약한 기운[瘴氣]은 산으로 막히고, 대풍이 많다고는 하나 북쪽에서 오는 차고 시원한 기운은 습한 열기를 몰아 흩어지게 하므로 장수하는 사람이 많은 것이다. 그러나 산 남쪽은 산 북쪽보다 못하다.

- 김찬흡 외 옮김(2002), 『역주 탐라지』, 이원진 저, 푸른사상, 25쪽.

조리희(照里戲)가 있다. 매년 8월 15일이면 남녀가 함께 모여 노래하고 춤추며, 좌·우로 편을 갈라 큰 동아줄의 양쪽을 잡아당겨 승부를 가른다. 만일 동아줄이 중간에서 끊어지면 양쪽이 모두 땅에 자빠진다. 이를 본 구경꾼들은 크게 웃는다. 이를 '조리희'라고 한다. 이 날에 또 그네도 뛰고 닭 잡는 놀이도 한다.

- 김찬흡 외 옮김(2002), 『역주 탐라지』, 이원진 저, 푸른사상, 26쪽.

풍속은 미개하고 거리는 멀다. 정이오(鄭以吾)가 박덕공(朴德恭)을 보내어 부임하는 서(序)에, "그 풍속이 미개하고 거리가 먼 데다가 성주와 왕자·토호의 강한 자가 다투어 평민을 차지하고 사역을 시켜서 그것을 인록(人祿)이라 하며, 백성을 학대하여 욕심을 채우니 다스리기 어렵기로 소문났다."고 하였다.

- 김찬흡 외 옮김(2002), 『역주 탐라지』, 이원진 저, 푸른사상, 27쪽.

여자는 많고 남자는 적다. 결혼을 청하는 자는 반드시 술과 고기를 준비한다. 납채(혼인을 청하는 일. 또는 그때 보내는 예물)를 하는 자도 그렇다. 혼인날 저녁에 사위가 술과 고기를 준비해서 신부의 부모를 뵙고 술이 취한 뒤에야 방에 들어간다. 여자는 많고 남자는 적다. 중들은 모두 절 옆에 집을 지어서 처자를 거느린다. 비록 거지일지라도 모두 처첩을 거느리고 있다. 또한 공물(公物)과 사물(私物)을 운반하고, 파는 배들이 끊임없이 오가는데, 바닷길이 험하고 멀어서 자주 표류하거나 익사하는 일이 일어나기 때문에 이 고장 사람들은 딸 낳기를 소중히 여긴다.

- 김찬흡 외 옮김(2002), 『역주 탐라지』, 이원진 저, 푸른사상, 28쪽.

이상으로 여러 문헌자료를 통해 외지인의 시각으로 고찰한 당대 제주도의 지리적·사회문화적 특징을 짐작할 수 있다. 또한 조선시대 제주도가 처한 현실을 추측해 보고, 제주인의 삶의 태도도 상상해 볼 수 있다.

2.5. 제주 여성문화의 연구 동향

지금도 제주도 어머니들은 '전업주부'를 '집에서 노는 사람'이라 표현한다. '놀다'와 '일하다'를 집 안 활동과 집 밖 활동(경제활동 중심)으로 구분하려는 의식이 강하다. 현대의 젊은 여성(주로 20~40대)들도 나이가 들면 선배 여성들(50대 이상)의 삶을 보면서 강인하고 적극적인 삶의 방식을 습득하고 인정하게 된다. 이런 점이 제주 여성의 정체성이며, 이 정체성을 내포한 문화를 제주 여성문화라 할 수 있다. 그런데 문화의 정체성이라는 말은 역사성을 지니기 때문에 문헌자료와 구전자료를 통해서 제주 여성문화를 규명해야 한다.

20세기 말에 21세기를 여성의 시대라고 하면서 세계 각국에서 대중매체를 통해서 홍보하였다. 그 당시 여성의 장점과 역할을 부각시키면서 사회 각 분야에서 목숨 걸고 일하기를 부추겼다. 물론 이런 사회분위기에 동조하면서 기회를 잡으려는 여성들도 있다.

정부든 지방자치단체든 여성문화를 정책에 입안하고 실행하려는 의지는 거의 없었지만 1990년대 후반부터 여성정책 입안 시 여성문화의 정책화를 시도하려는 움직임이 있었고, 그 일환으로 여성문화의 실체에 관심을 나타내었다.

이와 같은 시대 흐름에 따라 제주도여성특별위원회 여성사정립분과에서는 2001년부터 2007년까지 매년 한 권씩 여성사 정립을 위한 기초자료를 간행하였다.[3)]

- 『사진 자료집 : 제주여성, 어떻게 살았을까』(2001)은 근대 이후부터 1970년대까지 제주 여성의 생활사가 잘 반영된 사진을 자료화했다.
- 『깨어나는 제주여성의 역사』(2001)(워크숍 자료집)은 제주 여성사 정립을 위한 분위기 조성의 역할을 했다.
- 『신문기사 자료집 : 제주여성, 일상적 삶과 그 자취』(2002)는 제주도에서 신문이 발행된 1945년부터 1970년대까지의 기사를 자료화했다.

---

3) 제주도여성특별위원회는 2000년 1월 제주도지사 직속 위원회로 발족하여 3개의 분과를 두었다. 그 중에 여성사정립분과에서는 2001년부터 2007년까지 매년 1권씩 전 8권의 여성사 정립 관련 자료총서를 발간하였다. 2008년 이후 이 위원회의 기능이 조정되었다.

이 자료집은 '사회·생활, 경제, 교육, 문화, 광고' 분야에서 여성문화사를 읽을 수 있는 기사자료 중심으로 편집되었다.

- 『사진 자료집 2 : 제주여성, 시대를 어떻게 만났을까』(2003)은 1980년부터 2000년까지 제주 여성의 생활문화사를 재구성했다. 즉 사회·생활, 경제, 교육, 문화, 복지 분야로 나누어서 제주 여성의 사회참여가 드러나는 사진화보집을 만들었다.
- 『제주여성 근·현대사 구술자료 ① : 구술로 만나는 제주여성의 삶 그리고 역사』(2004)는 일제강점기부터 조사 시점인 2003년까지 제주 여성의 현장체험을 채록하였다. 이 구술자료집은 제주지역 25명, 부산지역 19명, 서울지역 6명, 일본 오사카지역 23명 등 제주 출신 여성 73명의 개인생애사를 정리했다. 오사카지역은 재일동포들의 집단거주지여서 제주 여성들이 어떻게 살아왔는지, 제주인의 정체성을 어느 정도 인지하고 있는지 등을 들을 수 있는 귀중한 자료이다. 부산은 특히 영도를 중심으로 해서 제주 출신 해녀들의 집단 거주지이며 타향살이의 애환을 알 수 있는 곳이다.
- 『제주여성 1호 찾기 : 시대를 앞서간 제주여성』(2005)는 근·현대 100년간 활약한 인물을 직업군별로 정리하였다. 즉 44개 직업군을 대상으로 '교육·종교, 정치·행정·법조, 언론·문화·체육, 의료·보건·복지, 경제' 등 5개 분야에서 41명을 선정하여 각 분야별로 시대를 앞서간 인물사를 정리하였다.
- 『제주여성 근·현대사 구술자료 ② : 제주여성의 생애, 살암시난 살앗주』(2006)은 일제강점기 이후 제주의 역사와 여성사를 파악할 수 있도록 1953년 이전 출생한 제주 여성 16명을 선정해서 구술증언을 정리한 자료집이다.
- 『제주여성의 삶과 공간』(2007ㄱ)에서는 주거공간, 노동공간, 의례공간, 신앙공간 등을 통시적 관점으로 접근하여 근현대 제주 여성들의

생활문화사를 다루었다.

- 『무형문화재의 생애-전통맥향』(2007ㄴ)에서는 제주도 무형문화재 여성 장인 10명의 생애사를 다루었다.
- 이 외에도 『제주여성문화』(김혜숙 외, 제주도, 2001) - 가족과 결혼생활, 속담으로 만나는 제주여성어, 제주여성들은 어떤 옷을 입었을까, 노래에 나타난 제주여성, 제주사람들은 무엇을 먹었을까, 문화영웅으로서의 여신들 - 가 발간되면서 제주 여성문화란 용어를 처음으로 사용했다.
- 또한 『제주여성전승문화』(양영자 외, 제주도, 2004) - 세시풍속과 전승민요, 통과의례 속의 제주여성 풍속 전승 양상, 제주신화 속의 여성신들 그 특징과 의미, 제주여성상 원형 왜곡과 재생, 재일동포 제주여인들의 삶 - 가 발간되어 여성문화의 범위가 구체화되었다.

위와 같은 여성문화 관련 자료들이 제주 여성문화사의 각론이 될 것이다. 여성 관련 연구물로만 보면 제주도가 전국 지방자치단체에서는 단연 돋보인다. 공공기관에서 여성문화에 관심을 갖고 지원체계를 갖춘 것은 역사적으로 제주 여성의 위상을 인정하고, 제주 여성사 연구에도 관심을 표명한 결과이다.

제주 여성은 고향에 살건 타향에 살건 치열한 생존경쟁에 뛰어들어서 여성 가장으로 살아온 사람들이다. 제주 여성은 남편의 직업이 있어도 전업주부로 산다는 것을 용납하지 않고 생활전선에 뛰어든 점에서 다른 지방의 여성과 차별된다는 인식이 있다. 다시 말하면 제주 여성은 집안형편이 어려우면 남편만 바라보는 것이 아니라 자신도 경제활동에 적극적으로 참여해야 한다는 생각이 지배적이다. 이런 점을 제주 여성의 정체성으로 여기는 것 같다.

제주 여성들이 고향을 떠나서 살 때 당면한 현실을 직시하고, 체면을 뒤로 한 채 적극적으로 생활한다는 점에서 제주 여성임을 확신하는 것 같다. 제주 여성들은 스스로 생활력이 강하고, 근면하며, 자립심을 지니고 있다고 믿는 경향이 강하다.

2.6. 제주 여성문화의 연구 범위

제주 여성문화는 크게 여성사와 여성생활문화사로 구분해서 연구할 수 있다.[4] 여성사 분야라면 여성 선구자의 삶의 자취(그와 관련된 유물이나 유적지, 교육기관), 사료와 문헌자료 구축 등이 속한다. 여성생활문화사(민중생활사)란 여성과 관련이 있는 설화나 일화가 있는 유적지, 여성들끼리 전수되고 있는 기술이나 생산물, 여성이 창작한 문서나 저작물, 예술작품, 개인생활사, 신앙, 세시풍속, 놀이, 의식주, 구비전승(설화, 민요), 일생의례 등이 해당된다.

2.6.1. 여성사 분야

- 역사 속의 여성
- 현대사 속의 여성
- 국외동포 속의 여성
  - 국외동포의 여성문화
- 결혼이주여성과 제주 여성문화

4) 제주 여성문화와 생활문화사 관련 연구에는 문순덕(2008ㄱ), 문순덕(2018ㄷ), 정여진 외(2018), 고지영 외(2020) 등이 있다.

2.6.2. 여성생활문화사 분야

- 개인생활사 기록 자료화
- 세시풍속
- 민요
- 민속놀이
- 일생의례(통과의례)
- 전통음식
- 전통복식
- 전통가옥
- 민간신앙
- 예술 분야
- 구비전승(설화, 민요 등)
- 여성어(제주방언)

이상으로 제주 여성문화의 연구 범위를 논의해 보았다. 가능하면 신화·전설 속의 여성문화, 문헌 속의 여성문화, 역사 속의 여성문화, 현대사와 여성문화, 생활사와 여성문화 등 여성이 행위의 주체가 되는 일들을 조사한다. 이 조사 범위에 기초하여 통시적 관점에서 과거 제주 여성의 모습과 현대 여성의 모습은 물론 역할 등을 비교 분석한다. 최종적으로는 국외에 거주하는 제주 여성과 관련된 문화의 본모습도 논의할 필요가 있다.

2.7. 제주 여성문화의 유형

2.7.1. 여성문화유산

1990년대 초 우리나라는 세계화를 국가전략으로 내세워서 사회전반을 개방하는 한편 의식의 개방까지 요구하기 시작했다. 이때 세계화를 정의하면서 '가장 한국적인 것이 세계적'이라는 명제가 도출되었으며 한국적인 요소를 드러내기 시작했다. 또한 지방자치시대가 열리면서 각 지방의 독자성을 갖는 문화를 요구하게 되었고 '지방화가 곧 세계화'라는 등식이 성립했다. 이와 같은 시대적 분위기에 편승하여 좀 더 색다른 대상과 자료를 찾게 되면서 여성, 여성문화, 여성문화유산이 검색 순위에 포함되었다.

제주도 지정문화재 현황(2020. 08. 기준)을 보면 국가지정문화재 113건, 도지정문화재 280건이 있다.[5] 지정문화재 중에 성별분리가 가능한 문화재와 구분하기 어려운 문화재가 있다. 다만 무형문화재 중에 여성의 창작 분야가 있는 정도이다. 따라서 광의의 의미로 제주 여성문화유산이란 여성의 시각으로 생산된 것과 여성을 드러내는 것, 여성이 창조의 주체가 된 것들을 총칭하고자 한다.

앞으로는 여성주의 관점에서 문화유산을 구분하고 제주 여성문화유산을 발굴 · 보존하는데 관심을 기울여야 한다. 제주 여성문화유산이 문화산업의 주요콘텐츠로 보고 이를 자원화·상품화함으로써 제주의

---

5) 제주특별자치도 세계유산본부 내부자료(2020. 08.)를 보면 국가지정 문화재에는 보물 9건, 사적 7건, 천연기념물 49건, 명승 9건, 국가무형문화재 5건, 국가민속문화재 9건, 등록문화재 25건 등 총 113건이 지정되어 있다. 도지정 문화재에는 유형문화재 37건, 무형문화재 23건, 기념물 128건, 민속문화재 82건, 문화재자료 10건 등 총 280건이 지정되었다.

문화관광에 기여할 수 있다. 여성문화유산이란 유형적인 유물과 유적은 물론 정신문화나 생활문화와 민속까지 아우를 수 있으므로, 여성문화지도 제작에도 활용될 수 있다.

2.7.2. 여성문화유적

일반적으로 여성 선각자의 유적지, 여성 신앙의 산실인 신당, 여성 관련 전설지터, 각 마을에 있는 열녀비, 여성생활사 관련 유적지, 여성의 생업 도구, 여성신화 관련 근거지, 여성 역사 관련 유적지, 문학작품 배경 유적지, 여성교육·운동 공간, 여성들의 다양한 노동공간 등을 여성문화유적이라 할 수 있다. 이런 관점에서 제주 여성의 문화유적지를 공론화한 자료가 있다.

「제주여성문화유적지를 찾아서」(현순실 기자, 제민일보, 2005. 09. 05.~2006. 10.)라는 연재 코너에서 제주 여성의 유적지를 소개하였다. 여성문화유적지로는 〈함씨 할망과 함다리, 여정(女丁), 낙천리 아홉굿과 '물팡', 애월읍 신엄리 정려각과 고소락, 안봉려관 스님과 해월굴, 제주 여성 선각자 고수선과 운주당터, 현맹춘과 위미 동백나무군락지, 강평국과 황사평 묘, 처녀신과 마라도 아기업개당, 수산진성과 진안할망당, 당케 포구와 설문대할망당, 제주향청과 하도초등학교, 제주 여성들의 수다방 빨래터〉 등 다양하게 조사되었다.

2.8. 제주 여성문화의 논의 전망

문화에는 언어도 포함되므로 여성문화에서 여성어의 논의는 중요하다. 제주도는 물론 세계적으로 남성중심 국가에서는 성(性)에 대한 흑

백논리를 갖고 있다. 남성은 능동적이고 진취적인데 비해 여성은 수동적이고 소극적이고 소심하다고 규정되었다. 이런 제도화된 성차별 언어는 가정교육과 학교교육을 통해서 무의식적·의식적으로 사용되어 왔다.

성별어는 여성으로 세상에 태어난 순간부터 다른 것이 아니라 여성과 남성은 다르게 태어난다는 사실을 개념화하는데 한몫을 했다. 여기서 우리는 여성과 남성은 다르게 태어나는 것이 아니라 다르다고 배우는 것이고, 다르게 길러지는 것이며 그 주된 역할이 언어라는 사실을 인지해야 한다.

언어에 의한 성차별은 데보라 카메론(1995 : 121)에서 말했듯이 여성억압의 원인이냐 결과냐, 차별의 경계를 어떻게 규정할 것이냐, 언어의 지배자는 누구이고, 언어의 소외자는 누구인가 등 언어와 현실의 문제이다.

사람들은 성을 차별하거나 여성의 행동을 규제한다는 의식 없이 훈육의 차원에서 사회가 요구하고 부모가 바라는 대로 '여성상'을 답습하고 전파하고자 했는지도 모른다.

우리들이 어린 시절부터 성을 차별하는 언어를 배우면 무의식적으로 남녀차별 의식을 갖게 되므로 여성 차별을 개인의 가치관만으로 돌릴 수도 없다. 성차별 언어가 존재하는 사회 환경과 이를 주입시키기 위하여 의도적으로 사용한 주체, 의도적 주문걸기에 포로가 된 대상자 모두의 문제이다. '여성되기', '남성되기'는 언어 이전에 사회제도라 할 수 있다. 이런 사회제도를 확고히 하는데 언어가 수단이 되었다.

따라서 문화의 근간이 언어이고, 지역어에는 지역문화가 녹아 있다. 이런 의미에서 여성의 생활사를 채록·정리하는 것이 제주방언과 여성어, 여성문화의 실체를 드러내는 자료가 된다.[6)]

여성의 역사는 주로 구전되는 자료 속에 담겨 있기 때문에 여성문화의 실체를 복원하고 전승하기 위해서는 자료 구축이 우선순위가 되어야 한다. 제주도는 오랫동안 역사의 주변부였지만 제주인은 자신들의 정체성을 유지한 채 묵묵히 살아왔다.

제주 문화 역시 주변부의 인식에 머물러 있지만 제주 여성의 위상만큼은 중심부에 있는 것 같다. 주로 1970년대부터 제주도를 연구 대상으로 하는 사회학·인류학자들의 연구물이 발표되면서 제주 여성의 잠재력이 부각되었다.

흔히 제주 여성은 강하고, 진취적이고, 경제 활동을 담당해 왔다고 추켜세우면서 마치 제주에는 강하고 활동적인 여성들만 사는 것처럼, 그래서 그 부류에 들지 못하면 열등한 것처럼 인식되어 왔다.

이와 반대로 제주 남성들은 무능하고, 경제적인 능력이 없는 것처럼 알려져서 제주 남성들의 불쾌감을 유발하기도 했다. 따라서 제주 여성과 남성을 바라보는 시각차는 자연스러운 현상인지, 사회제도인지, 남성들의 유화정책에 휘말렸는지에 대한 점검이 필요하다.

우리나라가 전통적인 농경사회에서 산업사회로 진입하면서 여성들의 노동력이 필요했다. 그때 사회는 여성들에게 슈퍼우먼이란 거창한 직위를 부여했다. 여성들은 이 직위가 자신들의 정신적 · 육체적 노동력을 착취하는지도 모르고 덩달아서 좋아했다. 또한 슈퍼우먼이 아니면 사회활동을 하는 여성이 아닌 것처럼 사회의 인식도 변했다. 자발적으로 좋아서 이런 역할을 하는 여성이라면 별 문제가 없지만 모든 여성이 슈퍼우먼이 되어야 한다는 사회분위기에 여성들이 휘둘리는 것이 문제이다.

---

6) 성방언과 제주 여성문화의 관계를 알 수 있는 연구로는 문순덕(2005ㄷ, 2010ㄴ, 2012ㄴ, 2013ㄷ)이 있다.

따라서 제주사회나 제주 여성에 대한 편견을 극복하고 공동체의 힘을 결집해서 여성사와 여성의 민중자서전이라 할 수 있는 생활문화사 정립을 위해 다양한 자료를 조사하고 구축하는 것이 과제이다.

제주 여성문화 조사 연구와 체계적인 정립을 위한 정책은 개인의 영역 밖에 있으므로, 이는 공공기관에서 주도적으로 추진해야 하는 사업이다. 여성문화의 총체적 성격이 규명되면 제주도는 여성문화 연구의 거점이라는 이미지화에도 기여하게 될 것이다.

2장
제주의 창조여신들

1. 신들의 시대

1.1. 신화의 정체성

인간은 자신들의 우성 혈통에 대한 무한한 환상을 갖고 있으며, 국가는 신화시대까지 거슬러 올라가서 우수한 문화 혈통의 핏줄 찾기를 시도한다. 개인별 · 지역별 · 국가별로 먹고사는 1일차 욕구가 해소되면서 주변을 둘러보게 되고, 뿌리 찾기와 정체성 확립에도 열정을 쏟는다.

따라서 민족의 정체성을 확고히 하려는 의식은 글로벌화의 속도에 비례할 것이다. 또한 국가나 민족은 자신들이 살아남을 수 있는 민족문화(정신문화, 물질문화 포함)를 발굴하고 복원해서 상품화하는 데 포장술을 발휘한다. 이는 인간의 혈통 조직화와 유사한데, 이를 문화의 핏줄 찾기라 할 수 있다.

사람들은 21세기는 문화의 세기라 부르짖으면서 문화 발굴·복원은 물론 관광자원화에 총력을 기울이고 있으며, 신화가 주요 콘텐츠로 떠올랐다. 사람들은 자신들의 국가가 문화종주국임을 내세우고 싶어 하며, 영속성을 지닌 문화요소 규명에 노력하고 있는데, 이런 점에서 신화는 매력 있는 대상이다.

민족에 따라 자신만의 신화와 신을 갖고 있다. 신이 없다면 정체성이 없는 것과도 같다. 그리스·로마신화의 여신들을 거론하고 인도나 중국의 여신들이 논의되기는 하나 이야기책에 등장하는 신화의 주인공들은 대부분 남신들이다. 우리나라 단군신화와 제주도 삼성신화의 주인공은 남신인데 제주의 여러 신화를 살펴보면 여신들이 등장하며, 남신과 대등한 역할을 수행했다.

현대인들은 신화는 신화로만 믿고, 인정하면서 가끔은 신화에서 자아 찾기를 시도한다. 그래서 우리 마음속에 있는 여신, 내가 닮고 싶은 여신은 누구인가에 대한 물음을 갖게 된다.

신화는 과거에만 존재하는 것이 아니라 인류의 역사와 더불어 살아가는 현재진행형이다. 그래서 어느 시대건 자신들의 신화에서 닮고 싶은 여신, 내 모습이 투영된 여신들을 찾아보고 자신의 희망이나 이상향을 여신으로 표현하기도 한다.

신화시대는 원시 양성평등시대여서 여신과 남신의 역할, 능력 등이 동등했다. 그런데 여신은 혼인을 통해서 남신에게 종속되었고, 국가가 정비되고 남성이 권력자가 되면서 양성 불평등시대가 도래했다. 따라서 여신들의 활약상과 그 시대를 재음미해 보는 것은 여남 불평등시대임을 절감하고 있는 여성들이 과거 여성들의 능력과 공간으로 시선을 이동하려는 의지의 표상으로 볼 수 있다.

신화의 유형을 보면 어떤 신화이건 신들이 등장하는 신화시대와 인간들이 등장하는 인간시대가 겹쳐서 나타난다. 즉 신과 인간의 혼류상태가 신화시대의 종막에 해당한다. 이때부터 신들의 세계는 종말을 고하고 신들은 각자 능력대로 인간에게 접목되어서 인간세계 창조에 관여하면서 역시 창조신으로 등극한다.

결국 인간세계는 반신반인(半神半人)의 조상을 계보로 하여 점차 순수 인간으로 진화하는 과정을 겪는다. 이는 지상세계와 인간의 창조주는 신이며, 인간은 거룩한 신의 후손임을 알려주는 징조이다. 창조주로 등장하는 신들은 남신들이며, 남신을 낳은 어머니는 여성이므로 신의 계보에 여신이 등장한다.

신화의 주인공인 신(神)은 대표적인 남성어(男性語)이다. 보통 신이라고 하면 남성을 상상하며 그 자리에 여성을 대입하지는 않는다. 창조신이라 하면 남신을 가리키므로 여성을 지칭할 때는 여신이라 해서 성(性)을 구별한다. 이는 남성중심사회에서 남신을 무표항으로 설정하고, 여신을 유표항으로 바라보는 관점이 고착화되었기 때문이다. 이 글에서는 신을 성별에 따라 여신과 남신으로 구별해서 사용하겠다.

1.2. 제주 창조여신의 힘

세계적으로 그리스·로마신화의 남신과 여신들의 계보와 성격, 활약상 등은 많이 논의되었다. 우리나라에서도 제주의 여신들이 이미 집중 조명을 받았는데, 여기서는 여신의 어떤 면이 오늘날 제주 여성의 정체성에 기여했는지, 제주 여성의 자주성·주체성의 근간이 여신들의 활약과 어떤 관계가 있는지를 살펴보겠다.

건국신화·개국신화, 씨족시조신화, 무속신화 등은 신화로서 신성성을 지니고 있다. 우리나라 건국신화로는 '단군신화'가 있으며, 제주도의 건국신화(씨족시조신화)에는 '삼성신화'가 있다. 그 외는 무속신화가 주를 이루는데, 이 신화는 굿거리에서 불리면서 전승되고 있다.

제주 신화에는 여신(女神)들의 활약상이 잘 드러난다. 특히 근간에 회자되는 제주 여신에는 '설문대, 자청비, 벽랑국 세 공주(삼성신화)'가 있다. 여기에 백줏도와 감은장아기를 추가할 수 있고, 어머니로 상징되는 조왕신, 나쁜 계모의 전형(통시귀신)인 노일제대귀일의 딸, 생명을 관장하는 삼승할망, 죽음과 질병을 관장하는 저승할망, 무조를 낳은 어머니신인 즈지멩왕아기씨 등이 돋보인다.

일부 여신들은 신화로 출발했지만 전설화되면서 전승되고 있는데, 이는 신화라는 신성성이 감소하고 특정 영역 점유의 여신으로 전설화되었다. 여신이 출현할 때는 경외의 대상이었지만 인간세계로 영입되면서 영원히 신격화되면 인간들과 이질적인 거리유지가 필수이기 때문에 인간들의 삶속에 녹아들기 위해서는 전설화되어서 씨족, 부족, 국가의 수호신으로 형상화된다.

이런 관점에서 보면 이 글에서 다루려는 여신들은 신성한 이미지보다는 인간적인 친근미를 지닌 여신으로 신격화되어서 오랜 세월 동안 우리들의 마음속에 살아 있다. 이런 요소가 여신들의 영속성이며, 제주 사람들의 인생관에도 영향을 미쳤을 것이다.

제주도 무속신화에는 독자적으로 활약하면서 각자의 영역을 개척한 씩씩한 여신들이 있다. 이 글에서는 자연과 사람을 창조한 다섯 명의 여신을 논의 대상으로 삼았다. 이 여신들을 선택한 것은 이들의 이야기가 기록화되어서 문자로만 남아 있는 것이 아니고 제주 사람들, 제주 여성들의 삶에 무엇이 어떻게 전승되고 있는지를 알아보기 위함이다.

현대 종교에는 남신들만 등장하는데 제주의 민간신앙에 등장하는 주인공은 여신들이다. 이 여신들은 당당하게 자신들의 직능을 수행하고 있으며, 지금도 신앙인들에게 살아 있는 신으로 군림하고 있다. 이러한 여신들의 생명력이 무한함에도 불구하고 왜 제주의 여신들은 문화영웅(김순이, 2001 : 341)으로 대우받지 못했는가?

20세기 중반부터 제주 여성은 '야무지고, 강인하고, 생활력이 강하고, 진취적'이라는 등 제주 여성의 특징이 정형화되어 가고 있다. 자타가 공유하는 이러한 특징이 정말일까, 그 이유는 어디에 있는가 등을 신화를 통해서 찾아보고자 한다. 즉 제주 여성신화를 통해서 제주 사람들의 문화 핏줄에 대한 열망과 문화의 영속성을 알아보고자 한다.

이 글에서는 제주도 개국신화의 주인공인 벽랑국 세 공주, 제주도의 자연을 창조하는데 동참한 설문대, 수렵시대에서 농경시대로 진입하는데 공헌한 자청비, 생명을 관장하는 삼승할망(명진국 따님아기)과 죽음을 관장하는 저승할망(구삼승할망), 무조신인 백줏도 등을 중점적으로 논의하고자 한다.

여러 신화의 원문은 진성기(1959/1978)과 현용준(1976ㄱ/ㄴ)을 참고했으며[7] 동일 신화라도 화소가 조금씩 다를 경우 두 자료의 신화내용을 요약 정리했다. 이 자료를 기초로 해서 신화 각편의 짜임새를 살펴보고, 여신의 출현 과정, 동기, 역할, 영향력 쇠퇴 등 신화의 전반적인 내용을 분석하고자 한다.

---

7) 진성기(1959/1978)은 1955~1959에 채록된 자료이다. 현용준(1976ㄱ)은 무당들이 구술한 내용이고, 현용준(1976ㄴ)은 1959~1975에 채록된 자료이다.
설문대는 제주의 자연을 창조한 여신으로 출현했지만 채록 자료를 보면 전설로, 민담으로 변이되면서 전승되고 있어서 신화로 다루기에는 어려운 점이 있으나 여기서는 여신에 초점을 두고 설명하고자 한다. 또한 자청비, 백줏도, 삼승할망, 저승할망은 무속신화의 주인공들이지만 여기서는 여신에 초점을 두고 설명하고자 한다. 보통 '신화, 전설, 민담'을 설화라고 하는데, 여기에서는 여신의 이야기를 다루기 때문에 신화에 초점을 두었다.

다음은 조선시대 문헌자료에서 제주의 신앙 환경을 짐작해 볼 수 있는 내용을 살펴보겠다(김은석 · 문순덕, 2006 : 94 - 96).

① 귀신 위하는 것은 매우 성하여 巫覡(男巫)들이 많다. 그들은 사람을 미신으로 놀라게 하여 사람들의 재물을 빼앗는다. 명절, 朔望, 3·7일에는 반드시 짐승을 잡고, 祠堂에 가서 제사를 하는데 그 수가 삼백여개 된다. 이 사당은 달마다 점점 증가하여 妖怪로운 말이 돌아다닌다. 이곳 사람들은 병이 걸렸는데도 귀신이 노여워한다고 하여 약 먹기를 꺼리며, 죽게 되어서도 미신을 깨닫지 못한다.

- 최 철 편역(1983), 「제주풍토록」, 『동국산수기』, 金 淨 저, 명문당, 268쪽.

② 풍속으로 뱀을 피한다. 뱀을 신으로 받들기 때문에 뱀을 보기만 하면 곧 술을 놓고 祝願하며 절대로 죽이지를 않는다. 나는 멀리서 뱀을 보고는 늘 이것을 죽였는데, 제주 사람들은 나의 이런 행동에 대하여 처음에는 깜짝 놀랐으나 여러 번 보고는 "저 사람은 제주도 사람이 아니기 때문에 뱀을 죽이고도 능히 무사하다."고 할 뿐 종내 뱀을 없애야 함을 깨닫지 못하니, 딱한 일이다.

- 최 철 편역(1983), 「제주풍토록」, 『동국산수기』, 金 淨 저, 명문당, 268쪽.

③ 나는 예전부터 이곳에는 뱀이 많아 비가 오려고 할 땐 뱀들이 머리를 여기저기 내민다는 얘기를 들었는데, 지금 여기 와 보니 그것은 거짓이고, 다만 육지보다 뱀이 많을 따름이며, 또한 이곳 사람들이 뱀을 神으로 받드는 것이 다를 뿐이다.

- 최 철 편역(1983), 「제주풍토록」, 『동국산수기』, 金 淨 저, 명문당, 268~269쪽.

④ 섬 안에 구렁이와 뱀보다 더 두려워할 만한 것이 없다. 겨울과 여름을 막론하고 도처에 산재해 있는데, 여름철에 풀이 자라고 毒한 기운이 濕할 때에 이르면 안방이나 집 처마, 마루 밑과 자리 아래까지도 뚫고 들어온다. 어두운 밤이나 깊이 잠든 때는 주의하여 피하려고 하여도 피할 수가 없는 형편이니, 이것이 제일 두려워할 만한 것이다. 섬

사람들은 큰 뱀과 작은 뱀을 막론하고 보기만 하면, 항상 이를 '府君神靈'이라고 하여 반드시 精米와 淨水를 뿌리면서 祝願하지마는 절대로 죽이지는 아니한다. 만일 어떤 사람이 뱀을 죽였다고 하면, 그 사람에게는 반드시 재앙이 있어서 돌아서지도 못하고 죽는다고 한다. 내가 8년 동안 이곳에 있으면서 죽인 큰 뱀은 무려 수백 마리이고, 조그만 뱀은 너무 많아서 그 수를 헤아릴 수가 없다. 그래도 재앙을 당하지 않고 마침내 天恩을 입고 살아 돌아왔으니 이 말이 망녕됨을 또한 알 수 있다.

- 고창석 역(1999), 「濟州風土記」, 『제주학』 4호, 이 건 저, 제주학연구소, 24쪽.

⑤ 섬 사람들은 귀신 섬기는 일에 매우 부지런하다. 이른바 神堂이 곳곳에 있다. 南門 밖에 城隍堂이 있는데, 그곳을 일명 廣壤堂이라고 한다. 섬 사람들은 대체로 禍福이 있으면, 이곳에서 기도하지 않는 사람이 없다. 자못 그 靈驗이 있다고 한다.

또 神祠로는 남문 밖의 초목이 우거진 사이에 閣氏堂이라 하는 곳이 있는데, 그 神도 자못 신령스럽고 기이하여 섬 사람들은 반드시 매달 초하루와 보름에 이곳에 와서 제사를 지내며 장래의 길흉을 점친다. 그 사람에게 만일 재앙이나 액운이 없으면 神이 그 제사를 欽享하여 별도로 징험할 바가 없는 것처럼 믿는다. 또 그 사람에게 재앙이나 액운이 있으면, 혹시나 조심하여 제사를 지내지 아니하여 신이 흠향하지 않은 것으로 믿는다. 쥐보다는 크고 족제비보다는 작으며. 그 색깔이 매우 누런 쥐 여러 마리가 바위틈에서 나와 사람을 보아도 피하지 않고 제사지내는 음식과 과일을 모두 물어다 먹으면서 왕래가 그치지 아니한다. 주관하는 무당은 장차 다가올 재앙이나 우환이 있음을 알고 杯珓를 던지면서 길흉을 말하면 자주 그 효험이 있었다고 한다. 이러한 일들은 비록 상식 밖이라 하더라도 매우 괴이한 일인 것이다.

- 고창석 역(1999), 「濟州風土記」, 『제주학』 4호, 이 건 저, 제주학연구소, 27~28쪽.

⑥ 음사를 숭상한다. 풍속은 음사를 숭상하여 산과 숲, 내와 못, 높은 언덕이나 낮은 언덕, 물가와 평지, 나무와 돌 따위를 모두 신으로 섬겨 제사를 베푼다.

매년 정월 초하루부터 보름날까지 남녀 무당이 주신을 모시는 기[神纛]를 함께 받들고, 역귀를 쫓는 행사[儺戱]를 벌이면서 징과 북을 앞세워서 마을을 나들면, 마을 사람들이 다투어 재물과 곡식을 내어 제사한다. 또 2월 초하룻날 귀덕·김녕 등지에서는 나무 장대[木竿] 열두 개를 세워서 신을 맞아 제사 지낸다.

애월 사람들은 떼 모양을 말머리[馬頭]처럼 만들고 비단으로 곱게 꾸며서 약마희(躍馬戲)를 벌여 신을 즐겁게 하였다. 보름날이 되면 마쳤는데, 그것을 연등(燃燈)이라고 하였다. 이 달에는 배 타는 것을 금하였다. 또 봄, 가을로 남녀가 광양당(廣壤堂)과 자귀당[遮歸堂]에 무리로 모여 술과 고기를 갖추어서 신에게 제사한다.

또 제주 땅에는 뱀·독사·지네가 많은데, 만약 회색 뱀을 보면 자귀[遮歸]의 신이라 하여 죽이지 못하게 하였다.

『제주풍토록』에 "사당의 귀신[祠鬼]을 지나치게 숭상하고, 남무(男巫)가 매우 많다. 그들은 재앙과 화가 미친다고 사람들을 위협하여 마치 흙을 주워 담듯이 재물을 빼앗는다. 제주 지방의 명정·초하루와 보름, 칠칠일(七七日 : 7일, 17일, 27일]과 같은 三七日에는 반드시 짐승을 잡아 신당에서 제사를 지낸다."고 하였다.

- 김찬흡 외 옮김(2002), 『역주 탐라지』, 이원진 저, 푸른사상, 24~25쪽.

이상으로 조선시대 제주도의 신앙 환경을 기록한 문헌을 보면 제주에는 뱀신앙이 있었고, 무속신앙이 보편화되었음을 짐작할 수 있다. 이런 무속신앙을 보여주는 신화는 지금도 본풀이로 전승되고 있다.

조선시대 문헌에 제주 사람들이 음사를 숭상하고 신당(神堂)이 많다고 한 것은 기록자들이 관리이고, 유교사상을 확고히 받아들인 사람들이어서 무속을 부정적으로 바라보았기 때문이다. 따라서 제주 관련 기록만 보고 제주도라는 특정 지역에서 무속의 병폐가 심했다는 고정관념을 무조건 수용할 필요는 없다.

2. 제주 여신의 출현

2.1. 지역신화(地域神話)

여기서는 제주 여신들의 일대기를 채록해서 엮은 신화자료[8]를 분석자료로 이용했다. 일반적으로 제주도에는 신화도 많고 여신도 많이 출현했다고 알려졌는데, 창조에 관여한 여신만을 논의 대상으로 삼았다.

2.1.1. 개벽신화(開闢神話)

제주 여신들의 창조성을 살피기 전에 제주의 창세신화 내용을 알아보겠다. 이 창세신화는 진성기(1957/1978)과 현용준(1976ㄱ)에 기록되어 있다.

▷ 「천지개벽(天地開闢)」(현용준, 1976ㄱ)

제주도 「개벽신화」[9]에는 신과 인간의 공존이 처음으로 나타나고, 하늘의 남신과 지상의 여성이 혼인함으로써 가정과 국가의 형성이 드러난다. 이 신화의 줄거리는 다음과 같다.

① 천지개벽의 징조

태초에 천지는 혼돈 상태였다. 갑자년(甲子年) 갑자월 갑자일 갑자시에 하늘의 머리가 자방(子方)으로 열리고, 을축년(乙丑年) 을축월 을축일 을축시에 땅의 머리가 축방(丑方)으로 열려 하늘과 땅 사이에 금이

---

8) 현용준(1976ㄱ), 『제주도신화』 ; 진성기(1959/1978), 『남국의 전설』.

9) 이 신화는 제주큰굿의 제차 중 초감제 때 불린다. 천지왕과 총맹부인의 혼인 이후 이야기는 「천지왕본풀이」로 전한다.

생겼다 이 틈이 점점 벌어지면서 땅에는 산이 솟고 물이 흘러내려서 하늘과 땅의 경계가 더욱 분명해졌다.

天皇닭이 목을 들고, 地皇닭이 날개를 치고, 人皇닭이 꼬리를 쳐서 우니 갑을동방에서 먼동이 트기 시작했다. 이때 옥황상제인 천지왕이 해와 달 둘을 내보내니 천지는 개벽이 되었다.

어느 날 천지왕은 해와 달을 하나씩 먹는 꿈을 꾸고 혼돈의 시대를 종식할 기회로 삼았다.

② 하늘신과 인간의 혼인

천지왕은 지상의 총맹부인과 혼인하고자 지상으로 하강했다. 총맹부인은 천지왕을 잘 대접하고 싶었지만 가난하여 저녁밥을 지을 쌀도 없었다. 궁리 끝에 수명장자(부자이며 마음씨가 아주 고약함)에게 가서 쌀을 빌렸는데 흰모래를 섞어서 한 되를 주었다. 총맹부인이 이 쌀을 9번 씻고 밥을 해서 천지왕과 마주했다. 천지왕이 첫술을 떴는데 돌을 씹었다. 총맹부인이 수명장자의 악행을 설명하자 천지왕은 수명장자의 악행을 철저히 조사했다. 수명장자의 딸들은 가난한 일꾼들에게 고린 간장을 먹이고, 아들들은 말발굽에 오줌을 싸서 물을 먹인 것처럼 거짓으로 알리고 말을 굶겼다는 악행을 보고받은 후에 천벌을 내렸다.

천지왕은 수명장자와 자식들을 벌하고 총맹부인과 합궁일을 받아서 결혼했다. 천지왕은 지상에서 살다가 하늘로 올라가게 되자 두 아들이 태어날 것을 예견했다. 큰아들은 강씨 대별왕이라 하고, 작은아들은 풍성(성씨) 소별왕으로 작명해 줬다. 총맹부인은 천지왕에게 증거물을 남기라고 애원하자 박씨 두 개를 주며 아들이 아버지를 찾게 되면 정월 첫 해일에 박씨를 심으면 연유를 알 것이라 했다.

시간이 흘러 두 아들은 자라서 삼천선비 서당에서 글공부·활공부를 하는데 아비 없는 호로자식이라 놀림 받았다. 이때야 자신들의 뿌리 찾기를 시도하고 아버지의 예언대로 박씨를 심었다. 박씨 줄기가 하늘로 뻗어 올라가자 아버지를 만나러 갔다.

③ 신과 인간의 자식이 지상세계 관장

천지왕은 두 아들을 보자 흡족해 하며 이제야 지상의 혼돈이 바로 잡힐 때라 여겼다. 이승은 대별왕이, 저승은 소별왕이 다스리도록 했다. 동생인 소별왕은 이승을 차지하고 싶어서 형과 수수께끼를 하자고 졸랐다. 여러 가지 문제를 내었지만 형인 대별왕이 이기니까 마지막에는 꽃을 심어서 번성 정도에 따르자고 했다.

형제는 地府王에 가서 꽃씨를 받아다가 은동이, 놋동이에 심었다. 형이 심은 꽃은 번성꽃이 될 것이 분명하니까 동생은 꾀를 내었다. 형이 졸다가 깨어나 보니까 꽃은 바뀌어 있어서 할 수 없이 형이 저승을 다스리게 되었다.

④ 인간시대의 도래, 이승과 저승의 등장

대별왕은 저승으로 떠나면서 "소별왕아 이승법을 차지하지만 인간세상에는 살인, 역적, 도둑이 많을 것이다. 남자가 15세 되면 자기 가족을 놔두고 남의 가족을 좋아하며, 여자가 15세가 되면 자기 남편을 놔두고 남의 남편을 좋아하게 될 것이다."라는 인간들의 생활사를 암시했다.

소별왕이 이승에 와서 보니 무질서가 말이 아니었다. 하늘에는 해와 달이 둘씩 떠 있어서 낮에는 덥고, 밤에는 추워서 죽게 되었다. 또한 초목과 짐승이 말을 하고 귀신과 생인의 구별도 없어서 귀신이 부르면 생인이 대답하고 생인이 부르면 귀신이 대답했다.

소별왕은 이승의 혼돈상태를 해결하기 위하여 대별왕을 찾아갔다. 형의 제안으로 활과 화살 천근을 준비해서 뒤에 오는 해는 동해바다에, 뒤에 오는 달은 서해바다로 떨어뜨렸다. 말하는 초목과 짐승에게는 송화가루 닷말 닷되를 뿌리니 혀가 굳어져서 말을 못하고 사람만 말을 하게 되었다. 무게를 달아서 백근이 되면 인간으로 보내고 백근이 안 되면 귀신으로 남겼다.

이렇게 해서 오늘날 이승이 성립되었고 그 당시 있던 역적, 살인, 도둑, 간음은 해결하지 않아서 지금까지 남아 있게 되었다.

▷ 「하늘과 땅이 열린 이야기」(진성기, 1959/1978)

다음은 개벽신화 중에 현용준본(1976ㄱ)과 다른 내용이다.

① 천지개벽의 신호

하늘과 땅이 열리기 이전에 있었던 천지개벽의 이야기이다. 옥황상제 밑에 도수문장(都首文章)이 있었는데 어느 날 바깥세계를 내려다보다가 문득 하늘과 땅이 서로 맞붙어 있음을 알게 되었다. 도수문장은 하늘과 땅을 두 개로 쪼개어 놓고 한쪽 손으로는 하늘을 떠받들고 다른 한손으로는 땅을 눌러서 힘차게 일어섰다.

② 혼돈시대의 도래

칠월 칠석날 청의동자 반고씨가 태어났다. 반고씨는 이 세상에 태어나면서 앞이마에 동자(눈동자)가 둘, 뒷이마에도 동자를 두 개씩이나 지니고 있었다.

이때 다시 옥황상제의 도수문장은 이 세상을 살펴보다가 반고씨가 지니고 있는 그 동자들을 모두 떼어내었다. 그리고는 앞이마에 붙어 있던 동자 둘은 동쪽으로, 뒷이마의 동자 두 개는 섭제지라는 땅으로 각각 띄워버렸다. 그 결과 한 하늘에는 해님이 둘이요, 달님도 둘이나 되는 세상이 되었다.

전옥고양씨의 시절에는 귀신과 생인이 뒤죽박죽이었다. 이는 하늘과 땅 사이의 구분은 명확해졌으나 귀신과 생인의 경계선이 뚜렷하지 못했기 때문이다. 귀신을 부르면 생인이 대답하고, 생인을 부르면 귀신이 대답하고 그야말로 질서가 문란한 세상이 되었다.

또한 한 하늘에는 해가 둘이요, 달도 두 개여서 사람들은 낮에는 햇빛에 시들어 죽어가고 밤에는 달빛에 시려 죽기도 했다. 사람들은 나뭇가지에 목매어 죽기가 일쑤이고, 접싯물에도 빠져 죽거나, 나무와 풀잎에 이르기까지 모두 사람처럼 말소리를 쟁쟁 내는 바람에 그야말로 천지가 왁자지껄하였다.

③ 천지개벽의 완료, 인간세계의 도래

이때 다시 하늘에서는 천지왕의 슬하에 대별왕과 소별왕이라는 형제가 태어났다. 이들은 부왕의 명을 받고 세상 질서를 바로잡기로 했다.

대별왕은 정동활에 미남살을 받쳐 들고 앞에 떠 오는 해님을 섬겨 두고 뒤에 떠 있는 해님을 쏘아다가 돌아오는 동산 샛별을 만들었다. 소별왕은 화살을 떠 받쳐 앞에 있는 달님을 섬겨 두고 뒤에 있는 달님을 쏘아다가 저녁의 샛별을 만들었다. 다시 속거(速去) 한 장을 마련하여 신천을 가려서 "귀신은 어두운 데 살라." 하고 "생인은 맑은 데 살라." 하여 귀신과 생인을 구분하고, 구역을 따로따로 갈음하여 놓았다.

이때 귀신에게는 눈동자가 네 개나 박혀 있어서 저 세상과 이 세상을 두루 살필 수 있게 되었으나 사람은 눈동자가 두 개밖에 없기 때문에 이 세상만 볼 수 있게 되었다. 그리하여 이 세상의 하늘과 땅덩어리는 옥황상제의 도수문장의 힘에서, 그리고 그 사이에 살고 있는 인간의 질서는 대별왕과 소별왕의 슬기에서 비로소 이루어졌다고 전해지고 있다.

두 편의 개벽신화를 보면 우주가 창조되었지만 무질서한 상황을 설정하고, 이를 질서화하는데 신의 등장이 필수적임을 보여준다. 신의 능력이 초월적이고, 신이 만들어 준 우주가 인간들의 영역임을 드러내면서 인간의 유한함을 원천적으로 암시한다. 하늘의 신 천지왕은 지하(어두움)의 왕 대별왕과, 지상(밝음)의 왕 소별왕을 두었으며, 두 왕부터 지상의 역사는 시작된다.

그런데 대별왕과 소별왕은 자손을 번성시키는 것이 아니라 인간들이 편안하게 살아갈 수 있도록 우주의 질서를 정리하는 신으로 남는다. 천지왕은 직접 우주의 무질서를 다스리지 않고 두 아들을 통해서 자신의 통치권을 넘겨준다. 이는 신들의 계보가 자손을 통해 이어짐을 의미한다. 만일 천지왕이 스스로 지상을 관리했다면 그 역할로 종료될 것인데 자신의 계보를 존속하기 위하여 배우자를 찾고, 아들을 낳아서 그들에게 권한을 위임함으로써 신의 영속성을 강조한 것이다.

남신은 혼자서 자손의 번성이 불가능하므로 배우자가 필요해서 지상으로 내려왔다. 이 신화는 태초에 남신이 먼저 등장함을 보여준다. 신들의 종족 보존을 위해서 아내를 맞이하는데 수명장자와 그 자식들의 악행을 처벌하고 여성을 쟁취함을 보여준다. 여기서 수명장자는 천지왕의 정적일 수도 있다. 이 신화부터 용감한 자만이 여성을 만날 수 있다는 설정이 인지된다. 남신은 아내와 동침한 후 아들의 출생을 당연시하면서 자신의 왕국으로 올라간다. 아내는 혼자 출산과 육아를 책임지는데 혈통을 확인하는 방법으로 씨앗을 징표로 남긴다. 이때부터 남편은 씨앗만 뿌려도 되고 가꾸고 거둬들이고, 저장하고, 관리하는 것은 아내의 몫으로 정형화되었다고 볼 수 있다.

2.1.2. 제주 신화(濟州神話)

「삼성신화」는 『세종실록지리지』, 『영주지(瀛洲志)』, 『성주고씨가전(星主高氏家傳)』 등에 기록되어 전하는데 사료에 따라 화소가 조금씩 다르다. 즉 세 공주의 출신이 '일본국', '벽랑국'으로 전한다.

여기서는 여신의 지위와 활약상에 주안점을 두어서 이원진(1653)의 『탐라지』(김찬흡 외 옮김, 2002:168~169)에서 「삼성혈」을 인용했으며, 진성기(「삼성혈」, 1959/1978)의 채록본도 살펴보고자 한다.

① 「三姓神話」(이원진)

제주목 남쪽 3리쯤에 삼성혈이 있으며 옛날의 毛興穴이다. 『고려사』와 「고기」에 이르기를 "태초에 인물이 없었는데 세 신인이 땅에서 솟아나왔다. 지금 진산(한라산) 북쪽 기슭에 모흥이라는 굴이 있는데 바로 그곳이다. 맏이는 양을라, 다음은 고을라, 세 번째는 부을라라 하였다. 세 사람은 거친 벽지를 돌아다니며 사냥하여 그 가죽으로 옷을 만들어 입고 그 고기를 먹으며 살았다.

하루는 자줏빛 진흙으로 봉한 나무함이 동쪽 바닷가에 떠온 것을 보고 가까이 가서 열어보니 안에 돌함[石函]이 있고, 붉은 띠에 자주색 옷을 입은 사자 한 사람이 따라와 있었다. 돌함을 여니 푸른 옷을 입은 처녀 세 사람과 망아지, 송아지 및 오곡의 종자가 들어 있었다. 곧 (사자가) 말하기를 "나는 일본국 사신인데 우리 왕이 세 딸을 낳고 이르기를 서쪽 바다 가운데에 있는 산에 신의 아들 세 사람이 내려와 장차 나라를 세우려고 하나 배필이 없다 하고, 이에 신에게 명하여 세 딸을 모시고 오게 되었으니 마땅히 배필로 삼고 대업을 이루소서." 하고 사자는 홀연히 구름을 타고 가 버렸다.

세 사람은 나이 차례로 나누어 장가들고, 샘물맛이 좋고 땅이 비옥한 곳에 나아가 활을 쏘아 땅을 정하니, 양을나가 사는 곳을 第一徒, 고을나가 사는 곳을 第二徒, 부을나가 사는 곳을 第三徒라 하였다. 비로소 오곡을 파종하고 또 망아지와 송아지를 기르니, 날로 부유하고 번성해 갔다.

② 「삼성혈」(진성기, 1959/1978)

(중략) 저희들은 섬나라 벽랑국 황제의 딸이옵니다. 부왕께서 탐라국에 훌륭한 세 군주가 하늘에서 하강하였은즉, 그곳에 가 각기 세 군주의 배필이 되라고 분부하시옵기에 찾아왔나이다. 더욱이 오곡의 씨앗과 육축을 함께 보내는 것은 저희들은 지어미의 도리만을 다할 것이 아니라, 지아비를 도와 탐라국의 자손만대까지 영화를 누리게 하려 함이옵니다.

제주도 문헌신화의 대표격인 「삼성신화」에는 제주의 태초 모습이 잘 드러나 있다. 세 남성이 삼성혈에서 용출하였으며, 바다건너 벽랑국에서 세 여성(공주)이 오곡씨앗을 갖고 찾아온다. 이 신화에서 세 공주는 외국 여성이며, 이들의 출신국가가 '일본국, 벽랑국'으로 설정되어 있는데 이 글에서는 '벽랑국'으로 설명하겠다.

삼성신화는 지상 남성(제주 사람)과 지상 여성(외지 여성)의 혼인을 보여주며 제주도의 사람살이 시작을 알려준다. 세 왕자가 신격화되었기 때문에 세 공주는 신화의 주인공이 되었고, 제주 사람들의 어머니로 볼 수 있다. 그러나 세 공주는 왕자의 배우자로만 화석화되었고, 모신(母神)으로는 자리매김되지 못했다. 이는 삼성신화의 주인공을 세 왕자로만 규정하고 남성중심의 사회제도가 형성되었기 때문이다.

제주 신화에는 여신들의 위대함이 잘 나타나지만 이 신화에는 단순히 아내의 자격만 부여하고 세 공주의 활약상은 드러나지 않는다. 이 신화의 특성상 외지 여성이 제주의 어머니가 되었고, 농경과 목축시대의 도래를 예견하고 있다.

세 공주가 오곡씨를 갖고 들어오면서 농경시대의 서막을 열었다고 본다. 농경사회의 대표 도우미인 소와 말이 등장한 것을 보더라도 탐라의 개국은 농업, 목축업의 시작과 궤를 같이 한다고 볼 수 있다.

삼성신화는 건국신화(탐라국), 개국신화, 씨족시조신화라 할 수 있다. 그런데 세 남신의 부모가 등장하지 않고 구멍에서 솟아났다고 기록된 것으로 봐서 신의 계보는 알 수 없다. 삼성신화에서 신의 출생이 신이(神異)함을 알 수 있다. 다만 이국(異國)에서 들어온 공주의 부모와 국가가 드러나는 정도이며, 세 공주는 인간임을 짐작할 수 있다. 반면 다른 여성신화에는 조상의 가계가 드러나며, 일종의 통과의례인 '만남-혼인-가정 구성-자식 출생-부족 형성' 등의 인간사도 알 수 있다.

제주시 이도1동 삼성혈

삼성신화는 신과 인간의 만남으로 시작되니까 남신과 여성 인간이 결합하고 지상에서 인간세계를 형성한다는 일반적인 신화 내용과 일치한다. 이는 남신이 출현했지만 종족을 보존하고 가정을 꾸리기 위해서는 여성이 필수임을 잘 보여준다. 가정과 사회를 구성하기 위해서 여성이 등장하는데 그 여성의 신분이 공주로 묘사되어서 남신의 배우자는 고귀한 혈통이어야 함을 암시한다. 이들은 각자 배우자를 결정한 후에 투쟁 없이 영토를 분할하고, 자연스럽게 공동 분배한 것으로 봐서 이때부터 제주도는 평화의 섬으로 출발했음을 짐작할 수 있다.

성산읍 온평리 혼인지 내 동굴

2.2. 창조여신(創造女神)

설문대는 거여신(巨女神)으로 지금까지 제주의 자연 창조주로 회자되어 왔으며, 오백장군의 어머니로 설정되어서 인간창조에도 동참했다는 전설이 있다. 여기서는 설문대와 관련된 이야기를 제시하고 어떤 역할을 했는지 알아보고자 한다.

현용준과 진성기의 채록본에서 설문대 관련 이야기를 전부 보인 것은 신화적 요소가 전설이나 민담으로 변형되면서 전승되고 있는데, 여신의 위상에서 전설적인 인물로 변이되는 과정이 드러나기 때문이다. 관련 신화의 줄거리를 요약하면 다음과 같다.

2.2.1. 「살만두할망」(이원조)[10]

옛날 한 신녀(神女)가 있었는데 살만두할망[沙曼頭姑]이라 불렀다. 키[身長]는 거의 하늘만큼 하고, 손은 한라산 꼭대기에 걸치고, 발은 넓어서 큰 바다에 담가서 파도를 일으켰다고 한다. 일찍이 스스로 말하기를 "토인(土人: 제주 사람)들이 나에게 옷 한 벌을 만들어 주면 내가 반드시 대륙과 연결되는 다리를 놓아서 너희들이 도보로 오고갈 수 있게 해 주겠다."라고 하였다. 그러나 온 섬[一島]의 힘이 끝내 그 옷을 만들어내지 못하여 육지와 연결되는 다리가 이루어지지 않았다고 한다.

제주성 동쪽의 신촌(新村)에는 암석 위에 거인의 발자국이 찍혀 남아 있는데, 지금까지도 살만두할망의 발자국으로 일컬어지고 있다고 한다.

- 고창석 외 역주(2008), 『탐라지초본 하』, 이원조 저, 제주교육박물관, 6쪽.

2.2.2. 「설문대할망[雪漫頭]」(진성기, 1959/1978)

① 오백장군의 어머니 설문대할망은 굉장히 키가 클 뿐만 아니라 힘도 세었다. 흙을 파서 삽으로 일곱 번 떠 던진 것이 한라산이 되었으며, 도내 여러 곳의 산들은 다 할머니가 신고 있던 나막신에서 떨어진 한 덩이의 흙들이다.

② 설문대할망이 한라산을 베개 삼고 누웠으며, 빨래를 할 때 한쪽 발은 한라산, 또 한쪽은 관탈섬을 디디었다. 그리고 서귀포 앞바다에 있는 섶섬에는 커다란 구멍이 두 개 뚫려 있는데, 이것은 이 할머니가 누울 때 발을 잘못 뻗어서 생긴 것이다.

③ 설문대할망은 늘 도민들에게 명주 백동(1동은 50필)을 모아 속옷을 한 벌만 만들어 준다면 본토까지 걸어서 다닐 수 있도록 다리를 만들어 주겠다고 하였다. 이 말을 들은 도민들은 모을 수 있는 데까지 모았으나 꼭 한 동이 모자랐다. 육지로 가는 다리는 실현되지 못했지만 조천리에 있는 엉장메코지는 이 할머니가 놓으려던 다리의 흔적이며, 신촌리의 암석에 있는 큰 발자국은 그때의 자취이다.

---

10) 이원조(1792-1871)는 1841년~1843년(헌종 7~헌종 9) 제주목사로 재임했으며, 이 기간에 『탐라지초본』(고창석 외 역주, 제주교육박물관, 2008)을 지었다.

④ 설문대할망은 자신의 키가 큰 것을 늘 자랑하였다. 그래서 용연물이 깊다기에 들어섰더니 발등에 겨우 닿았으며, 홍리물(서귀읍 서홍리)은 무릎까지 올라왔다. 그러나 한라산의 물장오리물은 밑이 없는 연못이라 나오려는 순간 그만 빠져 죽고 말았다.

2.2.3.「선문대할망」(현용준, 1976ㄴ)

① 옛날 선문대할망이라는 키 큰 할머니가 있었다. 얼마나 키가 컸던지 한라산을 베개삼고 누우면 다리는 제주시 앞바다에 있는 관탈섬에 걸쳐졌다.

② 선문대할망은 빨래를 할 때 제주시 앞바다의 관탈섬에 놓아 발로 밟고, 팔은 한라산 꼭대기를 짚고 서서 빨래를 발로 문질러 빨았다.

③ 제주시 한내(漢川) 위쪽에는 큰 구멍이 팬 바위가 있는데, 이것은 할머니가 쓰던 감투다.

④ 제주도에는 많은 오름들이 여기저기 흩어져 있는데, 이 오름들은 할머니가 치맛자락에 흙을 담아 나를 때에 치마의 터진 구멍으로 흙이 조금씩 새어 흘러서 된 것이다.

⑤ 성산면 성산리 일출봉에는 많은 기암이 있는데 그 중에 높이 솟은 바위에 다시 큰 바위를 얹어 놓은 듯한 기암이 있다. 이 바위는 설명두할망이 길쌈을 할 때에 접시불(또는 솜불)을 켰던 등잔이라 한다. 처음에는 위에 다시 바위를 올려놓지 않았는데 불을 켜 보니 등잔이 얕으므로 다시 바위를 하나 올려놓아 등잔을 높인 것이라 한다. 등잔으로 썼다 해서 이 바위를 등경돌(燈檠石)이라 한다.

이상으로 세 편의 자료를 보면 설문대의 자연 창조 현장이 구체적으로 드러난다. 이 여신의 이름은 자료에 따라 '살만두, 설문대, 선문대, 설명두, 세명뒤' 등으로 기록되어 있는데 여기서는 '설문대'를 사용하겠다.

여러 자료에서 보듯이 설문대는 제주의 자연을 창조했고, 나체의 부끄러움을 인식해서 속옷을 걸치고 싶어 했다. 지상의 옷은 지상에 사는 인간의 도움으로 만들어야 한다는 필연성을 짐작하게 한다. 당시 제주도는 옷감을 만들 수 있는 환경이었다. 명주를 만드는 기술도 있고, 옷을 제작하는 기술도 있어서 설문대의 속옷을 만들어 줄 수 있는 영광의 기회였지만 옷감이 부족해서 그 재능을 만천하에 드러내지 못했다.

지금까지 설문대의 이미지는 거대하고, 제주도의 자연을 창조하고, 오백 명의 아들을 두었으며, 죽 솥에 빠져 죽거나, 자신의 신체적 장점을 과신하다가 호수에 빠져 죽은 것으로 설정되었다. 그러나 신화를 다시 음미해 보자.

설문대는 한라산을 베개 삼아 누울 정도로 자연을 쥐락펴락하던 여신인데 창조주의 결말이 너무 초라하지 않은가? 이는 여신의 창조 의무가 종료되니까 인간세상에 뿌리를 내리고 살든가 아니면 우아하게 사라져야 하는데, 신화에서는 죽음으로 신의 존재를 마감하고 있다.

하나는 물장올이라는 호수가 등장한다. 호수에 빠져 죽었다는 설정은 그래도 이 여신에게 마지막까지 품격을 부여한 것이다. 물은 고대부터 생과 사의 갈림길로 등장한다. 흔히 이승에서 물속으로 들어가서 다시 나오지 않으면 죽음으로 간주한다. 설문대는 여신이기 때문에 호수에 빠졌지만 이 호수는 끝을 알 수 없어서 어디로 사라졌는지 자신만이 알 것이다. 이 점이 신화의 결말이라 할 수 있다. 사람들은 설문대의 출생과 사망에 대해서는 잘 모르고 '태어났을 것이다. 죽었을 것이다.' 정도로 상상해 왔다.

두 번째는 솥에 빠져 죽었다는 설정이다. 설문대가 죽은 과정을 보면 설문대에게 아들이 있는 것으로 봐서 결혼을 한 것 같지만 남편이나 남신과의 만남은 존재하지 않는다. 설문대가 결혼하지 않고 오백 명의 아들을 두었다고 해도 이상할 것이 없다. 여신은 모든 것이 가능하기 때문이다. 또 하나 자식이 오백 명이라는 점은 설문대가 다산(多産)의

상징으로도 충분한데 거여신으로 부각된 측면이 강하다. 설문대가 죽은 장소를 구체화한 것은 자식을 부양하기 위하여 자신의 목숨을 내던진 어머니의 위대함을 보여주려는 의도가 내포되어 있다. 이런 점에서 설문대는 자연 창조주이고 생명 창조주이며, 어머니의 의무를 수행한 여신이라 할 수 있다.

제주도와 다른 지방을 연결하는 다리를 만들려는 욕망은 사람들의 숙원사업이었음을 짐작할 수 있다. 신화시대부터 제주도는 뭍과 동떨어져서 바다 위에 떠 있는 섬이며, 고립되어 있었음을 알 수 있다.

이에 섬사람들은 뭍으로 이동하는 길을 만들고 싶었지만 인간의 힘으로는 불가능했다. 그래서 설문대의 요구조건이 아무리 힘들어도 수행하려고 했는데 결국 옷감 1동이 부족해서 거대한 꿈은 사라졌다. 이는 인간의 좌절이기도 하지만 여신이 걸칠 옷은 인간이 제작할 수 없다는 해석이 가능하다. 또한 세상의 모든 일은 사소함에서 비롯됨을 보여준다. 아울러 제주도의 생성이 이미 신의 뜻인데 여신이 함부로 변형할 수 없음을 암시했다고 보며, 이때부터 여신의 몰락은 예견되어 있었다.

한편 설문대가 다리를 놓으려고 했던 장소가 전설처럼 전승되는 것은 제주 사람들의 열망이 수그러들지 않았기 때문이다. 2008년에는 제주와 완도를 연결하는 해저터널을 만들겠다는 사업계획도 발표되었다. 그 이후에도 정치적 변동에 따라 이 사업계획이 거론되고 있다. 결국 제주도와 육지를 연결하는 육로를 만들려는 의지는 제주도 생성기부터 존재한 염원이었다고 볼 수 있다.

설문대는 제주의 오름을 만들었고, 한라산, 산방산, 관탈섬, 범섬, 섶섬 등을 자유자재로 짚고 다닐 정도로 거대한 여신이다. 또한 제주도의 유명한 물통의 깊이를 시험해 보는 실험정신이 뛰어나다. 그리고 거대한 자연물을 베개 삼아 누울 정도로 풍채가 좋음을 묘사하고 있지만 제주도의 자연물을 고작 빨래터로 사용했음을 알려준다.

제주사회에서는 설문대가 위대한 창조여신의 이미지보다는 가정생활을 전담하는 여성의 이미지로 부각되어 있다. 이는 신화 전수자들이 여신을 어떻게 인식했는지를 보여준다. 여신에 대한 부정적이고 소극적인 이미지 전승에도 불구하고 제주 여성들은 설문대의 위대한 창조정신에 매료되어 있다.

그런데 신은 성별에 관계없이 거대할 것이라는데 이견이 없지만 유독 설문대만 거여신으로 설정해서 체구가 큰 것에만 초점이 모아졌다. 제주의 남신 중 거신(巨神)의 이미지가 부각된 신은 없다. 이는 제주 자연물 창조의 능력을 여신에게 맡기면서 남성들의 자존심 훼손을 만회하기 위하여 외모와 속옷 구하기를 부각하는데 주력했다는 의심이 든다.

성산 일출봉에 있는 등경돌

제주시 오라2동 교지교에 있는 족감석

지금까지 이 신화는 설문대의 속옷 입기 욕구를 만족시켜 주지 못해서 제주도가 영원히 섬으로 남아 있음에 대한 아쉬움만 강조되었다. 여신의 속옷을 생각해 보자. 신화에서 왜 여신은 속옷에 대한 집착을 드러냈을까? 이는 여성의 나신(裸身)을 부끄럽게 여기고 여성의 몸은 옷감으로 감싸고 감추어야 하며, 훔쳐보기의 대상으로 인식한 것이다. 결국 이는 설문대에게 여신의 이미지보다는 여성의 이미지를 부여한 것이며, 여성이기 때문에 바다를 가로지르는 다리를 완성할 수 없다고 본 것이다.

2.3. 생명여신(生命女神)

생명여신에는 통과의례 중 출생을 관장하며 생명의 잉태와 양육을 도와주는 삼승할망(産神)과 이를 시기하며 성장통을 앓게 하는 저승할망(마마신)이 있다. 인간의 출생과 죽음을 관장하는 신이 여신으로 설정되어 있다. 관련 신화의 줄거리를 요약하면 다음과 같다.

2.3.1.「産神과 마마신」(현용준, 1976ㄱ)

① 명진국 따님아기의 출생

동해용왕은 서해용왕 딸과 결혼했는데 30~40년이 지나도록 자식이 없었다. 이에 관음사에 가서 백일 간 기도하니까 月宮 仙女 같은 딸을 낳았다. 아들이 아니어서 조금 섭섭했지만 잘 키웠다.

그런데 한 살에는 어머니 젖가슴을 때리고, 두 살엔 아버지 수염을 뽑고, 세 살엔 널어놓은 곡식을 망치고, 네 살엔 조상에게 불효하고, 다섯 살엔 친족불화, 여섯 살엔 尊長 불효 등 죄목이 많아지니까 아버지는 딸을 죽이려고 했다. 어머니는 꾀를 내어 동해 용궁 대장장이 아들을 불러서 석함을 만든 후에 그 속에 담고 동해 바다로 띄우자고 제안했다.

② 불효죄로 내쫓김

동해용왕 딸은 인간세상으로 나가는 것이 두려워서 어머니께 살 방법을 물었다. 어머니가 말하기를 "인간에 生佛王(삼승할망)이 없으므로 생불왕이 되어서 얻어먹으라." 그러자 生佛(잉태)은 어떻게 주며, 환생은 어떻게 주는지 여쭈었다. "아버지몸에 흰 피 석 달 열흘, 어머니몸에 검은 피 석 달 열흘 아홉달 준삭을 채워서 해산시키면 된다."고 일러주었다. 그때 어디로 해산을 시키는지 다 듣기 전에 아버지의 호령에 석함에 담겨졌다. 석함에는 '임박사가 열어 보라'는 글귀를 적었다.

③ 삼승할망과 저승할망의 자격 획득

이 석함은 물 아래도 삼 년, 물 위로도 삼 년을 떠다니다가 처녀물가에 떠올랐다. 임박사가 발로 석함을 툭 차니 자물쇠가 저절로 열리고 꽃다운 처녀가 앉아 있었다. 임박사는 처녀가 귀신인지 생인인지 확인하고 생불왕이 된 사연을 들었다.

임박사는 나이 오십이 지나도 자식이 없는 사연을 말하고 생불 주기를 청했다. 어머니가 가르쳐 준 대로 잉태를 시켰는데 해산길을 미처 듣지 못한 터라 그 방법을 몰랐다. 임박사부인은 해산하지 못해서 열두 달이 넘어가자 생명이 위태로웠다. 은가위로 산모의 오른쪽 겨드랑이를 자르고 태아를 꺼내려고 열어보니 둘 다 잃게 되었다.

겁에 질린 동해용왕 따님아기는 임박사집에서 나와서 처녀물가로 달려갔다. 수양버들 밑에서 울고 있을 시각, 임박사 역시 귀하게 얻은 자식을 잃을까 봐 금백산에 올라가서 칠성단을 차려놓고 요령을 흔들면서 옥황상제께 기도했다.

옥황상제는 지부사천대왕(地府四天大王)을 불러 사연을 들은 후에 생불왕을 추천하라고 했다. 지부사천대왕이 인간세상을 보니 명진국 따님아기가 병인년 병인월 병인일 병인시 정월 초사흗날 태어났다. 성품이 효성스러우며 한 손엔 번성꽃, 한 손엔 환생꽃을 들고 있으니 이 아이를 생불왕으로 추천했다.

옥황상제는 금부도사(禁府都事)를 지상으로 보내서 명진국 따님아기를 불러들였다. 몇 가지 시험한 후에 그녀에게 생불왕이 될 것을 허락했다. 그녀는 할 수 없다고 했으나 해산날에 산모의 몸이 열리면 열두 궁의 문(宮의 門: 陰門)을 해산시키라고 했다.

그녀는 옥황상제의 명령대로 생불왕이 되어서 지상으로 내려왔다. 남방사주(藍紡紗紬) 저고리, 백방사주(白紡紗紬) 바지, 대홍대단(大紅大緞) 홑단치마, 물명주 속옷 등 눈부신 차림으로 사월 초파일에 인간세상에 내려왔다. 처녀물가에 이르니 동해용왕 딸이 앉아 있고 저간의 사정을 들었다. 서로 생불왕이라 말하니 다투게 되었고, 가부를 가르기 위하여 옥황상제에게 여쭤 보기로 했다. 각자에게 꽃씨를 주면서 서천서역국 모래밭에 심어서 번성하는 주인에게 생불왕의 기능을 주겠다고 했다.

동해용왕 딸의 꽃은 뿌리, 가지, 순도 하나여서 시들어서 저승할망

(구삼싱할망)이 되고, 명진국 따님아기가 심은 꽃은 뿌리는 하나이고 가지는 4만5천6백 가지로 번성해서 삼승할망(생불왕: 産神)이 되었다. 이때 동해용왕 딸은 명진국 따님아기의 꽃을 한 가지 꺾으면서 "아기가 태어나 백일이 지나면 경풍(驚風), 경세(驚勢) 등 온갖 병에 걸리게 하겠다."고 말했다.

명진국 따님아기는 저승할망을 달래려고 "아기가 태어나면 너를 위해 적삼, 머리, 아기업는 멜빵 등 폐백과 좋은 음식을 차려서 주겠다." 사정했다. 동해용왕 딸은 저승으로 가고, 명진국 따님아기는 이승으로 내려왔다. 이후부터 아이가 아프면 저승할망을 위해 음식상을 차린다.

④ 삼승할망의 좌정

명진국 따님아기는 이양안동 금백산 밑에 비자나무를 기둥 삼고, 정자나무로 다리를 걸고 대추나무로 서까래를 걸어서 누각을 짓게 했다. 다락 네 귀에 풍경을 매달고 내성과 외성을 둘렀다. 삼승할망은 문 안과 밖에 60여 명의 아기업개(아기업저지)를 거느리고 좌정했다. 앞에는 1천 장(丈)의 벼루에 3천 장의 먹물을 받고, 한쪽 손에는 번성꽃을 쥐고 한쪽 손에는 환생꽃을 쥐어서 앉아서 천리를 보고 서서 만리를 보며 17, 23, 27일에 자손들의 사례를 받았다.

어느 날 삼승할망은 급한 산모를 도와주려 서천강 다리를 건너 사거리에 이르러서 대별상(마마신)과 마주쳤다. 삼승할망은 예를 갖추어 대별상에게 인사하니까 "여성은 꿈에 봐도 새물[邪物]인데 남자 대장부 행찻길에 사망(邪妄)한 여성이 웬 일이냐?"라며 호령했다. 삼승할망은 분을 참고 조심히 지나갔다. 대별상은 삼승할망이 만든 자손들의 얼굴을 뒤웅박으로 만들어 버렸다.

삼승할망은 생불꽃을 가지고 대별상을 찾아가서 이 꽃으로 대별상의 부인인 서신국 마누라에게 태기를 불러줬다. 해산달이 되었지만 삼승할망이 도와주지 않으니까 죽게 되었다. 대별상은 아내의 부탁으로 할 수 없이 삼승할망에게 도움을 청했다. 대별상이 서천강에 명주로 다리로 놓아주니까 삼승할망이 걸어서 그 집에 갔다. 사경을 헤매고 있는 서신국 마누라를 도와주니 궁에문(宮의 門 : 陰門)이 열리고 순산했다. 이때부터 굿을 할 때 신을 청하려면 무명이나 광목을 깔아놓고 이를 다리[橋]라 하여 청한다.

2.3.2. 「저승할망」(진성기, 1959/1978)

① 저승할망과 조우

옛날에 한 소년이 홀어머니를 모시고 살고 있었다. 하루는 홍역굿을 구경하고 돌아왔는데 대문 밖에 백발이 성성한 할머니가 앉아 있었다.

"이 집에 홍역으로 앓는 아이가 있지? 불쌍해 살려 주려고 와 보니, 저렇게 금줄이 매어 있지 아니하냐? 들어갈 수는 없고, 어찌할까 해서 여기 앉아 있는 거야."

이렇게 대답하고 혼잣말로, '저 무당년들은 내가 금줄을 맨 곳에 온 줄도 모르고 굿을 하고 있으니 죽일 년들이야.' 하면서 혀를 끌끌 찼다.

소년은 어머니에게 밥 한상을 차려 달라고 하여 노파에게 드렸다. 노파는 상을 받자 밥 세 술, 국 세 술, 찬 세 술을 한 그릇에 떠 놓고 소년에게 먹으라고 하였다.

노파는 지팡이를 짚고 날 듯이 훨훨 걸어서 어디론가 사라졌다.

② 저승길의 모습

소년은 가는 길에 연자방아를 등에 진 사람과 큰 바위 위에 앉아서 짚신을 삼고 있는 노인을 만났다. 또한 어떤 여자 두 사람이 산을 짊어지고 일어나지 못해 괴상한 비명을 지르고 있는 것도 보았다. 세 사람은 소년이 저승할망에게 점을 치러 간다니까 자신들의 점도 봐 주라고 부탁했다.

소년은 그것을 승낙하고 지팡이의 자취를 따라 부지런히 걸었다. 얼마를 더 가자 육지는 끝나고 망망한 대해가 앞을 가로막았다. 해변을 어슬렁거리고 있는데 먼 바다에서 거대한 뱀이 헤엄쳐 오고 있었다.

"내 등에 타거라. 너를 저승할망한테 데려다 주마. 그 대신 내 점도 부탁하자꾸나."

소년은 자기가 오면서 겪은 일들을 이야기하고, 어떤 뱀이 바다를 건네주면서 점을 부탁하더란 이야기도 하였다.

며칠이 지난 후 하루는 노파가 소년을 불러 앉히고 말했다.

"넌 지금까지 여기서 삼 년을 지난 셈이다. 이젠 돌아가거라."

③ 인간에게 내린 벌

소년의 이야기를 듣고 난 노파는 그들의 점을 하나하나 쳐 주었다.

"연자방아를 메고 있는 녀석은 부모의 재산을 탕진한 죄를 지었지. 앞으로 육 년은 더 있어야 죄가 풀릴 게고, 짚신을 삼던 노인은 하늘에서 복을 받기로 되어 있지. 네 가다가 노인을 만나 바위 밑을 파 보면 은 두 덩어리가 들어 있을 게다. 한 개는 노인에게 드리고, 한 개는 네가 가져라. 그리고 두 여자 중에 한 여자는 시부모를 박대해서 음식을 제대로 안 준 악독한 년이고, 다른 여자는 남편의 눈을 속여 서방질을 했으니 삼 년 있어야 죄가 풀린다고 말해 주어라."

④ 효도의 대가

그동안 어머니는 백발이 되어 지팡이를 짚어야 거동할 수 있었다. 소년은 지금까지 자기가 겪은 모든 일들을 이야기하고, 간직하여 온 과실을 어머니에게 드렸다. 어머니는 과실을 먹자, 전처럼 젊은 모습이 되었다. 소년은 어머니를 모시고 처녀의 집으로 갔다. 은덩어리는 매우 값진 것이었으므로 그들은 부자로 평생을 보냈다.

「산신(産神)과 마마신」은 서사무가에서 「삼승할망본풀이」로, 대별상(마마신)과 만남 이후의 이야기는 「마누라본풀이」로 전승되고 있다. 삼승할망과 저승할망은 여신이면서 저승세계를 다녀와야 하는 통과의례가 보인다. 이는 인간의 생명을 다루는 여신들도 직접 생과 사를 경험한 후에 영원불멸의 영혼을 얻는다는 뜻이다. 또한 그런 능력을 갖춘 자만이 유한한 인간을 다스릴 수 있는 것이다.

이 신화에서 알 수 있듯이 삼승할망과 저승할망의 위력은 지금까지도 제주 여성들에게 영향을 미치고 있다. 통과의례 중 출산의례(문순덕, 2004ㄱ/2004ㄴ)을 보면 사람들은 삼승할망이 아기를 점지해 준다고 믿어서 기자의례를 행하고, 아기가 태어나면 적어도 15세까지 무탈하게 자라기를 바라면서 '삼승할망상'을 준비했다. 이는 나약한 인간의 모습을 인정하고 여신의 보호를 요청하는 의례이다. 이때 삼승할망의 보호권에 도전하는 구삼승할망이 있으며, 이 여신은 현용준본에 나오는 저승할망이다.

신화의 내용처럼 삼승할망이 아기의 생명을 보살펴 주려고 할 때 가끔 심술을 부리면서 구삼승할망도 자신의 존재를 드러내면 인간인 어머니는 두 여신을 위해서 지극 정성으로 치성을 드리면서 자손의 안위를 보호하려고 했다. 이런 의례는 현대의학이 발달한 지금도 전승되고 있으며 이 여신들은 제주 사람들의 마음에 살아 있다.

삼승할망상

2.4. 농업여신(農業女神)

자청비신화는 제주도의 사회제도가 정비되는 과정을 보여주며, 현대 우리들의 생활에 어떤 영향을 미쳤는지도 알 수 있다. 이 신화는 '신의 출생 → 성장 → 용감한 도전 → 성취 → 여성으로 귀화 → 인격화 → 농경신으로 좌정'의 구조여서 전기문의 유형을 보여준다. 자청비는 신화 결말에서 농경신으로 등장하지만 제주 사람들이 이 여신을 진정한 농경신으로 숭배하는 의례는 없다.

자청비신화의 줄거리를 요약하면 다음과 같다.

2.4.1. 「자청비」(현용준, 1976ㄱ)

① 자청비의 계보

세경의 할아버지는 천황제석(天皇帝釋)이고, 할머니는 지황제석(地皇帝釋), 아버지는 김진국 대감, 어머니는 ᄌᆞ지국 부인이다. 김진국 대감과 ᄌᆞ지국 부인이 결혼해서 비복(婢僕)을 갖추어서 잘 살았지만 오십이 가까워도 자식이 없었다.

하루는 동개남 은중절의 小師(소사 : 上佐)가 시주하러 왔다가 임신 기도 방법을 알려주었다. 백근을 채워서 백일불공 드리길 권유했다. 대추나무 저울로 제물을 달아보니 아흔아홉근이 되어서 아쉽게도 딸을 낳았다. 앞이마엔 해님이요, 뒷이마엔 달님이요, 두 어깨엔 금샛별이 송송히 박힌 듯한 귀여운 아이다. 자청하여 낳은 자식이니 '자청비'라 불렀다.

② 자청비와 문도령의 만남

자청비가 15세가 되자 상다락에 앉아 공단을 짜다가 늦인덕정하님의 고운 손에 눈길이 멈췄다. 종은 날마다 주천강 연못에서 빨래를 하니까 곱다고 대답했다. 자청비는 한두 살 때부터 입던 옷을 다 담고 주천강 연못으로 빨래하러 갔다. 이때 하늘나라 옥황 문곡성(文曲星)의 아들 文王星 문도령이 거무 선생에게 공부하러 내려왔다.

문도령은 자청비에게 말을 붙이려고 마실 물을 달라고 하자 자청비는 버들잎을 띄워서 주었다. 이 인연을 계기로 자청비는 남장을 하고 문도령과 글공부하러 갔다.

삼년 후 문도령은 서수왕의 딸과 결혼하라는 호출을 받았다. 학업을 그만두고 집으로 돌아오는 길에 위아래로 이어진 물통이 있어서 위에는 자청비가, 아래에는 문도령이 들어가서 목욕을 하기로 했다. 자청비는 버드나뭇잎에 "눈치없는 문도령아, 멍청한 문도령아. 삼년 간 한 방에 살아도 남녀구별 못했다."는 글을 써서 띄우고는 혼자 집으로 돌아와 버렸다.

③ 정수남의 죽음

자청비는 문도령과 이별하고 슬픔 속에 살아갔다. 남자종인 정이읏인 정수남이 여러 가지 방법으로 상전인 자청비를 놀리면서 무거운 짐을 지고 걷게 했다. 나중에는 자청비에게 달려들려고 하니 무릎에 누우면 머리에 있는 이를 잡아주겠다고 속여 지혜롭게 위기를 넘겼다. 정수남의 머리에 있는 굵은 이는 장수로 살려두고, 작은 이는 군졸로 놓아두고, 중간 놈만 죽이는 듯했다. 정수남을 살려두면 자신이 죽을 것 같아서 옆에 있는 청미래덩굴을 꺾어서 귀를 관통하자 죽고 말았다.

④ 영생의 공간, 서천꽃밭의 등장

자청비는 집을 떠나서 아랫마을로 갔는데 세 어린이가 부엉이 하나를 놓고 다투고 있었다. 자청비는 서 푼에 부엉이를 산 후에 서천꽃밭에 날아드는 부엉이를 거짓으로 잡고 사위가 되었다. 황세곤간의 막내딸과 혼인하여 백일이 흘렀다. 서천꽃밭을 구경하면서 아무도 몰래 꽃을 하나씩 따서 주머니에 넣었다. 환생꽃을 들고 정수남이 죽은 곳으로 가서 살려 내니 봄잠이라 오래 잤다면서 살아났다. 집에 데려오니 부모는 여자가 사람을 죽이고 살린다면서 내쫓았다.

집을 나온 자청비는 길을 가다가 베틀소리가 나는 곳으로 가 보니 주모할머니가 비단을 짜고 있었다. 자청비의 비단 짜는 솜씨에 감탄하며 수양딸을 삼았다. 이 비단은 하늘 옥황 문왕성 문도령이 서수왕딸과 결혼하는 폐백감이라 말해 주었다. 주모는 자청비의 사연을 몰랐다.

자청비는 비단을 다 짜고 '가령하다 가령비, 자청하다 자청비'라 글자를 써 넣었다. 양어머니에게는 하늘에 올라가서 이 비단 짠 사람을 묻거든 '주년국 땅 자청비'라 일러 달라고 했다.

⑤ 혼례의 효시

어느 날 하늘 옥황 궁녀들이 처량하게 울고 있는 것을 보고 그 이유를 물으니 문도령이 주년국 자청비와 목욕했던 물을 떠오라고 해도 찾지 못했다고 했다. 자청비는 자신을 밝히고 물을 떠 주면서 같이 하늘로 데려가 달라고 했다. 줄을 타고 하늘로 올라가서 팽나무에 올라 문도령네 집을 내려다 보았다. 자청비는 "저 달은 곱다마는 계수나무 박혔구

나. 하늘 옥황 문왕성 문도령 얼굴보다 더 고우랴." 노래 부르니 마침 마당에 나와 있던 문도령이 듣고는 서로 만나서 만단정회를 나누었다.

문도령은 부모 몰래 자청비를 방에 숨겨두고 지내는데 늦인덕정하님이 눈치챘다. 자청비는 문도령에게 부모에게서 허락받을 방법을 소상히 알려주었다. 문도령 부모는 "내 며느리될 사람은 쉰 자 구덩이를 파 놓고 숯 쉰 섬을 묻어 불을 피워 놓고 불 위에 작도를 걸어, 칼날 위를 타 나가고 들어와야 한다."고 했다.

자청비는 이 상황을 받아들였다. 문도령은 "자청비야, 오늘 죽더라도 이 문씨 집의 귀신이 될 것이니 하나 섭섭하게 생각 말라."며 위로했다.

자청비는 눈물로 세수하며 백릉 보선을 벗고 박씨 같은 발로 작도 위에 올라섰다. 숯불을 넘고 위기를 잘 넘겨서 작도 끄트머리에 가서 내리려고 한 발을 디딘 순간 긴장이 풀려서 발꿈치가 다치고 자지피가 났다. 자청비는 얼른 속치맛자락으로 닦으니 속치마가 더러워졌다. 문도령과 부모가 달려와서 며느리로 맞이했다. 자청비는 세상에 태어난 보람을 남기겠다며 여자가 15세가 넘으면 다달이 몸엣것 오는 법을 마련했다.

한편 막편지를 서수왕 따님에게 되돌리니 화가 치밀었다. 막편지를 비벼 불을 붙여 한 사발 물에 타 먹고 문을 잠그고 드러누웠다. 백일이 지나서 방문을 뜯어보니 서수왕 따님아기는 새로 환생해 있었다. 머리에서는 두통새가 나오고, 눈에서는 흘그새(흘깃흘깃하는 새), 코에서는 악숨새가, 입에서는 혀 말림새가 나왔다. 이때부터 이 새가 들면 부부사이가 나빠진다고 한다.

잔치 때 신부가 신부상을 받으면 먼저 상에 있는 음식을 조금씩 떠서 상 밑으로 놓는 법이 생겼으며, 이는 서수왕 따님을 대접하는 것이다.

⑥ 상례의 효시

자청비와 문도령이 혼인하고 하늘 옥황에서는 며느리 칭찬이 자자했다. 어느 날 자청비는 서천꽃밭의 막내딸이 생각났다. 문도령은 저간의 사정을 말하고 "한 여자를 억울하게 박대할 수 없다."며 그녀의 남편이 되어 주기를 청했다. 즉 한 달 중 자청비와 15일, 막내딸과 15일

지내는데 남편이 이상하다고 하면 과거시험 보느라 달라졌다고 하라는 거짓말까지 알려주었다.

자청비 말대로 서천꽃밭 막내딸과 신혼생활은 달콤해서 시간 가는 줄을 몰랐다. 기다리다 지친 자청비는 까마귀에게 편지를 보냈다. 그때야 정신이 번쩍 들어서 말 안장을 거꾸로 놓고, 관을 쓴다는 게 행전을 둘러쓰고, 두루마기는 한쪽 어깨에만 걸치고 하늘로 갔다. 그 시간에 자청비는 머리를 풀어 손질하고 있다가 말방울소리가 나자 바쁜 척하며 머리를 짚으로 묶고 문간으로 마중하러 갔다.

"낭군님아, 낭군님아. 모든 차림새가 바쁜 차림새이니 法之法이나 마련하세요."

이때부터 부모가 돌아가시면 정신이 없고 바쁘므로 초상나고 성복하기 전에는 통두건(윗부분을 꿰매지 않음)을 쓰고, 두루마기는 한쪽 어깨에만 걸치는 법과 여자상제는 머리를 풀어 짚으로 묶는 법이 생겼다.

⑦ 오곡 씨앗 획득

자청비와 문도령이 행복하게 사니까 이를 시기하는 무리들이 생겨났고, 문도령은 그들의 꼬임에 빠져 죽었다. 그러자 자청비는 서천꽃밭에 가서 도환생꽃을 가져다가 남편을 살려내었다.

이때 하늘 옥황에 큰 사변이 발생해서 난을 평정하는 자에겐 땅 한 조각, 물 한 조각을 갈라 주겠다는 방이 나붙었다. 자청비는 서천꽃밭에서 얻어온 멸망꽃을 가지고 천자 앞에 나가서 기회를 달라고 했다. 전쟁터에 가서 삼만 명의 군사들이 싸우는데 멸망꽃을 뿌리니 모두 죽고 난리가 평정되었다. 천자는 크게 기뻐하며 보상을 하려고 하자 자청비는 모두 사양하고 오곡의 씨앗을 청했다.

⑧ 농신(農神)으로 좌정

자청비와 문도령은 오곡씨를 갖고 7월 보름에 인간세상으로 내려왔으며, 이때부터 백중제를 지내게 되었다.

자청비는 오곡씨를 가져온다는 것이 메밀씨를 놓고 왔다. 하늘 옥황에 가서 메밀씨를 갖고 와 보니 여름 파종시기가 지났다. 그래도 그 씨앗을 뿌리니 다른 곡식과 같이 가을에 거둬들였다.

이때부터 문도령과 자청비는 농신(農神)인 세경이 되고 정수남은 축산신(畜産神)이 되어서 많은 목동을 거느리고 마소를 치며 칠월에 마불림제를 받아먹게 되었다. 그래서 문도령을 상세경, 자청비를 중세경, 정수남을 하세경이라 부르게 되었다.

2.4.2. 「자청비」(진성기, 1959/1978)

① 자청비와 문도령의 힘 겨루기

옛날에 문국성 문도령이라는 선비가 살고 있었다. 한 처녀를 만났는데 그 처녀가 곧 가령나다 가령비인 자청비이다.

자청비는 문도령에게 활쏘기를 제안했다. 문도령은 열두 발밖에 쏘지 못하고, 자청비는 스물네 발을 쏘았다.

자청비가 문도령에게 "그건 소피를 누어 보면 알 일일세."라며 제안했다. 도령의 오줌 줄기는 기와집 두 채 너머밖에 뻗히지 못한 데 비해서, 자청비의 오줌은 대붓통을 이용하였기 때문에 다섯 채는 넉넉히 뻗어나갔다.

② 죽음의 결혼식

문도령은 내일 결혼을 앞둔 저녁에 자기의 시체는 모처에 묻어 달라는 유서를 남기고 스스로 목숨을 끊고 말았다. 이튿날 잔치는 급기야 장례식으로 변하였다. 자청비도 이 소식을 듣고 또 무덤이 어디에 있다는 것도 알게 되었다.

이윽고 자청비의 결혼식날, 가마를 타고 가던 자청비는 문도령의 무덤 곁을 지날 때에 교군들에게 소피가 보고 싶다면서 가마를 멈추게 하였다. 가마에서 내린 자청비는 문도령의 무덤에 달려가 엎드려 통곡하면서, "문국성 문도령아, 이렇게 무심히 잠을 자느냐. 나는 가령나다 가령비라, 자청나다 자청비라. 날 사랑하였거든 무덤이나 열어라."

그러자 무덤이 두 갈래로 갈라지고, 틈으로 뛰어들었다. 황급히 달려온 신랑이 자청비의 치맛자락을 붙잡았을 때, 자청비가 신랑에게 한마디 했다.

"내 치맛자락은 찢어져 파리나 되게 하셔요. 모기나 되게 하셔요."

> 자청비의 치맛자락이 찢긴 채 무덤은 닫히고 말았다. 이때부터 모기와 파리, 그 밖의 여러 벌레가 생겨나게 되었으며, 그것은 자청비의 찢어진 치맛자락이라 한다.

두 편의 자청비신화는 내용이 대동소이한데 진성기본에서 현용준본과 결말이 다른 부분을 제시했다. 현용준본 자청비신화(서사무가로는 「세경본풀이」이라 함)의 일부 화소가 제주의 열녀이야기로, 혼인의례로 전파되었음을 알 수 있는데 그 내용을 좀더 살펴보겠다.

신화에는 신들에게 의미 있는 특정 장소가 등장한다. 자청비가 문도령과 첫 대면한 장소인 우물가가 있는데 신화 속의 연화못은 자청비의 빨래터와 남선비 본부인이 죽은 장소로 등장한다. 문도령이 지상으로 내려와서 처음 자청비를 만날 때 수작의 매개로 물마시기가 등장한다. 자청비는 문도령이 천천히 물을 마실 수 있도록 배려하여 버들잎을 띄워서 준다.

이 화소는 열녀 국지(烈女 國只)의 구전자료에 그대로 반영되어 있다. 문순덕(2007)에 의하면 열녀 국지의 절행이 사료(史料)에는 남편 사후 주변의 온갖 유혹을 물리치고 수절했다고 되어 있다. 반면, 구비전승 자료에는 사료와는 다르게 전해지고 있다. 열녀 국지(제주시 조천읍 신촌리 소재)가 우물가에서 목마른 나그네에게 물 한그릇을 주는 장면이 이 신화의 화소와 같으며, 국지는 한 번 스친 나그네를 위해 수절했다고 전한다. 이는 신들의 사랑 이야기가 전승되면서 선택적으로 살아남은 것이다.

자청비가 문도령과 공부하기 위해 한 방에서 동거하게 되자 남성과 여성의 실질적 경계선을 긋는데 대야와 수저를 이용해서 넘나듦을 예방한다. 이는 남녀동거 시 경계선 긋기의 전형을 보여주는 화소이다.

자청비가 가정을 벗어나서 더 넓은 세계로 진입하는 매개체로 교육이 등장한다. 자청비의 부모는 딸을 물가에 내놓으면 불안하다는 생각을 지닌 전형적인 부모상을 지녔다. 한편 자청비는 문도령과 동행하려는 목적을 달성하기 위하여 제사를 집행하는 데 필요한 자질을 함양하겠다는 목적을 제시하고 자아실현의 길로 들어선다. 이 시점에서 자청비 다시 보기가 회자되는 것은 진취적, 독립적, 인간적인 사랑의 이야기가 잘 드러나기 때문이다.

자청비와 문도령의 1차 이별 장소로 남녀목욕탕이 등장한다. 자청비가 문도령의 무감각을 비웃으면서 물통에서 물놀이를 했는데 이는 노천목욕탕의 효시라 할 수 있다. 지금도 제주도 곳곳에는 용천수가 있으며 마을에 따라 잘 복원해서 여름철 목욕탕으로 이용하고 있다. 신화의 내용과 같이 물통이 두 개 있으면 위쪽은 여성들의 목욕탕이고, 그 아래쪽은 남성들의 목욕탕이다.

자청비신화에서 제주도 혼인의례의 풍속 일부를 볼 수 있다. 잔칫날 아침 신랑이 신부집에 가서 먼저 말머리고사를 지내는 장면, 신부가 신랑집에 도착하여 신부상을 받으면 신부의 도우미인 대반이 신부의 밥을 조금 떠서 상 밑으로 놓는 장면이다(서수왕 따님을 대접함). 지금도 결혼식 때 신부는 이 의식을 행한다. 또한 초상 때 상복의 모습도 남아 있는 풍속이다. 신화가 먼저인지 풍속이 신화와 융해되어서 전승되는 것인지는 모르지만 신부의 밥을 맨 먼저 떠서 신을 위하는 것은 신화의 화소가 영속성을 지니고 있다는 반증이다.

진성기본의 결말은 비극적이다. 인간들의 삶과 마찬가지로 신화에도 신들이 힘겨운 투쟁을 거쳐서 결혼에 이르는 내용을 담고 있으며, 이런 내용이 현대까지도 사랑이란 난관을 극복하고 얻어야 하는 대상임을 보여준다.

신화를 보면 자식 얻기를 염원하면서 기도드릴 때 모든 제물이 잘 갖추어지면 아들을 낳고 하나가 부족하면 딸을 낳는다고 설정되었다. 아들은 완성과 기준점에 놓인다. 자청비의 출생 내력도 이와 같다. 기도 제물 반근이 모자라서 딸로 태어난다. 자청비는 자유연애를 선택하고 자유결혼을 관철시키기 위하여 온갖 시련을 통과한다. 이는 중매혼과 자유혼의 차이점이기도 하다.

전반적으로 자청비신화를 보면 자청비는 맘에 드는 남성인 문도령을 연모하지만 자신의 감정을 살짝 감추고 선의의 경쟁을 한다. 자신의 사회적 성취를 위하여 공부하고 과거시험에 응시하는 등 현대 여성들의 이상향을 고루 갖추고 있다. 그러나 연모하는 남성이 결혼한다는 소식에 실망하고 대책을 강구한다. 연인끼리 밀고 당기는 감정교류가 드러나며 그가 천신(天神)의 아들임을 알고도 차분히 대응한다. 이는 결혼이 신분상승을 가져오는 엘리베이터 효과가 있겠지만 먹이를 덥석 물지 않고 천신의 며느리가 되는 통과의례를 받아들이고 무사히 통과함으로써 시련을 겪고 얻은 사랑이 얼마나 빛나는지를 잘 보여준다.

자청비는 현명하고 뛰어난 여신으로 그려지고 있지만 남성에게 예속되는 전형적인 여성성을 지니고 있다. 이는 신이긴 하지만 남성과 여성의 역할이 분명하게 구별하던 시대임을 짐작할 수 있다.

자청비신화를 보면 자청비는 독주를 마시고 죽은 남편을 살리기 위하여 저승세계인 서천꽃밭으로 가서 환생꽃(동백꽃)을 구해 와서 남편의 생명을 부활시킨다. 그런데 여신이 저승세계로 들어가는 길은 험난하고 위험한 환경에 노출되어 있다. 자청비는 온갖 시련을 극복하고 무사히 이승으로 회귀하는데 목숨 걸고 저승과 이승을 넘나드는 것은 오로지 남편의 목숨을 부활시키려는 일념뿐이다. 여러 신화를 보면 창조여신들에게 저승세계를 다녀오는 임무가 주어지는데 남신들이 저승세계에 다녀온다는 내용은 없다.

자청비신화에는 조강지처와 열녀의 화신(첩살림 권유, 인정, 9년 시집살이, 서천꽃밭으로 가는 길)이 정형화되어 있으며, 이는 열녀 사료와 전설에 고스란히 투영되어 있다.

문순덕(2007)에서도 알 수 있듯이 '열녀 부가의 처'는 남편 사후 외간 남성의 손이 스친 자신의 손목을 자른다. 열녀 김천덕은 남편 사후 부모와 주변의 재가 권유를 물리치고 정절을 지켰다.

신화에서는 자청비를 인간으로 등장시켜서 결혼 전에는 자유의지로 사랑을 쟁취하고, 진취적인 의식의 소유자로 그리고 있다. 반면 자청비가 결혼하는 과정과 결혼 후 남편을 위해서 헌신하는 아내의 의무를 보여줌으로써 제주 여성들의 고정관념 형성에 관여했다고 볼 수 있다.

자청비의 계보는 특별하지 않으며, 자식이 귀한 집안에 딸로 태어났지만 부모에게 순종적이기보다는 자신의 가치관에 따라 행동하는 적극성이 드러난다. 자청비의 배우자로 문도령이 등장한다. 처음에는 평범한 남성으로 그려지는데, 나중에는 하늘의 아들임이 드러나고 하늘과 지상으로 넘나들기 행보가 나타난다. 결국 문도령은 신의 아들이고 그 배우자인 자청비는 지상의 여성임을 알 수 있다.

자청비는 보통 인간이 아니라 신의 배우자로 적격한 신분이어야 하므로 꽃줄기를 타고 하늘로 올라가기도 하고 저승세계(서천꽃밭)를 드나드는 등 이미 신격화되어 있다.

이 신화를 통해서 자청비의 어떤 적극적인 성격이 제주 여성들에게 미쳤는가, 미치고 있는가, 또는 자청비의 어떤 특징이 나에게 전승되고 있는가 등을 고민해 볼 수 있는 즐거움이 있다.

2.5. 무조여신(巫祖女神)

무조(巫祖)의 여신으로 추앙받는 백줏도의 계보와 활약상이 신화에 잘 드러난다. 여기서는 백줏도가 여러 마을의 당신으로 좌정한다는 내력을 통해서 여신의 영속성을 알아보고자 한다.

백줏도는 ① 송당·궤네깃당 당신으로 좌정, ② 내왓당 당신으로 좌정, ③ 세화본향당 당신으로 좌정한다는 내력담이 전해오고 있다. 현용준과 진성기 자료를 통해 관련 신화의 줄거리를 요약하면 다음과 같다.

2.5.1. 「백줏도」(현용준, 1976ㄱ)

▷ 송당 · 궤네깃당 당신으로 좌정

① 백줏도의 도전

소천국은 알송당 고부니마을에서 솟아나고 백줏도는 강남천자국의 백모래밭에서 솟아났다. 백줏도가 15세에 천기를 짚어보고 자신의 배필이 조선국 제주도 송당리에 사는 듯해서 신랑을 찾아 들어왔다.

백줏도는 소천국과 혼인해서 아들 다섯 형제를 낳고 여섯 번째 임신 중이었다. 자식들이 많아지자 백줏도는 남편에게 농사짓기를 권했다.

송당에서는 피씨 아홉 섬지기 되는 오붕이굴왓이 있었다. 소천국은 아내 말대로 넓은 밭을 갈러 가고 아내는 점심을 준비했다. 국과 밥 각 아홉 동이씩 18동이를 갖고 밭에 가니 남편은 "소 질메(길마)를 덮어 두고 가라."고 했다. 백줏도가 그릇을 가지러 밭에 가 보니 밭 담장에 쇠머리와 쇠가죽 두 개가 걸쳐 있고 소천국은 배로 밭을 갈고 있었다. 백줏도는 전후사정을 들은 후에 소도둑과 같이 살 수 없다면서 살림 분산을 제안했다.

② 여신의 영역 분리 제안

백줏도는 화를 내며 바람 위로 올라서고 소천국은 바람 아래로 내려섰다. 백줏도는 당오름(웃손당 언덕배기)에 좌정하고 소천국은 알손당 고부니마을에 좌정했다.

소천국이 배운 것은 사냥질이어서 부인과 헤어지자 사냥을 다니다가 해낭곳굴왓에서 정동칼쳇딸을 만나 첩으로 삼고 고기를 삶아 먹으며 살았다.

백줏도는 남편과 헤어진 후에 아들을 낳았다. 그 아들이 세 살이 되자 아버지를 만나게 해주려고 등에 업고 해낭곳굴왓 움막에서 연기가 나는 것을 보고 찾아가 보니 소천국이 있었다.

③ 지상신의 자식이 용궁으로 유배

세 살된 아들은 아버지를 만나자 어리광을 부리며 아버지의 수염을 뽑고, 가슴을 치자 소천국은 화를 내며 무쇠석갑에 담아서 동해바다로 띄워 버렸다. 무쇠석갑은 물 위로 삼 년, 물 아래로 삼 년을 떠다니다가 용왕황제국에 들어가서 산호수가지에 걸렸다.

소천국 아들은 조선 남방국에서 왔으며 강남천자국에 세변란(世變亂)을 막으러 가는 길에 풍파를 만나 오게 되었다고 하니까 용왕황제국에서는 맹장(猛將)인 줄 알았다. 용왕의 막내딸과 결혼한 후 지상세계로 돌아왔다.

④ 궤네깃당 당신으로 좌정

송당에 있는 아버지 소천국과 어머니 백줏도는 총소리에 놀라서 하녀를 불렀다. 세 살 때 버린 아들이 부모를 죽이러 온다는 소식을 듣고 놀라서 아버지는 알손당 고부니마을로 도망가다 죽어서 堂神이 되었다. 어머니는 도망치다 웃손당 당오름에 가 죽어 당신이 되니 정월 열사흗날 대제를 받아먹게 되었다.

여섯째 아들 궤네깃한집은 각 마을 일류 포수들을 모은 후에 노루, 사슴, 산돼지 등을 많이 잡아오게 해서 아버지가 평소에 좋아하던 고기를 올려 제를 지낸 후에 방광오름으로 가서 억만 군사를 다 돌려보냈다. 그런 후에 송당 일대를 구경하고 김녕으로 내려왔다.

당골들은 심방을 청해서 소천국 막내아들이 옥황상제의 명을 받아 김녕리 신당으로 상을 받으러 온 것을 알았다. 당골들은 궤네깃한집을

> 모시고 좌정지를 물으니 알궤네기라 했다. '소도 전 마리, 돼지도 전 마리'를 먹겠다고 하니까 가난한 백성들은 제물을 준비하기 어려우니 가가호호에서 돼지를 잡아 위하겠다고 했다. 그래서 만백성이 알궤네기에 자리를 고르고 제단을 만들어 일 년에 한 번 돼지를 잡아 물 한방울도 덜지 않고 위하는 신당이 되었다.

자청비신화가 농사의 시작을 알려 주었다면 백줏도신화에서는 농사짓기가 보편화되었음을 보여준다. 또한 남편의 의무가 가족 부양에 있는데 이를 잘 이행하지 않자 아내는 별거를 제안한다.

이는 단순히 이혼을 위한 전단계가 아니라 남편이 의무를 게을리하면 아내라도 가정을 책임지고 생활전선에 나갈 수 있음을 의미한다. 그래서 남편의 얼굴바라기에 만족하지 않고 여성 스스로 자생력이 필요함을 신화를 통해서 역설하고 있으며, 이런 강인한 생활력이 현대 제주 여성들의 기질로 남아 있다.

이 신화에서 아내는 당당하게 남편을 거부하는데 자신의 삶의 터전을 지키면서 무능한 남편이 집을 나가야 함을 드러내고 있다. 아내나 남편이나 자신의 역할을 성실히 수행하지 않으면 내쫓김 당한다는 사실을 경고하고 있다.

▷ 내왓당 당신으로 좌정

내왓당은 제주시 용담동에 있으며 12신위가 좌정해 있다.[11] 「천자도마누라」(제주도 당신의 시조)는 무속신화에서는 백줏도가 금백주로 명명되어 있으며, 이 신이 내왓당신으로 좌정하게 된다.

---

11) 내왓당 무신도는 제주도민속자료 제7호로 지정되었고(1991. 06. 04.), 제주대학교박물관에서 소장하고 있다. 이 무신도는 원래 12 신위였는데 현재는 10 신위만 남아 있다.

「백줏도」(현용준, 1976ㄱ)의 전체 줄거리와 같으며 다음에 제시하는 결말 부분이 다르다.

천자도마누라

웃손당 당신 금백주(=백줏도)와 알손당 당신 소로소천국이 부부가 되어 아들 18명, 딸 28명을 낳고 손자가 378명이 되었다. 이 자손들이 제주 각 지역의 당신이 되었다.

용왕황제는 딸과 사위에게 나라를 떠나라고 했다. 딸은 '무쇠 바가지 하나, 무쇠 방석 하나, 금동 바가지 하나, 상마루에 매어 둔 비루 오른 망아지 한 마리'만 주면 나가겠다고 했다. 황제는 망설이다가 무쇠석갑에 사위와 딸을 담아서 띄워 버렸다.

이 무쇠석갑은 강남천자국에 떠올랐고 그곳에는 난리가 났다. 이 난을 평정하자 큰 상을 내리겠다고 해도 거절하고 옥황상제께 여쭈니 "너는 제주땅에 들어가서 내왓당에 좌정해서 소 잡아 전물제, 닭 잡아 전물제를 받아라."고 지시했다. 그래서 내왓당에 좌정하게 되었으며 이가 천자도마누라이다.

▷ 세화본향당 당신으로 좌정

세화본향당에는 천자도·백줏도·금상님 세 신위가 좌정해 있다. 천자도는 백줏도의 외할아버지이고 금상님은 백줏도의 남편이다.

(1) 천자도의 좌정담

천자도는 한라산 벡록담에서 부모 없이 솟아났다. 15세에 백망건·백장삼에 백띠를 두르고, 한 아름이 넘는 책과 한 줌이 넘는 붓대에 일천 장의 벼룻돌에 삼천 장의 먹을 갈아서 하늘 옥황에 가면 옥황의 소임을 맡고, 지하에 가면 지하 소임을 맡았다. 그러다가 옥황상제의 명을 받아 상서화리(구좌읍 세화리) 손드랑ᄆᆞ루에 내려와서 좌정했다.

천자도가 내려오면서 洞將, 小巫, 座首 등을 불러 八間長房 큰 집을 짓게 하여 좌정했다. 따라서 2월 12일 영등손맞이, 7월 12일 마불림제, 10월 12일 시만국대제 등 일 년에 세 번 大祭를 받는다.

(2) 백줏도의 좌정담

① 제주 입도

백줏도는 서울 남산에서 솟아난 임정국의 따님이다. 7세 때 부모의 눈밖에 나서 쫓겨나고 용왕천자국 외삼촌에게 숙청부인으로 들어갔다. 7세에 외삼촌에게 7가지 무술을 배웠다. 다시 부모에게 용서를 청했으나 거절하자 제주도에 사는 외할아버지를 찾아 나섰다.

백줏도는 영암 배진고달도에 와서 조천 김씨 선주의 배를 타고 조천 새역코지에 도착했다. 조천에는 이 마을을 차지한 정중부인이 있어서 그를 찾아 인사한 후에 외할아버지에게 인도해 주길 청했다.

점괘에 따라 외할아버지를 찾아 동북방으로 향하는데 웃손당, 알손당, 다리앞벵이로 내려와서 다랑쉬, 비자남곶에 이르니 어떤 포수가 지나갔다. 포수는 천자님의 거행집사여서 그를 따라갔다.

포수(명동소천구 : 堂神)는 갑자기 뱃줏도의 팔목을 잡았다. 백줏도는 더러운 놈 잡았던 팔목은 필요 없다면서 부산백동(釜山白銅) 화룡장도로 팔목을 깎은 후에 명주전대로 싸메고 상세화리 손드랑ᄆᆞ루로 찾아갔다.

② 당신으로 좌정

천자는 백줏도가 외손자임을 확인하고 식성을 물었다. 백줏도는 "실로 밀어 끊은 정과나 말 발톱 같은 백돌래나 얼음 같은 백시루나 놋그릇의 메에 청감주·청근채나 계란 안주를 먹습니다."라고 했다.

천자님은 자신과 좌정할 만하다면서 외손자를 불러들였다. 날피냄새가 나는 이유를 안 연후에 멍동소천국의 소행을 알고 마흔여덟 상당골, 서른여덟 중당골, 스물여덟 하당골을 불러놓고 명령했다. 천자님의 외손자를 겁탈하려 한 멍동소천국과 백줓도 자손들이 서로 섞여 다니지 못하게 했다.

천자님은 백줓도에게 일곱 주머니로 모든 당골들에게 풍운조화를 부리도록 했으며 2월 12일 영등손맞이 받고, 7월 12일 마불림제 받고, 10월 12일 시만국대제를 받게 되었다.

(3) 금상님의 좌정담

① 금상님의 제주 입도

금상님은 서울 남산 아양동출에서 솟아났으니 하늘은 아버지요, 땅은 어머니이다.

금상님은 전선 한 척을 타고 백만 군사를 거느려 제주도로 들어올 때 세화리에 있던 천자님이 바깥을 보니 외국 장수가 들어오는 줄 알았다. 금상님은 천자님 앞에 와서 백주가 자신의 배필임을 말한다.

② 금상님과 백줓도는 당신으로 좌정

백줓도와 천자님은 한 상에 앉고 금상님은 별도 상에 돼지제법을 행하자고 했다. 금상님은 소주로 목욕하고 청감주로 양치질한 후에 천자님·벡주님과 같이 좌정했다.

위 신화에서 백줓도는 더러운 놈에게 잡혔던 팔목은 필요 없다고 하면서 자신의 팔목을 잘랐는데 이 화소는 생명력이 있다. 사료에 등장하는 '열녀 부가의 처', 구전자료에 등장하는 '열녀 이씨', '열녀이야기'의 주인공들이 외간 남성에게 잡혔던 손목도 부정하다며 도끼로 잘라버리는 정절 의식에도 영향을 미쳤다(문순덕, 2007).

2.5.2. 「소천국과 백주」(진성기, 1959/1978)

① 두 신의 조우

소천국[宋天國]은 하상천자국 가는머들 잔소남밭 밑에서, 백주(白主)는 왕대윗성 가림질 밑에서 각각 탄생하였다. 소천국이 천하를 휘둘러보니 가난하여 살 수가 없을 것 같았다. 그래서 靈氣가 제일 좋다는 제주도를 찾아왔다. 소천국은 생식하며 베고픔을 면하고 가죽으로 옷을 만들었다.

백주는 일곱 살에 아이를 배었다. 아버지는 백 정승이고 어머니는 김씨이다. 부모가 공무로 집을 떠난 사이에 어떤 중이 백주를 건드렸고 그 후 부모는 딸을 무쇠상자에 넣어 바다에 던져 버렸다.

어느날 소천국이 한라산에서 일소장(一所場)으로 내려오는데 온평포구에 한 무쇠상자가 표류해 들어오는 것을 보고 그 상자를 여니 어떤 여자가 일곱 명의 아기딸을 데리고 들어왔다.

② 소천국과 백주의 혼인

소천국은 대뜸 백주의 손목을 잡고 청혼했다. 그들은 송당리에서 부부의 연을 맺고 맹개낭(청미래덩굴)밭의 무성한 억새를 베어 아이들의 이불로 삼았다. 이들은 여덟 명의 아들을 낳았다. 사냥으로 살 수 없어서 농사를 짓기로 했다. 그는 쟁기를 마련하여 한라산 앞에다 기장씨 아홉 말, 팥과 콩을 아홉 말 뿌릴 수 있는 넓이의 밭을 마련하였다.

③ 소천국과 백주의 별거 시작

소천국이 농사지을 소를 잡아먹어 버리자 별거하게 되었다. 백주는 웃송당으로, 소천국은 알송당으로 각각 헤어져 갔다. 알송당에 온 소천국은 오백장군 오백서의 딸을 첩으로 삼았으며, 백주는 고사릴 캐고 나무 열매를 따서 그걸 양식으로 삼았다.

④ 수호신으로 좌정

어머니와 살던 맏아들 송성국은 오랜만에 아버지를 만나서 버릇없이 굳었다.

송국성은 아내와 함께 일천 병마, 삼천 궁녀를 거느리고 한라산으로 갔다. 그것을 보고 겁에 질린 어머니 백주는 웃송당으로 가서 죽어 신이 되고, 아버지인 소천국은 아랫송당으로 가서 죽어 신이 되었다. 후에 공주와 송국성은 한라 수호신이 되어, 지금까지도 기림을 받으며 제주도를 지키고 있다.

백줏도는 송당과 궤네깃당, 내왓당·궁당 당신인 천자도마누라의 신화에 등장하며 동일한 주인공이다. 무속신화를 보면 백줏도가 여러 당신으로 좌정하는 과정이 잘 드러나는데, 이는 무조신의 위상을 정립하려는 의도로 보인다.

구좌읍 송당리 송당본향당 입구

백줏도는 서울에서 출생했다. 부모는 아들을 원했지만 딸이 태어나서 천덕꾸러기신세가 되었다. 부모에게 비행을 저지르고 쫓겨나자 외삼촌이 있는 용왕천자국으로 가서 온갖 무술을 익혔다. 이는 신의 능력을 수련하는 기간으로 설정한 것이다. 3년 후 다시 부모가 있는 서울로 돌아왔지만 환영받지 못했다. 이는 단순히 부모에게 미움을 받았다기보다는 신의 딸로 태어남을 숙명으로 받아들이고 혹독한 훈련이 필요해서 부모는 일부러 다른 왕국인 용궁으로 보내서 시험을 통과하길 바랐다.

이 신화에는 백줏도 부모가 사는 지상세계와 친척이 다스리는 또 다른 세계인 용궁이 등장한다. 백줏도는 지상은 물론 바다 나라를 경험하고 국가 경영법을 수련하였다. 신의 자식은 부모를 떠나서 독자적으로 국가를 다스려야 하니까 멀리 제주도로 진출한 것이다.

또한 이 신화에는 자식들의 아버지에 대한 반항과 거부 행동이 나타난다. 이는 자식들도 신이어서 독자노선을 가기 위한 시도이고, 아버지 신의 영향권에서 살다가 자신의 영역 확보가 필요한 시기로 볼 수 있다.

백줏도는 부모의 영역을 벗어나는 길로 결혼을 선택하는데, 이는 현대 여성들의 결혼관에 반영되어 있다. 백줏도는 자유혼을 선택할 수 있는 자격이 있는 것으로 봐서 제주도에서 자신의 배필이 태어난 것을 알고 결혼하러 제주도로 들어와서 송당에 좌정했다.

따라서 백줏도는 외지에서 들어온 여신이며, 제주 남성과 혼인함으로써 그 자손들이 제주의 당신이 되었다. 삼성신화와 백줏도 이야기에서 제주도는 처음부터 제주인과 외부인이 공존하던 시대임을 보여준다.

한편 소천국과 백줏도의 별거는 부부 공동의 국가 통치에서 분리통치의 시작으로 볼 수 있다. 이 신화를 놓고 현대인의 부부관으로 보면 별거의 이유가 등장하고 사이가 나빠져서 분리되었다고 생각할 수 있다. 반면 부부가 신이어서 각자 통치 능력이 있는 신들은 공존하기가 어려움을 보여준다. 신들도 처음에는 힘을 합쳐서 공동체를 건설하고 경영하다가 안정기에 들어서면 왕권을 놓고 대립하게 된다. 이때 부부여도 둘 다 신이기 때문에 단순히 남편과 아내의 역할에만 머무를 수 없어서 통치권을 분리하게 된다. 권력을 유지하거나 분리할 때는 평화는 불가능하고, 불협화음이 발생하는 것은 당연하다.

이상으로 제주 창조여신들의 출생, 활약상, 특징 등을 살펴보았다. 제주도 곳곳을 창조한 설문대신화, 출생을 관장하는 삼승할망과 죽음을 다스리는 저승할망(구삼승할망)신화, 주체적인 의식의 소유자인 자청비신화, 본향당신의 으뜸인 백줏도신화를 통해서 자주성, 독립성, 진취성이 21세기에도 제주 여성들에게 전승되고 있으며, 이 여신들의 성격이 제주 여성들의 기질임을 보고자 했다.

설문대신화에 등장하는 '물'은 솟아나고 흘러가기를 반복하며 영원히 살아남는 이미지이다. 자청비와 문도령이 만난 장소인 '연화못'의 물 이미지도 이들의 사랑이 영원함을 상징한다.

벽랑국 세 공주의 혼수품목에 있는 '마소, 오곡 씨앗' 이나 자청비가 남편 문도령과 지상세계로 내려올 때 갖고 온 오곡 씨앗 등은 여신들의 또 다른 모습으로 해석할 수 있다. 동물이나 식물은 탄생, 번성, 무한성의 속성을 지니고 있으므로, 결국 여신은 자연과 사람, 문물 등을 만드는 주체로 인식되었다. 이는 여신을 어머니의 이미지로 바라본 것이다.

3. 제주 여신의 위치

3.1. 제주 여신의 위상

제주의 위대한 여신들은 독자적인 세계를 만들고 활약하다가 남신을 만나면서 그에게 종속되는 삶으로 그려진다. 여신과 남신이 등장해서 수평적인 관계를 유지하다가 여신은 죽거나, 아내로 역할 축소를 유도한다. 이후 위대한 남신들의 세계가 열린다.

여신들은 남신을 만나기 전에는 남성성을 지닌 신으로 활약하다가 남신을 만나면서 좀더 부드러워지고, 동거를 선택하거나 별거를 선택하는 유형으로 분리된다. 동거할 때는 거친 여신의 모습이 아니라 인간적인 모습으로 변모되어서 어머니와 아내의 역할에 만족하는 것으로 그려진다. 이때부터 인간세상은 남신들이 지배하고 여신은 신의 기능을 점점 상실하면서 인간성을 보여준다. 독자노선을 걷던 여신도 남신을 위해서 순종하고, 남신이 성공할 수 있도록 배려해 주며 여신은 2인자의 위치로 물러나면서 그 기능이 축소되었다. 이런 요소가 여성성으로 전승된다.

신들의 세계 즉 활동공간을 살펴보면 '천상세계-지상세계-바다(용궁)세계-지하세계'가 등장하면서 인간세계를 형성하고 지배했다. 여신들의 성격을 보면 제주도의 자생신, 외래신으로 구별되며, 당신화와 조상신화 탄생 과정에 녹아들어서 살아 있다.

삼성신화에는 바다가 단순히 세 공주의 이동 경로로 등장하면서 수평선 너머 또 다른 세계가 있음을 드러내는데, 삼승할망신화와 백줏도신화를 보면 용궁이 등장한다.

백줏도신화에는 동해용왕과 용궁이 등장한다. 뭍에서 죄를 지으면 상자에 가두어서 바다에 띄워 버린다. 당시 사람들은 뭍의 반대 공간을 바다로 인식한 것 같으며, 최적의 유형지로 생각할 수도 있다. 그러나 유배인은 신의 자식이거나 신과 인간의 자식이어서 또 하나의 세계인 용궁으로 무사히 입궁한다.

제주 신화에 바다와 용궁이 등장한 것은 제주도가 사면의 바다로 둘러싸여 있어서 또 다른 세계 설정이 가능하다. 이는 하늘의 시대가 끝나고 지상의 시대가 열리면서 그 공간에서 설정 가능한 세계를 구분한 것이다. 또한 신들이 뭍에서 농사만 관장한 것이 아니라 바다의 산물인 수산물까지 관장하기 시작했음을 의미한다.

여러 신화에서 알 수 있듯이 제주도에는 땅과 바다라는 이중 공간이 있으며, 신들은 각각의 공간을 지배하다가 인간에게 운영권을 넘겨주기 시작했다.

신화시대 제주도는 단순히 농경시대로 진입하는데 그치지 않고, 신들의 활약을 통해 해산물 채취 등 활동 공간의 확장, 영토 확장의 의식을 확인할 수 있다는 점에서 신화시대부터 해상활동이 시작되었다고 볼 수 있다.

20세기 후반부터 한국은 해양국가의 면모를 십분 활용하려고 시도했으며, 사면이 바다인 제주도는 더더욱 바다밭을 이용하는 사업을 구상하면서 해양시대의 도래를 알려줬다. 현대에는 해상활동의 가치를 늦게 깨달았지만 신화에서는 이미 해양국가를 설정하고, 해상활동이 가능함을 보여주었다. 신화 다시 보기란 이런 묘미를 찾아내는 것이며, 신화의 영속성이란 이런 요소를 확인하고 활용하는 것이다.

백줏도는 서울에서 제주도로 들어온 여신이다. 이는 제주도가 처음부터 토착민으로 형성된 지역이 아니고 외지인과 결합해서 형성된 지역임을 보여준다. 삼성신화에서 세 공주 역시 외지인이다. 결국 제주사람들은 외국인은 물론 내국인들과 섞여 살았고, 그 후손들이라고 할 수 있다.

자청비신화를 보면 옥황상제 아들인 문도령이 지상세계로 내려와서 (하강신화) 인간인 자청비를 만난다. 연화못이 이들이 만나는 공공장소로 설정되고, 마실 물이 매개체가 되었다.

이 신화는 신과 인간의 혼돈시대로 설정되고 문도령은 부친의 명령으로 다시 하늘나라로 올라가서 혼인 절차를 밟는다. 자청비도 줄을 타고 하늘로 올라가서 며느리시험을 통과하는데, 이는 지상의 인간도 신의 세계로 들어갈 수 있었던 혼돈의 시대였음을 보여준다.

문도령과 자청비가 하늘 공간에서 혼인하고 지상으로 내려와서 농사신이 되는데 이들의 혼인 이후 삶부터 인간세계가 보편화되었다고 볼 수 있다.

백줏도신화를 보면 백줏도와 소천국은 별거를 선택하면서 신들의 영역 분리가 이루어졌다. 또한 백줏도의 막내아들은 불효한 죄로 내쫓김을 당한다. 삼승할망이 된 명진국 따님아기도 부처님께 기원해서 얻은 딸이지만 불효한 죄로 바다로 내쫓김을 당한다. 두 어린 아이가 뭍에서 축출된 것은 표면적으로는 무쇠함에 갇혀서 죽음으로 내몰렸지만 그 이면에는 바다 속 다른 세계를 탐험하는 탐험가의 역할을 담당했다. 이들은 바다나라에 가서 지도자의 역량을 발휘한 후에 다시 지상으로 나오는데 이는 인간들이 영역 확보 또는 확장을 위한 공간 이동시기라 할 수 있다.

여러 신화에는 생명을 부활시키는 서천꽃밭이 등장한다. 자청비는 문도령을 만나기 위하여 서천꽃밭에 가서 부엉이를 죽이고 꽃감독관의 신임을 얻는다.

신의 자식들은 인간세계에서 살다가 유한한 생명을 연장하기 위하여 여러 방법을 선택한다. 신은 영원불멸하다는 인식이 있는데 인간은 죽는다는 것을 설정했지만 신과 인간의 혼돈시기에 인간이 유한한 존재임을 인정하기가 어려워서 서천꽃밭이라는 불멸의 공간을 등장시킨다. 그래도 인간은 죽을 수밖에 없다는 진리를 각 신화의 결말에 제시하고 있다.

자청비와 삼승할망은 신이나 반신반인의 자식으로 태어나서 지상세계에서 역경을 헤치고 살다가 죽게 되지만 다시 부활해서 신으로 좌정한다. 결국 신은 삶과 죽음을 경험한 후에 다시 신격화되었다.

제주 신화를 보면 대개 혼인 후 50세까지 자식이 없어서 고민하다가 사찰불공을 드린 후에 출산한다. 그런데 기도 제물의 무게에 따라 성(性)이 구별되었다. 백을 온전한 수로 정하고, 남성을 기준점에 놓은 후에 이 기준보다 부족하면 여아가 태어난다. 이러한 신화들은 남성중심사회에서 형성되었음을 짐작할 수 있다.

3.2. 제주 여신의 특성

제주 여신들은 자유연애를 통해서 스스로 남신(남편)을 선택했으며, 자아존중감과 자의식이 강하다. 오늘날 신화를 좋아한다면 특히 각자 제주 여신을 모델로 삼고자 한다면, 그 이유가 무엇인지 잘 알 것이다. 우리 신화에서 자신의 신화 찾기가 정체성 확인이며, 문화 핏줄을 확인하는 것이다.

신화를 좋아한다는 것은 신화 속 주인공들의 성격이나 행동을 동경한다는 것이다. 제주 여성들이 창조여신들 중 자신의 모범은 누구인가, 어느 여신의 가치관이 본받을 만한가 등을 고민해 보았을 것이다.

이 장에서 논의한 다섯 명의 여신들은 현대인이 원하는 자주성, 진취성, 적극성을 겸비했다. 그래서 '설문대형, 자청비형, 삼승할망형, 백줏도형' 등을 통해서 자신의 성향과 비교해 볼 수 있다.

다섯 편의 제주 여성신화를 보면 이승과 저승을 넘나들며 생명을 부활시킨 여신은 자청비, 삼승할망, 저승할망이다. 이들은 저승세계로 들어가는 시험을 힘겹게 통과하고 생명 부활의 도구를 획득하고, 이승으로 넘어와서 생명을 불어넣는다. 결국 인간의 생명은 유한한데 생명을 관장하는 신만이 유한한 목숨 연장의 권한을 갖고 있음을 보여준다.

자청비는 하늘세계에서 신의 며느리되기 시험을 통과한 후에 하늘 소유인 오곡씨앗을 정당하게 받고 지상으로 내려온다. 신은 인간에게 대가를 통한 보상을 하사함을 보여준다. 인간은 노력 없이 얻은 것은 아무것도 없고 신들의 도움을 받아서 국가를 형성했음을 알 수 있다.

다섯 명의 여신을 보면 '어머니, 아내, 딸'의 사회적 지위를 획득하면서 그 역할에 충실하게 그려졌다. 신으로 출생하거나, 신의 딸로 출생해서 활약하는데 설문대형처럼 자연을 창조하고 자식 부양에 혼신을 다하다가 죽는다. 자청비형처럼 남장하고 재주 겨루기를 하다가 결국은 사랑을 쟁취한 것까지는 좋은데 순종적인 아내역할로 만족함을 보여준다. 종교신인 백줏도는 스스로 남편을 선택하고, 분가하는 등 자아성취가 높지만 당신으로 좌정한다. 벽랑국 세 공주는 처음부터 남신의 배필로 등장하니까 아내의 역할로만 그려졌다.

제주 여신들은 출발은 거대했으나 결말은 여성의 사회적 역할로 축소되었다. 이러한 신화가 전승되면서 제주 사람들은 여성에게 여신처럼 창조와 도전정신은 물론 헌신을 요구한 것이 아닌가 상상해 보았다. 또한 제주 여성들 스스로 이러한 여신들의 두 유형을 원형으로 받아들이고, 모델로 삼은 것은 아닌가 하는 생각이 든다. 그래서 제주 여성의 특징으로 생활력의 강인함에만 초점이 있고, 남녀평등 의식은 부족하며, 성평등한 행동을 요구하지 못하는 단점이 있는 것처럼 비쳐졌다.

제주 신화에 처음부터 여신이 등장하는 것은 창조의 이미지를 부각하기 위함이다. 여신이 등장하고 그에 대립되는 남신이 등장해서 만나고 투쟁하는 과정을 거쳐서 화해한다. 그런 후 가정을 이루고 다시 대립하거나, 독자노선을 가면서 분리된다. 여기서 분리는 불협화음의 원인이 아니라 영역 확장의 복선이다.

국가나 지역별로 여신들이 먼저 등장하는 것은 이들에게 창조, 번성,

중성의 이미지가 있기 때문이다. 그러다가 문물이 정비되고 국가가 형성되면서 통치자가 남신으로 재배치되었다. 여신들의 세계에서 남신들의 독무대로 옮기는 데 정당성을 부여하기 위해서 여신들에게 여성성을 강조하고, 남신을 우위에 두는 역할을 부여했다.

사람들은 신화를 동경하고, 신과 동일시하려는 욕구가 영원할 것이다. 또한 현대인들은 현실이 불안할 때, 자신의 정체성을 확인하고 확립하는 대상으로 신화를 선택할 것이다. 제주의 여성신화가 주목받는 것은 남성중심사회에서 신들의 시대에는 여신들의 위상과 역할이 지금과 얼마나 다른가에 관심이 많기 때문이다.

특히 제주 여성들은 제주의 위대한 여신들의 후손임을 자랑스럽게 여기고 그 정신을 계승하려는 욕구가 분출되고 있다. 우리들은 근거에 집착하고, 자료를 믿으니까 신화의 여신들을 이미지화하는데 주저함이 없다.[12)]

제주 여신들이 끊임없이 관심을 받는 것은 여성과 남성의 관점에 따라 유리하게 적용할 수 있는 요소가 있기 때문이다. 또한 세월이 흘러도 그 누구도 만족시켜주지 못하는 요소가 있기 때문에 시대와 환경, 성별에 따라 신화를 다양하게 해석하는 것이다. 그렇지만 우리들은 지금 여신의 후예로 거듭나길 꿈꾸어도 좋을 것이다.

여러 나라의 신화를 보면 남신이 우선시되고 여신은 인간적인 요소를 갖고 있는 것처럼 위상을 약화시키는 방법으로 기술되어 있다. 반면 제주 신화는 이와 좀 다르다. 창조신화이든, 무속신화이든 여신들의 위대함이 잘 전승되고 있다.

물론 이 글에서 다룬 여신들은 주로 어머니나 아내이며 생명과 죽음

---

12) 구비문학에 등장하는 여성들을 관찰하는 연구자의 시각을 다룬 글로 문순덕(2018ㄱ)이 있다.

을 관장하는 여성들의 역할을 보여준다. 그래도 여성의 독자성을 인정하면서 여신과 남신의 동등함을 그려주고 있다. 이런 점에서 제주 여성들의 계보를 여신에게서 찾는 것이 정체성을 확립하는데 도움이 될 수 있다.

3.3. 제주 여신의 영속성

제주의 창조여신들을 - 설문대, 벽랑국 세 공주, 백줏도, 자청비, 삼승할망, 저승할망 - 중심으로 해서 여신들의 성격을 살펴보았다. 이외에도 제주 사람들의 수호여신에는 조왕할망(조왕신), 영등할망(영등신), 본향당신(ᄌᆞ지멩왕아기씨, 칠성신), 감은장아기 등이 있다.

제주의 여신들은 자연과 인간을 창조한 창조신으로 등극해서 활약하다가 신의 생명을 종료하고 인간적인 모습으로 존재한다. 무조신들은 마을본향당의 당신으로 좌정해서 지금까지 신의 존재를 알리고 인간의 희로애락을 공유하면서 살아 있다.

여러 신들의 출생과 성장기를 보면 백줏도처럼 초기에는 부모가 딸을 내쫓거나, 부부가 헤어진다. 이는 영역을 확보하고 확장하기 위한 공간 이동 시기에 해당된다. 자청비신화에는 인간의 생사가 등장하고, 생명 유지를 위해서 서천꽃밭이 등장한다. 신의 배려로 이승의 목숨을 잠시 연장하는데 죽음은 영원불멸임을 암시한다. 즉 신의 자식으로 탄생해서 인간으로 환생한 후 '고난-죽음-부활'이라는 신의 사이클을 거친다. 결국 신은 삶과 죽음을 경험한 후에 다시 신격화되었다.

제주 여성신화에서 여신들이 남성성을 지니고 적극적 · 진취적으로 활약하다가 순박한 여성으로 변모된 것은 남성중심사회의 대두와 일치할 것이다.

이 장에서 논의한 다섯 편의 여성신화 중 전설로 구전되는 제목은 다음과 같다. 채록 자료들이 여러 편 있지만 여기서는 『제주설화집성(1)』(제주대학교 탐라문화연구소, 1985)에 수록된 자료만 참고했다.

「천지개벽이야기」(한림읍 명월리), 「ᄌᆞ청비와 문국성 문도령」(한경면 용수리), 「설문대할망」(애월읍 고성리) 등이 있다.

「설문대할망과 설문대하르방」(성산읍 신풍리) 이야기는 다음과 같이 좀 다르다.

> 부부는 배가 고파서 궁리하다가 설문대하르방이 묘안을 제시했다. 설문대할망은 옷을 벗고 신양리 섭지코지에 가서 바닷속에 앉아 있고, 설문대하르방은 할망이 앉아 있는 쪽으로 고기를 몰아서 잡았다.

위 이야기에도 설문대는 거인으로 설정되어 있다.

제주 창조여신들이 전설이나 민담으로 전승되면서 여신의 이미지가 살아 있는 것은 신화의 생명력이 영원함을 보여주는 것이다.

제주 여성의 정체성을 확인할 수 있는 문화 핏줄 찾기는 '설문대, 자청비, 백줏도' 등이며 여기서 논의하지 않았지만 감은장아기도 들 수 있다. 여러 여신들의 개성이 현대를 사는 제주 여성들의 피 속에 면면히 흐르고 있으며, 신화의 성격이 변이되더라도 지속될 것이라 믿는다. 이런 점에서 신화는 인간의 역사와 더불어 가치를 발휘하면서 존재할 것이며, 이것이 제주 문화의 자산이 될 것이다.

자청비형은 사랑의 여신이며, 농경신으로 정형화할 수 있다. 백줏도형은 본향당신으로 신격화됨으로써 신앙인에게 정형화되어 있다. 설문대형은 자연창조주로 등장해서 신비스런 죽음을 맞이하지만 인간의 소망을 해소해 주지 못한 아쉬움이 있다.

자연물과 인간창조에 기여한 여신은 설문대이고, 인간창조에 기여한 여신은 삼승할망과 저승할망, 백줏도, 세 공주 등이다. 지상세계 형성에 기여한 여신은 자청비, 세 공주 등이다. 제주 여성들에게 이 여신들의 성격이 잠재되어 있다고 보며, 제주 여성들은 성장하고, 나이가 들면서 자신들의 정체성 찾기로 눈을 돌리면 여신들의 특성과 비교하고 확인해 볼 수 있다.

신화에 대한 현대인들의 인식은 시대와 환경에 따라 다를 것이다. 그런데 세계의 역사는 백인의 역사로 시작되어서 지금도 그 여파가 신화에 남아 있다. 흔히 신화의 성격, 기능, 역할, 여신의 사회적 지위 등을 논의할 때 서양 신화로는 그리스·로마신화를 출발점으로 삼고, 동양 신화에서는 인도나 중국의 신화를 시작으로 해서 자신들의 국가별 신화를 해석한다.

신화 하면 왜 그리스·로마신화가 먼저 떠오를까? 이는 학습의 결과라고 본다. 우리는 어릴 때부터 서양의 문학작품을 읽고 서양 중심사상의 교육을 받으면서 서양의 다양한 신화에 익숙해 있다.

반면 우리나라와 우리지역의 신화에는 신성성 부여보다는 흥미 위주의 전설로 기억하는 경향이 강하다. 이는 여러 가지 요인들이 있지만 서양에서는 신화의 주인공을 대중화하기 위하여 다양한 방법을 시도해 왔다.

서양의 신들은 언어, 상품, 문학작품 등을 통해 전승되고 있어서 사람들이 현대적인 산물처럼 인식하는 경향이 있다. '미네르바, 아킬레스(건), 헤라·헤르메스(상표), 나이키(니케에서 파생된 상표), 바카스(박카스 상표) 등 신들의 이름이 대중화되면서 민중들 속에 살아 있다. 이런 점에서 제주 여신 중 설문대와 자청비는 대중성을 획득했다고 본다.

제주도는 신화의 본고장이라는 데 자타가 인정하는 분위기이다. 그런데 우리들은 삼성신화와 설문대신화 정도를 기억하고 있다. 이는 제주 신화가 문화콘텐츠로 활용되지 않아서 제주 사람들의 삶에 녹아 있지 않기 때문이다. 제주 신화를 살리는 길은 예술가들이 창작품으로 형상화해 주고, 신화의 언어를 생활어로 적용하려는 언어학자들의 노력이 동반되어야 한다.

지금 우리의 내면을 들여다보자. 설문대의 도전, 자청비의 사랑, 백줏도의 자신감 등 어느 요소가 많은가? 공통점이 있다면 그 여신을 나의 모델로 삼을 수 있고, 그 여신들을 각자의 수호신으로 삼아도 좋겠다.

3장
제주 여성, 책 속에서 책 밖으로

1. 여성의 문화적 위상

우리사회의 화두로 창조경제와 문화융성이 부각된 적이 있다. 창조경제는 경제적 이익을 만들어 낼 수 있는 창조적 동력으로 해석할 수 있는데, 문화융성은 낯선 용어이다. 과연 문화가 융성할 수 있는가, 어떻게 문화를 융성하게 할 수 있는가에 대한 논의가 가능하다. 어떻든 문화융성에는 경제적 가치의 의미가 내포되어 있다.

문화를 새롭게 인식하는 출발은 좀 다르더라도 국가 차원에서 문화에 대한 접근에 변화가 온 것은 다행스러운 일이다. 그러나 문화를 융성하게 하려면 우리들이 문화의 가치를 인식하고, 지역의 문화가 미래의 문화유산으로 지속가능하도록 인식의 변화가 동반되어야 한다.

이런 점에서 역사 속 제주 여성들 중에, 현재까지 책으로 알려지고 도로이름으로 명명된 주인공들을 살펴보겠다.

2. 신화와 역사의 주인공이 일상 속으로

신화가 없는 민족이나 국가가 있을까? 만약 없다고 해도 언젠가 만들어지는 것이 신화이다. 사람들은 자신들의 문화적 위상을 강화하고, 문화정체성을 정립하기 위하여 신화를 선택한다. 신화를 많이 보유한 지역은 문화적 자부심이 크고 콘텐츠화 가능성이 많으므로, 문화는 재화의 가치로 전환될 수도 있다.

따라서 여기서는 이런 가능성이 보이는 문화자원을 도로이름에서 찾아보고자 한다. 제주 신화의 주인공 '설문대와 금백조', 역사의 주인공 '김천덕, 김만덕, 홍윤애' 등이 해당 지역의 도로명으로 선택되었다.

2.1. 지장샘로 주인공(서귀포시 서홍동)

설문대신은 제주도의 자연을 창조한 신으로 유명하다. 설문대신화 관련 장소로는 '오름, 오백장군(한라산 영실기암), 성산일출봉 등경돌, 족감석(제주시 오라2동 소재)' 등이 있다.

설문대신이 제주도의 자연을 창조한 다음 물의 깊이를 실험했다는

서귀포시 동홍동 지장샘

석귀포시 동홍동 지장샘로

이야기가 전해온다. 설문대신은 용연(제주시 용담동 한두기 소재)의 물이 깊다고 들어서 직접 물속에 들어가 보니 발등만 적실 정도였다. 서귀포에 있는 홍리물(지장샘)이 깊다고 하여 다시 가서 재어 보니 물의 깊이가 무릎까지 왔다. 그래도 마음이 흡족하지 않았는데 누가 한라산 물장올이 아주 깊다고 알려 주었다. 그래서 물장올에 들어갔는데 설문대신이 어디로 갔는지 그 이후의 이야기를 아는 사람이 없다.

이와 같은 신화를 지니고 있는 지장샘은 현재도 잘 보존되어 지역민들이 사용하고 있다. 이 샘물로 들어가는 입구 도로명이 '지장샘로'로 선정되었다.

2.2. 금백조로 주인공(구좌읍 송당리)

제주도에는 무속신화가 전승되고 있으며, 이 신화의 주인공들은 지금도 당골들 위에 군림하고 있다. 이 중에 당골들만의 신이 아니라 지역의 신으로 존재를 드러낸 사례로 '금백조로'의 주인공을 알아보겠다.

무속신화의 주인공인 금백조가 있으며, 이는 무조여신(巫祖女神)인 백줏도를 가리킨다.

> 소천국은 알송당 고부니마을에서 솟아나고 백줏도는 강남천자국의 백모래밭에서 솟아났다. 백줏도가 15세에 천기를 짚어보고 자신의 배필이 조선국 제주도 송당리에 사는 듯해서 신랑을 찾아 들어왔다. 백줏도는 소천국과 혼인해서 아들 다섯 형제를 낳고 여섯 번째 임신 중이었다. 자식들이 많아지자 백줏도는 남편에게 농사짓기를 권했다.
>
> (중략) 백줏도는 화를 내며 바람 위로 올라서고 소천국은 바람 아래로 내려서서, 백줏도는 당오름(웃손당 언덕배기)에 좌정하고 소천국은 알손당 고부니마을에 좌정했다. 송당에 있는 아버지 소천국과 어머니 백줏도는 총소리에 놀라서 하녀를 불렀다. 세 살 때 버린 아들이 부모를

죽이러 온다는 소식을 듣고 놀라서 아버지는 알손당 고부니마을로 도망가다 죽어서 堂神이 되었다. 어머니는 도망치다 웃손당 당오름에 가 죽어 당신이 되니 정월 열사흗날 대제를 받아먹게 되었다.

웃손당 당신 금백주와 알손당 당신 소로소천국이 부부가 되어 아들 18명, 딸 28명을 낳고 손자가 378명이 되었다. 이 자손들이 제주 각 지역의 당신이 되었다.

–「백줏도」(현용준, 『제주도신화』, 서문문고, 1976.)

무조신인 금백조는 당신으로 좌정하여 현재까지 당골들의 섬김을 받고 있다. 금백조는 신앙인들에게는 신격화되어 있으나 일반인들은 잘 모른다. 그래서 금백조의 도로주소 명명은 무조신의 발원지와 신의 이름을 알리고, 문화자원을 어떻게 보존할 수 있는지를 보여주는 사례이다.

'금백조로'는 대천동에서 송당으로 들어가는 길목을 가리키며, 해당 길목에 도로명이 부착되어 있다.

구좌읍 송당리 송당본향당 당굿

구좌읍 송당리 금백조로

2.3. 천덕로 주인공(애월읍 곽지리)

조선시대 가문의 위상을 높이는데 혁혁한 공을 세운 이들로 열녀가 있다. 제주도에도 문헌기록상 15세기부터 20세기까지 49명의 열녀가 있다. 열녀란 남편의 사망 후에 절개를 지키고, 가문의 명예를 위하여 수절한 여성을 뜻한다. 여성에게 무거운 구속을 가져온 이 용어에 대해 시대에 따라 긍정적·부정적 시각이 있었다.

열녀 중에 수절에 목숨 건 여성들이 있다. 이들은 젊은 나이에 남편과 사별한 후 주변의 재가 유혹을 물리쳤다. 그래서 홀로 지내면서 자신의 명예는 물론 시가, 친가(친정)의 명예를 꿋꿋이 지키며 일생을 산 여성들이 있다. 천덕로의 주인공 김천덕이 바로 그런 열녀 중 한명이다.

> 열녀 김천덕(金千德)은 곽지리에 살았는데 선조 10년(1577) 임진(林晋)목사가 아뢰어 정표되었다. 남편이 사망하자 천덕을 아내로 맞이하기 위하여 부친을 협박하거나 관가에서 소장을 올려 곤장으로 위협해도, 이에 굴하지 않았다. 천덕은 죽을 각오로 머리를 깎고 목을 매어 죽기 직전까지 갔다가 종신 수절했다.
>
> 임제의 『남명소승』「千德傳」에서 다음과 같이 적고 있다.
>
> <고을에 烈婦가 있어서 林晋이 천거하고 판관 趙仁後가 아뢰어 門閭를 정표하여 주실 것을 청했고 林悌가 그 傳을 지었는데 말하기를 제주 郭支人 私奴 蓮斤의 처이다. 오호라, 세상에 소위 남자라는 자가 한 利害관계를 지어 형제간에도 서로 다투고 친구에도 서로 배신하여 國政이 크게 어지런 때로다. 危亂에 처하게 되었을 때 賣國者가 있고 忘親者가 있으니 이는 천덕에게 罪人이 될 것이며 또한 적지 않으니 슬프다.>
>
> 임제가 「김천덕전」을 지어서 그녀의 절행을 칭송하고 있다. 즉 남자도 형제나 친구간에 신의를 저버릴 수 있는데 아녀자가 굳은 절개를 지녔다고 높이 평가했다. —고창석 역(1996), 『효열록』, 제주교육박물관.

〈김천덕비〉는 원래 곽지향사(곽지리사무소 옆) 앞에 있었는데, 현재 곽지해수욕장으로 옮겨져 있다. 「천덕전」에 나오는 우물터 흔적은 일주도로에서 곽지해수욕장으로 가는 길 옆 밭에 남아 있다. 천덕의 이름을 역사에서 살려내어 이 일대를 '천덕로'라는 도로명으로 불리고 있다.

애월읍 곽지리 김천덕비

애월읍 곽지리 천덕로

2.4. 홍랑로 주인공(제주시 삼도1동)

설문대와 금백조는 신화의 주인공이고, 김천덕은 열녀의 주인공이다. 홍윤애(洪允愛)는 이들의 사례와 좀 다르나 절개를 지키고 신뢰와 사랑을 보여준 주인공이다.

특히 홍윤애의 배필인 조정철의 애절한 비문이 있어서 그들의 믿음과 사랑의 깊이를 짐작할 수 있다.

조정철의 연인으로 알려진 홍윤애의 이야기는 다음과 같다.

> 조정철(趙貞喆)이 당쟁에 연루되어 제주에 유배왔을 때 그 謫所에 洪允愛가 출입했다. 당시 반대파(少論) 金蓍 목사가 부임했을 때 조정철의 비행을 찾아내려고 일부러 홍윤애를 문초하다가 杖殺되었다. 조정철은 유배에서 풀리어 돌아갔다가 순조 11년(1811)에 제주목사로 부임하여 홍윤애의 墓文을 지어주었다.
>
> <말하기를 洪義女는 義女 處勳의 딸이다. 정조 정유(丁酉:1777년)에 내가 죄인으로서 탐라에 안치되었을 때 義女가 나의 謫所에 출입하였다. 신축(辛丑:178년)에 목사가 義女를 미끼로 나를 죄지은 것으로 꾸미고자 의녀를 문초하였었다. 血肉이 낭자하여 죽게 되었으나 의녀가 말

하기를 공(趙貞喆)의 生이 한 죽음(死)에 있다 하며 不服하여 형틀에 매달려 죽은(殉) 것이 그 해 윤 5월 15일이다. 그 후 31년 만에 방어사로 제주에 와서 묘역을 만들고 시를 지었다.>

- 제주문화원(2005), 『역주 증보탐라지』(담수계 저, 『증보탐라지』, 1954)

홍윤애는 연인인 조정철의 결백을 위해 순절했다. 홍윤애무덤은 제주시 삼도1동[13]에 있었는데 1940년대 제주공립농업학교에 포함되면서 현재 위치인 유수암리(제주시 애월읍 소재)로 이묘했다.

홍윤애무덤이 있던 일대를 '홍랑길'로 선정하였는데, 시민들이 홍랑의 존재를 알고 있는지 궁금하다. '홍랑길'은 현재 제주국제교육정보원 동남쪽에 대당된다.

제주시 삼도1동 홍윤애무덤터

제주시 삼도1동 홍랑길

2.5. 만덕로 주인공(제주시 건입동)

김만덕(1739~1812)은 '제주 여성의 위대함'을 표상한다. 제주 사람들의 근검·봉사 정신을 실천한 대표인물이기도 하다. 김만덕은 1794년(정조 18)~1795년(정조 19)에 흉년으로 제주 사람들이 굶주림에 허덕이

13) 제주시 삼도1동 300-64번지에는 '홍윤애무덤터'라는 표지석이 세워져 있다.

고 있을 때 자신의 전 재산을 선뜻 내놓아 쌀을 구입해서 제주 사람들을 구휼했다. 이러한 선행은 제주목사가 정조임금에게 보고하면서 알려졌다.

김만덕이 역사 속의 인물이지만 현실로 되살아나서 대중적으로 알려진 것은 1970년대이다. 1977년에 모충사(제주시 사라봉 소재)로 이묘하고, 2007년에는 묘비가 기념물 제64호로 지정되었다. 1978년에 만덕기념관을 건립하고 그의 정신을 기리기 위하여 1980년부터 만덕상을 제정하였으며, 만덕제도 지내고 있다.[14]

이후 김만덕의 생애와 활약상이 사료와 전기문을 통해서 알려지기 시작했으며, 2000년대 들어와서는 구체적인 현양사업이 추진되고 있다. 특히 2015년 5월 29일에 〈김만덕기념관〉이 개관되었고, 2017년부터 10월 만덕주간 행사가 개최되고 있다.

정조는 김만덕의 행적을 듣고 규장각 관료를 비롯한 신하들에게 교지를 내려 김만덕전기문 작성을 지시하였다. 그 중에 좌의정 채제공이 쓴 전기문이 유명하며, 이 내용에 근거하여 2차 창작물이 나오고 있다. 현재 김만덕을 화두로 삼을 때는 '거상, 나눔, 베풂' 등의 인품과 사회공헌 측면에 역점을 두고 있다.

김만덕의 업적을 기리기 위하여 '만덕로'가 선정되었으며, 이 도로는 동문로터리에서 제주동초등학교 사이에 있다.

---

14) 2020년 10월 18일 제41회 '만덕제 봉행 및 김만덕상 시상식'이 있었다. 2020년 기준 역대 김만덕상 수상자는 51명(봉사부문 41명, 경제인부문 10명)이다. 김만덕 관련 연구로는 문순덕(「제사 의례로 추모되는 제주 여성의 역사·문화적 의미 - 김만덕, 고씨, 홍윤애를 중심으로」, 『탐라문화』 63호, 제주대학교 탐라문화연구원, 2020) ; 문순덕 외(『김만덕 출생지 관련 조사 연구』, 제주특별자치도·김만덕기념사업회·김만덕기념관, 2020) ; 문순덕·박찬식(『추모 200주기 기념 김만덕 재조명』, 제주발전연구원, 2010) 등이 있다.

제주시 건입동 산지천변 김만덕기념관

이상으로 신화와 역사의 주인공이 현세에 와서 길잡이 역할까지 성실하게 수행하고 있음을 보았다. 이외에도 제주 사람들의 이상향인 '이어도'가 도로명으로 선정된 '이어도로'(서귀포시 법환동 일대)가 있다.

현재 '이어도종합해양과학기지'는 대한민국 최남단 마라도 서남방 149㎞에 위치하며 우리나라의 중요한 해역이다. 이어도는 전설이 현실로 살아난 좋은 예이며, 이를 기억하기 위하여 도로명으로 불림으로써 제주 문화의 위대한 힘을 보여준다.

제주시 건입동 만덕로

서귀포시 법환동 일대, 이어도로

3. 도로명 주인공을 통한 제주 문화의 발전

신화와 역사에 나오는 여성이 도로명으로 선택되고 알려지게 된 것은 '도로명주소위원회'의 값진 노력의 결과이다. 이는 문화적 자산을 발굴하고 확산하는 것이 개인의 노력에 기초하며, 이를 적극적으로 수용하려는 지역의 문화적 척도에 따라 달라짐을 보여준다.

문화자원이 산재되어 있을 때는 그 가치를 알지 못한다. 여기에 소개한 여성들은 책 속에 묻혀 있었고, 단순히 제주 여성의 위대함과 강인함을 대표한다고 여겨 왔다. 그러나 이 자원들은 모두 제주의 문화원형이며, 문화융성의 기반이라 할 수 있다. 따라서 이것을 어떻게 콘텐츠화하느냐가 우리들의 역할이다.

안데르센의 작품인 「인어공주」는 덴마크의 브랜드가 되고 있다. 코펜하겐 바닷가에 인어공주 조각상을 세움으로써 가상의 주인공이 현실로 등장하여 세계인들의 관심을 받고 있다.

덴마크 코펜하겐 인어공주상

이 글에서는 도로명으로 명명된 4명의 이야기를 살펴보았다. 이들 역시 제주의 브랜드로서 가치가 충분하다. 신화와 역사의 주인공이 도로명으로 표출된 것은 그 나름의 의미가 있다.

길을 가다가 고유명사로 표기된 도로명을 보게 되면, 그것에 대한 역사적·문화적 의미를 되새기는 계기가 되길 바란다. 또한 기회가 된다면 이 도로명이 있는 지역에서는 이를 문화콘텐츠로 활용하는 방안을 찾아보는 것이 지역의 문화를 융성하게 하는 것이다.

4장
돌로 형상화된 제주 여성상

1. 들어가는 말

남녀평등이란 말이 나온 지 얼마 안 되어 여성상위시대란 말이 퍼진 때가 있었다. 최근에는 양성평등이란 말로 여성들의 사회참여 정도를 짐작하는 바로미터로 삼고 있지만 사실 여성들의 사회참여에 대한 긍정적인 시각은 최근의 일이다.

제주는 삼다의 고장이라 하여 '여자, 바람, 돌'이 많음을 은연중에 드러내며 여성의 위치를 가늠하는 여러 상황을 논의하는 경우가 많다. 이런 점에서 제주 여성의 특출함은 무엇이고, 그것을 어떻게 추출할 것인가가 고민이다. 그렇다고 해서 당대에서 기준을 찾기도 어려워 보여서 역사적으로 유추해 볼 수 있는 방법을 선택했다.

많은 사람들이 제주 신화의 가치를 논했으며, 제주 사람들 역시 제주 신화를 문화자원으로 인식하고 이를 어떻게 활용할 것인가에 대한 연구가 뒤따르고 있다.

이런 점에서 '제주 여성상'이란 특별히 규격화된 인물상을 말하려는 것이 아니라 제주 신화와 역사에서는 제주 여성들의 이미지를 어떻게 만들어 왔는지를 들여다보겠다. 즉 제주 여성들이 어떤 대상으로 형상화되었는지 돌 제품들을 중심으로 해서 살펴보고자 한다.

2. 제주 여성상의 유형

2.1. 신화 속 여성상

제주 여성들의 창조와 도전정신의 실체는 멀리 올라가면 제주 신화에서 찾을 수 있다. 여기서는 창조여신으로 알려진 '설문대, 삼승할망, 백줏도, 자청비'가 있으며 도전정신이 뛰어난 여신으로는 '설문대, 삼성신화와 세 공주, 자청비, 감은장아기' 등이 있다.

조선시대 진취적인 여성으로는 장덕(張德), 귀금(貴今), 김만덕(金萬德), 홍윤애(洪允愛) 등을 비롯하여 예청(여정 ; 女丁)이 있고, 이들의 후예들이 오늘날 제주 여성이라 할 수 있다.

이 외에도 삼별초군의 몰락에 참여한 제주 여성의 이야기로 오래전부터 "아기업게 말도 들어봐사 헌다."는 김통정 관련 속담이 전해지고 있다. 이는 삼별초군과 여몽연합군의 전투 과정에서 삼별초군의 패배 이유가 '아기업게(아기업저지)'라는 현지인(고려시대 제주인)의 조언이 중요하게 작용했다는 뜻이다(문순덕, 2011ㄱ : 268).

> 삼별초군이 토성 안으로 들어가면서 너무 다급한 나머지 아기업게를 남겨두고 성문을 닫아버렸다. 연합군이 성문 밖에서 문을 열지 못하

고 끙끙대고 있을 때 이 아기업게가 말하길 두 일뤠 열나흘(14일) 동안 불을 때면 쇠문이 녹아서 문을 열 수 있다고 말해준다. 아기업게 말을 무시하지 않고 그대로 들은 결과 마침내 쇳물이 녹아서 내성(궁궐)으로 처 들어갈 수 있었다.

제주의 창조여신들은 누구나 알고 있는데 돌로 형상화된 것은 잘 알려지지 않았다. 삼승할망은 생명을 잉태시키고 무탈하게 자라도록 도와주는 등 생명을 관장하는 여신이다. 설문대는 제주의 자연과 사람을 창조했다고 알려진 위대한 창조여신이며, 제주도 곳곳에 이 여신의 자취가 남아 있다. 영등할망은 바다의 신으로 해녀들의 수호신으로 알려져 있으며 지금도 영등달이 있어서 이 신을 위한 의례가 행해지고 있다.

[사진 1]은 제주교육박물관 야외전시장에 세 여신들이 일렬로 세워져 있는 석상(石像)이다. 오른쪽부터 삼승할망, 설문대할망, 영등할망이다.

이 여신들과 성격이 좀 다르지만 [사진 2]는 오찰방과 누님의 씨름하는 형상이다. 오찰방은 힘이 장사여서 교만했다. 오찰방의 누님은 동생보다 더 힘이 세었지만 조용히 있다가 동생의 기를 조금 다스리기 위하여 남장을 하고 씨름대회에 참가했다. 거기서 오찰방누님이 오찰방을 보기 좋게 이김으로써 석상의 주인공처럼 여성의 기상과 지혜를 보여주었다.

2.2. 문화유적 속 여성상

일반적으로 여성문화유적[15]이라 하면 친숙한 말이 아니어서 그 이미

---

15) 제주사회에서 여성문화유적을 조사하고 기록한 것은 『제주여성문화유적』(제주특별자치도인력개발원 · 제주발전연구원, 2008), 『제주여성문화유적 100』(제주특별자치도 · 제주발전연구원, 2009) 등이 있다. 이 글에서는 문순덕(2008ㄴ)을 참조하였다.

[사진 1] 여신들

[사진 2] 오찰방과 누님의 씨름 장면

지가 얼른 부각되지 않는다. 이는 유적을 유형과 무형, 지정과 비지정 등으로 구분하고 성별로는 구분하지 않았기 때문이다. 문화유적이라 하면 성별 구분 없이 문화재로 가치가 있는 것들이 목록화되었지만 문화재 생산 주체가 누구인지에 따라 남성문화유적과 여성문화유적을 구분할 필요가 있다. 따라서 여성문화유적이란 여성들이 직접 관여하거나 간접적으로 관여하는 특정 공간을 의미한다.

이런 의미에서 제주 여성문화유적으로는 물통(용천수, 봉천수), 방아터(ᄆᆞᆯ방에, 정미소), 불턱(해녀의집), 경작지, 가마터, 소곰밧(염전), 여성 신화·전설지(산방산 : 산방덕이, 설문대신 : 등경돌, 신화터, 세 공주 : 혼인지 등), 신앙터(신당, 절터 등), 교육기관(여성이 교육을 받았던 야학, 간이학교, 초등학교 등), 역사상의 인물과 열녀비, 제주4·3사건과 여성유적, 여성들의 회합 장소(동산) 등이 있다. 이러한 공간들은 제주 여성들의 창조와 도전정신을 적극적으로 보여주는 유적지이며 대부분 돌로 형상화되어 있다.

물통은 여성들의 담화공간이면서 노동공간이었다. ᄆᆞᆯ방에(연자매)

는 정미소(방에공장, 기곗방)가 운영되기 전에는 마을의 공동 도정 장소였다. 주로 여성들이 곡식 도정을 담당했으며, 지금은 마을에 따라 연자매 위짝은 공간 배치물로 사용되고 있다.

불턱은 해녀들의 노동공간이자 담화공간이고 쉼터였다. 신앙터로는 마을마다 여성들의 의지처인 본향당이 있으며, 이곳을 이용하는 당골의 유무에 따라 관리와 보존상태가 다르다.

신당에 따라 형태는 조금씩 다르지만 돌담으로 울타리를 치고 신목과 신체가 있거나 밭에 신목만 있는 경우도 있다. 지금도 사람들이 정기적·비정기적 의례처로 이용하고 있는 신당은 제단과 울타리 등이 잘 보존되어 있다.

이러한 여성문화유적 중 돌로 형상화된 몇 장면을 들면 다음과 같다.

[사진 3]은 어승생수원지 근처에 서 있는 여성상이고, [사진 4]는 마을 곳곳에 세워진 여성상이다. 이와 같이 물허벅 여성상이 세워진 것을 보더라도 여성들이 식수공급에 주도적으로 관여했다는 뜻이다. 물허벅(물동이)을 이용하여 물항(물독)에 식수를 채워 넣는 여성상을 통해 과거 제주 여성들이 물 긷기의 주역이었음을 짐작할 수 있다.

제주 여성들은 오래 전부터 식수를 담당했다. 식수를 구하는 곳은 마을에 있는 물통(용천수, 봉천수)이다. 해안가마을에서는 주로 산물[16]을 이용했고, 중산간마을에서는 주로 봉천수(인공으로 만든 물통)를 이용했다. 이때 물을 길어 오는 도구로 허벅이 있는데, 여성들은 이 허벅을 바구니에 넣어서 지고 다녔다. 이 모습은 다른 지방 여성들이 모든 물건을 머리에 얹는 것과 다른 풍경이다.

---

16) 용천수에서 솟아나는 물이기 때문에 살아 있는 물이라 한다. 이 물은 여름에는 시원하고, 겨울에는 미지근하다.

[사진 3] 어승생수원지 근처에 세워진 여성상

[사진 4] 애월읍 한담리에 세워진 여성상

[사진 5]는 곽지해수욕장에 있는데 장공익[17]이 제작한 여성상이다. 이 석상은 물허벅을 내려놓고, 지고, 일어서는 동작을 단계적으로 보여준다.

[사진 5] 애월읍 곽지해수욕장에 세워진 여성상

17) 장공익(1931~2018)은 한림읍 금능리에 있는 금능석물원을 조성하였다. 장공익은 석공예 장인으로 한국의 명장이 되었다(1993. 10. 19.). 그는 제주 돌을 재료로 해서 돌하르방과 설문대신 등 제주 문화를 소재로 한 다양한 돌조각품을 만들었다.

[사진 6~8]은 해안가마을에서 간간이 볼 수 있는 해녀상이다. 제주 여성과 해녀를 동일시하는 경향이 있으며, 이들은 제주의 문화와 경제의 중심에 서 있다.

제주 여성들이 해녀복을 입고 테왁을 등에 진 모습, 비상하는 모습 등으로 형상화되었는데 이는 제주 여성을 상징하는 이미지로 두 유형이 각인된 결과이다.

[사진 6] 우도에 설치된 해녀상

[사진 8] 안덕면 사계리에 설치된 해녀상

[사진 7] 구좌읍 하도리에 설치된 해녀상

제주의 마을마다 공동체 노동공간으로 ᄆᆞᆯ방에(연자매)가 있었으며, [사진 9]는 곡식 도정에 동참했던 장면을 보여주는 석상이다. 여성문화 유적으로 ᄆᆞᆯ방에(연자매)가 포함된 것은 이런 노동 장면이 가능했기 때문이다.

[사진 9] 한림읍 금능리 금능석물원에 있는 여성상

앞에서 살펴본 석상들과 다음(사진 10~11) 조각상은 성격과 재질이 다르다. 제주 여성들이 생활 속의 주인공임은 물론 역사의 일원으로도 동참했음을 석상으로 보여주고 있다. 이런 것이 제주 여성상이라 할 수 있으며, 재질이 무엇이든지 제주 여성들의 창조와 도전정신, 진취적인 기상 등을 드높이려는 시도라고 본다. 이런 조각상들을 볼 때마다 제주 여성에 대한 이미지는 새롭게 각인될 것이다.

[사진 10]은 제주 여성들이 역사에 어떻게 동참했는지를 보여주는

석상이다. 조천읍 조천리 '만세동산'에 있는 〈3·1독립운동 기념탑〉에는 독립을 외쳤던 여성상이 있다. [사진 11]은 제주4·3사건에 따른 피해자인 모자의 고통을 적나라하게 보여주는 상징물이다.

[사진 10] 조천읍 조천리, 조천만세동산에 있는 여성상

[사진 11] 제주4·3평화공원에 있는 모자상

3. 나오는 말

제주 여성들의 사회적 이미지를 살펴본 결과 정치적·경제적 측면에서 치열하게 살아왔음을 알 수 있다.

과거의 제주 여성들은 자신에게 주어진 환경에 적응하면서 그 상황을 긍정적으로 받아들였다고 본다. 그 결과 여성들이 문화 생산의 주인공이지만 조력자로 비춰졌다. 이에 우리들은 조력자로 알려진 제주 여성들의 역할을 주체자로 부각시킬 의무가 있다.

따라서 돌로 형상화된 제주 여성상을 통해 제주 사람들은 여성을 어떻게 생각하고 있는지, 무엇이 제주 여성을 대표할 수 있는지 등을 짐작할 수 있다.

한편 사람들은 제주 여성들의 실체로 여신, 노동의 주인공, 역사의 주인공 등 적극적으로 제주사회에 동참한 주체로 인식하고 있다. 물론 이런 석상들이 현재를 사는 우리들에게 어떤 영향을 미칠 것인지는 확인할 수 없지만 지금처럼 보이는 대상으로 인식할 수도 있다.

5장
물에서 만나는 제주 여성들의 생활상

1. 돌과의 만남

지역의 전통 문화자원이라 할 때는 재화적 가치가 있는 것에만 역점을 두는 경향이 있으나 과거에 사용했던 특정 장소와 생활도구들도 문화자원에 해당된다. 이런 점에서 제주 여성과 밀착되어 쓰였고, 지금까지 남아 있는 돌 문화자원으로 팡돌의 흔적을 들여다보겠다.

제주방언 '팡'은 물건을 올려놓거나 빨래판으로 사용할 수 있는 돌이나 나무로 만든 받침대라는 뜻이다. 돌로 만든 경우 '팡돌'에 해당된다. 팡돌에는 물허벅을 올려놓는 물팡이 있고, 쉬는 장소로 쓰이는 쉼팡, 물건들을 올려놓는 지들팡 등이 있다. 징검다리용으로 놓는 돌도 팡돌이라 한다.

2. 팡돌의 미학

2.1. 서답팡(빨랫돌)

제주 여성들이 주도적으로 참여했던 노동공간으로 물통과 빨래터가 몇 군데 남아 있다. 상수도시설이 안 되었을 때는 집안의 식수는 여성들의 몫이었다. 어머니나 딸이 아침 일찍 물허벅(물동이)을 지고 집과 가까운 곳에 있는 물통으로 가서 물을 길어왔다. 이런 물통은 보통 식수와 빨래터로 제공되었다. 지금도 마을에 따라 물통은 잘 보존되어 있으나 빨래터는 거의 흔적을 찾을 수 없는데 일부 남아 있는 마을의 팡돌을 소개하겠다.

요즘 서답팡(빨래판용 돌)이나 나무로 만든 빨래판을 말하면 알아들을 수 있는 세대가 다를 것이다. 지금은 집집마다 전기세탁기가 있어서 서답팡의 존재가 사라졌으나 과거 여성들이 빨래를 할 때 어디서 어떻게 했는지 현재 남아 있는 서답팡이 잘 말해준다.

한경면 낙천리는 의자마을로 유명한데 리사무소 서쪽에 큰 봉천수인 저갈물이 있다. 이 저갈물은 그 규모가 아주 컸는데 마을길을 넓히면서 일부 매립하여 현재의 모습이 되었다. 마을에서는 저갈물을 단장하면서 서답팡을 찾아내었다. 이 마을에서는 물확(구시통)으로 소개하고 있는데 봉천수의 남쪽 끝에 보면 둥근 모양의 돌로 만든 둥근 통 2개가 놓여 있다.

큰통은 2004년에 새로 만든 것이고, 바로 옆에 있는 작은통은 원형이다(1920년대로 추정). 둥근 통 안을 보면 네모로 경사지게 해서 빨래하기 좋게 만들었다. 이 통 옆에 구멍이 있는데 헝겊으로 구멍을 막은 후에 통에 물을 가득 담아서 빨래를 한다. 그런 다음 헝겊을 빼고 더러

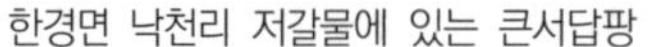

한경면 낙천리 저갈물에 있는 큰서답팡

우도에 있는 서답팡

운 물이 빠지게 한다. 여러 번 헹군 다음 바로 위쪽에 있던 '곤물통(고운 물통)'의 물을 사용하여 헹구면 빨래하기가 끝난다. 지금은 곤물통이 매립되어서 이를 기억하는 사람이 알려주지 않으면 자취도 찾을 수 없게 변해 버렸다.

큰통 안에 경사진 빨래판이 4개 있으며 헝겊으로 구멍을 막고 사용했다. 조정배(낙천리 주민) 씨의 기억에 따르면 당시 낙천리 사람들이 고구마를 주식처럼 먹었기에 많이 씻으려면 큰그릇과 물이 필요했다. 그래서 집집마다 저갈물에 있는 이 통을 이용하여 고구마를 씻었다고 한다.

여성들은 이 팡돌에서 빨래를 하거나 고구마를 씻는 등 생활도구로 사용했으며, 어린 아이들은 잠자는 공간으로도 이용했다. 어린 아이들은 경사진 빨래판을 베개 삼아 마주 보는 곳에 다리를 걸치고 누워서 놀이터로 삼았다.

낙천리 물통과 서답팡은 여성들이 주로 사용했던 공간이고 생활도구처럼 밀착되어 있다. 지금은 이를 기억하는 사람만이 의미 있게 관찰한다. 반면 우물에서 빨래한다는 사실을 알지 못하는 젊은 세대들은 옛사람들의 이야기로만 기억할 것이다.

대개 물통 안을 보면 식수용이 있고, 그 옆에 서답팡이 있어서 물을 길러 가서 빨래도 했다. 그리고 물통 옆 공터는 빨래를 삶거나 말리는 장소로 이용했다. 지금은 이런 모습을 볼 수도 없으며, 여성들의 기억을 통해서 들을 수 있을 뿐이다.

낙천리 서답팡과 같은 형태는 아니나 우도에서도 서답팡의 형태를 볼 수 있다. 식수용은 고운물통이라 하고 허드렛물로 쓰는 물통은 궂은 물통이라 하는데 여기에 빨래를 했던 팡돌이 있다. 길쭉하고 평평하고 경사지게 놓여 있어서 빨래하기에 좋게 배치되어 있다. 빨래를 할 수 있었던 물통에는 이런 서답팡이 있었다.

한경면 낙천리 저갈물에 있는 작은서답팡

작은서답팡 구멍

애월읍 유수암리에는 유수암천이 유명하다. 제주도의 용천수는 구조와 기능이 비슷한데 이 샘물을 보면 가장 안쪽에서 솟아나오는 물은 식수용이다. 그 다음 칸에서는 음식재로를 손질하고 그 다음 물통에서는 빨래와 목욕을 했다.

유수암천은 넓은 데 지금은 물통의 울타리를 만들어서 보호하고 있고, 그 사이에 길이 나있다. 바로 아래쪽에는 빨래 전용 물통으로 지붕을 만들어서 관리하고 있다. 길을 사이에 두고 남쪽은 식수용, 북쪽은

애월읍 유수암리 유수암천

빨래용인데 마을 사람들이 정기적으로 청소하면서 깨끗이 관리하고 있다. 유수암천에 있는 빨래터는 울타리와 지붕을 만들어서 옛날식 서답돌은 볼 수 없으나 빨래터임을 알 수 있는 장소이다.

특히 이 빨래터 울타리를 끼고 있는 구시(구유)를 눈여겨볼 만하다. 직사각형의 돌로 되어 있는데 마소들도 어디에 있는 물맛이 좋은지를 잘 알아서 구싯물과 바로 밑에 있는 물을 선별해서 먹었다고 한다(이종환 유수암리장).

유수암천은 산물(살아있는 물)이어서 겨울에는 미지근하고 여름에는 시원하다. 마소들이 물을 마시게 되면 자기네 물통의 물을 먹는데 약삭빠른 소는 처음부터 구시에 있는 물만 먹었다. 구시에 있는 물은 유수암천에서 흘러내린 물이 모인 것이라 겨울에도 덜 차갑다.

애월읍 유수암리 유수암천 아래 있는 빨래터

애월읍 유수암리 유수암천 아래 있는 돌구시

2.2. 물팡

마을마다 식수용 물통이 있는데 솟아나오는 물통인 용천수와 인공으로 만든 봉천수가 있다.

부엌 입구에 있는 물팡

주로 해안가마을에는 용천수가 있는데 물을 뜨러 물허벅을 지고 가면 일단 물팡에 물구덕(바구니)를 내려놓는다. 그 다음에는 허벅(물동이)을 물가로 가져가서 바가지로 떠 담거나 허벅을 직접 물통에 집어넣고 물을 담는다. 물이 가득 차면 물허벅을 구덕에 넣은 후에 지고 집으로 돌아온다.

지금도 제주도 곳곳에 남아 있는 물통에 가 보면 물허벅을 올려놓을 수 있는 물팡이 단장되어 있다.

물통에 있는 물팡 말고도 집집마다 물팡이 있었다. 주로 부엌 입구에 2개의 돌을 세워서 지지대를 만들고 그 위에 넓적한 돌을 팡으로 얹히면 물팡이 된다.

여성들이 아침에 물허벅을 지고 공동 우물인 물통에 가서 물을 길어 오던 시절에는 물허벅을 지고 마당으로 들어와서 부엌으로 들어가기 전에 물팡에 물허벅을 내려놓고 한숨 돌리거나 바로 물항(물항아리)에 물을 부은 후에 빈 허벅을 놔둔다.

3. 돌의 생명력

돌은 단순히 물질로 보이나 팡돌로 유용하게 쓰임으로써 문화자원화 되었다고 본다. 이에 돌문화라고 하면 돌담 외에도 물팡이나 서답돌과 같은 팡돌의 문화적 의미를 되새겨 볼 필요가 있다.

생활도구라고 하면 재질과 생김새, 존재 유무 등으로 나눌 수 있는데 우선 돌을 재료로 한 '서답팡, 지들팡, 물팡' 외에도 도정 도구로 쓰였던 'ᄀ래(맷돌), 절구, ᄆᆞᆯ방에(연자매)' 등이 있다. 돌 제품 중에 구시(구유)와 돗도고리는 가축용 먹이 그릇이다. 이 제품들은 현재는 사용되지 않고 박물관이나 마을에서 볼 수 있으며, 언제 어떤 용도로 쓰였는지 기억을 통해서 전해 듣는 정도이다. 여기서는 여성들과 밀접한 돌제품을 살펴보았다.

나무로 만든 제품 중에 여성들의 손길이 닿았던 도구로는 도고리, 돔베(도마), 뒈(되), 솔박(바가지의 일종) 등이 있다. 도고리는 돌 제품도 있으나 나무제품은 주로 풋감(풋감)을 찧을 때 사용했다. 제주도의 대표 천연염색인 갈제품은 풋감즙으로 염색한 것이다. 나무로 만든 바가지에는 좀팍, 솔박 등이 있으며 이는 주로 곡식을 담는데 쓰였다.

절구

맷돌

제주도의 문화자원, 문화원형이라고 할 때 떠오르는 대상은 무엇일까? 아마도 전통적인 생활 모습을 보여주는 정신적·물질적 자원일 것이다. 이를 보통 전통 문화자원으로 구분하기도 한다.

이런 점에서 제주 여성들의 일상적인 생활과 밀착되어 있는 장소와 돌제품을 대상으로 하여 지금까지 남아 있는 형태와 쓰임을 알아보았다.

6장
돌 · 바람과 인간의 삶

1. 돌과 인간의 삶

1.1. 돌의 기능

제주도의 돌 하면 '산담, 밭담, 집담, 올렛담, 물통, 원담, 등명대, 돌하르방, 동자석' 등등 그 쓰임이 다양하다.

> 제주 땅에 돌이 많고 본래 논이 없어서 오직 보리, 콩, 조만이 생산된다. 밭에는 예전에 밭담이 없어서 강하고 사나운 집안에서 날마다 야금야금 먹어 들어가므로 백성들이 괴롭게 여겼다. 김구가 판관이 되었을 때에, 백성에게 고통을 느끼는 바를 물어서 돌을 모아 담을 쌓아 경계를 만드니, 백성들이 편하게 여겼다.
>
> - 김찬흡 외 옮김(2002), 『역주 탐라지』(이원진 저, 푸른사상), 27쪽.

인용문을 보면 제주도 들판에서 쉽게 볼 수 있는 밭담의 유래를 짐작할 수 있다. 이런 측면에서 대표적인 돌의 쓰임을 알아보겠다.

1.2. 돌을 가리키는 제주방언

1.2.1. 산담

제주 곳곳에서 볼 수 있는 산담(무덤 울타리를 돌로 쌓음)은 돌을 이용한 건축양식이다. 들판이나 농경지에 무덤이 있고 그 둘레에는 어김없이 돌로 울타리가 쳐져 있어서 외지인들의 눈에는 신기하게 보이는 풍경이기도 하다.

원래 마소의 침입을 막기 위해서 무덤 주위에 돌로 울타리를 만들었는데, 이를 산담이라 부른다. 간혹 산담 규모로 무덤 주인의 사회적 지위를 짐작하기도 한다. 산담의 둘레를 보면 신로(神路)[18]가 보인다.

사람에 따라 무덤의 위치에서(사람 기준이 아니고, 무덤을 기준으로 함) 오른쪽에 신로가 있으면 여자의 무덤이고, 왼쪽에 있으면 남자의 무덤이라는 시각이 있다. 그렇지만 풍수지리설에 입각해서 신로의 위치가 정해진다고 보는 시각도 있다(오문복, 한학자).

산담

산담에 있는 신로

18) 신로는 귀신이 드나드는 길을 의미한다. 또한 신문(神門)이라 하여 귀신이 드나드는 문으로 해석하기도 한다. 신로가 없는 무덤 중에 산담 모서리 주변에 돌계단을 만들기도 한다.

무덤 입구에 서 있는 '동자석'은 무덤의 수호신이며, 제주도의 돌로 만들어졌다.

제주의 수호신으로 잘 알려진 '돌하르방'이 있다. 하르방(할아버지)에 대응되는 제주방언은 할망(할머니)이다. 음양의 조화로 본다면 '천하대장군 : 지하여장군, 하르방당 : 할망당' 등등 대부분 대응 짝이 있는데 돌하르방의 대응짝이라 할 수 있는 '돌할망'은 없으며, 있다고 생각하지도 못한다. 물론 돌하르방의 기원에 대해서 의견이 있지만 여기서는 논외로 한다. 다만 왜 돌할망이란 사물이 없으며 그에 대한 명칭도 없을까 생각해 보았다.

돌하르방

설문대는 제주의 대표적인 여신으로 공인된 것 같다. 설문대라는 거대한 여신이 존재하기 때문에 돌하르방과 맞먹는 돌할망의 출현이 불가능했던 것은 아닌가 추측해 본다.

1.2.2. 올렛담

제주도의 올레도 돌과 관련이 있다. '올레'는 표준어로 정확하게 해석할 수 없지만, 대강 '좁은 골목길' 정도라 할 수 있다. 올레의 옛 말은 '오래(門)'이므로, 올레에는 고어의 흔적이 남아 있다.

바람이 불 때 속이 비어 있고, 직선이면 곧바로 몰아치므로 바람의

올레와 올렛담

제주시 이호동 모살원

피해도 클 수 있다. 한편 곡선으로 된 길은 바람이 불면 길 따라 휘어져 불면서 세기가 약해지고 피해를 덜 준다. 이런 길이 제주 '올레'이다. '올레'는 집 마당 안으로 들어가기 전에 거쳐야 하는 집의 입구라 할 수 있다. 이 '올레'와 어우러진 올렛담을 쌓을 때 제주 돌을 사용했다. 올레와 이어지는 집 울타리 역시 돌로 쌓아서 집담과 올렛담이 어우러졌다.

돌의 이러한 쓰임 외에도 마을마다 물통(우물물)이 있었는데 여기도 어김없이 돌로 울타리를 쌓았다. 지금도 마을에 따라서 돌로 울타리를 친 물통이 남아 있다. 이 외에도 제주의 전통적인 어로시설인 원담[19]과 민간등대의 역할을 했던 등명대도 돌로 만들어졌다.

1.2.3. 돌의 어휘

제주방언에서 돌을 가리키는 어휘는 다양한 편이다. '왕돌'은 큰돌이

---

19) 원담은 돌을 이용하여 타원형으로 야트막하게 축조된 어로시설이다. 밀물일 때 멸치가 원 안으로 들어왔다가 썰물이 되면 돌담에 걸려서 빠져나가지 못한다. 이때 원담 안에는 멸치가 가득 쌓여서 사람들이 쉽게 잡을 수 있다.

한경면 용수리 절부암(마애명)

돌고망

란 뜻이다. '돌새기'는 작은돌을 가리키는데 지역에 따라서 '돌생이, 돌생기, 독상귀, 독새기'라 부른다. '돌멩이'는 표준어와 같으며, '독멩이'가 쓰이기도 한다. 제주방언 '작지'는 표준어 '자갈'에 해당하며, 지역에 따라서 '작멜, 잭멜'이라 한다. 작지가 많이 있는 밭을 '작지왓(자갈밭), 작멜왓, 자갈밧'이라 부른다.

'돌트멍, 담고망'은 정겨운 제주방언이다. 여기서 '트멍'(틈)과 '고망'(구멍)은 제주의 울타리와 어울리는 어휘이다. 즉 밭담, 올렛담, 집담 등등 돌로 쌓은 곳에는 구멍이 있어서 그 안쪽을 엿볼 수 있는 여유도 준다. 집담이나 올렛담은 돌로 허술하게 쌓은 것 같지만 웬만한 바람에도 무너지지 않았다. 이는 돌 사이사이에 구멍을 만들어서 바람길을 터주었기 때문이다. 이때 '돌트멍, 담고망'의 역할이 중요하게 작용하며, 가끔 타인 엿보기의 도구가 되기도 한다.

제주의 돌이 문학의 재료가 되기도 했다. 조선시대에 제주의 풍광을 읊은 한시(漢詩)가 새겨진 '마애명'(磨崖銘)은 명승지 곳곳에 남아 있다. 이처럼 제주의 돌은 제주 사람들의 일상사와 밀접하며, 마음의 여유를 주는 재료임을 짐작할 수 있다.

1.3. 돌과 인간사

앞에서 돌의 기능과 어휘를 중심으로 살펴보았다. 여기서는 제주 돌이 어떻게 속담[20]에 남아 있는지 알아보겠다.

■ 여자 홀릴 땐 놈이 밧담도 답나.(여자 홀릴 때는 남의 밭담도 쌓는다.) 이는 여성의 마음을 사로잡기 위해서는 궂은일도 마다하지 않는 남성의 적극성을 보여준다. 남성은 원하는 것을 얻기 위해서는 적극적으로 돌진한다는 추진력의 소유자임을 비유하고 있다. "용기 있는 자만이 미인을 쟁취한다."는 서양 속담도 있듯이 쟁취하는 주체는 남성이고 쟁취당하는 대상은 여성임을 말하는 것은 동서양을 막론하고 같다.

■ 담 터진 밧디 ᄆᆞ쉬 안 들랴.(울타리담 무너진 밭에 마소가 안 들어오겠는가?) 제주에서는 밭 울타리를 돌로 쌓는데 이는 말과 소의 침입을 막기 위한 방패로 담을 쌓았다. 그런 울타리담이 무너지면 마소가 쉽게 밭을 드나들 수 있다는 말인데 속뜻은 다르다. 아무런 방비가 없는, 남편이 없는 여성의 집에 남성들이 자유로이 드나들 수 있음을 나타낸 말이다. 여성은 항상 경계하고 튼튼히 수비해야 하며, 그렇더라도 침략을 당할 수밖에 없는 외로운 처지임을 알 수 있다.

■ 갯ᄀᆞᆺ이 작지가 떡이라도 먹을 놈 엇이민 허ᄉᆞ다.(바닷가에 있는 자갈이 떡이라도 먹을 놈이 없으면 허사이다.) '작지'는 바닷가에서 흔히 볼 수 있는데, 그것이 먹을 수 있는 음식(떡)이라도 사람이 선택하지 않으면 소용이 없다는 말이다. 여기서 '작지'는 아주 흔하고 지천에

---

20) 속담 목록은 고재환(2013)을 참조하였다.

널려 있는 사물이며, '떡'은 아주 귀한 음식을 비유하고 있다.

■ 질엣돌도 연분이 잇어야 찬다.(길에 있는 돌도 연분이 있어야 찬다.) 여기서 '질엣돌'은 하찮고 흔한 대상이다. 누구나 접할 수 있는 돌도 인연이 있어야 만날 수 있다는 뜻이다. 앞 속담에 쓰인 '돌'의 의미와 마찬가지로 이 속담에 쓰인 '돌'도 흔하고, 보잘 것 없는 사물도 필요한 곳에 쓰여야만 가치가 있다는 의미이다. 이는 흔한 사물과 귀중한 대상을 비유하면서 그 중요도를 강조한 것이다.

■ 먹돌도 뚤람시민 궁기 난다.(차돌도 뚫고 있으면 구멍이 생긴다.) '먹돌'은 매끄럽고 단단한 돌을 가리키며, '궁기'는 '구멍'이란 뜻이다. 맨손으로 '차돌'을 뚫기는 아주 어렵지만 끊임없이 지속적으로 한 곳에 매진하면 이루지 못할 일이 없다는 의미로 쓰인다. 이 속담은 인내심과 지구력을 요구할 때 쓰이는 말로 '한우물만 파야 한다'는 뜻과 유사하다.

2. 바람과 인간의 삶

2.1. 바람의 기능

바람의 실체는 눈에 보이지 않으며, 손으로 잡을 수도 없지만 나무가 흔들리는 정도, 피부에 닿는 세기로 짐작한다. '미풍, 시원한 바람'은 생활하기에 좋지만 여름에 몰아치는 바람은(비를 동반할 때) 농작물을 망가뜨리기도 한다. 그래서 바람의 세기나 촉감 정도를 부사상징어로 표현하는데, 솔바람, 서늘한 바람, 폭풍 등 체감 정도가 다르다.

여러 문헌을 보면 바람은 하늘과 땅이 크게 내뿜는 기운이며, 봄바람은 온화하고, 여름바람은 훈훈하고, 가을바람은 서늘하며, 겨울바람은 매섭다고 했다. 또한 조선시대 제주 유배인들의 수필집에도 제주 바람의 특징이 잘 표현되어 있다.

김정(金淨)의 『제주풍토록』(濟州風土錄)에는 "제주의 바람은 따뜻한 듯하면서도 사람의 옷속으로 파고드는 품이 몹시도 날카롭다."며 제주에서 생활하기가 고달픔을 드러내고 있다.

이건(李健)의 『제주풍토기』(濟州風土記)에는 "이 섬에 들어가려면 반드시 西北風이라야 하고, 나올 때는 東南風이라야 한다. (중략) 바다의 파도는 동남쪽이 낮고, 서북쪽이 높다."라 기록하고 있다. 바람의 방향과 어긋나면 제주 뱃길이 험난함을 잘 파악한 듯하다. 이처럼 제주에 바람이 사시사철 자주 분다는 것은 생활환경이 그리 좋지 못함을 의미한다.

2.2. 풍명과 방위

바람이 불어오는 방향에 따른 명칭과 계절풍에 따른 명칭이 있다. 보통 방위는 '동, 서, 남, 북'이라 하고, 계절은 '봄, 여름, 가을, 겨울'로 시작하니까 바람 명칭도 자연적인 시간 순서에 따라 달라진다.

봄에 부는 바람은 '샛ᄇᆞ름'이나 '동풍'이라 한다. 여기서 '새'는 '東'의 방위이며 '새+ㅅ+ᄇᆞ름'의 합성어가 되었다. 여름에 부는 바람은 주로 '마ᄇᆞ름/마ᄑᆞ름'이라 한다. '마'는 '南'에 해당하며, 이를 '남풍'이라 한다. '마+ㅅ+ᄇᆞ름'의 합성어이다. 또한 '동마ᄇᆞ름, 든샛ᄇᆞ름'을 '동남풍'이라 한다. '서남풍'은 '든마ᄇᆞ름/든마ᄑᆞ름, 섯마ᄇᆞ름/섯마ᄑᆞ름, 늦ᄇᆞ름'이라 부른다. 제주방언 '든'은 접두사이며 '멀리 떨어지지 않다, 들어오다'의 뜻이 있다.

바람 부는 풍경

남쪽에서 부는 시원한 바람을 '건들마'라 부른다. 가을에 부는 바람은 '갈ᄇᆞ름, 섯갈ᄇᆞ름'이라 하며 '서풍'(西風)에 해당한다. 여기서 '갈'은 '가을'의 뜻이다.

초가을부터 겨울에 부는 춥고 매서운 바람을 '하니ᄇᆞ름', '북풍'(北風)이라 한다. 이 외에도 '놉새(동북동풍), 놉샛바람/놉하니ᄇᆞ름/놉하니/놉ᄇᆞ름(동북풍), 놉하니/섯하니ᄇᆞ름/늦하니ᄇᆞ름(서북풍)' 등 겨울에 부는 바람의 명칭이 다양한 편이다. 여기서 '놉'은 '북쪽'(北)을 가리킨다.

'회오리바람'(旋風)은 제주방언으로 '돗궹이, 돗공이, 돗껭이, 도깽이, 돌껭이, 뫼오리'라 부른다. '돗쳉이주제, 돗공잇주제'는 '한바탕 부는 회오리바람'을 뜻한다. '도지주제'는 초겨울에 갑자기 부는 서북풍을 가리킨다. '도지'란 초겨울 서북쪽의 산에서 불어오는 바람을 뜻한다.

제주방언 '주제'는 '비나 바람이 한번 몰아 지나감을 세는 단위'이다. 그래서 'ᄇᆞ름주제'는 '잠깐 동안 부는 바람'이란 뜻이며, '주제기비'는 '한바탕 내리쏟는 비'를 가리킨다. 가끔 "비 ᄒᆞᆫ 주제 왐저."란 말을 들을 수 있다.

바람과 관계된 용어를 더 살펴보면 '버렁'은 볕이 내리쬐고 바람이 분다는 뜻이다. 'ᄇᆞ름자다'는 표준어와 의미가 같다. 'ᄇᆞ름깍/ᄇᆞ금끗'은 '바람이 불어나가는 쪽'이란 뜻이다. 제주방언 '깍'은 표준어 '끝'에 해당된다. 'ᄇᆞ름머리/ᄇᆞ름우'는 바람이 불어오는 쪽을 가리킨다. 또한 갑자기 부는 폭풍을 '강쳉이'라 한다.

3.3. 바람과 인간사

농사의 풍흉을 바람(날씨)으로 짐작하는 속담으로 "사월초파일날 바람이 불지 않으면 깨가 풍년이다."라는 말이 있다. 이는 초파일에 날씨가 맑으면 깨가 잘 된다는 말이며 지금도 농부들은 이 말을 믿고 있다. 이 외에도 날씨와 농사의 풍흉 관계를 짐작할 수 있는 속담은 다음과 같다(고재환, 2013).

- 새벡 ᄂᆞ룻에 콩 불린다.(새벽 찬 기운에 콩 불린다.) 이는 가을에 콩을 거둬들인 후 콩을 장만하는 과정에 바람이 아주 중요하다는 말이다. 'ᄂᆞ룻'은 '새벽 찬 기운'을 뜻하는데 그만큼 조그마한 바람의 세기도 잘 이용한다는 뜻이다.
- 태풍은 농사엔 해롭곡, 바당엔 이롭나.(태풍은 농사에는 해롭고, 바다에는 이롭다.) 이 말은 지금도 전승되고 있으며, 가끔 바다 오염 때문에 여름에 태풍이 불기를 기다리기도 한다.

요즘처럼 기상청에서 일기를 예보하지 않던 시절부터 바람이 불어 올 징조가 있었다. 사람들은 이를 경험으로 터득하였다.

- 샛ᄇᆞ름 불민 날 우친다.(동풍이 불면 날씨가 나쁘다.)
- 샛ᄇᆞ름 불젠 ᄒᆞ민 물 알로 몬저 분다.(동풍이 불려고 하면 바닷속으로 먼저 분다.)
- 태풍 치젱 ᄒᆞ민 베엣 중이 다 ᄂᆞ린다.(태풍이 몰아치려면 배에 있는 쥐가 모두 내린다.)
- 정이월 ᄇᆞ름쌀에 검은암쉐 뿔 오그라진다.(정이월 바람에 검은 암소의 뿔이 오그라진다.)

앞에서는 바람과 농사, 태풍의 징조 등을 알려주는 속담을 살펴보았다. 다음에는 인간사를 바람에 빗대어 쓰인 속담을 알아보겠다.

- 하늘 울엉 날 좋은 날 시멍, ᄇᆞ름 불엉 절 잘 날 시카.(하늘이 울어서 좋은 날이 있으며, 바람이 불어서 파도가 잔잔할 날이 있을까.) 여기서 하늘이 운다는 것은 천둥소리를 뜻하며, 날씨가 나쁘다는 뜻이다. 또한 바람이 불면 파도가 일어서 잔잔하지 않다는 말이다.
- 퀜당은 옷 우의 ᄇᆞ름.(친척은 옷 위의 바람) 이는 친척이 훌륭하고 성공하면 옷 위로 스치는 바람처럼 직접적인 도움은 없지만 그 그늘의 덕을 본다는 뜻이다.

제주도와 바람은 아주 밀접한 관계이다. 대다수 사람들이 제주도를 따뜻한 남쪽나라로 알고 있으나 사실은 바람이 자주 불어서, 소위 바람 잘 날이 없는 섬지역이다. 제주도는 태평양 바다에 있는 섬이어서 일년

바람이 없는 고요한 풍경

내내 바람이 자주 분다고 여길 수 있다. 그래서 아무리 무더워도 자연적인 바람으로 땀을 식힐 수 있는 이로움도 있다. 제주도에서는 비 오는 날 우산 쓰기가 불편하다. 주로 바람을 동반한 비가 오기 때문에 머리만 비에 젖지 않으려고 애쓰다 보면 허리 밑으로는 다 젖는다. 바람이 심하게 불면 우산이 뒤집히기도 한다.

7장
제주특별자치도의회 여성 정치인들의 첫 무대

1. 여성의 정치참여 배경

제주 여성들의 위대함은 제주 신화의 주인공인 창조여신 설문대, 사랑과 농경의 여신 자청비, 도전적이고 진취적인 여신 감은장아기, 생명의 여신 삼승할망, 무조의 여신 백줏도, 바다의 여신 영등할망 등을 통해서 찾아볼 수 있다. 이 여신들의 공통점은 창조와 도전정신의 소유자들로 현대 제주 여성들에게도 이들의 DNA가 유전되고 있다. 이러한 여신들의 후예들이 현대사회에서 정치무대에 오르기가 왜 어려운지에 대한 궁금증이 있을 것이다.

1970년대 들어와서 제주 여성의 강인함, 적극성, 진취성 등이 하나의 기질로 굳어지고, 제주 여성들의 경제활동 참여율이 높아지면서 가정경제의 적극적 분담자로 제 역할을 다한다는 것은 자타가 인정하는 사실이다. 제주 여성들의 경제적인 역할이 높은 반면 정치적인 세력화를 위해서 제 소임을 다하지 못하는 이유는 무엇일까? 이에 대한 의문은 정치의 계절이 되면 더욱 더 지역사회의 관심사가 된다.

여성들의 정치적 대표성 확대를 위한 논의는 국회의원, 광역자치단체장, 기초단체장, 광역의회, 기초의회 선거 전후로 지상토론을 벌이는 대표 주제이다. 또한 여성 당선자 수효와 다양한 여건에 따라 여성의 정치참여 확대를 위한 방안들이 제시되고 있으나 여성들이 정치권으로 들어가는 좁은 문은 지역사회와 유권자들의 의지에 달려 있는 게 사실이다.

제주사회는 어느 유형의 선거에서도 여성 당선자를 배출하는데 인색한 편이다. 반면 광역의회 선거 시 여성 후보자는 많아지고 있으나 당선으로 이어지는데 어려움이 있다.[21] 다만 광역의원 비례대표 당선인수의 빈 칸을 채울 수 있는 것은 비례대표 여성의원 정도이다.

따라서 이 글에서는 『제주지역의 여성 정치참여 확대 방안』(문순덕·김진호, 제주발전연구원, 2011)을 참조하여 여성의 정치참여 환경과 향후 과제 등을 살펴보겠다. 또한 2014년과 2018년 전국동시지방선거 결과를 반영하여 제주 여성들의 정치력 확대 현황도 들여다보겠다.

2. 여성의 정치참여 현황과 한계

정치에 참여하는 방법에는 투표참여, 정계 진출 등이 있는데, 여기서

---

21) 2014년 제6회 전국동시지방선거 결과 제주에서는 처음으로 여성 도의원이 지역구에서 당선되었다. 제10대 제주특별자치도의회 의원인 현정화(서귀포시 대천·중문·예래동 지역구), 이선화(제주시 오라동·삼도·2동 지역구) 2명은 제9대 비례대표 도의원 출신으로 지역구에서 당선되었다.
2018년 제7회 전국동시지방선거 결과 제11대 제주특별자치도의회 의원으로 3명의 여성이 지역구에서 당선되었다. 강성의(제주시 화북동 지역구), 이승아(제주시 오라동 지역구), 고태순(제주시 아라동 지역구) 등이다. 이 중에 고태순 도의원은 제10대 비례대표 도의원을 지냈다.

는 후자에 초점을 두고 제주 여성의 정치참여 현황과 한계 등을 살펴보고자 한다.

2.1. 여성의 정치참여 현황

우리사회에서는 여성을 위한 정치가 필요하다는 인식하에 여성들의 정치 세력화가 공감을 얻게 되었다. 그 세력화란 결국은 정치적 대표성이 부여되어야 함을 뜻한다. 이에 여성의 정치적 세력화, 대표성 확보 등은 2000년대 들어와서 중요한 이슈로 등장했다.

1991년 지방자치제도가 부활되면서 여성의 정치참여 방안이 논의되기 시작했으나 뚜렷한 성과를 거두지 못했다. 이에 2002년 3월 '비례대표제'가 개정되면서 여성의 정치적 대표성 제고가 물꼬를 트기 시작했다. 2005년 8월에 비례대표로 50%를 여성으로 추천하고, 그 중에서도 특히 홀수번호를 여성후보에게 부여하도록 비례대표제도가 강화되면서 여성 당선자수가 늘어났다.

역대 전국동시지방선거 광역의원 비례대표 여성 후보자 및 당선자수를 살펴보면 다음과 같다(〈표 1〉 참조). 여성 후보자수의 경우는 7회 전국동시지방선거(2018)에서 전체 후보자 295명 중 여성 후보자가 209명으로 가장 높았으며, 그 다음은 5회 전국동시지방선거(2010)에서 전체 후보자 267명 중 여성 후보자수가 179명으로 나타났다. 반면 2회 전국동시지방선거(1998)에서 전체 후보자 180명 중 여성 후보자수가 54명으로 가장 낮게 나타났다.

특히 1~2회 선거에 비해 3회 선거부터 비례대표 여성 후보자수와 당선자수가 높아진 것은 2002년 여성 후보자를 50% 공천해야 한다는 비례대표제의 개정 결과로 볼 수 있다.

비례대표 여성 당선자의 경우는 7회(2018) 전국동시지방선거에서 전체 당선자 87명 중 여성 당선자수는 62명으로 가장 높았으며, 그 다음은 5회(2010) 58명, 4회(2006) 57명 순으로 나타났다. 반면 2회 전국동시지방선거(1998))에서는 전체 당선자 74명 중 여성 당선자수가 27명으로 가장 낮았다.

한편 지역구에서 선출된 시·도의원 당선자 현황을 보면 7회 전국동시지방선거(2018)인 경우 전체 당선자 737명 중에 여성 당선자는 98명으로 가장 높게 나타났다. 그 다음은 6회(2014) 58명, 5회(2010) 55명, 4회(2006) 32명 순으로 나타났다. 1회(1995)부터 3회(2002)까지는 12명~14명 선에 머물렀다. 이런 결과를 보면 해를 거듭할수록 여성 당선자수가 증가함을 알 수 있다.

〈표 1〉 역대 전국동시지방선거 광역의원 비례대표 여성 후보자·당선자 현황

역대 지방선거 일시 (단위: 명, %)	후보자수			당선자수			시·도의회의원 당선자수		
	전체	여성	여성 비율	전체	여성	여성 비율 (%)	전체	여성	여성비율
1회 전국동시지방선거 (1995. 06. 27.)	178	79	44.3	97	43	44.3	875	12	1.4
2회 전국동시지방선거 (1998. 06. 04.)	180	54	30.0	74	27	36.5	616	14	2.3
3회 전국동시지방선거 (2002. 06. 13.)	209	116	55.5	73	49	67.1	609	14	2.3
4회 전국동시지방선거 (2006. 05. 31.)	211	136	64.5	78	57	73.0	655	32	4.9
5회 전국동시지방선거 (2010. 06. 02.)	267	179	67.0	81	58	71.6	680	55	8.0
6회 전국동시지방선거 (2014. 06. 06.)	228	161	70.6	84	55	65.5	705	58	8.2
7회 전국동시지방선거 (2018. 06. 13.)	295	209	70.8	87	62	71.3	737	98	13.3

출처 : 중앙선거관리위원회 역대선거정보시스템 참조하여 재구성.

전국동시지방선거에서 제주특별자치도의회 지역구 입후보자와 당선자 현황을 살펴보면(〈표 2〉 참조) 5대, 6대 선거에는 입후보한 여성은 1명도 없었다. 반면 7대 1명, 8대 4명, 9대 5명에 이어 10대에 8명으로 증가하기 시작하여 11대에 들어와서는 11명으로 가장 많았다.

제주특별자치도의회 지역구 여성 후보자 대비 지역구 여성 당선자 현황을 보면 5대부터 9대까지는 여성 당선자가 한 명도 없다. 반면 10대에 들어와 지역구 당선자가 2명이고, 11대에는 3명으로 나타났다.

〈표 2〉 제주특별자치도의회 지역구 여성 후보자·당선자 현황

지방선거/제주도의회 차수 (단위: 명, %)		후보자수			당선자수		
		남성	여성	전체	남성	여성	전체
1회, 1995.	5대	46	-	46	17	-	17
2회, 1998.	6대	38	-	38	14	-	14
3회, 2002.	7대	39	1	40	16	-	16
4회, 2006.	8대	104	4	108	29	-	29
5회, 2010.	9대	70	5	75	29	-	29
6회, 2014.	10대	64	8	72	27	2	29
7회, 2018.	11대	62	11	73	28	3	31

출처 : 중앙선거관리위원회 역대선거정보시스템 참조하여 재구성.

제주특별자치도 광역의원 비례대표 여성 후보자와 당선자수를 살펴보면 다음과 같다(〈표 3〉 참조).

여성 비례대표 후보자수의 경우는 3회(2002)와 4회 전국동시지방선거(2006)에서 전체 후보자 중 여성 후보자수가 55%대로 높아졌다. 반면 1회 전국동시지방선거에서는 전체 후보자 5명 중 여성 후보자수가 1명(20%)으로 가장 낮게 나타났다.

여성 비례대표 당선자수의 경우는 4회(2006)부터 7회(2018) 전국동시지방선거까지는 전체 당선자 7명 중 여성이 5명(71.4%)으로 높게 나타났다. 1회(1995)와 2회 전국동시지방선거(1998)에서는 모두 전체 당선자 3명 중 1명(33.3%)으로 남성 당선자수보다 낮게 나타났다.

제주특별자치도의회 비례대표 여성의원은 4회 전국동시지방선거 이후부터 5명이 의회로 진출하면서 제주사회에서는 여성 비례대표 도의원은 최소한 5석을 차지한다는 인식이 퍼져 있다.

한편 남성 비례대표 당선자수를 보면 3회(2002)에서만 1명이고, 그 외 모든 선거에서는 2명씩 당선되었다.

광역의원수를 보면 4회 전국동시지방선거(2006)부터 6회(2010) 선거까지는 총 41명이고, 7회(2018) 선거는 지역구가 조정되면서 2명이 증원되어 43명으로 증가하였다. 1회 전국동시지방선거부터 3회까지는 광역의원과 기초의원으로 구분되어 있었는데, 2006년 7월 1일자로 제주도가 특별자치도로 전환되면서 기초자치단체(4개 시·군)가 없어지면서 광역의원 정원수가 증가하였다.

〈표 3〉 역대 전국동시지방선거 제주특별자치도 광역의원 비례대표 여성 후보자·당선자 현황

지방선거 일시 (단위: 명, %)	후보자	남성 후보자수	여성 후보자수	여성 비율	당선자	남성 당선자수	여성 당선자수	여성 비율	광역의원수		
									시·도 의회 의원	교육 의회 의원	총 의원수
1회 전국동시지방선거 (1995. 06. 27.)	5	4	1	20.0	3	2	1	33.3	17	-	20
2회 전국동시지방선거 (1998. 06. 04.)	6	4	2	33.3	3	2	1	33.3	14	-	17
3회 전국동시지방선거 (2002. 06. 13.)	7	3	4	57.1	3	1	2	66.7	16	-	19
4회 전국동시지방선거 (2006. 05. 31.)	18	8	10	55.6	7	2	5	71.4	29	5	41
5회 전국동시지방선거 (2010. 06. 02.)	19	12	7	36.8	7	2	5	71.4	29	5	41

6회 전국동시지방선거 (2014. 06. 06.)	17	5	12	36.8	7	2	5	71.4	29	5	41
7회 전국동시지방선거 (2018. 06. 13.)	20	7	13	65.0	7	2	5	71.4	31	5	43

출처 : 중앙선거관리위원회 역대선거정보시스템 참조하여 재구성.

제주특별자치도 광역의원 비례대표와 지역구 여성 당선자 현황은 다음과 같다(〈표 4〉 참조). 제주 여성이 지역구에서 선출된 것은 2014년 2명, 2018년 3명 등 5명이다. 지역구 선출직 여성 도의원 중에는 비례대표 당선자가 포함되어 있다. 이는 여성들의 정치적 참여 확대 방안으로 비례대표제도의 활성화가 중요함을 알 수 있다.

1회 전국동시지방선거부터 7회까지 비례대표 여성도의원은 25명(2명 중복)이고, 지역구 선출직은 5명이다. 이러한 여성 당선자수는 아주 작아서 제주 여성의 정치적 대표성을 확대하는데 한계가 있다.

〈표 4〉 제주특별자치도 광역의원 비례대표 · 지역구 여성 당선자 현황

지방선거 일시	소속정당명	당선자	비고
(5대, 1995. 06. 27.) 1회 전국동시지방선거	한나라당	고앵자	1명
(6대, 1998. 06. 04.) 2회 전국동시지방선거	새정치국민회의	임기옥	1명
(7대, 2002. 06. 13.) 제3회 전국동시지방선거	새천년민주당	임기옥	2명
	한나라당	김영희	
(8대, 2006. 05. 31.) 제4회 전국동시지방선거	민주당	방문추	6명
		오정희(보궐)	
	열린우리당	오옥만	
	한나라당	김순효	
		김미자	
	민주노동당	김혜자	

<table>
<tr><td rowspan="6">(9대, 2010. 06. 02.)
제5회 전국동시지방선거</td><td rowspan="2">한나라당</td><td>현정화</td><td rowspan="6">5명</td></tr>
<tr><td>이선화</td></tr>
<tr><td>민주당</td><td>방문추</td></tr>
<tr><td>민주노동당</td><td>김영심</td></tr>
<tr><td>국민참여당</td><td>박주희</td></tr>
<tr></tr>
<tr><td rowspan="5">(10대, 2014. 06. 06.)
제6회 전국동시지방선거</td><td rowspan="3">자유한국당</td><td>김영보</td><td rowspan="5">5명(7명)
■ 지역구 당선자 : 2명
이선화(자유한국당, 삼도1 · 2 · 오라)
현정화(자유한국당, 대천 · 중문 · 예례동)
•유진의, 현정화는 임기 중에
자유한국당에서 탈당하여
무소속으로 남았다.</td></tr>
<tr><td>홍경희</td></tr>
<tr><td>유진의</td></tr>
<tr><td rowspan="2">더불어민주당</td><td>강익자</td></tr>
<tr><td>고태순</td></tr>
<tr><td rowspan="5">(11대, 2018. 06. 13.)
제7회 전국동시지방선거</td><td rowspan="2">더불어민주당</td><td>강민숙</td><td rowspan="5">5명(8명)
■ 지역구 당선자 : 3명
이승아(더민주, 제주시 오라동)
고태순(더민주, 제주시 아라동)
강성의(더민주, 제주시 화북동)</td></tr>
<tr><td>김경미</td></tr>
<tr><td>국민의힘</td><td>오영희</td></tr>
<tr><td>민생당</td><td>한영진</td></tr>
<tr><td>정의당</td><td>고은실</td></tr>
</table>

출처 : 제주특별자치도의회(www.council.jeju.kr)

2.2. 여성의 정치참여 환경과 한계

2.2.1. 여성의 정치참여에 대한 인식 정도

제주 여성의 정치참여에 대한 긍정적 요인은 다음과 같다.

첫째, 17대 총선 관련 정당법 개정을 통해 비례대표 50%, 지역구 30% 등으로 남성중심의 보수적 정치요인들을 개선함으로써 여성들의 정치적 참여 활동이 높아졌다. 둘째, 과거에 비해 여성들의 정치참여 의식이 높아지고, 여성의 정치참여도가 높아진 지역이 많아졌다. 정당의 비례대표제에 대한 인식이 달라지면서 기본적으로 당원으로 오랫동안 봉사라는 이름으로 정당 활동을 했던 여성들이 비례대표제도를 통해 정계에 진출할 수 있는 기회가 되었다. 셋째, 제도적으로 여성 투표율을 높이는데 기여하고, 정당 중심으로 여성의 정치 참여율을 높이려는 노력이 지속적으로 이어졌다. 또한 비례대표제와 여성의무할당제 같은 제도 개선에 대한 대중들의 의식 변화가 보인다.

이와 같은 긍정적인 요인을 통해서 여성의 정치참여 여건을 개선함으로써 사회적 인식이 따라가지 못하면 법적·제도적 장치를 마련하여 여성의 정치적 대표성을 확고히 하는데 도움을 주어야 함을 알 수 있다.

제주에서 여성들의 정치참여 환경에 대한 부정적 요인으로는 '다른 지역에 비해 제주지역이 보수적이다. 유교적 이념이 강하다. 정치를 남성의 영역으로 생각한다.' 등이 보편화되어 있다.

정당정치에서 여성들은 당을 위해 헌신하고 있으나 여성의 권익과 위상을 보면 이에 합당한 대우를 받지 못하고 있다는 인식이 있다. 따라서 정당 활동 시 여성의 참여를 확대하고, 능력을 인정해 줄 수 있는 기회가 확대되어야 한다.

이 외에도 선거활동에 필요한 자금력과 지지도의 한계, 여성들의 여성 정치인에 대한 미온적인 지지도, 드러내 놓고 신뢰하지 못하는 인식 등이 제주사회에 퍼져 있다.

2.2.2. 정당의 역할

여성의 정치참여 확대를 위해서는 정당의 역할이 중요하게 부각되었다. 여성비례대표 할당제와 지역구 여성할당 공천제가 시행되고 있는 점에 대해 정당의 역할을 긍정적으로 평가하고 있다. 이 외에도 구체적인 참여방법에 대해서는 정당별로 다른 형태를 띠고 있으나, 정치에 대한 여성의 의식수준을 높이는데 초점을 두고 있으며, 실질적 참여와 연동하려는 노력을 기울이고 있다.

정당별 제주도당의 역할로는 여성들의 정치참여 확대를 위해 교육과정을 운영하는 등 참여유도에 기여하고 있으나, 여성 정치인의 수를 늘여야 한다는 의식은 부족하다.

제주도당의 역할 한계점으로는 여성후보를 위한 여성 연설자, 찬조연설자가 없다. 또한 본인 스스로 정치지도자의 준비단계로 생각하여 정치아카데미에 자발적으로 참여하는 여성이 극히 제한적인 점, 선출직(지역구)에 출마하기에는 인지도·조직·제정·사회적 관심과 배려가 부족하다는 관점이 지배적이다.

이에 여성후보 의무공천제가 여성의 정치참여를 확대하기 위해 도입되었으나 단순히 규정 준수 차원에서 형식적인 공천이 이루어진 점, 여성들이 경쟁력을 향상해야 한다고 주장하지만 정당에서는 그러한 여성들의 취약점을 보완하기 위한 노력을 하지 않는 점, 정당의 의석수를 확보하기 위해 보다 경쟁력 있는 남성에게 양보해야 한다는 편견 등이 지적되었다.

정당에서 의사결정을 할 수 있는 고위직은 남성들이 독차지하거나 여성의 참여가 매우 제한적으로 이뤄지고 있어서 여성들의 정치적인 욕구를 반영하지 못하고 있다. 또한 제주도당에서는 여성정책을 지속적으로 내놓지 못하는 한계도 있다. 당헌과 당규로 정해져 있어도 권고조항이라 강제성이 없어서 유명무실할 수도 있다. 따라서 정당 내 여성의 권리 강화를 위해 여러 권고조항을 강제조항으로 변경할 수 있도록 요청해야 한다.

결국 정당에 따라 다르겠지만 제주도당에서는 새로운 여성당원 확충을 위한 노력에 소홀하다고 보며 신생 여성당원이 충원되고 있지 않다. 각계각층의 신진 여성 정치지망생들을 수시로 모집하여 제주도당의 여성정치 활성화에 기여할 수 있도록 문호를 개방하여야 지역민들의 지지를 받을 수 있을 것이다.

이와 같은 문제를 해결하기 위하여 정당에서 최우선적으로 개선해야 할 점으로, 전문적인 여성지도자 발굴, 여성의 정치참여 확대를 위한 여성 관련 정책의 다양한 개발 시도, 당선 가능성이 높은 지역에서 여성공천 의무화, 여성정치발전기금을 여성위원회 사업에 우선 배정, 여성정치아카데미 운영을 통해 실질적인 정치훈련 프로그램 운영 등이 제안되었다.

2.2.3. 법과 제도의 개선책

여성의 정치참여 확대를 위해 정당의 역할론이 강조됨은 물론 법·제도적인 개선이 필요함을 알 수 있다.

이는 정치와 공직에 여성참여 확대, 여성의 역량강화 사회분위기 조성, 여성정치인과 여성지도자의 인프라 구축을 위한 제도개선, 여성 인재 발굴과 인력 확대를 위한 제도 개선, 선거자금 차등 지원, 정당법 개선, 여성전용선구제 도입 등이 제안되었다.

2.2.4. 비례대표 여성할당제

우리나라에서는 비례대표 여성할당제가 자리잡고 있다. 이 제도는 여성의 정치참여 기회를 높이는데 매우 중요한 역할을 하고 있다는 비율이 90%를 넘어설 정도로 제도적 개선의 효과를 높게 인식하고 있다.

따라서 그 효과를 구체적으로 보면 비례대표 여성할당제로 제주에서는 7대에 2명이던 여성의원이 8대(2006)부터 11대(2018)까지 각각 5명으로 증가하였다. 또한 비례대표제도가 있어서 나름대로 정치를 경험한 여성의원들에게 자신감을 부여할 수 있으며, 일정 부분 정계진출 기회가 되고 있다.

2.2.5. 여성의무공천제

지역별로 정당의 여성의무공천제의 효과에 대해 긍정적 요인이 많다. 이 제도를 지지하는 이유를 들어보면 선거결과에서 당선으로 연결되지는 못했지만 우수한 여성 인재들을 발굴하고 여성 정치인으로 능력을 개발하면 남성후보와 경쟁력이 있고 당선 가능성도 나타난다.

남성중심의 정치에서 능력 있는 여성 정치인들의 정계진출 확대를 위해서 여성할당제 같은 제도적 장치와 함께 유권자들의 의식 개선도 필요하다. 그 결과 여성의 대표성을 높일 수 있으며, 여성 유권자의 여성 후보에 대한 지지가 가능해짐에 따라 여성의 정치 정보와 참여 기회가 활발하게 이루어질 수 있는 계기가 될 것이다.

반면 여성의무공천제도가 효율적인 제도임에도 불구하고 좋은 성과를 거두지 못한 이유를 들어보면, 정당은 여성 후보자에게 의무공천을 해 주는 것으로 끝나고, 여성 후보자가 당선될 수 있는 제반 여건을 마련해 주지 못하는 아쉬움이 있다.

지금과 같이 소선거구제 하에서 지역구 여성의무공천제는 여성과 남성 후보의 공정한 경쟁이 불가능하다. 한 예로 2010년 지역별 정당

여성할당 의무공천은 지역구 남성 의원의 선거등록을 위한 수단으로 전락하였다. 그 당시 각 정당의 전략 지역에서는 주로 남성을 주로 공천했으며, 비전략 지역구 또는 남성 후보가 없는 지역에서 여성을 강제로 공천한 결과 이 제도의 취지가 무색해지고 보완책을 요구하는 목소리가 이어졌다.

2.2..6. 사회문화적 제약

여성의 정치참여 확대를 위해 해결해야 할 요인으로 사회문화적 제약 현상이 있다. 우선 개인적인 측면으로는 여성 정치인에 대한 신뢰도 부족, 남성중심의 문화환경, 여성 정치인에 대한 가족들의 낮은 지지도와 호응, 육아·가사 전담에 대한 부담이 존재한다.

사회적인 측면으로는 여성 정치인에 대한 소극적인 신뢰도, 분야별 전문적인 여성들의 정치참여에 대한 낮은 인지도, 혈연·지연·학연에 약한 연고성, 여성의 정치적 무관심 등을 들 수 있다. 이외에도 경제적인 측면으로는 선거자금 마련의 어려움 등이 있다.

3. 여성의 정치참여 확대 방안

제주 여성의 정치참여 확대 방안으로는 앞에서 살펴본 '법 · 제도적 개선, 비례대표 여성할당제, 여성의무공천제 등의 안착이 중요하다. 여기서는 이 외에도 여성의 정치참여 확대 방안을 좀더 살펴보겠다.

3.1. 정치지도자 교육과정 운영

지도자는 태어나는 것이 아니라 길러지는 것이므로, 제주에서도 여성 정치인을 양성하려면 교육과정 운영을 통해서 지속적으로 인재를 발굴하고 훈련에 주력하는 것이 급선무이다. 여성 정치지도자 양성의 원칙으로는 경험주의적 접근, 경험의 공유와 확대, 실용적 대안 제시, 여성 네트워크 활성화 등이 있다.

여성 정치지도자 교육과정을 운영하기 위해서 선행되어야 할 것은 여성 정치인 양성이 핵심 요소이나 여성 간 협력체제 구축과 네트워크의 정착을 통한 업무협력이 필요하다.

여성 정치지도자 관련 교육프로그램이 정착되기 위해서는 재정지원의 현실화, 여성정치아카데미 설립 추진에 대한 정치적 지원 현실화, 여성 정치인들의 참여의지, 교육과정 만족도, 여성정치아카데미를 초당적·지속적으로 운영할 수 있는 기구 선정, 교육대상자 발굴과 참여유도 정책의 현실화 등을 들 수 있다.

가장 중요하고 시급하게 거론되는 여성정치아카데미 교육방법으로는 대개 강연, 워크숍, 세미나, 모의회의, 여성캠프, 여성정책 현장답사, 여성 봉사단, 여성지도자 가족협의회 등이 있다.

지금까지는 제주 여성의 정치참여 활성화를 위해서 비정기적으로 '정치아카데미, 여성대학' 등이 운영되었지만, 향후 지속적·체계적인 교육과정 운영이 필요하다. 한시적으로 운영되고 있는 정당별 '아카데미운영'은 각계각층의 인력을 수용하기에는 한계가 있다. 이를 보완하기 위하여 정파를 초월하여 '여성정치아카데미' 운영 주체가 있어야 하고, 지속적으로 단계별 운영이 가능하도록 협력과 지원체계가 마련되어야 한다.

기성세대를 위한 정치아카데미 운영도 중요하지만 앞으로는 차세대 여성지도자 양성에 인적·물적 지원제도가 마련되어야 한다. 적어도 제주의 10~20대 청년들의 정치참여 계기 마련, 여성들의 정치참여 유도를 위한 강좌 개발 등이 있어야 한다. 이를 효율적으로 운영하기 위하여 제주지역 대학, 시민단체, 정당 등이 공동으로 운영하는 방안이 있다.

3.2. 정당별 당헌·당규에 따른 여성 정당인의 권리 행사

우리나라의 정당별 당헌·당규를 통해 여성의 정치참여 활성화 방안을 모색해 볼 수 있다. 여기서는 제주의 비례대표 여성의원이 소속되어 있는 '한나라당, 민주당, 민주노동당, 국민참여당' 등 4개 정당(2011년 기준)의 당헌과 당규를 중심으로 하여 여성 당원들의 정치적 대표성 제고를 위한 노력 정도를 살펴보았다.

그 결과 여성 당원을 위한 할당제, 위상 강화 등 법·제도적으로는 완벽하게 구성되어 있으나 현실에서 얼마나 시행되고 있는지는 각 정당의 여성 당원들이 확인하고, 권리이행이 필요하다고 보았다.

여성들의 정치적 대표성을 확대하기 위해서는 정당의 역할이 강화되어야 한다. 각 정당별로 여성 후보자와 여성 정치인 양성을 위한 당헌·당규가 제정되어 있어도 이를 전반적으로 시행하지 않고 있는 실정이다.

제주 여성의 정치참여 활성화 방안으로 정당의 제도를 논의한 것은 정당의 역할에 따라 시·도당으로 전파될 것이기 때문이다. 결국 여성의 정치참여가 어느 정도 안정기에 들 때까지 여성들을 위한 당헌·당규에 권고사항이 아니라 강제조항을 신설하도록 요구해야 한다. 또한 여성 당원들 역시 법·제도를 파악하여 자신이 소속된 정당의 의무를 모니터하고, 잘 지키도록 요구해야 한다.

여성의 정치참여 확대에 필요한 '법·제도적 개선, 비례대표 여성할당제, 여성의무공천제, 사회문화적 여건 성숙' 등이 갖추어지기 위해서는 무엇보다도 정당과 제주도당의 의무가 중요하다. 결국 후보 추천권을 갖고 있는 정당의 행동변화 없이는 여성의 정치참여 활성화는 기대하기 어렵다.

4. 여성의 정치력 활성화와 과제

제주의 여성 정치참여 확대 방안 모색을 위해 지방의회 진출 여성 도의원을 대상으로 하여 의견을 수렴한 결과 여성정치 참여의 한계와 문제점을 확인하고, 여성 정치지도자 양성이 절대적으로 필요하다는 사실을 확인하게 되었다.

따라서 여성의 정치참여 활성화 여건을 조성해 주고, 정당과 제주도당의 역할 강화, 법·제도적 개선 방안, 비례대표 의원의 위상 강화, 정당별 여성발전기금의 명료화, 여성의 정치·사회참여 확대를 위한 지속적 관리 방안 마련이 주요 과제로 떠올랐다.

또한 제주사회에서 여성의 정치적 대표성 확대의 중요성을 인식시키는 활약이 절대적으로 필요하다. 이는 여성단체 등 여성계의 집단적인 참여와 개별 참여를 통해 여성 정치인(지역구, 비례대표 모두)이 절대적으로 필요하다는 인식을 확대하기 위하여 4년간 의정활동을 모니터링해 준다. 그에 따라 도민과 정당, 여성계가 결집하여 정책적으로 공조할 수 있어야 한다. 또한 여성 정치인들은 사명감을 갖고 여성정책은 물론 다양한 정책들을 입안하고 추진하는데 질주할 필요가 있다. 특히 여성 도의원들은 여성들의 정치 참여의식 확대나 여성권익 보호 방안 등 자신들의 장점을 극대화할 수 있는 분야 중심으로 입법 활동에 주력해야 하고, 이를 실천할 수 있도록 여성들의 연대가 필요하다.

제주사회에서 조력자로 인식되어 온 제주 여성들이 정치권에서 당당하게 주인공으로 활약할 수 있도록 지역사회가 협력해 주어야 한다. 제주 여성사, 제주 여성문화의 주인공은 당연히 제주 여성들이며, 역사의 한 축을 담당하고 있다. 이에 더하여 한국의 정치사, 제주의 정치사에도 여성의 역사가 당당하게 기록될 수 있도록 우리들의 의식 전환이 필요하고, 그에 따른 행동을 실행할 때이다.

앞으로는 지방자치단체에 따라 여성들의 정치적 세력화를 위해 좋은 방안을 내 놓으려 할 것이며, 제주 역시 이런 분위기에 동참할 필요가 있다. 제주사회에서 여성 정치인들이 2014년과 2018년 광역의원 지역구에서 당선되면서 여성들의 정치적 대표성을 확대하는 계기가 되었다. 2022년 8회 전국동시지방선거에서는 좀더 많은 여성들이 지역구에서 당선되기를 바란다.

8장
제주 여성교육기관, 회고와 전망

1. 제주 여성교육기관의 변천과정

우리나라에서는 1960년대에 사회보장제도가 마련되면서 열악한 환경에 놓인 여성들의 복지정책에도 관심을 가졌다. 특히 사회적 지원이 필요한 여성(부녀자)들을 대상으로 직업교육, 사회환경 개선 교육 등을 제공하는 데 공공기관이 주도적으로 참여하였다.

이에 1960년대 중반 이후 전국 시·도 단위로 여성회관이 건립되었고, 기술교육, 각종 상담활동, 여가활동 지도, 여성다움에 필요한 교육 등을 집중적으로 담당했다.

이와 같은 사회 환경의 영향으로 제주도에서도 1969년 10월 13일에 〈제주도여성회관〉(제주시 이도2동 소재)이 여성 평생교육기관으로 출발하여, 1982년 1월 18일 청사를 신축·이전하였다.[22] 1993년 11월 30일 현재 위

22) 제주도여성회관은 1982년 제주시 연동 311-51번지(현재 도 소방본부 부지)로 이전하였다.

치[23])로 이전하였고, 기관 명칭이 변경되어 지금까지 이어지고 있다.

제주도여성회관은 한국부인회 제주도지부(회장 고수선)에서 기부한 부지(244.8㎡)를 제주도에서 채납하여 여성전용 교육공간으로 건립되었다. 시대가 변하고 지방자치단체의 조직이 변경되면서 여성회관 고유의 기능에도 변화가 나타났지만 이 기관의 설립 목적은 지금까지 이어져 제주 여성들이 필요로 하는 다목적의 교육프로그램이 제공되고 있다.

제주도여성회관은 「제주도여성교육문화센터설치운영조례」 제정(제2,609호)에 따라 1997년 4월 1일자로 〈제주도여성교육문화센터〉로 개칭되어 평생교육기관의 역할 외에 조사연구부가 신설되면서(1997년 3월 26일) 여성정책연구 기능이 부가되었다. 이후 2006년 7월 〈제주특별자치도 여성능력개발본부〉로 조직이 확대 개편됨에 따라 여성정책 연구기관의 위상을 지니게 되었다.

제주특별자치도 여성능력개발본부는 제주도가 특별자치도로 재편되면서 제주 여성들의 교육과 정책 관련 시설들을 한 곳에 모으고 종합적으로 운영하려는 취지에서 설치되었다(2006년 7월 1일~2008년 3월 4일). 이 기구의 조직도를 보면 기획조사부에는 여성문화조사연구팀, 여성권익증진정책팀, 출산장려정책팀, 고령사회대책팀 등이 있었으며, 관련 분야 정책보고서를 발간하였다.

한편 제주사회에서는 여성정책 연구와 교육기능의 중복성이 제기되면서 제주특별자치도 여성능력개발본부의 교육기능은 제주특별자치도 인재개발원에 흡수·통합되었다. 그 결과 조직이 개편되면서 여성능력개발부(2008년 3월 5일~2010년 1월 7일)로 축소되고,[24]) 조사연구기

---

23) 현재 위치는 제주시 연동 324-10번지(제주시 선덕로 8길 12)를 가리킨다.

24) 여성능력개발부는 2010년 1월 8일 설문대여성문화센터가 신설되면서 흡수되었다. 이 센터는 2010년 1월 13일에 개관되었다.

능은 제주연구원 여성정책연구센터로 이관되었다(2008년 5월 26일).

설문대여성문화센터가 건립되기까지는 지역사회의 공론화 과정이 있었다. 2002년부터 '(가제) 제주국제여성프라자' 건립 논의가 시작되었고, 2005년에 『제주여성플라자 타당성 조사 및 기본 구상』 보고서가 나왔다. 예산 확보 과정에서 중앙부처가 변경되고, 여성전용 복합문화공간으로 출발하려던 목적은 BTL(민간자본투자)사업으로 사업 주체가 바뀌면서 규모와 내용이 수정되었다. 그 결과 현재 시설물 관리운영기간이 2009년 12월부터 2029년 11월(20년)까지 정해졌기 때문에, 설문대여성문화센터에서 시설 변경 등 독자적으로 운영하는데 한계가 있다.

설문대여성문화센터는[25] 제주특별자치도가 국제자유도시의 문화시민을 배양하고, 지역 고유의 문화를 보존·확대·재생산, 양성평등사회를 실현하기 위한 목적으로 기존의 여성능력개발본부 자리에 BTL사업으로 150억 9천만 원의 사업비가 투입되어 완성되었다.

설문대여성문화센터(건축 연면적 7,345.452㎡ : 지하 1층, 지상 4층)는 명실 공히 제주 여성들의 복합문화전당으로 건립되었다. 주요시설로는 여성역사문화전시관(기획전시실, 상설전시실), 문화복지시설(자료실, 다목적실, 강의실, 회의실, 보육실, 사무실, 경비실, BTL시설관리팀), 공연장(405석) 등이 있다.

이 기관은 제주사회의 정책 환경 변화에 따라 〈제주도여성회관〉(1969) → 〈제주도여성교육문화센터〉(1997) → 〈제주특별자치도설문대여성문화센터〉(2010) 등으로 명칭이 변경되었으며, 그에 따른 운영 방향에도 변화가 있었다.

설문대여성문화센터는 여성능력개발본부에서 담당했던 여성교육

25) 설문대여성문화센터 연혁, 현황, 추진 실적 등은 내부자료를 참조하여 작성하였다.

이외에 여성역사문화전시관과 공연장 기능이 추가되었다. 이에 종전의 여성교육 기능을 중심으로 하면서 문화예술 창작 활동과 향유 공간의 기능도 담당하고 있다.

제주도의 여성교육기관은 〈제주도여성회관〉으로 출발하여 2004년 『제주도여성교육문화센터 35년』 발간에 이어 2019년은 『설문대여성문화센터 50년』을 기억하고 기록화할 수 있는 기념비적인 해이다(2019년 10월 13일, 설립 기념). 이에 제주 여성교육기관의 기능과 의미 등을 되짚어 보고, 미래로 나가는 길잡이의 역할을 기대해 본다.

2. 설문대여성문화센터가 걸어온 길

2.1. 평생교육기관의 역할

제주에서는 2006년 이후부터 본격적으로 여성정책 연구를 수행하였으며, 관련 정책 제안들이 제기되면서 연구기관의 역할이 부각되었다. 여성교육문화센터 당시 12권의 여성정책 연구보고서가 발간되었고, 연구기능을 강화한 조직으로 재편되면서 본격적으로 여성정책연구에 관여하였다.

이런 목적에서 출발한 여성능력개발본부는 2006년 7월부터 연구기능이 종료된 2009년 2월까지 25권의 여성정책 연구보고서와 여성문화사 관련 연구물 6권을 발간하였다. 이 기관에서는 '노인 문제, 저출산 및 육아 문제, 청소년 문제, 여성 농업인 문제, 경력단절 여성 문제, 여성의 일자리 문제, 직업능력 개발 문제' 등 제주사회의 현안 이슈 해결에 도움이 되는 정책 연구물을 발간하였다. 한편 행정조직에 여성문화조사팀을 신설하여 제주 여성의 역사와 문화 정립을 시도하였다. 이에 '여성문화, 여성사, 여성문화유적' 등을 발간하여 제주 여성문화사 연구의 토대를 마련하였다.

여성능력개발본부에서는 여성교육 기능과 정책연구 기능을 담당하였으나 정책 환경의 변화에 따라 연구 기능은 상실하였고, 최종적으로는 평생교육과 문화교육의 기능을 담당하게 되었다.

이후 여성정책연구는 제주연구원 여성정책연구센터(2005. 04. 18.~2014. 06. 30.)에서[26] 담당하였으며, 2014년 제주여성가족연구원이 개원되면서 제주에도 여성정책 전문연구기관이 자리잡게 되었다.

설문대여성문화센터는 1969년 출범당시부터 현재까지 평생교육기관의 역할을 충실히 수행하고 있는데, 여기서는 2010년부터 2019년까지(2019년 8월 기준)의 교육운영 실적을 간단히 소개하겠다(〈표 1〉 참조). 교육과정은 전문 분야인 역량강화, 능력개발 관련 프로그램이 있고, 문화 분야인 생활문화, 문화예술 활동, 지역사회 이해 관련 프로그램이 있다.

설문대여성문화센터에서는 연평균 114회의 교육프로그램을 운영하였고, 운영 횟수는 연평균 161회로 집계되었다. 다양한 주제의 교육프로그램 수료자는 연평균 6,100명으로 나타났다.

따라서 이 기관에서는 지난 10년간 많은 횟수의 프로그램을 진행하였고, 이용자들의 다양한 의사를 반영한 프로그램이 개설되었다. 여기

---

26) 제주특별자치도는 제주연구원과 제주여성정책연구센터 설립 및 운영위탁 업무를 체결하였다(2005. 04. 18.). 2014년 3월 31일 제주여성가족연구원이 개원함에 따라 2014년 6월 30일에 제주특별자치도와 업무협약이 해지되었다. 이에 제주연구원에서는 제주여성정책연구센터 직제를 폐지하였다(2015. 01. 05.).

서 교육운영 실적을 확인해 보는 것은 매년 진행된 교육과정 수, 교육 횟수, 수료인원 등을 단순하게 들여다본다는 의미이며, 향후 도민들의 다양한 의견을 반영하여 운영되기 바란다.

〈표 1〉 설문대여성문화센터 교육운영 실적

(단위: 개/명)

구분	2010	2011	2012	2013	2014	2015	2016	2017	2018	2019	합계
교육과정 수	90	67	92	113	99	108	127	137	156	155	1,144
교육 횟수	121	124	136	151	137	163	168	192	211	208	1,611
수료 인원	6,547	6,666	5,243	7,047	5,307	5,834	5,928	5,860	6,203	6,460	61,095

2.2. 여성역사문화전시관의 역할

설문대여성문화센터는 교육공간 이외에도 공연장과 여성역사문화전시관을 보유하고 있다. 전시관은 제주 여성의 역사와 문화를 집약해서 보여주는 유일한 공간이다.

상설전시관은 신화관, 생활관 · 역사관으로 구성되어 있고 선사시대부터 현재까지 제주 여성의 활약상을 집약해 놓았다. 신화관의 주인공인 '설문대, 자청비, 감은장아기, 벽랑국 세 공주' 등은 제주 신화 속의 주인공들인데, 전시의 대상으로 선정된 이후 대중들과 호흡하고 있다.

역사관은 조선시대부터 일제강점기까지 제주 여성의 활약상을 보여주고 있다. 또한 제주해녀문화, 제주4 · 3사건, 재일동포 여성들의 역사 등을 전시함으로써 우리들이 지역사회와 여성의 역할을 재음미해 볼 수 있는 계기가 되고 있다.

설문대여성문화센터는 2011년부터 매년 여성작가와 예술단체를 발굴하여 전시 기회를 제공하는 등 복합문화공간의 역할을 수행하고 있다.

상설전시관은 자료와 전시교체 주기에 한계가 있으므로, 이를 보완하는 방법으로 기획전시실을 활용하고 있다. 2010년 개관 이후 2019년까지 기획전 개최 실적을 보면 매년 5~6회 정도이고, 관람인원은 8천5백 명부터 1만5천 명까지 분포되어 있다(〈표 2〉 참조).

〈표 2〉 설문대여성문화센터 기획전시실 운영 실적

(단위: 회/명)

연도	2010	2011	2012	2013	2014	2015	2016	2017	2018	2019	합계
전시 횟수	6	6	6	6	6	5	6	5	5	1	52
인원	15,071	11,476	5,288	13,146	12,780	9,166	12,936	8,577	10,028	4,184	102,652

〈그림 1〉 설문대여성문화센터 기획전시실 운영 실적

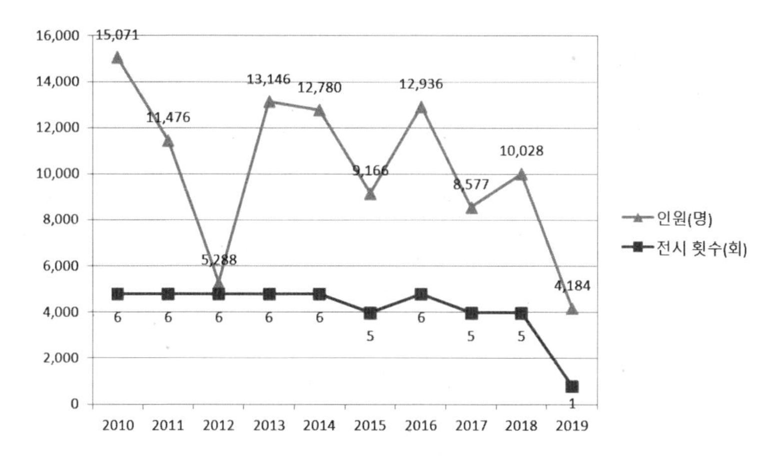

또한 상설전시관에는 전시관 운영에 필요한 여성역사문화해설사를 배치하고 있다. 이는 「제주여성역사문화해설사 운영지침」(2013년 10월 4일 시행)에 근거하여 17명이 활동하고 있다.

전시관이 제 기능을 다하기 위해서는 상설전시관의 변화가 필요하므로 유물 구입과 전시물 교체에 따른 예산 지원이 가능해야 한다. 따라서 전시관은 개관한 지 10년이 경과하고 있으므로(2010년 1월 13일~2019년 10월 기준), 제주 여성의 다양성을 보여줄 수 있도록 전시관 운영에도 변화가 필요하고, 방문객의 유입 방법도 고민할 때이다.

2.3. 공연장의 역할

설문대여성문화센터 공연장은 대관전용으로 운영되고 있으며, 개관 이후 2019년까지 자체 우수문화기획공연 운영 실적은 다음과 같다. 연 4회~6회 진행되었고, 관람 인원은 연 2,400명 정도이다.

〈표 3〉 설문대여성문화센터 기획공연 운영 실적

(단위: 회/명)

연도	2010	2011	2012	2013	2014	2015	2016	2017	2018	2019	합계
공연횟수	6	7	6	4	4	4	4	5	4	2	46
인원	5,273	3,602	3,710	2,460	2,252	1,320	1,492	2,313	1,564	758	24,744

〈그림 2〉 설문대여성문화센터 기획공연 운영 실적

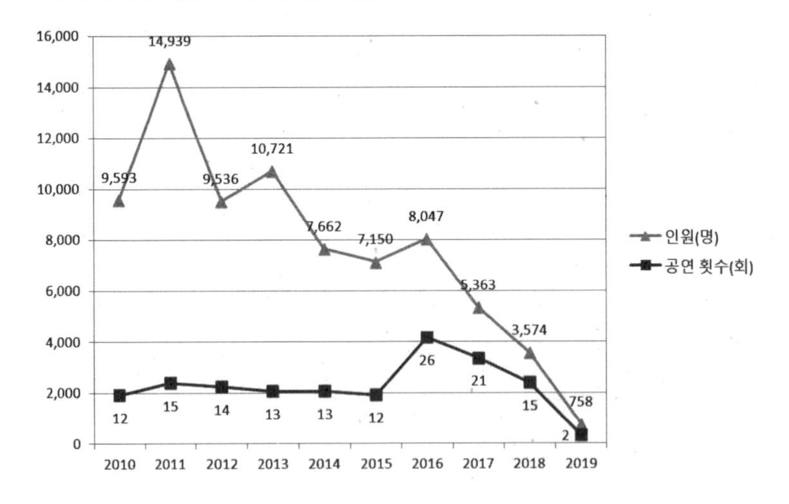

설문대여성문화센터에서는 2011년부터 2019년까지 공연장 상주단체 육성 지원사업을 추진하고 있다. 추진 실적을 보면 2011년 4회 공연에 2,515명, 2012년 4회 공연에 1,230명이 참여하였고, 2013년에는 9회에 2,360명이 참여하였다. 2014년에는 14회에 2,964명이 참여하였고, 2015년에는 17회 공연에 2,760명이 참여하였다. 2017년에는 22회에 4,250명이, 2018년에는 20회에 3,380명이, 2019년에는 3회에 1,950명이 참여하였다.

설문대여성문화센터 공연장은 자체 기획공연보다는 공연과 행사 중심의 대관업무에 치중하는 편이다. 공연장 규모면에서(소극장) 대관공연도 좋지만 가능하면 자체적인 공연을 기획할 수 있어야 한다. 그러기 위해서는 공연기획자와 무대 전문인력이 확보되어야 하고, BTL시설관리팀과 업무 협력이 필요하다.

따라서 지금과 같이 행사와 대관업무에 주력하는 문화공간의 기능에서 벗어나서 설문대여성문화센터의 색깔을 입힌 공연장으로 거듭날 수 있어야 한다.

2.4. 여성자원활동센터의 역할

이 단체는 〈제주여성인력은행〉으로 출발하여 제주여성자원활동센터로 자리매김되었다. 제주여성인력은행은 제주도여성회관 교육생을 중심으로 1987년 6월에 설립되어 지역사회 곳곳에서 봉사활동을 펼쳤다. 10년 후인 1997년에는 민간단체인 제주도여성자원봉사센터로 전환했으며(1997년 3월 26일), 「비영리민간단체지원법」 4조 1항(동법 시행령 3조 1항)에 근거하여 2000년 5월 29일 비영리민간단체로 등록되었다.

이 단체는 여성회관의 성장과 더불어 활동 범위가 확대되었고, 2019년 기준 활동인원은 35개팀에 420명이고, 수요처는 27개소(연간 4,500

여명)에 해당된다.

이 외에도 설문대여성문화센터 교육 수료생으로 조직된 문화동아리는 18개팀에 270명이 있다. 이들은 사회복지시설 등 찾아가는 활동을 통해 재능기부와 문화나눔에 참여하는 한편 발표회, 전시회, 공연 등 예술 활동에도 참여하고 있다. 4년간의 활동 실적을 보면 평균 134회에 1,095명이 참여하였다.

〈표 4〉 설문대여성문화센터 문화동아리 활동 실적

연도	총계	재능기부	발표회(전시, 공연)
2015	158회, 885명	154회, 670명	4회, 215명
2016	110회, 757명	110회, 757명	2회, 148명
2017	128회, 1,190명	112회, 983명	16회, 207명
2018	139회, 1,545명	131회, 1,452명	8회, 93명

3. 미래지향적 교육기관으로서 설문대여성문화센터

3.1. 여성교육기관의 한계 극복

제주도여성회관으로 출발하여 제주도여성교육문화센터로 정착한 이후 35주년을 기념하여 『제주도여성교육문화센터 35년』(2004)을 발간하였다. 2006년 제주특별자치도 여성능력개발본부로 조직이 확대개편 되었고, 2010년 제주특별자치도 설문대여성문화센터로 조직이 신설되었으며, 2019년에 개관 50주년을 맞이하게 되었다.

설문대여성문화센터의 활동 상황을 살펴보기 위하여 제주 지역언론사(일간지, 인터넷 신문 포함) 대상 기사를 검색한 결과 교육프로그램 소개, 여성교육기관의 활동 상황, 공연장과 전시관 운영 안내 등 폭넓게 홍보됨을 알 수 있다. 이는 제주사회에서 여성교육기관의 역할에 지대한 관심을 갖고 있음을 의미한다.

2004년부터 2019년까지 홍보 건수를 보면 2004년 14건, 2005년 29건, 2006년 14건, 2007년 29건, 2008년 2건, 2009년 3건, 2010년 42건, 2011년 42건, 2012년 43건, 2013년 29건, 2014년 16건, 2015년 14건, 2016년 25건, 2017년 33건, 2018년 22건, 2019년 62건 등 총 419건이다.

〈그림 3〉 설문대여성문화센터 언론보도 현황

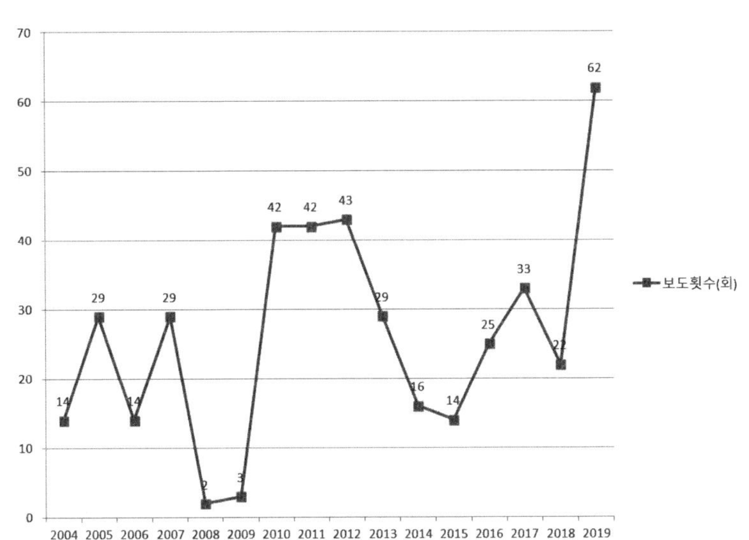

설문대여성문화센터는 지난 50년 간 제주 여성의 사회적 성장에 주도적인 역할을 담당하였으며, 1대 관장인 최순신을 필두로 19대 김정완 소장까지 여성 공무원의 자질을 유감없이 발휘하였다. 특히 최순신 관장은 여성회관 개관부터 10년간 근무한(1970~1980) 최장수 관리자이다. 각 기관장들은 설문대여성문화센터에 부임한 후부터 이임할 때까지 제주 여성교육기관의 임무를 다할 수 있도록 교육프로그램 운영에 최선을 다했다.

이 기관에서는 여성들의 취미교실, 교양강좌, 문화예술 활동 참여가 가능한 프로그램 등을 중점적으로 제공하고 있으며, 도민들의 요구에 따라 취업과 창업 맞춤형 교육, 외국어교육 등도 운영하고 있다.

이 시점에서 여성교육기관의 성격을 점검해 볼 필요가 있다. 여성회관이 만들어질 당시 시대배경은 여성들의 교육기회가 절대적으로 부족했기 때문에 사회교육기관에서라도 그 욕구를 해소해 주려는 목적이 있었다. 한편 2000년대로 들어오면서 여성만을 위한 교육기관이 필요한지에 대한 반론이 있었고, 남성들도 참여할 수 있는 평생교육기관으로 거듭나야 한다는 여론이 있었다.

따라서 설문대여성문화센터는 도민이면 누구나(성과 국적 불문) 이용할 수 있는 교육기관으로 운영되어야 한다는 의견이 있고, 이런 의견을 반영하여 개방적으로 운영하는 프로그램도 있다. 그런데 기관의 명칭에 여성이 포함되어 있어서 남성들이 이용하는 데 불편함이 존재하고, 사회적 소수자들 역시 쉽사리 접근하기 어려운 공간이 되고 있다.

50년이면 장년층에 해당되므로, 여성교육기관의 역할이 지역사회에 중요한 지렛대 역할을 해왔다고 볼 수 있다. 지금 제2의 도약기를 맞이하여 여성교육기관의 이미지에 국한하지 말고 성평등한 사회를 지향할 수 있도록 남성들도 자유롭게 이용할 수 있는 교육기관으로 거듭나야 할 것이다.

또한 내국인은 물론 제주 거주 외국인을 위한 교육프로그램을 운영하여 명실공히 문화다양성을 표방할 수 있는 평생교육기관으로 재도약할 수 있는 계기가 되어야 한다.

3.2. 성평등사회 실현을 위한 지렛대 역할

그동안 제주사회에서는 제주 여성의 강인함을 칭송하고, 경제적 참여를 가치 있게 평가하면서 여성들의 경제활동 참여를 권장한 측면이 강하다. 반면 여성들의 희생과 열정을 바탕으로 제주사회가 유지되어 왔다고는 말하면서 정작 여성들의 수고로움을 대수롭지 않게 여기는 분위기도 있다.

과거 여성교육기관이 사회교육기관으로 출발할 때는 그에 합당한 목적이 있었고, 평생교육기관으로 전환될 때는 그 기능에 적합한 운영 프로그램이 있었다. 앞으로는 여성문화와 사회교육의 기능을 수용한 문화복지공간으로 거듭날 수 있도록 도민들의 관심과 참여가 남아 있다.

제주특별자치도는 국제자유도시를 지향하면서 사람의 이동이 자유로운 지역임을 세계에 알려 왔고, 2019년 현재 제주 거주 외국인도 2만 명이 넘었다. 따라서 설문대여성문화센터는 외국인과 사회적 소수자는 물론 그들의 문화가 공존할 수 있도록 문화다양성의 가치를 실천하는 공간으로 자리매김되어야 한다. 이런 정신은 기관의 명칭에도 내포되어 있다.

현재 우리가 사용하고 있는 '설문대여성문화센터'는 개관에 앞서 2009년 7월 도민 공모를 통해서 선정된 명칭이다. '설문대'는 제주도의 자연을 창조한 신으로 알려졌으며, 그와 관련된 장소들이 제주도 곳곳에 산재되어 있다. 따라서 설문대여성문화센터는 도민의 염원을 유념하고 설문대의 창조와 도전정신을 실천하는 평생교육기관으로 정립되어야 한다.

설문대여성문화센터는 여성복합문화공간으로 확고한 위치를 잡아가고 있다. 이에 앞으로는 국내외 여성 교류의 장은 물론 여성인적자원 개발과 사회참여 확대를 위한 직업교육공간이 되어야 하고, 성평등사회 실현을 위한 교육프로그램 운영, 제주 여성문화의 참모습을 보여줄 수 있는 기회 제공 등 여성의 정치적 대표성 확대에도 관심을 가져야 한다.

설문대여성문화센터에서 교육과 문화의 복합공간으로 제 기능을 완수하기 위해서는 교육기관과 교육담당자의 역할도 중요하지만 도민들의 적극적인 관심과 참여가 더욱더 중요하다. 평생교육기관이 생명력을 유지하면서 살아남기 위해서는 이 기관을 이용하는 도민들의 목소리가 반영될 수 있어야 한다. 이때 도민들은 교육의 수요자라는 권리만 주장하기보다는 제주 여성의 미래를 보장할 수 있는 환경 만들기에 동참해야 한다. 이에 교육기관, 교육 제공자, 교육 소비자, 교육 매개인력들이 협력하여 운영할 수 있는 토대가 마련되어야 하므로, 이 중심축에 제주 도민이 서 있어야 한다.

그동안 제주 도민들은 설문대여성문화센터가 여성교육기관의 위상을 정립하고, 품격을 갖추는데 주도적인 역할을 담당해 왔음을 인정할 것이다. 따라서 제주 도민들은 지난 50년 동안 쏟아 부은 열정과 감시의 기능을 지속적으로 유지해야 하는 의무와 권리가 있다.

여성교육기관 태동 이후 50년을 점검해 보면, 주로 생활문화, 외국어 교육, 창업교육 등 여성들이 필요로 하는 다양한 교육 이수 기회를 제공하였다. 2019년 10월, 50주년을 분기점으로 하여 지역사회의 성평등 인식 확산을 주도하는 교육기관으로 거듭나길 바란다.

2부

문화유산과 유산자원

1장
제주 여성문화유적의 문화적 위상

1. 여성 문화와 유산

일반적으로 여성문화유적이라 하면 낯설게 여겨져서 그 이미지가 쉽게 부각되지 않는다. 이는 유적을 유형과 무형, 지정과 비지정으로 구분하는데 익숙해졌으나 성인지적 관점으로는 접근하지 않았기 때문이다. 따라서 지금까지는 문화유적을 성별 구분 없이 문화재로서 가치가 있는 것들 중심으로 목록화하였으나 앞으로는 문화재 생산 주체에 따라 남성문화유적과 여성문화유적으로 구분할 필요가 있다.

여기서는 편의상 여성들이 주체적으로 활동하거나 관여한 대상을 여성문화유적이라 하겠다. 이런 관점에서 생명수인 물통(용천수, 봉천수), 방아터(ᄆᆞᆯ방에, 정미소), 불턱(해녀의집), 소금밧(염전), 여성 신화·전설지, 신앙터(신당, 절터 등), 교육기관(여성이 교육을 받았던 야학, 간이학교, 초등학교 등), 역사상의 인물과 비석, 제주4·3사건 관련 여성유적, 여성들의 회합 장소, 열녀·효부비 등이 여성문화유적에 속한다.

2000년대로 들어와서 정부와 지방자치단체의 예산지원으로 '＊＊마을만들기' 사업이 추진되고 있다. 이와 같이 특정 사업을 추진할 때는 짧은 기간에 가시적인 성과를 얻으려면 문화자원이 발굴 · 구축되어 있어야 한다. 문화는 사람들의 욕구를 언제든지, 어떤 것이라도 해소해 줄 수 있는 요소이다. 이에 제주의 문화유산 조명과 여성 문화 정립에도 관심을 가져야 한다.

제주특별자치도 여성능력개발본부(2006. 07. 01.~2008. 03. 04. 이후 조직개편에 따라 인재개발원에 소속됨)에 기획조사부가 신설되면서 필자는 〈여성문화연구조사〉 관련 일을 하게 되었다.[27] 우선 제주 여성문화 개념 정립에 따른 보고서 발간(2006)과 제주 여성사 정립을 위한 편찬사업을 추진했다. 그 일환으로 여성문화유적지 발굴·순례코스 개발을 위해서 전수조사를 했으며, 그 결과물이 『제주여성문화유적』이다(2008. 10. 발간). 이 책을 만드는데 13명의 연구진이 참여했으며, 제주도 전체(5개 부속 섬 포함) 마을을 조사 범위로 삼았다. 마을 사람들을 만나서 여성문화유적의 개념을 설명하고 하나하나 남아 있는 곳과 사라진 곳 등 2008년 시점에서 조사했으며, 특정 장소에 대한 마을 사람들의 참여정도, 기능, 중요도 등을 자세히 청취했다.

여기서는 필자가 이 업무를 담당하면서 조사하고 느낀 점을 물통, 생업

---

27) 제주특별자치도 여성능력개발본부는 조직 개편에 따라 2008년 3월 5에 '여성능력개발부'로 축소되었고, 이 기구에 있던 여성문화조사팀 업무는 제주연구원으로 이관되었다(2008년 5월 26일). 필자가 담당하던 여성문화조사 사업은 제주연구원에서 지속되었다. 연구결과물로는 『제주여성사료집Ⅰ』(제주특별자치도 여성능력개발본부, 2007,), 『제주여성사료집Ⅱ』(제주특별자치도인력개발원 · 제주발전연구원, 2008,), 『여성문화유적』(제주특별자치도인력개발원 · 제주발전연구원, 2008), 『여성문화유적 100』(제주특별자치도 · 제주발전연구원, 2009), 『제주여성사Ⅰ』(제주특별자치도 · 제주발전연구원, 2009), 『제주여성사Ⅱ』(제주발전연구원, 2011) 등이 있다.

터(불턱, 물방에터), 신앙터, 공동체 공간을 중심으로 해서 살펴보겠다.

2. 제주 여성문화유적 현황

2.1. 물통

인간의 삶에 필수요소인 물통의 흔적들이 마을 곳곳에 남아 있다. 해안가마을에는 바다에서 솟아나는 용천수가 여러 군데 있어서 식수 해결에 도움이 되었다. 중산간마을에는 용천수가 거의 없고 물웅덩이를 깊고 넓게 파서 고인 물을 이용하는 봉천수가 대다수여서 식수 해결에 어려움을 겪었다.

1970년대 제주도 전체적으로 상수도시설이 정비되면서 물 부족은 어느 정도 해결되었지만 2008년 조사 당시에도 이런 물통이 남아 있었다. 주로 샘물 명칭에 '못'이 있으면 우마용 봉천수이고, '물'이 있으면 식수용 용천수에 해당된다.

용천수의 구조를 보면 대체로 물통 위쪽에서 솟아나는 물은 식수로, 그 다음은 채소 등 식재료 씻기, 빨래하기, 그 아래는 목욕하기 등 물통의 한 울타리 안에서 다용도로 사용했다. 물 긷는 도구를 보면 물허벅(물동이)과 이를 담는 물구덕(바구니), 바구니를 질 때 사용하는 배, 헝겊으로 만든 등받이, 물바가지 등이 있다. 물통의 수량은 물허벅을 담가서 물을 담을 정도였으며, 아주 얕은 경우는 바가지로 떠서 허벅에 담았다.

용천수는 보통 해안가마을에 있어서 밀물 때는 물통의 수위가 높아졌다가 썰물 때는 바닷물이 빠지기 때문에 사람들은 물때에 맞춰서 물을 길어왔다. 반면 물통이 해안가에 있는 경우 밀물 때면 식수가 짜서 먹을 수 없으므로, 이때를 대비하여 우물을 깊게 파서 통을 만들면 물이 고였다. 이를 통물이라 한다. 통물의 깊이는 마을에 따라 30~50m 이며, 통 주변에 물팡(물동이를 올려놓는 곳)이 있었다. 이 물은 바다와 멀리 떨어진 곳에 물통을 파서 만들므로 물맛이 짜지 않고 아주 깊어서 두레박으로 길어 올렸다. 마을에 따라서는 물이 솟아나는 곳을 원통으로 만들어서 바닷물이 들어가지 못하도록 관리했다.

물통을 보면 마을마다 특색 있게 조성되어 있는데 큰 돌로 쌓거나 시멘트를 바른 후에 작은 돌멩이를 촘촘히 박아서 제주 돌의 색깔을 잘 드러내는 곳이 있다. 이는 제주의 돌문화에 포함해도 손색이 없을 것이며, 앞으로도 물통의 돌담이 살아남길 바란다.

중산간마을에서는 물이 고임직한 곳을 파서 돌담을 쌓은 후에 물이 고이면 이 물을 떠다 생활용수로 사용했다. 봉천수는 주로 돌담을 쌓은 후에 식수용은 흙을 파내서 암반이 드러나게 해야 물이 깨끗하다. 우마용은 흙을 파지 않고 그대로 두었다.

마을에 따라 먹는물통(식수용)과 궂인물통(궂은 물통 : 빨래 등 허드렛물용, 우마용 등)이 있다. 궂인물통 물로는 초불빨래(애벌-)를 하고 옆에 있는 고운물통의 물을 떠다가 헹궈서 마무리했다. 여성들이 빨랫감을 질구덕에 담아서 지고 궂인물통에 가면 빨래팡이 있다. 먼저 간 사람이 좋은 곳을 차지하고, 늦게 간 사람은 주변에 있는 돌판을 이용했다.

한림읍 금능리에 있는 물통

제주도의 모든 마을에서는 물을 소중히 여겼지만 여기서는 제주도 부속섬의 물관리 지혜를 좀더 살펴보겠다.

추자도 여성들은 옹기로 만든 물동이를 사용하다가 1960년대에 양철로 만든 물통이 나와서 양철물통을 머리에 이고 다녔다. 양철로 만든 개인용 두레박을 갖고 다니면서 물을 길었는데 하루에 5~6회 정도 물동이를 이고 다녔다. 낮에는 밭에 가서 일을 하고 저녁에 1회 정도 더 물을 길어왔다.

추자도 대서리에 있는 샘물

우도에 있는 봉천수

우도는 물이 귀하기 때문에 집집마다 가정용 물통이 있어서 빗물을 받아서 저장했다가 생활용수로 이용했다.

가파도는 섬을 돌면서 물이 솟아나는 용천수가 있고 이를 산물(살아있는 물)이라 한다. 썰물 때는 용천수를 이용했지만 밀물 때는 짠물이 섞여서 먹기가 곤란했다. 그래서 집집마다 개인용 우물을 파서 식수로 이용했다. 대개 마당에서 2m 정도 깊게 파면 물이 솟아났다.

가파도 상동에 있는 물통

비양도에도 집집마다 빗물을 받아두었던 물통이 있다. 1965년 협재리에서 비양도까지 해저파이프가 설치되어 식수가 공급되었으며, 1988년 7월 이후 개인 수도를 가설하여 물공급이 편리해졌다. 빗물을 받아서 쓰던 시절에는 집집마마 빨래를 모아두었다가 비양도에서 나가는 배가 있으면 갖고 나가서 가까운 마을(한림, 협제, 한수, 수원 등)에 있는 물통에 가서 빨았다.

비양도에서는 경조사 때 많은 물이 필요했지만 자체 수급이 안 되므로 배에 물통을 싣고 협제나 옹포 해안가에 있는 용천수를 이용했다. 결국 비양도 사람들은 집만 자체적으로 해결하고 먹고 입는 것의 부수적인 것들은 바다를 길 삼아서 뭍으로 드나들며 해결했다.

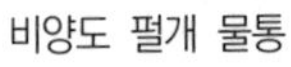

비양도 펄개 물통

마라도 가정집 빗물통

마라도 사람들은 비가 오면 빌레(암반)에 고여 있는 물을 떠다 먹었고, 가을에 가뭄이 들면 군(남제주군)에서 물을 공급해 주었다. 군에서 식구 수대로 물을 배급받는 등 상수도시설이 되기 전에는 빗물을 이용했다. 마라도 사람들은 식수 이외에는 빗물을 저장해 두었다가 생활용수로 사용했다.

제주도의 모든 마을에 상수도시설이 되기 전에는 용천수와 봉천수

외에도 빗물을 받아두었다가 생활용수로 사용했으며, 2008년 조사 당시에도 제주도 부속섬에는 빗물통들이 남아 있었다. 처마밑으로 물받이를 만든 다음 그 귀퉁이를 통해 물통에 물이 흘러내리게 만들었다. 이 물통에 수도꼭지를 부착해서 수돗물처럼 사용했다.

제주도 부속섬의 공통점은 철저한 식수 관리에 있었다. 우도는 봉천수가 주를 이루며, 노천용이지만 잘 관리하면서 농업용수로 사용했다. 추자도도 이와 마찬가지로 물통의 지붕을 개량하고 물통 주변을 정비해서 생활용수로 사용하고 있다. 부속섬 사람들은 상수도시설이 되어 있어서 식수는 해결되었지만 물부족의 고통을 잘 알고 있기에 봉천수나 용천수를 관리하면서 사용하고 있다.

가파도, 비양도, 마라도 사람들도 빗물을 받아서 아끼면서 물을 관리했던 지혜가 엿보인다. 지금은 부속섬에도 상수도시설이 잘 되어 있어서 식수를 해결하고 있지만 과거에 사용하던 물통을 새롭게 보수해서 생활용수나 농업용수로 이용하고 있다. 이런 점은 향후 물부족시대에 어떻게 물관리를 해야 할지 고민해 보는 계기가 되었다.

물통을 여성문화유적으로 보는 것은 여성들이 식수 공급에 주도적으로 참여했기 때문이다. 인간의 생명수인 식수를 얻기 위하여 여성들은 아침 일찍 물허벅(물동이)을 지고 물통에 가서 물을 긷는 것이 하루일과의 시작이었다. 물을 길러 가는 길, 우물가에서 물을 뜰 때, 빨래할 때, 공터에서 빨래를 말리는 시간 등 여성들은 서로 이야기를 나누고 정보도 교환했다. 물 길러 가는 길과 우물가는 여성들의 담화공간이자 노동공간이었다.

이외에도 마을에 대소사가 있으면 여성들은 물허벅으로 2~3회 물을 길어다 주었는데, 이를 '물부조'라 한다. 이는 수눌정신이며 지금도 이러한 공동체 정신이 남아 있다.

2.2. ᄆᆞᆯ방에(연자매)

현대식 정미소[28]가 들어서기 전에는 마을마다 ᄆᆞᆯ방에(ᄆᆞᆯᄀᆞ랑)가 있었고, 마을 사람들이 도정할 때는 이곳을 이용했다. 보리, 산디(밭벼), 조 등 곡식을 도정할 때 말이나 소, 또는 사람이 방아를 굴리면 여성들은 그 옆에서 잘 도정할 수 있도록 바가지로 곡식을 한 곳으로 모으고 도정한 후에는 체로 쳐서 먹을 수 있게 만들었다.

보리를 갈 때 물이 많이 필요하므로[29] 물허벅을 놓은 순서대로 도정했다. 각 가정에서는 서로 먼저 도정하려고 일찍 물허벅을 갖다 놓았다. 조를 도정할 때는 물이 필요하지 않으므로 순서를 나타내기 위하여 솔박(작은 바가지)을 ᄆᆞᆯ방에에 도착한 순서대로 엎어놓았다. 농사를 많이 짓는 집에서는 공동 ᄆᆞᆯ방에를 이용하기 불편해서 개인전용 ᄆᆞᆯ방에를 설치하기도 했다.

ᄆᆞᆯ방에 사용 기간은 마을에 따라 조금씩 다르다. 일제강점기~1950년대에 정미소가 설치되면서 ᄆᆞᆯ방에의 기능이 약화되었지만 정미소를 이용하는 품삯이 비싸서 1960년대에도 ᄆᆞᆯ방에를 이용했다. ᄆᆞᆯ방에가 방앗간의 역할을 상실하면서 그 공간은 폐허로 남아 있다가 지금은 형태도 찾아볼 수 없게 되었다.

말방아

28) 정미소가 설치되었을 때 제주 사람들은 한동안 이를 '방에공장, 기곗방'이라 불렀다.

29) ᄆᆞᆯ방에를 이용하여 곡식을 도정할 때는 마른 보리를 좀 무르게 해서 쉽게 갈 수 있도록 보리를 바구니에 놓고 물을 부으면서 빨래하듯이 주무른다. 그러면 보리가 축축해져서 도정하는데 편리하다.

2.3. 불턱

제주 해녀[30]는 조선시대부터 21세기에 이르기까지 가정경제를 담당해 온 여성 직업이다. 20세기 중반부터 분야별 연구자들이 해녀를 연구대상으로 삼았으며, 지금은 제주의 대표 문화상징으로 대두되었다. 해안가마을마다 해녀들의 전용 공간인 불턱이 있으며, 이곳은 해녀들의 노동공간이자 담화공간이고 쉼터였다.

대체로 불턱의 입지조건은 동일하다. 하늬바람(서풍)이 부는 날은 그 바람을 피하고, 샛바람(동풍)이 부는 날은 그 방향을 피해서 언덕이나 바위를 등지고 불턱이 만들어졌다. 불턱은 오래 전부터 해녀들이 사용해 온 곳이라 신참 해녀들은 자연스럽게 이런 곳을 이용했다. 불턱에서 불을 쬐는 것은 주로 겨울철이며 그 외는 담화공간과 휴식공간의 역할을 했다.

물소중이를 입고 물질을 할 때 지들커(땔감)을 다 써 버리면 물질을 더 이상하지 못하고 그날 조업을 마쳐야 했다. 해녀들은 지들커를 구덕(대나무로 만든 바구니)에 담고 그 위에 테왁을 얹어서 물질하러 다녔다. 불턱에서는 낭(나무)을 가져온 사람이 최고 대접을 받아서 여기저기 앉기를 권유받았다.

물소중이를 입고 맨발로 물질할 때는 바다에 들어가는 순간 아주 추웠으며, 눈이 내릴 때는 눈을 맞으면서 물질을 했다. 음력 12월~1월

---

30) 정부에서는 부춘화·김옥련(2003)과 부덕량(2005)을 해녀항쟁독립유공자로 선정하여 건국포장을 수여하였다. 제주해녀문화는 유네스코 인류무형문화유산 대표목록에 등재되었고(2016. 11. 30.), '해녀'가 국가무형문화재 제132호로 지정되었다(2017. 05. 01.). 또한 국가중요어업유산 1호로도 지정되었다(2015. 12. 16.). 제주도에서는 2021년 3월 현재 제주해녀어업을 세계중요농어업유산(FAO GIAHS)으로 등재될 수 있도록 여러 정책을 추진하고 있다.

에는 추워서 물질을 하기 힘들었지만 고무옷을 입기 시작하면서부터는 추위를 견디었고, 그에 비례하여 노동시간도 늘어났다.

1970년대 중반까지 사용했던 불턱은 거의 사라졌지만 우도에는 지금도 돌담형 불턱, 시멘트형 불턱, 해녀의집 등 세 단계의 불턱 유형이 남아 있다. 우도 불턱의 특징을 보면 물소중이를 입고 물질하던 때에는 바람막이용 울타리를 만들어서 사용하다가 시멘트로 단단하게 만들어 사용했다. 그 당시 사용했던 불턱은 마을마다 남아 있고, 지금은 해녀의집이 있지만 과거에 사용하던 불턱을 집의 형태로 보수하고 드럼통을 대형 난로로 만들어서 불을 쬐고 있다.

불턱이 있던 장소를 보면 해녀들이 바다에 드나들기 쉬운 곳, 바람막이가 가능한 곳이었다. 해녀들이 물소중이를 입고 테왁을 지고 물질하러 바다로 들어가는 곳에 돌들이 널려 있어서 맨발로 걷는 것이 불편했다. 그래서 입어하기 편리한 곳, 조업이 끝난 후에 해산물이 가득찬 망사리를 매고 길가로 올라오기 쉬운 곳을 불턱터로 선정하는데 여기에 더하여 바람을 피할 수 있는 곳이면 금상첨화였다.

돌담형 불턱은 해녀들이 물적삼과 물소중이를 입을 때 이용했던 장소이다. 해녀들이 바다에서 조업하다가 지치면 물 밖으로 나와서 불쬐기를 서너 번 반복했다. 그러다가 1970년대 중반부터 고무옷을 입기 시작하면서 불턱의 기능이 서서히 퇴화되었다. 1980년대 이후 해녀들의 전천후 쉼터인 현대식 해녀의집이 만들어졌으며, 이를 개·보수하면서 지금까지 사용하고 있다.

제주의 여성들은 10대 초반부터 물질을 배워서 세월 따라 상군의 반열에 오른다. 그러다가 노쇠해지면 물질의 기량이 떨어진다. 해녀들은 지금도 조업조건이 맞으면 바다밭을 놀이터 겸 노동공간으로 잘 활용하고 있다.

구좌읍 하도리 모진다리불턱

2.4. 신앙터

마을마다 여성들의 의지처인 본향당이 있으며, 이곳을 이용하는 당골의 유무에 따라 관리와 보존상태가 다르다. 신당에 따라 형태는 조금씩 다르지만 돌담으로 울타리를 치고 신목과 신체가 있거나 밭에 신목만 있는 경우도 있다.

지금도 사람들이 정기적·비정기적 의례처로 이용하고 있는 신당은 제단과 울타리 등이 잘 보존되어 있다. 어촌에 있는 해신당은 어업에 종사하는 어부와 해녀들이 주 당골이다.

신당의 구조를 보면 대체로 돌담으로 울타리를 치고, 제단이 있으며, 신체를 돌함 속에 넣어두고 돌문을 이용해서 닫는다. 또한 집의 올레처럼 신당으로 들어가려면 옆에 만들어진 올레를 이용하게 되어 있으며, 당골들이 본향당을 방문할 때는 조심스럽게 옆으로 들어가야 한다. 반면 당집을 새로 지어서 관리하는 마을도 있다.

구좌읍 하도리 갯것할망당

2.5. 여성들의 공동체 공간(동산)

마을에 따라서 여성들이 모여서 놀거나 회의를 했던 장소들이 있다. 주로 '* * 동산'으로 불리는 곳이나 마을 중앙에 큰 팽나무가 있는 곳이 여성들과 남성들이 모여서 놀던 장소이며, 정보교환 장소이기도 했다. 물론 농한기에나 모여서 놀 수 있었다.

이상으로 여성문화유적인 물통, 몰방에, 불턱, 신앙터, 공동체 공간 등을 중심으로 해서 21세기까지 남아 있는 정도, 그곳에 대한 애정을 알아 보았다.

해안가마을에 있는 용천수는 샘물이 솟아나는 곳을 돌담으로 울타리를 만들어서 관리하며 지금도 사용하는 마을이 있다. 중산간마을에 있는 물통은 대다수가 봉천수여서 마을에 따라 식수로 사용했던 연못은 마을의 쉼터로 조성해서 사용하고 있다. 한편 제주도의 자연적인 물통들은 해안도로를 만들거나 농로(農路)를 확장하면서 일부 또는 전부 매립된 곳이 많다.

ᄆᆞᆯ방에는 마을에 따라 1950~1960년대까지 사용되었으며, 그 사이에 정미소가 그 기능을 대행했다. ᄆᆞᆯ방에가 있던 곳은 넓은 공간이어서 집을 짓거나 공터로 놔두기도 했다. ᄆᆞᆯ방에 위짝은 마을 곳곳에 흩어져 있고, 아래짝은 넓은 돌판이라 어딘가 매립할 때 뚜껑으로 사용하기도 했다.

해녀들의 노동공간인 불턱은 대부분 없어졌으며, 마을에 따라 그 자리에 해녀의집을 지은 곳도 있다.

신앙터인 본향당인 경우 당골이 다니는 곳은 살아있어서 잘 관리가 되고 있으나, 그렇지 않은 곳은 폐당이 되었다. 이곳만 보더라도 사람들이 애정을 갖고 사용하는 유적지는 살아있는 공간이지만 그렇지 못한 곳은 죽은 공간임을 알 수 있다.

제주도 여성들은 상수도시설이 되기 전에는 물을 길어 오고 밭일을 했으며, 가끔 목장에 가서 마소를 관리하기도 했다. 또한 농사를 지은 후에 곡식을 도정하는데 적극적으로 동참했다. 제주도는 반농반어형 지역이므로, 사람들은 여성의 일과 남성의 일을 구분하지 않고 주어진 환경에 적응하면서 살아왔다.

3. 문화콘텐츠의 활용 방안

제주의 여성문화유적을 조사하면서 마을 사람들이 애정을 갖고 잘 관리하는 마을이 대부분이었으며, 그 중요성을 좀더 부각시킬 필요가 있다고 느꼈다. 또한 이러한 유적지가 문화산업의 토대가 됨을 적극적으로 알릴 필요가 있다. 이에 여성문화유적을 정비하고 자료화함으로써 문화콘텐츠의 기초를 구축할 수 있다.

제주도는 모든 분야에서 관광산업에 몰입하고 있는데 난개발이 되지 않도록 마을 사람들이 그 마을의 역사와 문화를 자세히 알고 어떻게 관리하는 것이 관광자원이 되는지를 심도 있게 고민해야 한다. 다시 말하면 마을단위로 발전계획을 수립할 때 가능하면 마을 사람들이 마을의 문화자원을 보존하고 활용할 수 있도록 주도적으로 참여함으로써 외부인의 개입을 최소화해야 한다.

이에 더하여 앞으로는 여성주의 관점에서 문화유산을 구분하고 제주 여성문화유산을 발굴·보존하는데도 관심을 기울여야 한다. 제주 여성문화유산이 제주 문화산업의 기초 콘텐츠라는 인식도 필요하다. 여성문화유산이란 유형적인 유물과 유적은 물론 정신문화나 생활문화와 민속을 아우르므로 이를 잘 활용하는 것이 제주 문화의 총체를 보여주는 기준이 될 수 있다.

여성들의 생활공간은 여성들이 애정을 갖고 관리하고 사용할 때만 보존되고 그 문화가 전승될 것이다. 따라서 여성문화유적 현황을 정리한 후에 이를 토대로 해서 여성문화유적 지도 만들기, 주제별·권역별 관광코스 정하기, 여성유적지 보존·관리하기 등 일련의 절차가 이루어져야 한다.

마을 사람들의 관심을 집중하기 위하여 우리가 꼭 보존하고 잘 알아야 할 여성문화유적을 정하고, 각 마을별로 얼마나 귀중한 자산을 갖고 있는지 알리고, 마을 사람들 스스로 자부심을 갖고 관리하도록 안내하는 것이 중요하다.

유적지 유형에 따라 제주도 전체적으로 통일된 범례 정하기(예 : 불턱, 물방에, 신당, 물통, 교육기관, 인물유적 등), 유적지 안내판 설치하기, 방문객들에게 마을 사람 누구라도 여성문화유적 해설사가 되어서 알려주기 등 마을 사람들의 관심이 아주 중요하다. 아울러 여성문화유적지를 찾아가는 방문객들이 지켜야 할 예의도 수반되어야 한다.

마을 사람들이 아무리 애정을 갖고 잘 관리하더라도 방문객들이 마을길을 어지럽히거나 마을 사람들의 일상생활에 불편을 주는 행동 자제하기, 유적지에 대한 기본적인 예의 등을 지키지 않는다면 이런 곳을 공개할 필요도 없고, 안내해 줄 필요도 없다.

제주도의 역사와 문화를 역동적으로 만들려면 내비게이션에 등록 유적지 결정하기, 누구나 쉽게 찾아가기 등 이용자를 위한 서비스가 갖추어져야 한다. 또한 마을에서는 특정 문화공간을 마을역사만들기, 농촌테마마을 사업에 활용하는 것도 바람직하다.

지금까지 여성문화유적만 지나치게 강조한 것 같지만 남성문화유적, 유림문화유적 등도 조사하고 기록해야 한다. 각종 의례 집행과 포제는 대표적인 남성문화이며, 포제단은 남성문화유적지이다. 여성문화유적과 남성문화유적이 동등한 대우를 받고 그 실체를 인정할 때 제주 문화는 지속가능할 것이다.

2장
제주 해양문화유산으로서 이어도

1. 문화유산으로서 이어도의 위상

이 글은 대한민국 국민들이 이어도의 존재와 가치를 어느 정도 알고 있는지, 또한 제주 사람들은 이어도의 위치와 실체에 대한 믿음을 지니고 있는지에 대한 궁금증에서 출발한다.

필자가 이어도의 가치에 관심을 가지게 된 것은 1980년대이다. 그 당시 공중파 방송에서 '이어도탐사' 프로그램이 방영되었고, 1990년대에도 이와 유사한 내용이 전파를 탔다. 그 결과 우리사회에서 이어도의 가치와 위상을 정립하는 계기가 되었다.

그래도 대다수의 사람들은 이어도의 존재를 전설로만 기억하면서 먼 바다 어디쯤에 있을 것이라 여겨왔다. 국가 차원에서 '이어도종합해양과학기지'를 설치한 이후 일본과 중국의 불편한 의견 표출이 있어왔고, 사람들은 이어도를 실재하는 섬으로 인지하기 시작했다.

일부 사람들은 아직도 이어도를 민요와 전설의 장소로서 경외심과 호기심을 갖게 하는 유토피아로 기억하고 있다. 특히 이청준의 소설 『이어도』가 발표된 후 이어도가 실재 대상인가에 대한 궁금증이 증폭되었고, '이어도'와 '이여도' 등 표기 문제가 소소한 논쟁거리가 되기도 하였다.

문학(민요, 전설, 소설 등) 속의 대상지가 국가의 영토 분쟁지로 부각된 것은 실제적인 현상이며, 제주 사람들에게 '이어도'는 아주 오래전부터 구전되는 이야기의 소재이고, 정말 실재했으면 좋겠다는 희망의 섬이기도 하다. 여기까지는 우리사회에서 많이 알려진 내용이다.

한편 이어도는 제주의 문화자원으로 존재함에도 불구하고 민간차원에서 이어도의 존재와 가치 확산을 위해 연 1회 정도 축제를 개최하는 정도이다. 모 언론사에서 '이어도축제'를 개최하면서 이어도의 위상과 가치 확립을 위해 '이어도의 날' 조례 제정 필요성이 대두되었다. 물론 이어도는 3국이 교차 가능한 영해여서 조심스럽게 접근해야 하는 것은 당연하다.

이어도는 국가가 관리하는 해양과학기지여서 그런지 제주 사람들은 이어도의 존재에 무관심한 편이다. 따라서 이어도가 제주의 문화유산임을 인식하고, 이에 대한 자긍심을 심어줄 수 있는 활동이 필요하다.

이어도가 오늘날과 같이 중요한 해양과학기지 역할을 할 수 있는 것은 민요와 전설로 전승되었기 때문에 그 존재 확인이 유리했을 것이다. 그런 점에서 정부와 제주도 차원에서 이어도의 유산적 가치를 새롭게 접근하고 홍보할 필요가 있다.

2. 해양문화유산의 요소를 지닌 이어도

문화자원은 크게 자연자원과 인문자원으로 구분할 수 있고, 소재지에 따라 육상자원과 해양자원으로 나눌 수 있다. 제주의 문화자원이라 하면 대개 자연자원과 육상자원이 먼저 떠오를 것이다. 이들의 위상과 가치는 이미 알려져 있으며, 관광자원으로 재평가되어 제주의 경제적 재화로써 중요한 역할을 담당하고 있다.

해양문화자원[31]은 바다를 주요 활동공간으로 이용하여 파생된 산물로 바다와 관련이 있는 무형·유형 자원을 총칭할 수 있다. 해양문화자원에는 해양지역의 생활풍속과 전통적인 요소 등이 응축되어 있어서 지역민들의 공동체 정신 함양에도 중요한 요소로 작용했을 것이다.

해양문화자원은 해양생활이 반영된 자원이므로 해양사, 해양생활사, 해양경관, 해양생태계, 해양인문, 해양산업 등 다양한 범주 설정이 가능하다. 그동안 제주도는 육상자원인 자연자원과 인문자원의 발굴과 보존에는 정책 지원이 지속되었으나 사면이 바다인 섬지역임에도 불구하고 해양문화유산의 가치를 인정하는 데는 인색한 편이다.

해양인문자원은 역사자원과 생활자원으로 구분된다. 역사자원에는 인물유산(역사적 인물), 방어유산(진성, 연대, 환해장성), 건축유산(등명대, 등대, 산업시설), 기록유산(비석, 표해록 등) 등이 있다. 생활자원에는 신앙유산(해신당, 영등굿, 해양의례 등), 어로유산(원, 테우, 포구), 해녀유산(불턱, 태왁, 물질옷, 물질도구, 해녀항일운동), 전승유산(민요, 설화), 생활유산(용천수, 염전) 등이 있다.

이어도는 제주도에 속하는 해상영토이고 해양산업과 해양인문자원

---

31) 이 글에서 해양문화자원 전체적인 내용은 문순덕·김석윤(2018)을 참조하였다.

의 특성을 지니고 있다. 다시 말하면 이어도는 자연자원이고 해양자원의 속성을 지니고 있으나 원래는 인문자원의 속성으로 기억되고 있다. 따라서 여기서는 우리들이 무관심하게 바라봤던 해양인문자원과 연계하여 간단히 살펴보고자 한다.

애월읍 구엄리 돌염전

3. 등명대와 이어도의 상관성

제주도는 섬지역이라 해양문화유산이 풍부함에도 불구하고 그 존재를 잘 모르거나 위상을 가벼이 여기는 풍토가 있다. 그런 점에서 제주의 해양문화유산 중에 등명대와 등대의 기능을 통해 이어도의 존재 이유를 유추해 보겠다.

3.1. 해양문화유산으로서 등명대

제주도에는 국가가 설치한 유인 등대 이전에 어업활동에 필요한 등명대(도대불)가 설치되었고, 이는 어업인이 운영하였다. 이어도로 조업을 나간 가족을 그리워한다는 전설의 주인공들이 태평양을 바라보면서 의지했던 것은 등명대와 같은 불빛이었을 것이다. 민간에서 관리하던 등명대는 근대시기에 이용했던 항로이정표이다.

등명대는 민간에서 설치하고 운영한 민간 등대로, 주로 일제강점기에 설치되었으며, 어촌에 전기시설이 완료될 때까지인 1970년대까지 사용되었다.

현재 제주도에 남아 있는 등명대 중에 고산리등명대, 북촌리등명대, 김녕리등명대, 우도(영일동)등명대, 보목동등명대, 대포동등명대 등이 잘 보존되어 있다.[32]

이 중에 북촌리등명대는 그나마 건립 시기를 짐작할 수 있다. 등명대 꼭대기에 1915년에 보수했다는 표석이 있어서 건립 시기를 그 이전으로 볼 수 있다. 이 등명대는 100년이 넘는 건축으로 제주 해양문화유산의 가치가 높은 편이며, 기록상 북촌리등명대가 최고(最古)라 할 수 있다.

---

32) 〈제주도 등명대 현황〉

연번	명칭	소재지	건립연도
1	북촌리등명대	북촌리 포구	1915년(개축)
2	보목동등명대	서귀포시 보목동	1920년대
3	고산리등명대	한경면 고산1리 자구내 포구	1941년
4	대포동등명대	서귀포시 대포동 포구	1942년
5	우도(영일동)등명대	우도면 조일리 영일동 포구	1962년
6	김녕리등명대	김녕리 포구	1964년(재축조)

출처 : 문순덕 · 김석윤(2018), 『제주 해양문화자원 활용 방안 연구』, 40쪽.

고산리등명대는 일본인들이 고산과 목포를 오가는 화물선의 안전한 항해를 목적으로 건립되었으나, 나중에는 어업인들이 관리하고 사용하였다. 북촌리등명대는 현재 유일하게 축조시기를 알 수 있으나 일본 국왕의 즉위를 기념하여 건립했다고 기록되어 있다(백종진, 제주문화원 사무국장). 그렇지만 제주도에 설치된 등명대는 민간에서 항로 유도등의 역할을 다하였다는 점에서 의의가 있다.

특히 6개의 등명대는 제주특별자치도 등록문화재 등록 대상으로 검토 중에 있다(2021년 5월 말 기준).

구좌읍 북촌리 등명대

등명대는 건축 양식과 축조 시기, 관리 주체와 방법 등 당시 해양인문 자원의 가치를 지니고 있는 해양문화유산이라 할 수 있다. 한편 국가 시설인 유인 등대의 출현으로 민간 등명대는 그 기능을 상실하였으나 마을에 따라 원형 보존, 복원과 재현 등을 통해 마을의 문화자원으로 활용하려는 움직임이 지속되고 있다.

3.2. 해양문화유산으로서 등대

우리나라 등대의 역사를 보면 서양식 유인 등대는 1900년 초부터 항구에 설치되기 시작하여 100년이 넘는 역사를 지니고 있다. 우리나라 최초의 유인 등대인 인천 팔미도등대(1903) 설치에 이어 제주도에도 우도등대(1906), 마라도등대(1915), 제주 산지등대(1916), 추자도등대(1981) 등이 설치되었다.

정부에서는 「국립등대박물관 및 등대해양문화공간 운영 규정」에 기초하여 문화재의 가치가 있는 유인 등대를 활용하는 방안으로 등대해양문화공간을 지정하여 전시와 체험의 기회를 제공하고 있다. 이에 우도등대 일대는 등대해양문화공간 조성사업에 선정되어, 우도등대 공원을 조성하였다.

또한 우도등대와 마라도등대는 2015년 해양수산부가 선정한 '한국의 아름다운 등대 16경'에 포함되었다. 우도등대에는 2003년 12월에 현대시설을 갖춘 등탑이 신축되었고, 1906년에 설치된 등대는 원형을 보존함으로써 해양문화유산의 가치를 발휘하고 있다.

마라도등대

마라도등대는 우리나라 최남단에 위치해 있는데, 일본군이 군사 목적으로 1915년 5월 무인 등대로 설치하였으며, 1955년 유인 등대로 전환되었다.

마라도등대 옆에 설치된 이어도 종합해양과학기지 표지석

마라도는 남서쪽 149㎞지점에 위치한 이어도종합해양과학기지로 가는 기점이라 할 수 있고, 마라도등대는 이어도로 가고 오는 선박들의 이정표 역할을 담당한다고 볼 수 있다. 따라서 이어도는 태평양의 등대이고, 제주도의 등대로서 위상을 정립해 주어야 한다.

4. 이어도의 사회문화적 가치 확산

해양문화자원을 활용하기 위해서는 그 가치가 지속되어야 하므로 제주도에서는 해양문화자원 보존정책에도 관심을 가져야 한다. 그런 점에서 유엔의 해양생태계보존 취지를 간단히 소개하겠다(문순덕, 2018ㄴ).

유엔에서는 전 지구적 차원에서 미래세대를 위해 현재의 자연 상태를 유지하고, 더불어 인간의 삶의 질을 향상시키는데 필요한 목표를 수립하였다. 이를 유엔 지속가능발전목표(SDGs : Sustainable Development Goals)라고 한다.

유엔 SDGs는 미래 세대는 물론 현재 세대들이 필요로 하는 부분을 충족시킬 수 있도록 경제 발전과 더불어 환경도 보호해야 한다는 미래 지향적인 발전을 내포하고 있다.

유엔 SDGs는 2016년부터 2030년까지 15년 간 전 세계의 빈곤과 불평등, 기후변화의 해결을 위해 모든 국가들이 수행해야 한다는 국제적인 약속이다. 유엔 SDGs 17개 목표와 169개 세부과제가 선정되으며, 그 중에 해양자원보호와 관련된 유엔 SDGs는 14번이다.

- **해양생태계보존(10개 세부목표)**

  목표 14. 지속가능한 발전을 위한 대양, 바다, 해양자원을 보존하고 지속가능하게 사용한다.

옛 문헌에 보면 제주도는 표류와 표착지로 자주 등장한다. 제주도는 바다 한가운데 위치해 있고 바람의 길목에 있어서 국내외 선박들이 제주도로 흘러들어왔다. 오늘날 이어도는 해상에서 안전지킴이 역할을 담당하고 있으나 이어도종합해양과학기지의 도움을 받는 사람들이 아니면 그 존재를 잘 알지 못한다.

이어도는 문학작품으로 형상화되어 우리들에게 알려진 사실은 누구나 인정할 것이다. 민요로, 전설로, 동화로, 소설로 등 창작 소재로 문화유산의 가치를 유지하고 있다.

또한 제주도에서는 도로명주소를 새로 지정할 때 이어도의 존재를 드러내기 위하여 '이어도로'라는 주소를 살려내었다. 이어도를 도로명으로 선택한 것은 탁월한 결정이다. 이는 제주 바다와 멀리 떨어져 있는 섬 이어도가 살아 있음을 육상에서라도 표시한 것이다.

이어도로

이어도는 제주섬과 태평양을 공유하는 특성화지역에 있으며, 해양생활사의 요소를 지니고 있다. 우주여행시대에 사람들의 관심이 하늘로 향하고 있으나 제주도는 바다를 자원으로 하여 이어도를 해양여행의 핵심 콘텐츠로 활용하는데 선두주자가 될 수 있다. 즉 선박을 이용한 이어도해양관광인 '유토피아로 가는 길'을 개발할 수 있다. 크루즈관광은 국가와 국가 간 이동에만 초점이 있는데, 제주도에서는 이어도까지 해양관광이 가능한 크루즈상품 출시도 가능하다.

이어도의 미래적 가치는 보장되어 있으며 물질적 가치로 접근하는 경향이 있다. 이제는 제주 사람들의 이상향으로 남아 있는 마음의 고향이 정신문화유산으로 지속될 수 있도록 문화적 요소를 입힐 수 있으면 좋겠다. 지금과 같이 영토의 개념에 국익을 앞세우는 가시적 가치를 기본으로.

3장
제주 다크투어리즘 현황과 활성화 방안

1. 논의개요

1.1. 목적과 필요성

인류 역사상 전쟁을 겪은 세계 여러 나라들은 전쟁에 따른 인간의 비극과 참상을 잊지 않을 뿐만 아니라 오히려 이를 적극적으로 표출하여 정치적·군사적 긴장 완화와 평화 공존을 도모하려는 움직임이 있다.

특히 전쟁의 직·간접적 피해자들에 대한 참회와 용서를 구하고, 더 나아가 가해자들과 화해와 상생을 통한 새로운 전기를 마련하고자 하는 국가적·지역적 차원의 노력이 지속되고 있다. 그럼에도 불구하고 최근 일본의 우경화 경향, 중국의 패권주의, 동북아 지역의 영유권 분쟁 등은 새로운 군사적 긴장과 대결, 전쟁 불안과 공포를 자아내는 위험성을 내포하고 있다. 이는 평화와 인권의 가치를 훼손하고 파괴하기 때문에 사전에 적극적으로 예방하여야 한다.

우리나라는 세계에서 유일한 분단국가(2020. 07. 27. 정전 67주년)로서 한반도의 긴장완화와 평화 협력체제의 구축이 절실히 필요하다.[33)]

한편 제주도는 2005년 1월 27일 정부에 의해 '세계 평화의 섬'으로 지정됨에 따라 향후 세계 평화와 인권을 발전시켜 나가는 이정표를 마련하게 되었다. 이런 측면에서 제주에서는 일제강점기 군사시설이나 제주4·3사건의 현장들을 다크투어리즘으로 적극 활용한다면 평화와 인권교육의 생생한 공간으로 이용될 수 있고, 제주의 새로운 관광수요층을 형성하는 계기로 삼을 수 있다.

따라서 이 글에서는 다크투어리즘의 개념 정의와 다크투어리즘의 현황 분석, 다크투어리즘의 활성화 방안을 제안하고자 한다.

1.2. 다크투어리즘의 개념

1990년대 이후 새롭게 부각된 관광 형태로 다크투어리즘(dark Tourism)이 있고, 이는 그리프투어리즘(grief Tourism ; 애도관광), 블랙투어리즘(black Tourismk ; 어둠관광)과 동의어로 쓰인다. 한국어로는 역사교훈여행 정도로 번역할 수 있다.

---

33) 문재인 정부 들어와서 남북정상회담, 한미정상회담, 북미정상회담 등이 이루어졌다. 한반도 평화 논의 일정은 다음과 같다. 제1차 남북정상회담 개최(2018. 04. 27. 판문점), 한미정상회담 개최(2018. 05. 23. 미국 워싱턴), 제2차 남북정상회담 개최(2018. 05. 26. 판문점), 제1차 북미정상회담 개최(2018. 06. 12. 싱가포르), 제3차 남북정상회담 개최(2018. 09. 18.~20. 평양), 한미정상회담 개최(2018. 09. 24. 미국 뉴욕), 제2차 북미정상회담 개최(2019. 02. 27.~28. 베트남 하노이), 한미정상회담 개최(2019. 04. 11. 미국 워싱턴), 제3차 북미정상회담 개최(2019. 06. 30. 판문점) 등이 추진되었다(외교부 www.mofa.go.kr/ 참조).

다크투어리즘은 죽음과 고통이 내재된 특별한 장소를 여행하는 것을 가리킨다. 즉 재난, 재해, 역사적 참상 등 암울하고 비극적인 현장을 둘러보고 반성과 교훈을 얻는 여행이라는 의미가 있다.

또한 재앙[天災, 人災]이 발생한 비극적 장소, 전쟁과 학살이 일어난 장소 등 비극적 의미를 지닌 곳에서 사람들이 재난과 죽음의 참상을 직접 경험함으로써 반성과 교훈을 얻고자 하는 특수목적 관광의 뜻으로도 사용된다.

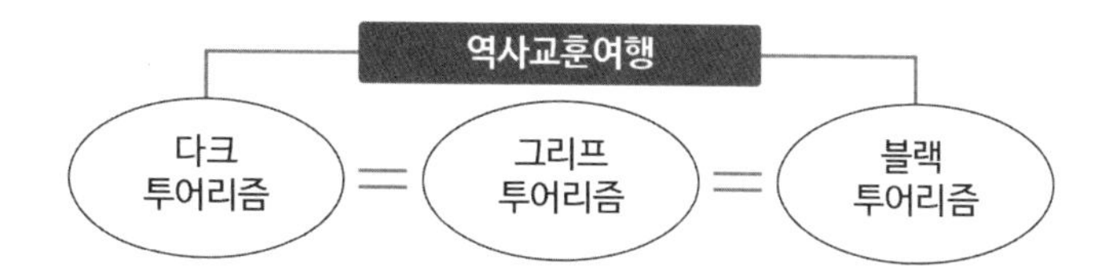

1.3. 다크투어리즘의 유형에 따른 논의 대상

다크투어리즘의 유형은 크게 공급자적 측면과 수요자적 측면으로 나눌 수 있다(〈표 1〉 참조). 공급자 측면에 속하는 다크투어리즘에는 주로 전쟁, 재난, 투옥 장소 등이 있다. 수요자 측면에 속하는 다크투어리즘에는 주로 정체성, 추모, 주관적·감성적 경험 등을 공유할 수 있는 장소 등이 있다

〈표 1〉 다크투어리즘 유형

구 분		내 용
공급자적 측면 (레논·폴리, 2000)	Battlefield Tourism (전쟁)	역사적 의미 있는 전쟁지역
	Cemetery Tourism (묘지방문)	주로 전생의 희생자들을 기리는 장소를 방문하는 형태
	Colonization of History (식민지 역사)	식민지 역사를 장소자산으로 활용, 식민지 역사를 통한 내적 성숙, 지배·피지배층의 이중적 경관 확인 계기
	Holocaust Tourism (홀로코스트)	제2차 세계대전 당시 독일에 의해 자행된 유대인 대량학살현장 방문
	Disaster Tourism (재난지역)	화산, 지진, 태풍 등 천재(天災)와 인재(人災)의 피해현장 방문
	Ghost Tourism (고스트)	소수 특정계층이 선호하는 관광형태; 유럽의 고성을 중심으로 한 귀신 관광 프로그램
	Prison Tourism (감옥)	교도소 방문
수요자적 측면 (홀트, 1995)	Classification	자부심, 정체성과 연관, 소비 동기가 가장 약한 부류 수준; 힌두교 7대 성지인 인도의 바라나시 강변의 화장터 방문자
	Play	다른 사람과 상호작용하기 위한 놀이수준; 다이애나 왕세자비 교통사고 현장 방문자
	Experience	주관적이고 감정적인 반응을 얻을 수 있는 경험수준; 미국 케네디 전 대통령 암살장소 방문자
	Integration	죽음이나 재난을 관광을 통해 그들 자신과 통합하는 수준; 베트남 호치민 근교의 꾸찌 터널 방문자(베트남군 체험)

출처 : 김태영(2013), 「호국·민주주의 정신과 경남의 다크투어리즘」, 『경남정책 Brief』, 경남발전연구원, 4쪽.

사례 분석 대상 지역은 제주의 다크투어리즘을 분석하는데 참고할 수 있는 유사 유형으로 선정하였다(〈표 2〉 참조).

〈표 2〉 다크투어리즘 분석 대상 유형과 지역

유형	국외 지역	국내 지역	제주 지역
전쟁	일본 오키나와 평화기념공원	경기도·강원도 DMZ	일제 군사시설 6·25전쟁 군사시설
홀로코스트	폴란드 아우슈비츠 수용소·비르케나우 수용소, 중국 난징대학살기념관	광주광역시 5·18기념공원	제주4·3유적 제주4·3평화공원
감옥(땅굴)	베트남 구찌터널	—	제주4·3유적

2. 국내외 다크투어리즘의 사례 분석

국내외 다크투어리즘 대상 지역은 많이 있으나 여기서는 제주의 다크투어리즘 지역과 유사한 유형을 분석 대상으로 삼았다.

분석 대상지로는 민간인 희생자를 추모하기 위하여 조성된 평화공원, 민간인 대량학살 현장을 보존하고 교육적·역사적 추모 장소로 조성된 묘지, 전쟁의 상처를 간직한 채 안보교육 장소로 활용되는 지역 등이 있다.

2.1. 국외 사례 분석

2.1.1. 전쟁 지역 산물

▷ 일본 오키나와 평화기념공원

오키나와 평화기념공원[34]은 오키나와현 지방정부에서 주도적으로 조성하였으며, 1975년 6월 〈평화기념자료관〉으로 개관되었다.

1945년 3월 26일 미군의 오키나와 상륙작전 개시 이후 6월 23일 오키나와전쟁이 끝날 때까지 약 20만명 이상의 민간인과 군인들이 희생되었고, 절반 정도의 시신을 찾지 못했다. 이들의 고귀한 넋을 추모하기 위하여 평화공원을 조성하게 되었으며, 사망자들의 이름을 추모비에 기록하여 기념하고 있다.

2차 세계대전 당시 오키나와 최대의 격전지였던 마부니언덕 일대를 평화기념공원으로 조성하여 평화의 이미지를 전달하고 있다. 전쟁의 참상이 발생한 마부니언덕 일대는 미군에 의해 희생된 일본인과 한국인 전사자를 위로하는 장소이기도 하다. 또한 1941년 태평양전쟁 당시 한국의 젊은이들이 강제 징집당하고, 약 1만여 명이 희생된 곳이기도 해서 '한국인위령탑공원'이 조성되어 있다. 우리나라 정부에서는 1975년 8월 광복 30주년을 기념하여 '한국인위령탑'을 세웠으며, 이후 다크투어지역으로 자리매김되고 있다.

2.1.2. 홀로코스트 유형

▷ 중국 난징대학살기념관

난징대학살기념관[35]은 1937년 12월 13일 일본군이 중국인을 학살한 사건을 추모하기 위하여 1985년 8월에 건립되었다. 2차 세계대전 당시 일본군에 의해 40일간 약 30만 명의 중국인이 희생되었다고 전한다. 이 기념관은 난징대학살 70주년을 기념하여 2007년 12월 13일에 신축되었다.

---

34) 오키나와 평화기념공원(https://100.daum.net/encyclopedia/view/87XX41400077) 참조.

35) 난징대학살기념관(https://100.daum.net/encyclopedia/view/87XX77900225) 참조.

난징대학살기념관은 민간인 대량학살의 대표적인 장소로 전쟁의 참상과 침략국에 대한 분노, 희생자에 대한 추모와 참회 등 자신들의 정체성, 주관적·감성적 경험 등을 공감할 수 있는 장소이다. 기념관 시설로는 전시관, 유골전시관, 통곡의 벽, 재난의 벽, 상징조각, 평화의 종 등이 있다.

▷ 폴란드 아우슈비츠와 비르케나우 수용소

아우슈비츠는 2차 세계대전과 나치의 잔혹상을 상징적으로 보여주는 곳으로 유명하다. 이곳은 1979년 유네스코 세계문화유산으로 등재되었고, 독일 학생과 이스라엘 학생들이 반드시 방문해야 하는 역사적·교훈적 장소로 알려졌다.

특히 이곳은 '안네의 일기, 쉰들러리스트' 등의 주 무대로 등장하는 죽음의 수용소로도 유명하다. 이 지역은 유대인 학살 관련 영화가 상영된 이후, 현지촬영지로 더욱 유명해져서 관광객들은 영화의 장면과 실제를 비교하면서 유대인의 참상을 생생하게 기억하는 기회로 삼고 있다. 이는 비극적인 장소임에도 불구하고 그 당시 현장을 온전히 보존하고 콘텐츠화를 통해 인권침해와 인간의 존엄성 파괴라는 부정적·

폴란드 아우슈비츠수용소 전경

비극적인 장소가 반성과 참회의 장소로 변화될 수 있음을 보여 주는 사례이다.

유대인 수용소는 당시 모습 그대로 보존되어 있으며, 수감자들의 참혹상이 적나라하게 전시되어 있어서 인간성 말살의 장면을 여과 없이 보여준다. 이러한 요소가 오늘날 다크투어리즘의 콘텐츠로 활용되고 있다.

2.1.3. 감옥(땅굴) 유형

▷ 베트남 구찌터널

구찌터널은 1961년부터 1975년까지 15년간 지속된 미국과 베트남 간 전쟁의 산물인 땅굴이다. 이곳은 베트남의 수도 호치민시에서 북서쪽 외곽에 위치한 구찌시에 있다. 구찌터널은 17,000여 명의 베트콩이 13년간 생활했던 지하요새에 해당되며, 터널 바로 위에 미군 사령부가 있었다. 구찌터널은 지하 10m 깊이의 3층 구조로 설계되었다.

구찌터널은 현재까지 견고하게 남아 있고, 베트남인은 물론 이곳을 찾는 전 세계 관광객들에게 전쟁의 참혹상을 보여주는 교훈적인 장소이다.

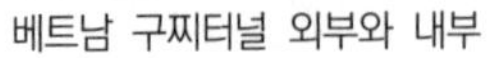

베트남 구찌터널 외부와 내부

관광객들은 실제 베트남인이 숨어 지냈던 땅굴로 들어가서 좁은 공간을 체험하고, 그 옆에 있는 당시 주민들의 집을 관람하면서 전쟁의 참상을 간접 경험할 수 있다. 현재 구찌터널은 호치민시의 대표적인 다크투어리즘 관광자원으로 활용되고 있다.

2.2. 국내 사례 분석

국외 다크투어리즘 유형으로 전쟁, 홀로코스트, 감옥의 사례를 분석하였으며, 여기서는 이와 유사한 국내 지역인 DMZ(비무장지대)와 광주 5·18기념공원을 살펴보고자 한다.

2.2.1. 전쟁 지역 산물

▷ DMZ와 다크투어리즘

DMZ(demilitarized zone)[36]는 군사적 비무장지대를 가리키며, 휴전협정 이후 군사적 충돌을 방지하기 위하여 남북한 상호 일정 간격을 유지한 완충지대를 뜻한다.

정전협정서에는 비무장지대의 범위가 지정되어 있다. 서해안의 임진강 하구에서 동해안의 강원도 고성에 이르는 총 길이 248㎞의 군사분계선을 설정하고, 그 군사분계선을 중심으로 남북으로 각각 2㎞를 지정하여 총 4㎞의 공간을 비무장지대로 정하였다. DMZ의 면적은 육지 면적을 기준으로 하여 907㎢(2억 7천만평)에 해당된다.

경기도와 강원도에 걸쳐 있는 DMZ는 정전협정 이후 67년간 민간인

---

36) 본문에서 DMZ 관련 내용은 비무장지대 웹사이트(http://dmz.gg.go.kr)를 참조하였다.

출입이 통제되고, 보호구역으로 남아 있어서 자연생태계의 보고로 알려져 있다. 따라서 6·25전쟁 산물인 DMZ는 다크투어리즘 대상지역으로 부각되고 있다.

DMZ 범위에 속하는 경기도 파주, 강원도 고성과 철원 등지에서는 군사시설을 역사관광자원으로 개발·활용하고 있다. 경기도의 DMZ관광은 주로 안보에 초점을 두면서, 자연생태관광지로 활용하고 있다.

강원도 고성 통일전망대에서 바라본 북한지역

경기도 파주시에서는 비무장지대와 연계하여 '임진각, 판문점, 도라산전망대(1987년 1월 공개), 도라산역(2002년 2월 12일 개통), 통일촌, 제3땅굴, 해마루촌, 오두산통일전망대(1992년 9월 8일 개관)' 등을 다크투어리즘 대상지로 이용하고 있다. 이 외에도 강화도에 있는 제적봉 평화전망대(2008년 9월 5일 개관)를 비롯하여 여러 전적지가 다크투어리즘 대상지로 각광받고 있다.

경기도에서는 2013년에 DMZ의 역사자원을 활용한 문화공간조성으로 '캠프그리브스' 활용 방안을 추진하였다.[37] 또한 임진각·평화누리 통합개발을 통해 DMZ평화생태관광의 배후 거점으로 조성할 계획이었

으나 정부정책이 지속되지 못하면서 한계에 부딪혔다.[38)]

강화도 제적봉평화전망대

경기도 파주시 DMZ 내 해마루촌

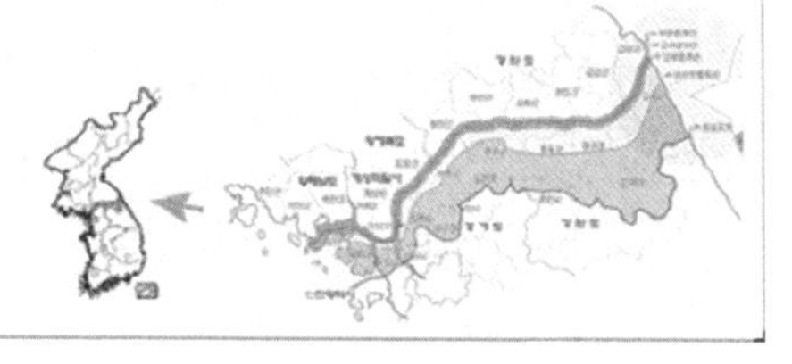

출처 : 비무장지대(http://dmz.gg.go.kr)

강원도의 대표적인 DMZ로는 철원에 있는 노동당사와 제2땅굴, 고성군에 있는 통일전망대, DMZ박물관, 양구에 있는 전쟁기념관(2000. 06. 20. 개관)과 을지전망대, 제4땅굴 등이 있다. 이곳은 안보·교육 장소로 이용되고 있다.

강원도 고성군은 DMZ박물관이라 할 수 있는데, 이 지역은 주로 제2

---

37) 캠프그리브스는 1953년에 건립된 미 8군부대의 옛 명칭으로 국내에 반환된 미군부대 중 유일하게 DMZ 민통선 내에 위치하고 있다. 이곳은 주한 미군에서 2007년 8월 우리나라에 반환하였다. 경기관광공사에서는 국방부와 지원협약을 맺고 2013년 12월 14일부터 호스텔과 안보체험시설의 기능을 보완하여 민간에 개방하였다(위키백과 참조).

38) 박근혜 정부에서 논의되었던 세계생태평화공원 조성 사업은 정부차원보다는 지방자치단체 차원에서 진행되었다.

땅굴과 통일전망대가 안보관광 등 다크투어지역으로 활용되고 있다.

우리나라에서 DMZ는 주로 역사와 안보 지역으로 인식되어 있어서 공급자적 측면에서는 역사적 의미가 있는 전쟁지역이고, 수요자적 측면에서는 정체성과 감성적 경험 등을 공감할 수 있는 장소에 해당된다.

2010년대 들어와서 DMZ관련 정부정책을 보면 박근혜 정부에서는 이 지역을 평화공원으로 조성한다는 계획만 발표하였다. 다시 말하면 박근혜 정부에서는 2012년 7월 3일 'DMZ생태평화공원' 조성 기념식을 했고, 2015년 2월 기준 'DMZ생태평화공원' 조성을 위해 국민들의 관심을 유도하고자 관련 행사를 추진하였다.

2013년 5월 박근혜 대통령이 미국 상·하의원 합동 연설에서 세계생태평화 공원 조성 계획을 발표하면서 국내외의 관심을 받았다. 이후 정부차원에서 'DMZ 세계생태평화공원' 조성 지역으로 철원, 고성, 파주 등을 고려하였고, 해당 지방자치단체에서는 이 사업 유치전을 펼쳤다.

한편 문재인 정부에서는 '비무장지대(DMZ) 평화의길'을 개방하였다.[39] 비무장지대(DMZ) 평화의길 조성 사업은 7개 중앙부처가 협력하여 2019년부터 2022년까지 추진할 예정이다.

따라서 1차 연도인 2019년에는(4월 27일 시작) 경기도 파주, 강원도 철원과 고성 3곳을 시범적으로 개방하였다. 2020년에는(3월 25일 발표) 강화도, 경기도 김포 · 고양 · 연천, 강원도 화천 · 양구 · 인제 등 7곳을 추가로 개방하였다.

정부에서는 비무장지대 평화의길 10곳 개방 외에도 거점센터 10곳을 조성하였다. 2019년에 조성된 거점센터로는 김포, 고양, 파주, 화천,

---

39) 비무장지대 평화의길 조성 내용은 한계레신문(www.hani.co.kr/ 2020. 03. 25.)을 참조하였다.

양구 등 5개 지역이 있다. 2020년에는 강화, 연천, 철원, 인제, 고성 등 5곳에 추가로 조성되었다.

2.2.2. 홀로코스트 유형

▷ 광주 5 · 18기념공원

5 · 18기념공원[40)]은 1980년 5월 18일 광주에서 일어난 민주화운동을 기념하기 위하여 조성되었다. 1996년 11월 상무대를 이전하면서 정부에서는 광주시민에게 보상차원에서 국유지 30,250㎡(10만평)를 공원부지로 무상 양여하였다. 이에 주변 부지를 추가로 매입하여(조성 면적 204,985㎡) '5 · 18기념공원, 5 · 18자유공원, 5 · 18시민공원' 등을 조성하였다. 이곳은 수요자 측면에서 추모, 주관적·감성적 경험, 정체성 등을 공감할 수 있는 장소에 해당된다.

광주 5·18기념공원의 주요 시설로는 5·18 현황 조각과 추모승화공간, 5·18 상징탑, 대동광장, 5·18기념문화관 등이 있다. 이 공원과 연계하여 국립 5·18민주묘지가 조성되어 있다. 이 묘지의 전신인 망월동 5·18구묘지는 1980년 당시 사망자들이 묻혀 있던 곳이고, 1994년부터 묘지 성역화 사업 추진에 따라 1997년 새 묘역을 조성하여 이묘하였다. 망월동 구 묘역은 1980년 당시의 처참한 상황을 간직한 장소이므로 원형을 복원하여 광주광역시에서 사적지로 지정하여 관리하고 있다.

우리사회에서는 5·18기념공원과 5·18민주묘지를 통해 시민의식과 민주주의 정신을 확인할 수 있는 역사적 공간의 의미가 강하게 인식되

---

40) 5 · 18기념공원 웹사이트(https://100.daum.net/encyclopedia/view/52XXXX129444)와 관련 자료를 참조하였다.

광주광역시 서구 5·18기념공원

부산광역시 남구 재한유엔기념공원

어 있어서 국내외 사람들이 방문하고 있다. 특히 국내의 정치 상황에 따라 정치인들은 이 묘지를 참배함으로써 자신들의 위상을 확인하는 장소로도 이용하고 있다. 이곳은 무고한 시민들의 죽음을 승화하여 살아남은 자들이 참회와 반성의 기회를 다짐할 수 있는 다크투어리즘 장소로 부각되고 있다.

2.3. 사례 분석 시사점

국외 다크투어리즘 분석 대상 지역은 국가 차원에서 추모 장소로 조성하여 역사적·교훈적 목적으로 운영하고 있다. 또한 현재는 해당 지역의 대표적인 관광지로 알려져서 국내외 방문객들이 많이 찾고 있다.

전쟁 유형에 속하는 일본 오키나와 평화기념공원은 전적지이면서 위령비가 세워진 국립공원으로 지정·조성되었으며, 오키나와현에서 체계적으로 관리·운영하고 있다.

홀로코스트 유형에 속하는 중국 난징대학살기념관은 역사적 사실과 교훈을 주 내용으로 하는 추모공원으로 조성하였으며, 궁극적으로는 화해와 평화의 공간으로 자리매김하려는 의도를 엿볼 수 있다.

폴란드 아우슈비츠수용소와 비르케나우수용소는 전쟁과 민간인 대량학살의 참혹상을 있는 그대로 보여줌으로써 비극적인 체험을 간접 경험하게 하는 역사적·교훈적인 장소로 알려져 있다.

국내 다크투어리즘 분석 대상 지역은 주로 비무장지대와 민간인 학살 추모 장소이다. 해당 지방자치단체에서는 지역의 대표 명소로 부각시켜서 관광 상품화하고 있다.

국내 DMZ 방문자 특성을 보면 국내인들은 안보 관광으로 방문하고, 외국인들은 한국의 분단 상황을 볼 수 있는 지역으로 방문하는 경향이 강하다. 특히 학생들의 수학여행이나 전적지 견학 장소로 활용되고 있다. 결국 국내외 다크투어리즘 장소는 호국정신을 함양하고, 안보의식을 심어줄 수 있는 역사적·교육적 공간으로 활용되고 있다.

3. 제주의 다크투어리즘 현황 분석

제주 사람들은 근현대 한국의 역사를 통해 분단과 갈등을 경험하였다. 이에 제주에는 외부적 요인에 의한 내부인들의 갈등이 표출된 현대사의 실제적인 장소가 남아 있다.

제주에는 일제 군사시설, 6·25전쟁 관련 군사시설 등 전쟁 유형과 제주4·3유적인 홀로코스트 유형이 있는데, 이들은 다크투어리즘의 잠재적 활용자원에 해당된다.

3.1. 전쟁지역 산물

3.1.1. 일제 군사시설

대정읍 상모리 알드르비행장 전경

제주에는 일제강점기에 건설된 일제동굴진지, 알드르비행장과 비행기격납고 등이 남아 있다. 태평양전쟁 말기에 일본군은 제주 사람들과 다른 지방 민간인들을 강제 동원하여 비행장과 격납고, 지하 갱도 등 군사시설을 구축하였다. 그 결과 제주의 120여개 오름에 일제동굴진지가 남아 있다.

대정읍 상모리에 있는 알드르비행장은 일본 해군이 1931년부터 건설하여 1945년 종전 시까지 약 15년간 일본군의 중요 군사거점지역이었다. 이곳은 중일전쟁 초기 일본의 중국 폭격을 목적으로 항공거점기지의 역할을 수행하였다.

결7호작전에 의해 조성된 알드르비행장은 현재까지 격납고 19동이 남아 있으며, 원형 보존 정비를 통해 야외 설치미술 전시관으로 활용할 수 있다.

대정읍 상모리 알드르비행장 내 격납고

대정읍 상모리 송악산 동굴진지

3.1.2. 6·25전쟁 관련 군사시설

6·25전쟁 관련 다크투어리즘으로 활용 가능한 대상으로는 대한민족해방기념비, 육군 제1훈련소 정문 지주, 제주 구 육군 제1훈련소 지휘소, 제주 구 해병 훈련시설, 남제주 강병대교회, 충혼탑, 제29사단탑, 훈적비 등 주로 1950년대에 조성된 군사시설로 대정읍 일대에 남아 있다.[41]

대한민족해방기념비는 1950년 7월 광복의 기쁨을 표출한다는 뜻으로 건립되었다.

남제주 강병대교회는 2002년 등록문화재 38호로 지정되었으며, 지상 1층 540㎡(180평) 규모이다. 이 교회는 6·25전쟁 때 대정읍 상모리(모슬포)에 육군 제1훈련소가 정식으로 설치되자 훈련 장병들의 정신적 무장을

대정읍 상모리 제주 구 육군 제1훈련소 건물

41) 전쟁지역 산물과 관련해서는 문순덕·박찬식(『제주 근대 역사문화시설의 문화자원화 방안』, 제주발전연구원, 2013)을 참조하였다.

위하여 장도영 장군(당시 9대 소장)의 지시로 건립되었다.

또한 2004년 강병대교회 역사전시관을 개관하여 교회와 지역사회의 역사를 전시하고 있다.

이 외에도 대정읍에 있는 해병대 제9여단 91대 대대 안에는 제주 구 육군 제1훈련소 지휘소, 제주 구 해병 훈련시설이 남아 있다.

3.2. 홀로코스트 유형

3.2.1. 제주4·3유적

제주4·3사건이란 1947년 3월 1일 경찰의 발포사건을 기점으로 하여, 경찰·서청의 탄압에 대한 저항과 단선·단정 반대를 기치로 1948년 4월 3일 남로당 제주도당 무장대가 무장봉기한 이래 1954년 9월 21일 한라산 금족지역이 전면 개방될 때까지 제주도에서 발생한 무장대와 토벌대 간의 무력충돌과 토벌대의 진압과정에서 수많은 주민들이 희생당한 사건이다(『제주4·3사건 진상조사 보고서』, 2003 : 536).

제주4·3유적의 유형으로는 오름마다 올랐던 봉화의 현장, 항쟁의 숨결이 배인 학교 마당과 공회당터, 집단 희생자터, 죽음을 피해 숨어들어간 굴과 한라산 기슭, 진압을 위한 초소 등이 남아 있다.

『제주 4·3유적Ⅰ·Ⅱ』(제주도·제주4·3연구소, 2003/2004)에 의하면 제주4·3사건 당시 12개 읍면 162개 마을 중 120개 마을에서 총 597개의 4·3유적을 조사하였다. 이 중에 적어도 17곳을 복원하여 다크투어리즘 대상지로 활용할 수 있다.

제주도에서는 2006년부터 제주4·3유적지 일부를 복원하여 다크투어리즘 장소로 이용할 수 있도록 하고 있다. 현재 너븐숭이4·3유적(조천읍 북촌리), 섯알오름 학살터(대정읍 상모리), 낙선동4·3성(조천읍 선흘리) 등은 역사교훈장소로 조성되어 있다.

이외에도 관덕정 앞 광장과 오라리 방화사건 유적지, 곤을동, 수악주둔소[42], 목시물굴, 교래 북받친밭, 다랑쉬굴, 영남동, 주정공장터[43], 터진목, 관음사 주둔소, 빌레못굴, 진동산 뒷골장성, 한수기곶, 표선한모살, 큰넓궤 등을 추가로 조성하여 다크투어리즘 대상지를 확대해야 한다.

조천읍 북촌리 너븐숭이 4·3유적

42) 수악주둔소는 제주4·3유적 중에는 최초로 국가등록문화재(제716호)로 등록되었다(2018. 06. 08.).

43) 일제강점기에 주장공장이 있던 장소이며, 제주4·3유적지이다. 이곳은 제주시 건입동 제주항 근처에 있으며 2019년 위령공원을 조성하였다. 제주도에서는 주정공장터에 제주4·3역사기념관을 조성할 예정이다(2020~2022). 이 사업은 1단계인 2020년에는 위령제단과 상징조형물을 설치하였고(3억원 소요), 2단계인 2021년에는 역사기념관을 건립하고(29억원 소요 예정), 2022년에는 도심소공원을 조성(15억원 소요 예정)할 계획이다(제주특별자치도 자치행정과 내부자료 참조).

3.2.2. 제주4·3평화공원

제주4·3평화공원은 1948년 4월 3일 제주도에서 발생한 역사적 참상을 추념하기 위해 2008년에 조성되었다. 이 공원에 추모탑과 추모비를 세워서 상생과 평화를 기리고 있으며, 이 장소는 학생과 일반인 대상 역사교육 현장으로 자리를 잡아가고 있다. 고 노무현 대통령은 2003년 10월 31일 '국가권력에 의한 대규모 희생이 이루어졌음'을 인정하고 공식 사과문을 발표하였다. 이후 정부는 제주4·3사건에 대한 공동체적 보상의 방법으로 제주4·3평화공원 조성을 지원하였다(2003. 04. 03. 평화공원기공식). 이후 2008년 3월 28일 제주4·3평화기념관이 개관되었으며, 매년 방문객이 증가하고 있다.

제주4·3평화재단에서는 제주4·3기념공원을 운영하면서, 매년 4·3 추모제를 지내고 있다. 또한 제주4·3유족회와 민간단체 중심으로 4·3유적지 답사 프로그램을 운영하고 있다.

향후 제주도에서는 제주4·3사건 희생자를 추모하기 위하여 건립된 위령비와 마을 사람들이 소개(疏開)되면서 자취를 감춘 '잃어버린 마을'을 관광자원으로 활용하여 역사적·교훈적 의미는 물론 공동체 문화의 가치를 알려줄 수 있다.

제주시 봉개동 제주4·3평화기념관

제주시 봉개동 제주4·3평화공원 내 위령비

4. 제주의 다크투어리즘 활성화 방안

사람들의 여행 목적에 따라 역사와 문화, 교육을 융합한 다크투어리즘에 대한 수요는 지속적으로 증가할 것으로 보인다. 이에 제주에 남아 있는 다크투어리즘을 유형별로 재구성하여 관광자원으로 활성화하는 전략을 수립해야 한다.

여행의 새로운 주제로 떠오른 다크투어리즘은 단순히 비극적 사건과 장소를 확인하고 기억하는 대상으로 접근하는 것을 지양하고, 역사적·교훈적 의미 알기에 초점을 두어, 경건한 마음자세로 접근할 수 있도록 주변시설과 공간을 조성할 필요가 있다.

4.1. 제주 다크투어밸트 조성

정부에서 추진해 온 'DMZ 세계생태평화공원 조성'과 성격은 다르지만, 제주에는 근현대 군사시설이 남아 있고 역사적·문화적 자원을 활용할 수 있으므로 '제주 다크투어밸트' 조성을 통한 미래의 문화유산으로 활용한다. 특히 어린이와 청소년들은 과거 역사에 대한 인식이 희박해지고 있으므로, 민족적 자존감을 회복하고, 고통의 장소도 소중한 문화유산임을 인지할 수 있도록 한다.

다크투어리즘 대상 지역에 대한 역사적·문화적 자산 가치 확산이 필요하고, 다크투어리즘을 활용한 역사문화관광 상품 개발에 활용한다. 향후 역사와 교육적 목적이 분명한 다크투어리즘에 대한 수요는 지속적으로 증가할 것으로 보인다. 따라서 제주에서는 이를 유형별로 벨트화하여 관광 상품으로 활성화할 필요가 있다.

교육과 학습의 장으로 활용하여 개별 방문객, 단체 방문객, 학생 등 다양한 수요자의 감성을 반영하여 다크투어 유형에 따라 프로그램 운영이 가능하다.

수요자의 폭을 확대하여 제주에서 개최되는 국제회의 참여자들이 다크투어에 동참할 수 있도록 연계하는 프로그램 운영이 필요하다. 이는 제주의 역사적·지정학적 위상을 고려할 때 동북아의 중심축으로서 다크투어리즘을 통한 남북교류와 세계평화 교류의 역할을 담당할 수 있다.

결국 제주에는 일제 군사시설, 6·25전쟁 관련 군사시설, 제주4·3유적 등이 전 지역에 분포되어 있으므로, 국내 다크투어리즘 플랫폼을 조성한다면 복합 다크투어지역으로 성장할 가능성이 높다.

4.2. 알드르비행장 일대를 지붕 없는 기념공원으로 조성

현재 제주에는 일제 군사시설인 동굴진지와 알드르비행장이 남아 있어서 연구자들이 지속적으로 역사유적의 가치를 전파하면서 정책적으로 보존과 활용 방안을 모색하고 있다.

이에 일제동굴진지와 알드르비행장을 연계하여 역사문화관광으로 전환할 수 있도록 조성하여, 방문객들에게 다양한 체험활동 공간을 제공한다. 특히 일제동굴진지가 많이 분포되어 있고, 보존 상태가 양호한 지역을 대표로 지정하여 역사관으로 운영한다. 평화박물관(2004년 개관)과 가마오름진지동굴 활용이 한 사례에 속한다.

근대 역사현장의 공동지역화 조성을 통해 다크투어리즘 활성화 방안을 마련한다. 동굴진지를 테마로 하여 아시아(한·중·일 중심) 근대 역사현장의 공동지역화 조성이 가능하다. 한국은 세계에서 유일한 분단국가이며, 제주는 평화의 섬이므로 이와 같은 역사성과 장소성을 부각할 수 있다.

한편 일제 군사시설이 밀집되어 있는 대정읍 상모리 해안에 '태평양의 징검다리'라는 표지석을 세움으로써 평화지대 조성이 가능해졌다. 2010년 이곳에 공원을 조성한(8월 7일) 후 제주도 주관으로 평화기념 행사를 추진했다. 태평양의 징검다리공원 조성 사업은 '환태평양공원 프로젝트' 결과물이다.[44]

대정읍 상모리에 조성된 태평양의 징검다리공원 전경

4.3. 다크투어리즘 대상지의 문화콘텐츠산업화

폴란드 아우슈비츠수용소, 거제도 포로수용소, 국내 비무장지대(DMZ) 등은 영화촬영지로 선택되면서 더욱 유명해졌다. 예를 들면 이 장소들은 〈쉰들러리스트, 인생은 아름다워, 흑수선, 공동경비구역〉 등에서

---

44) '환태평양공원프로젝트'는 1990년 초 제임스 허벨이 주축이 되어 환태평양 주위에 우정의 공원을 건립하여 선의와 이해를 증진할 목적으로 조성되었다. '환태평양공원 사업단'은 1995년 10월 26일 카일 버그만과 제임스 허벨을 중심으로 캘리포니아주 샌디애고에서 비영리법인으로 발족하였다.

공간적 배경으로 나온다.

제주의 근대문화유산을 문화콘텐츠산업으로 전환할 수 있도록 지원이 필요하다. 2012년부터 '제주4·3문학상'이 운영(제주4·3평화재단 주관))되고 있다. 이에 제주4·3사건 관련 시나리오 공모 지원과 영화 제작을 통해 관련 장소가 부각되도록 정부와 제주도의 공동 지원이 필요하다. 영화 〈지슬〉(2013년 상영)이 문화콘텐츠산업의 좋은 사례이다.

따라서 다쿠트어리즘 대상지인 일제동굴진지, 알드르비행장과 격납고를 활용하여 애니메이션, 캐릭터, 게임 등의 제작에 이용함으로써 문화콘텐츠산업 발전에 기여할 수 있다.

4.4. 정부와 제주도의 협력 체계 구축

제주4·3사건은 2014년에 국가추념일로 지정되었고[45], 일부 추모사업 등은 정부의 지원으로 가시화되고 있다. 또한 '4·3기념관'은 역사교육의 장으로 널리 알려져 있으나 아직도 희생자에 대한 예우 문제가 해결되지 않은 상태에서 정부차원의 협력이 필요하다.

제주도에서는 제주4·3사건 진상조사 관련 예산지원을 요구해야 한다.[46] 이는 국가권력에 의한 희생자 명예회복과 사회적 갈등을 해결할 수 있도록 정부의 적극적인 지원이 절대적으로 필요함을 의미한다.

---

45) 정부에서는 2014년 3월 24일 '제주4·3사건 희생자 추모기념일'을 국가 추념일로 공표하였다. 또한 제주특별자치도에서는 2018년 3월 제주4·3사건 희생자 추념일 70주년을 기념하여 4월 3일을 지방공휴일로 지정하였다.

46) 「제주4·3특별법」(2000년 1월 12일 제정)이 전부 개정되면서(2021년 2월 26일 국회 본회의 통과) 추가진상조사와 국가의 배상·보상 문제 등 제주4·3사건 관련 국가차원의 현실적 피해보상 근거가 마련되었다.

호국의 달 기념일을 역사체험의 날로 전환하여 추진할 수 있다. 우리 사회에서 6·25전쟁 기념일과 정전 기념일(7월 27일) 등에 대한 인식이 희박해지고 있으므로, 매년 6월~7월 중 군사시설(대정읍 일대 분포)을 활용하여 기념행사를 다양하게 추진한다.

광복절 기념일을 다양한 방법으로 운영할 수 있다. 현재 광복절 기념식(8월 15일)을 실내에서 의식으로 거행하고 있는데, 앞으로는 일제 군사시설과 연계·활용하여 야외 행사로 추진함으로써 역사적·교육적·문화적 효과를 유도한다.

관련시설 지원 조례를 제정한다. 일부 군사시설물은 등록문화재로 지정되어 보호를 받고 있으나 비지정문화재들은 훼손되어도 보존할 방법이 없다. 이런 단점을 보완하기 위하여 현재 관리되지 않는 군사시설물들을 정확하게 진단하여 보존할 수 있는 법적 장치가 필요하다.

4장

제주 근대 역사문화 시설 현황과 활용 방안

1. 서 론

1.1. 연구 목적

전통은 전대로부터 후대로 전해지는 양식이므로, 이 전통을 통해 집단이나 공동체의 여러 특징을 엿볼 수 있다. 이에 국가와 민족은 자신들의 고유한 전통문화를 자랑으로 여기고 발굴하여 알리려고 노력한다.

이런 점에서 제주의 전통문화도 풍속만이 아니라 정신적 · 문화적 요소들이 다음 세대로 전해지는 것이기에 최근 들어 이에 대한 관심이 높아지고 있다.

2000년대 들어와서 정부 차원에서 각 지역의 근대 문화유산을 발굴하고 활용하는 사업을 추진해 왔는데, 제주에서는 전통 문화유산을 복원하고 자원화하는데 집중해 온 경향이 강하다.

따라서 이 글에서는 1900년부터 1960년대까지 건립된 역사문화 시설을 조사하여 제주의 근대화 지역은 어디이며, 근대화의 산물인 시설들이 어느 지역에 산재되어 있는지, 그것들의 보존 상태는 어떠한지 등을 확인해 보고자 한다.

근대[47]는 대체적으로 일제강점기와 6·25전쟁을 겪은 1950년대로 볼 수 있으며, 역사문화 시설에 해당하는 건축은 1960년대까지 포괄할 수 있다. 이에 이 글에서는 역사와 건축의 시대 구분을 참고하여 1900년부터 1960년대까지 제주의 근대 역사문화 시설을 논의 대상으로 하여 보존 상태와 특징 등을 분석하고,[48] 향후 이 시설물의 활용 방안을 제안하고자 한다.

1.2. 연구 범위와 내용

제주 근대 역사문화 시설 현황 분석을 위해 다음과 같이 선정 기준을 정했다.

① 근대에 건조된 시설물
② 제주도의 근대화를 알 수 있는 시설물
③ 보존 상태가 양호하여 원형을 간직하고 있는 시설물
④ 역사적 장소성과 문화적 가치를 지닌 시설물

47) 우리나라에서 말하는 근대는 대체로 1876년 개항을 출발로 보는데, 제주도의 근대는 이보다 좀 늦은 시기로 보고 있다. 따라서 1.4. 용어 정의에서 좀더 구체적으로 설명하고자 한다.

48) 이 글은 문순덕·박찬식(『제주 근대 역사문화시설의 문화자원화 방안』, 제주발전연구원, 2013)에 기초하여 작성하였다.

따라서 연구 범위는 지역별·시설별로 나누어서 살펴보겠다.

우선 지역별 논의 대상은 제주시 동지역 11곳, 조천읍 3곳, 구좌읍 3곳, 성산읍·우도면 3곳, 서귀포시 동지역 11곳, 대정읍 13곳, 한경면 2곳, 한림읍 16곳, 애월읍 2곳 등 64곳이다.

시설별 논의 대상은 교육시설 4, 종교시설 5, 관공서시설 3, 상업시설 10, 숙박시설 7, 주거시설 18, 복합문화시설 5, 해양시설 10, 군사시설 2(등록문화재 별도) 등이다.

1.3. 연구 방법

여기서는 『제주도 근대문화유산 조사 및 목록화 보고서』[49])를 참고하여 조사 목록을 작성하였다. 또한 조사 대상 선정 목록에 따라 지역별·시설별로 현장조사와 마을 사람을 대상으로 인터뷰도 병행하였다.

또한 근대 역사문화 시설별 현황과 특징을 평가할 수 있는 평가지표를 적용하였다.[50]

---

49) 제주도(2003), 『제주도 근대문화유산 조사 및 목록화 보고서』를 참고하여 기초 조사 목록을 선정하였다. 그 외는 2013년 현장 조사를 통해 근대 역사문화 시설의 선정 조건에 맞으면 추가로 조사하여 목록화하였다.
제주도의 근대를 일제강점기 직전부터라 본다면 제주시 산지항 일대, 성산항이 있는 성산포, 서귀포시 서귀항을 근거리로 하는 송산동지역, 한림항과 인접한 한림리와 옹포리, 애월항이 있는 애월리, 모슬포항이 있는 모슬포지역에 근대 시설들이 남아 있을 것이라고 전제하고 조사한 결과 거의 가설과 일치함을 알 수 있었다.

50) 전문가회의를 통해 평가지표를 개발·선정하였다.

〈표 1〉 근대 역사문화 시설 평가지표

평가지표	평가 내용
보존성	보전상태가 잘 되어 있는지, 또는 보존할 필요가 있는지
역사성	역사적으로 의미가 있는지, 산업화·근대화에 의미가 있는지
희귀성	현존하는 구조물로 희소성을 띠고 있는지
접근성	보행이나 차량으로 접근하기 용이한지, 주변도로가 개설되어 있는지
공간활용성	시설의 내부 공간 활용을 통해 지속성을 유지할 수 있는지
자원군집성	시설물이 위치한 곳을 중심으로 주변에 문화적 자원들이 분포하고 있는 정도 또는 유무
마을연계성	인접 또는 주변 마을 발전에 긍정적인 영향을 줄 수 있는지

1.4. 용어 정의

1.4.1. 근대

한국사의 시대 구분에 따르면 한국의 근대는 대체로 1876년 개항으로부터 1945년 해방에 이르는 시기를 의미한다. 따라서 근대 시기의 주요 맥락을 논할 때는 주로 개항, 집권세력의 개화의지, 대한제국의 성립, 일제강점의 시작, 6·25전쟁 등이 거론된다. 이러한 시기 구분을 고려하여 제주의 근대는 일제강점기와 6·25전쟁을 겪고 근대의 특징이 남아 있는 1960년대까지로 설정하였다.

1.4.2. 근대 역사문화 시설

한국 건축사에서 근대는 1890~1950년대까지로 구분하는 편이다. 이는 외래문화의 전파로 초가나 와가가 근대 건축물로 바뀌는 외형적 변화에 근거하기 때문이다. 반면 제주는 외래문물의 영향을 받은 시기가 한국 본토보다 늦으므로 대략 1910년대부터 1960~1970년까지를 근대로 설정할 수 있다.

여기서는 주로 건축물을 논의 대상으로 삼고 있으므로, 근대 건축이란 적어도 제주도의 전통 가옥인 초가 형태가 아니고 일본을 통한 서양의 건축 양식이 유입되고 공간 형태와 기능이 초가와 다른 것을 가리킨다. 이런 시설들은 도시화가 진행되는 지역에 먼저 등장하였는데, 특히 학교, 교회, 공공시설, 주거시설, 상업시설 등에 반영되어 나타났다.

2. 근대 역사문화 시설의 현황 분석

2.1. 분석 대상

제주의 근대 역사문화 시설 현황 분석 대상은 제주시 동지역 11개소, 조천읍 3개소, 구좌읍 3개소, 성산읍·우도면 3개소, 서귀포시 동지역 11개소, 대정읍 13개소, 한경면 2개소, 한림읍 16개소, 애월읍 2개소 등 64개소이다.

〈표 2〉 제주 근대 역사문화 시설 현황

연번	명칭	소재지	건립연도	규모/구조
가. 제주시 동지역				
1	중앙로 박씨 초가	제주시 중앙로 14길 15-16	1750년 경	지상 1층/석조 근대 이전 모습
2	제주시 산지등대	제주시 사라봉동길 108-1	1916년	

연번	명칭	소재지	건립연도	규모/구조
3	건입동 한씨 가옥터 (주정공장 사택)	제주시 연무정길 65	1936년	지상 1층/목조
4	구 제주극장터	제주시 관덕로 2길 11	일제강점기	지상 2층/석조
5	중앙로 박태훈 가옥	제주시 중앙로 12길 14	일제강점기	지상 1층
6	제주시청사 (구 제주도청사)	제주시 광양 9길 10	1952년	지상 2층/조적조 등록문화재 155호
7	제주화교소학교	제주시 관덕로 2길 19	1953년	지상 2층/석조
8	구 북제주교육청터	제주시 남중서1길 24	1955년	지상 3층
9	구 제주관광호텔 (현 하니관광호텔)	제주시 삼성로 10	1963년	지상 4층
10	제주시민회관	제주시 고전길 26	1964년	지상 3층/RC+철골
11	동양극장·동문시장	제주시 동문로 16	1965년	지상 2층
		나. 조천읍지역		
1	남강 이승훈 선생 적거주택	제주시 조천읍 조천9길 21	1900년 초	초가/목조
2	북촌리등명대	북촌리 포구	1915년	높이 2.2m/석조
3	조천정미소	제주시 조천읍 신북로 237	1935년	지상 1층/석조
		다. 구좌읍지역		
1	구 구좌면사무소	제주시 구좌읍 구좌로 47	1950년	지상 1층/석조
2	제주 이승만 별장 (귀빈사)	제주시 구좌읍 비자림로 1456 (송당목장 내)	1958년	지상 1층/조적조 등록문화재 113호
3	김녕리등명대	제주시 구좌읍 김녕리 포구	1964년	높이 3m/석조
		라. 성산읍·우도면 지역		
1	우도등대	우도면 조일리 337	1906년	높이 7.7m/조적조
2	성산리 강씨 가옥	성산읍 성산포중앙로 37번길 3	1947~8년	지상 1층/석조
3	우도 영일동 등명대	우도면 조일리 영일동 포구	1962년	석조
		마. 서귀포시 동지역		
1	보목동등명대	서귀포시 보목동 포구	1920년대	석조
2	정방여관	서귀포시 소암로 26(서귀동)	1930년대	지상 2층/목조
3	서귀동 고씨 가옥 1	서귀포시 천지연로 36(서귀동)	1930년대	지상 1층/목조
4	서귀동 고씨 가옥 2	서귀포시 솔동산로 40(서귀동)	1930년대	지상 1층/목조
5	제주대학교	서귀포시 중산간로 2775	일제강점기	지상 1층/석조

연번	명칭	소재지	건립연도	규모/구조
	아열대농업생명과학 연구소(석주명기념관)			
6	위미1리 앞개포구	서귀포시 남원읍 위미1리 포구	일제강점기	석조
7	대포동등명대	서귀포시 대포동 포구	1942년	석조
8	구 관광극장 (아카데미극장)	서귀포시 이중섭로 25(서귀동)	1960년	지상 2층/석조
9	법환감리교회	서귀포시 법환로 20(법환동)	1965년	지상 1층/석조
10	구 소라의성	서귀포시 칠십리로 214번길 17-17(동홍동)	1969년	지상 2층/석조
11	소정방 이승만별장 (구 파라다이스호텔)	서귀포시 칠십리로 228-13	건축연도 미상	호텔 건립: 1986
		바. 대정읍지역		
1	하모3리 김씨 가옥	대정읍 하모중앙로 80	1920년대	지상 1층/목조
2	제주식품공업사터 (통조림공장)	대정읍 신영로 68-18	1930년대	지상 1층/석조
3	구 농업은행	대정읍하모중앙로 84	일제강점기	지상 1층/조적조
4	하모3리 양씨 상가터 (오토바이종합센터)	대정읍 신영로 87-1	일제강점기	지상 1층/목조
5	하모3리 가옥 1	대정읍 하모중앙로 68번길 15	일제강점기	지상 1층/목조
6	하모3리 가옥 2	대정읍 신영로 2번길 (12-1)	일제강점기	지상 1층/석조
7	하모3리 가옥 3	대정읍 신영로 72번길 (7-4)	일제강점기	지상 1층/석조
8	대한민족해방기념비	대정읍 상모대서로 15	1950년	대정초등학교 내
9	육군 제1훈련소 정문 지주	대정읍 상모대서로 68(도로)	1951년	석조
10	남제주 강병대교회	대정읍 상모대서로 43-3(상모리)	1952년	지상 1층/석조 등록문화재 38호
11	모슬포성당 사랑의집 (천주교 모슬포성당)	대정읍 여성중로 22(하모리)	1954년	지상 1층/석조
12	남제주 구 대정면사무소	대정읍 상모대서로44번길 8	1955년	지상 2층/석조 등록문화재 157호
13	모슬포교회 사회교육관 (모슬포교회당)	대정읍 하모이삼로15번길 25	1959년	지상 1층/석조
		사. 한경면지역		
1	고산리등명대	한경면 고산1리 자구내 포구	1941년	높이 3.8m/석조
2	고산장로교회	한경면 고산로2길 10	1964년	지상 1층/석조
		아. 한림읍지역		

연번	명칭	소재지	건립연도	규모/구조
1	한림1리 백일상회	한림읍 한림로 657	1920년대	지상 1층/목조
2	수원철공소터	한림읍 한수리1길 9	1927년	지상 1층/목조 스크류 수리 전문
3	옹포리 통조림공장 굴뚝터	한림읍 한림로 554	1928년	높이 129m/RC조
4	한림리 이씨 가옥 (구 한림여관)	한림읍 한림로 629	1930년대	지상 2층/목조
5	명월리 명월대	한림읍 명월리 하천변	1931년	도지정 기념물 7호 (1971. 8. 26.)
6	귀덕2리등명대	한림읍 귀덕2리 포구	1937년 (추정)	석조
7	한림1리 현씨 가옥	한림읍 한림로 638	1930년대 말	지상 1층/목조
8	옹포리 감태공장터	한림읍 한림해안로 26	1942년	지상 1층/석조
9	한림1리 가옥 1	한림읍 사가길 7-2	일제강점기	지상 1층/목조·석조
10	한림1리 장씨 가옥	한림읍 한림로5길 28	일제강점기	지상 1층
11	한림1리 가옥 2	한림읍 사가길 12	일제강점기	지상 1층
12	한림1리 고씨 가옥	한림읍 사가길 13	일제강점기	지상 1층
13	옹포리 단추공장터	한림읍 한림상로 15-7	일제강점기	지상 1층/목조
14	옹포리 전분공장터	한림읍 한림로 564	1951년	지상 1층/석조
15	한림성당 종탑	한림읍 한수풀로 20	1954년	지상 2층/석조
16	이시돌목장 내 테쉬폰	한림읍 금악리 135	1961년	지상 1층/시멘트
		자. 애월읍지역		
1	애월리 김씨 가옥	애월읍 애월로 11길 7	일제강점기	지상 1층/목조
2	소길리 공동수도	애월읍 소길리 마을 안	1963년	지상 1층/RC조

• 주 : 2013년 현지조사 당시에 있던 시설물 중에 2021년 3월 기준 멸실된 곳이 일부 있다.
출처 : 문순덕·박찬식(2013), 『제주 근대 역사문화시설의 문화자원화 방안』, 제주발전연구원, 24~27쪽.

〈표 3〉에서는 지역별 분포 현황을 참고하여 시설 유형에 따른 건립시기를 정리하였다. 이를 구체적으로 살펴보면 교육시설은 4개소, 종교시설은 5개소, 관공서시설은 3개소, 상업시설(공장, 금융)은 10개소, 숙박시설은 7개소, 주거시설(수도, 가옥)은 18개소, 복합문화시설(회관, 극

장)은 5개소, 해양시설(등대, 등명대, 포구)은 10개소, 군사시설 2개소 등 총 64개소이다.

이들을 건립 시기별로 보면 1910년 이전 3개소, 일제강점기 35개소, 해방 후~1950년대 14개소, 1960년대 11개소, 시기 미상 1개소 등으로 나타난다.

〈표 3〉 시설별 건립 시기 현황

(단위: 개소)

시설 \ 연도	1910년 이전	일제강점기 (1910~1945)	해방후~ 1950년대	1960년대	미상	합계
교육시설		1	2	1		4
종교시설			4	1		5
관공서시설			3			3
상업시설(공장, 금융)		8	1	1		10
숙박시설		2	1	3	1	7
주거시설	2	15	1			18
복합문화시설		2		3		5
해양시설(등대, 등명대, 포구)	1	7		2		10
군사시설			2			2
합 계	3	35	14	11	1	64

출처 : 문순덕 · 박찬식(2013), 『제주 근대 역사문화시설의 문화자원화 방안』, 제주발전연구원, 28쪽.

〈제주 근대 역사문화시설 분포 지도〉

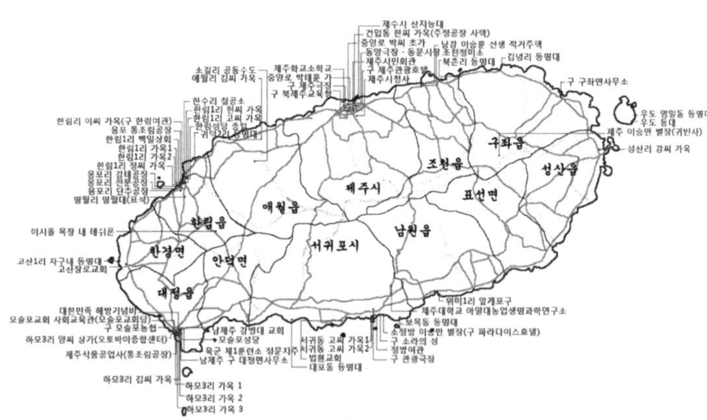

출처 : 문순덕 · 박찬식(2013), 『제주 근대 역사문화시설의 문화자원화 방안』, 제주발전연구원, 27쪽.

2.2. 분석 결과

2.2.1. 지역별·시설별 특징

이 글에서는 조사 시점을 기준으로 하여 근대 역사문화 시설들이 해당 지역과 주민들의 문화자원으로 활용될 수 있는 방안을 찾아보고자 했다. 이에 지역별·시설별 특징을 간략히 정리하면 다음과 같다.

제주 최초의 근대식 극장인 제주극장[51]과 관광극장(서귀포 소재), 제주 이주 외국인 교육기관인 제주화교소학교가 보존되어 있다.

한림읍 옹포리에 있는 전분공장과 조천읍 조천정미소는 건립당시 건축양식과 공장시설이 온전히 남아 있다. 한림읍 한수리에 있는 철공소 건물에는 〈1927년 도장업 1호 스크류 전문 수원철공소〉라는 간판이 걸려 있었다.[52]

이 외에도 서귀포시 서귀동, 대정읍, 한림읍 등지에 있는 일본식 가옥들은 주민들이 현재 거주하고 있어서 외형이 일부 유지되면서 옛 모습이 남아 있다.

특히 일제강점기에 건설된 알드르비행장 격납고, 6·25전쟁 관련 군사시설 등이 대정읍 일대(상모리, 하모리)에 집중적으로 분포되어 있다.

조사 대상지 중 시설물 분포가 많은 곳으로는 제주시 동지역, 서귀포시 동지역, 대정읍지역, 한림읍지역이 속한다. 또한 주거시설과 상업시설, 군사시설이 많이 분포되어 있다.

---

51) 제주시 관덕로에 있던 제주극장터는 민간인 소유이고 건물이 너무 낡아서 2018년 12월 31일에 철거되었다. 이후 주차장으로 이용되고 있다.

52) 한림읍 한수리 부둣가에 있는 수원철공소는 2016년 6월 화재로 건물이 전소되었고, 철공소 운영 당시의 기계는 남아 있다. 2021년 2월 현장답사 시 건물 주인이 잔해를 철거하고 있었다.

일반적으로 제주의 역사문화자원이라고 하면 전통시대의 산물인 역사유적과 문화예술 시설로 생각할 수 있으나 시설물 분석 결과 군사시설이 많이 있음을 확인하게 되었다. 여기에는 일제동굴진지, 알드르비행장, 비행기격납고 등 근대 군사유적이 속한다.

2.2.2. 보존 · 활용을 위한 진단

① 근대 역사문화 시설의 역사적·문화적 자산 가치 제고가 필요하다.

근대 역사문화 시설을 지역별·시설별로 점검한 결과 보존성과 역사성, 희귀성 측면으로 보면 매우 중요하지만 이를 자원 가치로 인식하지 않는 경향이 있다.

따라서 지역민들이 마을에 있는 근대 역사문화 시설을 문화유산으로 인식하고, 보존대상으로 활용할 수 있도록 동기 부여가 필요하다.

② 지역 자원에 대한 인지도 확산이 필요하다.

제주의 근대 역사문화 시설이라 하면 주로 일제강점기의 산물을 연상할 수 있다. 그런데 1960년대까지 시설별 현황을 분석한 결과 공간적 활용도(커뮤니티공간)가 높은 장소가 폭넓게 분포되어 있었다. 이에 지역 자원의 가치를 홍보하는 한편 현재까지 남아 있는 시설물을 보존하고 활용할 수 있도록 행정시스템을 강화할 필요가 있다.

따라서 마을사와 지역사 등을 정립할 수 있는 역사문화유산 자원을 발굴·구축하여 지역의 변천과정에 대한 기록화의 중요성 등 지역 자원에 대한 인지도를 강화해야 한다.

③ 지역별 발전 불균형에 대한 총체적 점검이 필요하다.

근대화 지역에는 제주시 동지역은 물론 항구와 교통중심 지역에 위치한 성산포, 서귀포 원도심 일대, 모슬포, 한림 등지도 포함되므로 이들 지역의 근대 역사문화 시설 분포를 통해 근대화와 산업화 양상을 점검할 수 있다.

따라서 향후 제주 전 지역을 대상으로 근대적인 문화자원 분포를 고려하여 지역별 균형 발전에 활용할 수 있다.

3. 근대 역사문화 시설의 활용 방안

여기서는 제주 전 지역에 분포되어 있는 근대 역사문화 시설을 해당 지역의 문화산업으로 활용 가능성이 있음을 제안해 보겠다.

3.1. 교육시설

제주시 소재 제주화교소학교는 제주 이주민의 역사를 알 수 있는 특별한 장소이다. 교육시설은 단독활용 사업으로 추진이 가능하다. 또한 마을연계사업 중 문화시설사업과 연계 가능하다.

제주시 관덕로에 있는 제주화교소학교

3.2. 종교시설

1950년대~1960년대에 건립된 종교시설은 주로 교회에 해당되며 현재까지 남아 있는 시설은 당시의 모습을 그대로 유지하고 있다. 종교인들은 해당 시설에 대한 역사적·문화적 가치를 인식하여 지금도 사용하고 있다.

특히 2010년대 들어와서 개장되고 있는 불교성지 순렛길, 가톨릭성지 순렛길, 개신교성지 순렛길 등 각 종교별 순렛길과 문화자원 연계 활용형 사업을 통해 역사적 · 문화적인 장소로 활용이 가능하다.

3.3. 관공서시설

제주도청사(현재 제주시청사로 사용), 대정면사무소, 구좌면사무소 등은 1950년대에 건립되어서 역사성과 보존성, 희귀성이 높은 편이다. 또한 공간 활용성이 높아서 지금도 공공시설로 사용되고 있다.

따라서 이 시설은 단독활용사업이나 마을연계사업 중 마을박물관으로 이용하거나 판매시설용 공간으로도 활용할 수 있다.

제주시청사

3.4. 상업 · 숙박 시설

구 제주관광호텔과 이승만별장 등 근대적인 숙박시설이 남아 있고, 대정읍 하모리에 있었던 농업은행 건물은 일제강점기 공공시설의 특징을 잘 보여준다.

서귀포항 일대 통조림공장터, 대정읍 하모리 통조림공장터, 한림읍 옹포리 통조림공장터와 전분공장[53], 단추공장터, 조천정미소 등 상업시설을 통해 산업지구 조성이 가능하다.

한림읍 한수리 수원철공소. 2021년 3월 촬영

수원철공소 내부, 철거 중에 있는 기계들. 2021년 2월 촬영

한림읍 옹포리 전분공장 전경, 2021년 2월 촬영

조천읍 조천리 조천정미소

---

53) 한림읍 옹포리 소재 전분공장은 2015년 공장 내부를 일부 수리하여 상업시설로 이용되고 있다. 2021년 2월 현재 공장 건물은 옛 모습을 유지하고 있다.

3.5. 주거시설

주거시설을 미래의 문화자원으로 만들기 위하여 문화재로 지정된 전통초가와 와가, 비지정 가옥, 근대식 가옥[54]을 연계하여 건축적 미학을 보여 줄 수 있다.

특히 민가는 항구와 인접하여 여러 가옥이 밀집되어 있으므로 근대 가옥거리 조성이 가능하다. 주거시설은 마을 연계활용형과 문화자원 연계활용 사업에 적용할 수 있다.

제주시 건입동 주정공장 사택. 2013년 5월 촬영

현대식 주택. 2021년 3월 촬영

3.6. 복합문화시설

제주시 동지역에 있었던 제주극장과 동양극장, 서귀포시 동지역에 있는 관광극장은 현재도 공간활용성이 높다.

제주시 동지역에 있었던 동양극장(동문시장 2층), 재일극장, 코리아극장 등을 연계하여 문화콘텐츠로 재생해 보기, 서귀포시 동지역의

---

54) 제주시 건입동 소재 적산가옥은 주변지역의 발전에 따라 2016년 이후 현대식 주택으로 변했다. 이에 제주도에는 일제강점기 주정공장 사택의 자취를 확인할 수 있는 곳이 없어졌다.

극장 소재지 찾아가기, 한림과 모슬포 지역의 극장 소재시 찾아보기 등 복합문화시설의 흐름도를 제작하여 문화자원 연계활용 사업 추진이 가능하다.

제주시 동양극장 전경

서귀포시 관광극장

3.7. 군사시설

제주 곳곳에 일제강점기와 6·25전쟁 관련 군사시설이 남아 있다. 특히 대정읍지역은 일제강점기 군사시설이 보존되어 있고, 6·25전쟁 관련 군사시설도 남아 있으므로 제주의 다른 지역에서는 볼 수 없는 지역 고유의 역사자원을 갖고 있어서 마을연계성과 자원군집성이 높은 편이다.[55]

따라서 대정읍지역에서는 역사문화자원과 연계하여 다양한 콘텐츠 생산이 가능하고 가파도와 마라도, 모슬봉, 송악산 지역을 연계하여 '역사가 흐르는 대정 근대문화도시' 조성이 가능하다.

---

55) 대정읍 상·하모리가 중심이 되어 '대정읍 농촌중심지 활성화 사업(선도지구)'에 선정되었다(농림축산식품부, 2015). 이 사업 내용에는 대정읍지역의 근현대 역사문화자원 활용 계획이 반영되어 있다.

대정읍 상모리 남제주 강병대교회

4. 결　론

제주의 근대 역사문화 시설 현황 분석과 시설별 활용 방안을 기초로 하여 향후 추진과제를 제안하면서 결론을 대신하고자 한다.

첫째, 근대 역사문화 시설별 평가지표에 따른 체계 구축과 전수 조사를 한다.

마을별로 근대에 건립된 역사문화 시설을 전수 조사한다. 이 전수 조사를 위해 보존상태, 활용 가능성 등 평가지표 항목을 적용하여 가중치를 부여한다.[56] 평가 결과에 따라 활용 가능하도록 우선순위를 부여한다.

둘째, 근대 역사문화 시설에 대한 문화자원의 가치 인식이 확산되어야 한다.

제주의 자연자원과 문화자원의 융합을 통한 자주적·창조적 문화생산 공간으로 조성한다. 이를 위해 먼저 중요 시설물에 대한 표석 설치 계획 수립, 표석 설치에 필요한 기초자료 조사와 정리 과정을 거친다. 이후 검증절차를 마련하고 검증위원회를 구성·운영할 수 있도록 한다.

셋째, 시설별 모니터링 체계를 구축한다.

제주도 곳곳의 도로가 정비되고 현대식 건물들로 교체되면서 옛것들은 불편하다는 이유 하나로 멸실되고 있으므로, 이러한 문화자원의 중요성을 알리는 사업 추진이 급선무이다.

넷째, 지역과 시설별로 보존·활용을 위한 종합계획을 수립한다.

주제별·시설별·지역별 역사문화지대 조성을 위한 문화콘텐츠 활용 계획을 수립한다. 시설별 소유 상태(개인, 공공)를 확인하고 활용에 따른 보상 방안을 마련한다. 이를 토대로 하여 근대 역사문화 시설의 관광벨트지도를 작성하고, 마을별·읍면별 '역사문화지도' 제작이 가능하도록 지원한다.

다섯째, 근대 역사문화 시설의 문화관광자원화 방안을 마련한다.

제주의 근대 역사문화 시설을 문화관광 상품으로 개발할 수 있도록 중장기 로드맵을 수립하여 시행한다. 또한 군사문화유적을 중심으로 다크투어리즘 플랫폼을 조성한다.

---

56) 이는 〈표 1〉을 참고하여 새로운 지표를 개발하여 시설별 보존 유무, 활용성 등에 적용할 수 있도록 자료 구축이 수행되어야 한다는 뜻이다.

5장
제주 마을만들기 사업의 문화적 접근과 실천 과제

1. '문화가 살아 숨 쉬는' 마을만들기의 의미

정부는 마을만들기[57] 사업을 통해 전통적인 마을 환경에 좀더 새롭고 고유한 브랜드를 부여할 수 있도록 창조적 변화를 시도해 왔다. 이 사업은 주로 주거환경 개선, 인프라 시설(가옥, 도로, 상하수도, 전기 등) 등에 치중하였고, 동시에 마을소득 증대와 연계하여 관광객 유치와 마을체험 프로그램 운영 등에 목적을 둔 경제적인 사업 중심으로 운영되어 왔다.

제주에서도 마을만들기 사업이 정부의 정책 목표와 방향에 따라 추진되어 왔다. 제주는 청정한 자연환경, 관광지역, 장수지역, 해녀 자원 등의 지역특성을 고려하여 관광휴양형 체험마을, 건강장수마을, 해녀

57) 과거에는 '동네가꾸기, 마을만들기, 마을가꾸기' 사업 등이 혼용되었으며, 최근에는 '마을만들기'로 용어가 통일되어 쓰이고 있다.

마을 등이 정부나 지방자치단체에 의해 지정되었고, 그에 따른 예산이 지원되었다.

그동안 제주 마을만들기 사업은 정부의 마을만들기 사업의 일환으로 추진되는 하향식 접근, 행정중심의 지원체계, 소득증대의 목표, 인프라 시설 중심의 재정지원, 마을 사람들의 참여 저조, 단기사업 중심의 지원 등과 같은 여러 가지 문제점들이 제기되어 왔다.

따라서 제주 마을만들기 사업이 마을의 경제적 소득증대와 더불어 지속가능하려면 문화적 접근과 문화다양성을 고려해야 한다. 이에 문화적 접근을 통해 마을이 가진 독특하고 다양한 무형·유형의 문화자원들을 활용하면 마을 사람들의 소득증대뿐만 아니라 마을공동체 회복과 사회통합에도 좋은 영향을 미칠 것이다.

한편 제주사회는 다문화가족의 증가, 귀농·귀촌에 따른 이주민의 증가, 문화 이주자의 제주살이 선호 확산 등에 힘입어 마을에 따라 새로운 문화적 변화들이 일어나고 있다. 이와 같은 도내외의 환경 변화를 고려하면 제주에서는 문화적 접근을 통한 마을만들기를 적극적으로 추진할 필요가 있다.

이에 향후 제주의 마을만들기 사업은 마을의 문화자원을[58] 최대한 활용하여 '문화가 살아 숨 쉬는' 마을만들기로 전환해야 한다. 다시 말하면 기존의 경제적 관점과 행정주도의 편향적 사업과 지원체제를 벗어나서 문화다양성에 기초한 문화적 접근, 지역민을 중심에 둔 새로운 마을만들기가 추진된다면 제주의 마을은 창조적 변화를 경험하게

---

58) 문화자원이란 문화가 형성되고 생산되는 원료라 할 수 있으며, 여기에는 문화와 관련이 있는 시설, 환경 등이 포함된다. 마을의 문화자원은 특정 마을에서 오랫동안 축적되고 형성된 보편적 생활양식이 표출된 것이라 할 수 있으므로, 여기에는 전통성, 고유성, 역사성 등이 반영되어 있다.

될 것이다.

제주의 마을들은 자체의 고유한 문화자원(마을 역사, 마을의 수호신, 마을 인물, 마을의 먹거리, 마을 유적 등)이 풍부하므로, 이를 마을 발전에 잘 활용하면 '문화가 살아 숨 쉬는' 마을로 거듭나서 경쟁력 있고 지속가능한 마을공동체로 자리매김할 수 있다.

따라서 이 글에서는 정부의 마을만들기 사업 현황을 살펴보고, 제주도의 사업 현황을 분석한 다음 '문화가 살아 숨 쉬는' 마을만들기에 필요한 실천 과제를 제안하고자 한다.

2. 정부의 마을만들기 사업 정책

2.1. 추진 정책

정부의 마을만들기 사업은 농림축산식품부에서 2002년부터 녹색농촌체험마을로 시작했으며, 산림청에서는 1996년부터 산촌생태마을을 진행하는 등 마을만들기는 주로 농산어촌을 대상으로 시작하였다. 국토교통부는 도시를 대상으로 하여 '살고 싶은 도시만들기' 사업을 추진하고 있다.

대다수 마을에서는 정부와 지방자치단체가 지원하는 마을만들기 사업에 선정되면 지역의 특산물 판매와 체험관광 프로그램 운영을 통해 사람들의 방문을 유도하고, 소득 창출을 꾀하려는 경향이 있다.

〈표 1〉 정부부처별 마을만들기 사업 지원정책 현황

구분	사업명	배경 및 목적	기간 및 예산	내용 및 방법
농림부 농촌 진흥과	녹색농촌 체험마을	-농촌관광기반시설 지원 -도시민유치(도농교류)	-2002~2013 /805개 -1년/2억 -국비 50억, 지방비 50억 -공모방식	-농촌체험기반시설 -마을경관조성지원 -컨설팅, 설계비 -교육훈련 · 홍보비
농촌진흥청 농촌자원과	농촌전통 테마마을	-전통문화 발굴/전승 -농촌생활의 활성화 -도농문화 교류	-2002~2010 / 160개 -2년/2억 -국비 50억, 지방비 50억 -공모방식	-마을별 7가지 자원발굴과 컨설팅 -농업/농촌 교육 · 체험시설
행정 안전부 지역진흥과	아름다운 마을가꾸기 시범사업	-농어촌의 테마개발 -농어민 소득증대 -도시민 여가선용과 농촌체험(도농교류)	-2001 -2년/10억 -공모방식	-전통농촌형, 생태녹색관광형, 21세기 선도형 -테마별 기반시설
행정 안전부 살기좋은 지역 기획팀	살기좋은 지역만들기	-지역공동체 복원 및 형성 -지역 특화브랜드 창출	-2006~ /총 47개 국가지정 30개: 3년/20억, 도지정 17개: 3년/6억 -공모방식	-지역기반시설 -시간 · 공간 · 관계차원의 마을만들기 7가지 요소를 통한 커뮤니티 운동
산림청 산림 자원과	산촌생태마을 (산촌종합개발)	-산림휴양자원을 활용한 소득원 개발 -산촌주민 생활환경개선	-1995~2007/193개 -2년/14억 -국비 70억, 지방비 30억 -(선)대상지정	-산촌생활기반시설 -주택개량 등 생활환경개선 -소득원 개발
문화체육 관광부 지역 문화과	문화역사마을 가꾸기	-문화 · 역사적 소재를 발굴 · 육성하여 관광자원화 -자생력 있는 마을	-2004~2009/13개 마을 -3~4년/30억 -기금 20억, 지방비 10억	-문화 · 역사체험프로그램 개발 · 운영 -마을체험시설 -마을기반 · 편의시설(마을회관)
문화체육 관광부 녹색 관광과	슬로시티 관광자원화	-한국형 슬로시티 (느림과 상생) -관광자원화	-2010~2011/6개 마을 -2년 -슬로시티 인증지역	-마을 기반시설 -관광체험프로그램 -브랜드강화 -주민역량강화
문화재청 근대 문화재과	전통문화마을 (시범문화마을)	-향토(전통)문화 원형 보존 · 계승 -전통문화 활성화	-1990~1998/37개 마을	-마을기반시설, 편익시설(문화회관) -전통가옥 복원 · 보수

출처 : 김향자(2011), 『향토자원을 활용한 관광프로그램 정책사업 추진 방안』, 한국문화관광연구원, 43쪽.

〈표 1〉은 정부에서 추진해 온 향토문화자원을 활용한 체험마을 조성 사업 현황이다. 각 사업의 주관 부처는 농림부(현 농림축산식품부), 농촌진흥청, 산림청, 행정안전부, 문화체육관광부, 문화재청 등 7개 기관이다.

사업명에는 부처의 특색이 반영되어 녹색농촌체험마을, 농촌전통테마마을, 산촌생태마을, 문화역사마을, 전통문화마을, 살기 좋은 지역, 슬로시티 등이 있다.

주요 사업 내용을 보면 농산어촌 체험 기반시설, 자원 발굴, 테마별 기반시설, 생활환경개선, 마을기반시설 등 시설 인프라 구축에 역점을 두었다.

문화체육관광부가 주관하는 '문화역사 마을가꾸기'는 마을의 문화자원을 주요 활용 대상으로 삼고, 이를 관광산업으로 연계하였다. 문화재청에서는 전통문화를 활용하는 마을만들기 사업을 추진했다.

2.2. 마을 문화자원을 활용한 마을만들기 사례

이 절에서는 마을의 문화자원을 활용하여 마을만들기를 시도한 사례를 간단히 살펴보고, 향후 제주의 마을만들기 사업에 적용 가능함을 알아보고자 한다.

2.2.1. 국외 사례

국외 사례로는 마을의 역사문화자원을 발굴·활용한 마을 이야기이다.[59]

---

59) 일본 사례는 『지역브랜드와 매력있는 마을만들기』(안행순 역, 사사키 가즈나리 저, 제주발전연구원 2012, 264~267)을 참조하였다.

▷ 사카와정의 사례(고치현)

사카와정(左川町)은 인구 1만 4천명이 거주하는 작은 마을(고치현 중서부에 위치)이며, 2009년 3월 「역사마을만들기법」에 근거하여 '역사마을만들기 계획'을 인정받았다.

이 계획을 보면 제도상 중점지구 내에 최소한 하나 이상의 국가지정(선정) 문화재 건조물이 있어야 한다는 조건이 있다. 사카와정은 국가중요문화재인 '다케무라가(竹村家) 주택'을 보유하고 있어서 이 문화자원을 활용하여 역사마을만들기를 추진했다.

'다케무라가(竹村家) 주택'은 1780년에 건축되었으며, 막부시대 막부순검사의 숙소로 사용되었다. 또한 사카와정에는 이 건물 이외에도 벚꽃이 조성되어 있는 마키노공원이 있고, '즈이오봉오도리'춤과[60] 도사지방의 전통칼춤인 '다치오도리'(무형민속문화재) 등 문화자원이 있어서 역사마을만들기의 콘텐츠화가 가능했다.

사카와정의 역사마을만들기는 소규모 지역이지만 마을에 국가지정 문화재인 건축을 활용하여 추진했다는 점에서 문화자원 활용 사례로 꼽을 만하다. 사카와정은 역사문화자원인 국가중요형문화재를 보유하고 있어서 역사마을만들기가 가능했고, 지속적인 발전의 원동력이 되었다.

따라서 마을에 전통적인 건축양식을 지닌 가옥이 남아 있는 경우 이와 같은 자원을 마을만들기의 주요 콘텐츠로 활용할 수 있다는 점과 마을의 전통적인 풍속을 계승·발전해 온 것을 활용한 것이 장점이라 할 수 있다.

---

60) '즈이오봉오도리'춤은 즈이오지(瑞応寺)절에서 오봉 명절 때마다 행해지는 춤의 일종이다

2.2.2. 국내 사례

국내 사례는 마을의 고유한 전통 문화자원을 발굴하여 마을만들기에 활용한 이야기이다.

▷ 봉정마을(강원도 동해시)[61]

봉정마을은 강원도 동해시에 위치한 농촌마을이며, 도로건설에 따라 마을이 둘로 나뉘면서 마을 공동체가 해체 위기에 놓였다. 이 당시 마을 사람들이 협력하여 장수마을사업을 추진한 것이 계기가 되어 '살고 싶은 마을만들기' 사업 선정까지 이루어졌다. 이때 마을 사람들은 연당과 봉황춤을 문화콘텐츠로 개발하여 마을만들기에 주도적으로 참여하였다.

봉황마을의 마을만들기 추진 과정을 좀더 살펴보겠다. 2005년에는 마을의 의례인 '대보름척사대회'를 부활하고, 봉정마을의 유서 깊은 마을제사인 '고청제'를 지냈다. 이후 마을의 생김새가 봉황과 같은 데에 착안하여 봉황춤을 마을의 문화자원으로 개발하였다.

봉황춤 완성 과정을 통해 마을 사람들은 지역 정체성을 회복하는 계기로 삼았으며, 이후 봉황춤을 주 사업 내용으로 하여 '살고 싶은 마을만들기' 시범사업에 선정되었다. 또한 봉정 8경과 봉정 8미를 발굴하여 문화와 관광을 연계하여 마을에 활기를 되찾았다.

봉정마을 사례를 보면 마을의 문화리더 역할이 중요하고, 전문적인 인적자원이 부족할 때는 외부의 전문가를 영입하여 일을 추진할 수 있는 개방성이 중요함을 알 수 있다. 물론 마을 자체적으로 풍부한

---

61) 성균관대학교 산학협력단·(주)이락(2013), 『살고싶은 마을만들기-시범사업의 성과와 과제』, 국토연구원 도시재생지원사업단, 550~555쪽을 참조하였다.

문화자원과 전문인력이 있어도 마을 사람들이 협력하지 않으면 바람직한 결과를 얻기 어렵다.

마을 사람들은 자신들의 고유한 전통을 보존하고 있어야 이를 발굴하고 활용할 수 있는 기회가 주어진다. 이는 '문화가 살아 숨 쉬는' 마을만들기를 하려면 마을의 문화자원이 남아 있어야 하고, 전통적인 풍속이 지속적으로 계승되는 등 문화적 요인이 있어야 함을 의미한다.

결국 역사문화자원을 갖고 있는 마을 공동체의 지속적인 노력이 있어야 문화가 살아 숨 쉬는 마을만들기가 가능함을 알 수 있다. 따라서 이 모든 것이 순조롭게 추진되려면 마을 사람들이 공동체 의식을 갖고 협력하여 일을 추진할 수 있는 전문인력의 역할이 중요하다.

2.2.3. 도내 사례

다음은 마을의 문화자원을 발굴하여 마을만들기의 가능성을 보여주는 사례이다.

▷ 사례 1 : 대정읍 무릉2리

무릉2리에서 개최되고 있는 '제주옹기굴제'는 마을의 문화자원을 발굴·활용하면 '문화가 살아 숨 쉬는' 마을만들기가 가능함을 보여 주는 사례에 해당된다.

과거 대정읍 구억리와 신평리, 무릉리 일대에서 옹기가 많이 생산되었으며, 그와 관련된 장소와 장인들이 남아 있어서 이 자원을 발굴하여 축제로 활용하고 있다. 지금도 마을 공동으로 사용하던 노랑굴과 검은굴이 남아 있다.

'제주옹기굴제'(2011년부터 매년 개최되고 있음)는 제주전통옹기전승보존회에서 주최하고 있으며, 마을 축제로 자리매김되는데 기여하였다. 이 굴제[62]는 마을 사람들이 공동으로 협력하여 옹기를 굽는 가마(굴)를 만들었던 공동체 정신을 기념하고, 전통문화 전승의 일환으로 추진되고 있다.

과거 옹기 생산이 일반화되었을 때는 각자 옹기를 제작하고, 불을 때는 날을 정하면 개인별로 만든 옹기를 굴 안에 차곡차곡 쌓아두었다. 옹기를 완성하기까지는 개인작업도 있지만 이웃과 함께 하는 공동 작업이 중요하므로 이러한 문화자원을 활용하여 마을만들기에 적용할 수 있다.

다시 말하면 옹기를 사용하던 당시의 사회적·문화적 의미를 찾아보고, 옹기를 판매할 때 참여한 사람들, 판로, 공동체 정신 등에 대한 자원을 조사·구축하는 것이 중요하다. 차후 이를 현대적으로 재해석하고, 마을 사람들의 문화정체성을 확인하고 유지할 수 있도록 마을만들기의 핵심 요소로 활용할 수 있는 콘텐츠 개발이 가능하다.

대정읍 무릉리 제주옹기굴제

62) '굴제'는 굴(가마)을 만들 때 노동력을 제공하는 '계' 조직을 뜻한다. 제주도 무형문화재 제14호로 지정된 제주옹기장을 기념하여 '제주옹기굴제'가 개최되고 있다.

'제주옹기굴제' 개최가 가능한 것은 이를 보여줄 수 있는 전문인력과 장소(특정 공간)가 남아 있기 때문이다. 이 축제는 마을만들기 사업으로 선정된 것은 아니지만 마을의 문화자원을 발굴하고, 활용할 수 있음을 보여주는 사례에 해당된다.

▷ 사례 2 : 가시리·낙천리

제주에서 문화를 활용하여 마을만들기 사업이 성공한 지역으로는 가시리(표선면 소재)와 낙천리(한경면 소재)가 있다. 이 마을들은 전문가와 활동가들이 주도적으로 사업에 참여하여 체계적으로 계획·운영하였다. 특히 마을 사람들이 자발적 · 적극적으로 참여하여 마을을 문화로 디자인하는데 공동 협력하여 공동체가 공유할 수 있는 문화적인 결과물을 만들어 내었다.

가시리는 2009년 이후 농촌마을 종합개발사업과 신문화공간 조성사업을 추진하면서 마을의 문화자원을 활용하여 문화가 살아있는 마을만들기의 모범사례로 꼽힌다. 가시리는 농림축산식품부가 주최한 「제1회 행복마을 만들기 콘테스트」에서 문화·복지 부문 금상을 수상하였는데(중앙일보 가사 참조. 2014. 11. 18.), 문화공동체 활성화에 높은 점수를 받았다.

한경면 낙천리

가시리와 낙천리 사례에서 알 수 있듯이 마을에 문화자원이 있으면 먼저 이를 발굴하여 문화콘텐츠로 개발할 수 있는 문화기획자 등 전문 인력이 있어야 가능하다. 따라서 문화를 활용한 마을만들기 사업의 성공 여부는 문화자원 보유 정도, 마을 사람들의 협업, 전문가 등 여러 조건들이 필요하다.

2.3. 시사점

마을의 문화자원을 발굴하여 활용한 국내외는 물론 도내 사례에서 보았듯이 마을에 따라 문화자원은 다양하므로 마을 사람들이 협력하여 마을만들기 계획 단계부터 문화적 관점에서 문화자원을 발굴하고 활용하려는 노력이 있었다. 여기서는 각 사례의 특징을 통해 몇 가지 시사점을 찾아보고자 한다.

일본은 1990년대 초 경제적 위기를 겪은 후에 문화자원이 있는 역사 마을에 대한 관심이 높았고, 문화와 역사를 대상으로 한 마을만들기 사업을 진행하였다. 특히 역사가 있는 마을은 전통적인 건축시설과 역사적인 환경은 물론 지역 문화가 남아 있어서 자원 활용에 이점이 있었다.

사카와정의 사례를 통해 제주의 마을만들기에 적용해 본다면 문화재를 보유하고 있는 마을에서는 최우선적으로 이를 문화콘텐츠로 개발함은 물론이고, 주변 환경을 문화적인 마을만들기에 적용할 수 있도록 찾아내는 것이 필요하다.

국내 봉황마을 사례에서는 마을 자원을 찾아내고, 콘텐츠로 개발하기까지 마을 사람들이 서로 협력하고, 외부 전문가를 초빙하여 지속적으로 훈련하는 등 사람이 중심이 되면 좋은 결과를 얻을 수 있음을 보여준다. 다시 말하면 문화기획자가 중심이 되어 문화자원을 발굴·조사한 다음 이를 콘텐츠화할 수 있도록 마을 사람들과 협력해야 한다.

도내 사례 또한 마을의 문화자원을 가치 있게 인식하고, 이를 콘텐츠화할 수 있는 인적자원이 중요함을 보여준다. 도내 사례를 통해 마을의 문화자원을 활용하고, 문화로 옷을 입히는 마을만들기 계획이 마을의 브랜드가 될 수 있음을 알 수 있다. 특히 가시리와 낙천리는 마을의 고유한 문화자원 발굴도 겸하면서 현대적인 문화예술시설을 활용함으로써 외부의 문화자원을 적용한 사례에 해당된다.

마을만들기는 기본적으로 자신들의 마을을 새로운 모습으로 만들어가는 과정에 문화자원의 계승·발전에 대한 마을 사람들의 지속적인 노력과 적극적인 참여, 마을 문화자원을 발굴하고 콘텐츠로 개발하려는 노력이 있었다. 이 경우 정부와 지방자치단체의 행정·재정적인 지원이 필요하다.

마을의 문화자원에 대한 가치를 새롭게 인식하는 계기가 필요하다. 마을의 문화자원을 활용하여 마을만들기를 하려면 먼저 마을 사람들이 스스로 문화자원을 전부 조사하고 기록해야 하는데, 이때 유형 문화자원은 관리와 보존 방법에 역점을 둘 수 있다. 그러나 무형 문화자원은 기억하고 관리하지 않으면 훼손되기 쉬우므로 마을만들기 사업을 추진함에 있어서 이러한 기초 자원 확보가 선행되어야 한다.

마을의 문화리더 등 전문가 양성을 통해 마을만들기 기획 단계부터 사후 관리까지 총체적으로 운영할 수 있는 환경조성이 중요하다. 마을의 특성을 살리고, 마을 사람들의 다양한 욕구를 반영한 마을만들기를 하려면 이를 기획하고 추진할 수 있는 전문인력이 있어야 한다. 이에 마을을 창의적으로 만들려면 마을 사람들의 문화 역량을 강화하고,

마을의 문화자원을 발굴·개발할 수 있는 인적자원이 마을 내부에서 길러져야 한다.

마을의 공동체 정신을 정립할 수 있는 동기가 필요하다. 따라서 '문화가 살아 숨 쉬는' 마을만들기는 먼저 무엇을 대상으로, 왜, 누구를 위하는 것인지에 대한 마을 사람들의 공감대가 형성되어야 하고, 그 결과에 따라 공동체 구성원들이 원하는 마을을 만들 수 있도록 한다.

마을만들기는 사람들이 공동체 공간을 스스로 디자인해 가는 과정에 해당된다. 이는 마을 사람들이 살아온 마을의 역사와 후손들이 살아갈 미래의 환경을 조성하는 과정이라 할 수 있다. 이 과정을 통해 주민자치에 필요한 역량을 강화하고, 이를 토대로 하여 자립형 마을공동체를 만드는 계기로 삼는다.

3. 제주도 마을만들기 사업 현황과 문제점

3.1. 마을만들기 사업 추진체계

3.1.1. 조직체계

마을만들기 추진체계를 보면 처음에는 제주도 마을발전계가 주도적으로 마을만들기와 마을발전 업무를 전담하였다. 이후 행정기관에서는 좀더 마을로 다가가기 위하여 2014년 8월부터 행정시(제주시, 서귀포시)에 '마을발전팀'을 신설하여 세부적인 업무를 이관하였다.[63]

---

63) 2021년 2월 기준 제주시와 서귀포시에는 마을활력과가 있으며, 이 부서에서는 마을만들기와 마을발전 지원 업무를 담당하고 있다.

3.1.2. 마을만들기의 지원체계

제주도에서는 행정시 주도로 마을만들기 지원체계를 마련하여 시행하고 있다. 제주시는 '매력 있고 행복한 마을' 육성을 내걸고 26개 읍·면·동 대상 지역 순회 설명회를 개최하였다. 서귀포시는 '매력 있는 마을만들기 포럼'을 창립하여 '스토리텔링분과, 지역 정체성분과, 6차 산업분과'를 구성하는 등 협력자로 나섰다.

매력있는 마을만들기 포럼은 지역민들의 소득창출 방안을 마련하고, 마을 고유의 공동체를 복원하는데 목적을 두었다. '마을발전컨설팅'을 통해 좀더 조직적·체계적으로 마을만들기 사업을 지원하고 있다.

컨설팅 대상으로는 '마을 자원조사와 답사, 마을 특성과 소득 연계' 등이며 마을 사람들이 주도적으로 마을 발전 방향을 구성할 수 있도록 역량 강화 지원에도 역점을 두고 있다(2014년 9월 기준).

3.1.3. 단계별 지원 절차

제주도에서는 2013년부터 2019년까지 '마을만들기 5단계 행정지원시스템'을 적용하여 단계별로 지원 내용에 따라 대상마을을 선정해 왔다.[64] 마을만들기 5단계는 예비마을(1단계) → 시범마을(2단계) → 추진마을(3단계) → 중앙사업 응모마을(4단계) → 사후관리마을(5단계) 등으로 구성되어 있다([그림 1] 참조).

한편 2020년부터는 '제주형 마을만들기+중앙공모사업' 단계로 개선되었다([그림 2] 참조). 먼저 '마을만들기 5단계 행정지원시스템'을 살

---

64) 제주특별자치도 자치행정과 내부자료(2019/2021)를 참조하여 마을만들기 추진체계와 사업 유형을 정리하였다.

펴보겠다. 마을만들기 사업에 관심 있는 마을들은 먼저 예비마을에 선정될 수 있도록 마을의 자원을 조사하고, 마을 사람들이 주도적으로 마을발전 계획을 수립할 수 있는 역량 강화 사업을 추진한다.

예비마을 단계에서 마을의 자원조사가 필수항목으로 되어 있으므로, 예비마을로 선정된 마을에서는 유형·무형의 문화자원을 철저하게 조사하여 목록을 작성하고, 세부 내용을 기록하여 자료로 구축해 둔다. 마을 자원을 조사할 때 마을 자원에 대한 범주 설정, 조사자, 조사 기록 방법, 조사 자원의 활용 방법 등을 전문적으로 협의하여 실행할 수 있는 주민 협의체 구성이 필요하다.

예비마을 이후 시범마을로 선정되면 기 구축된 문화자원을 콘텐츠로 활용하여 '문화가 살아 숨 쉬는' 마을로 조성할 수 있는 기반 마련을 통해 마을 브랜드 창조가 가능하다.

[그림 1] 마을만들기 5단계 추진체계(2013~2019)

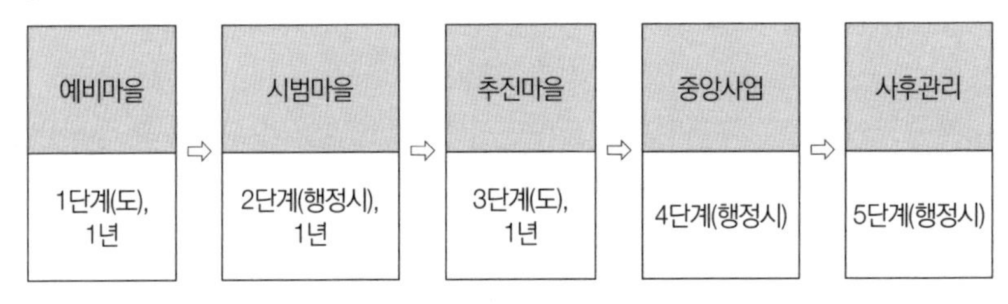

제주도에서는 제주형 마을만들기 사업을 개편하여 2020년부터 시행하고 있다. 기존에 제주도에서 추진했던 '마을만들기 5단계 행정지원시스템은 2013년부터 2019년까지 적용되었다.

지금은 이 제도를 개선하여 제주형 마을만들기사업과 중앙사업으로 분리·개편하여 2020년부터 적용하여 추진하고 있다. 이는 국비지원사업의 지방이양에 따른 정책의 변화를 반영한 것이다.

2020년부터 적용된 제주형 마을만들기 사업 추진체계는 다음과 같이 3단계로 재편되었다. 총사업비는 10개 사업에 150억이 배정되었다.

[그림 2] 제주형 마을만들기 사업 추진체계(2020)

지역공동체분야		마을발전분야		사후관리분야
4개사업 6억(1년) (도, 행정시, 센터)	+	3개사업 120억(3~5년) (행정시)	+	3개사업 24억(1년) (도, 행정시)

3.2. 마을만들기 사업 추진 현황

3.2.1. 2011년까지 추진 현황

제주에서 추진된 마을만들기 사업은 2007년부터 2011년까지 5개 사업에 190개 마을이 선정되었다(〈표 2〉 참조). 제주도가 주관한 사업은 '제주형 지역공동체사업', '향토기업 육성사업'으로 2개에 26개 마을이 선정되었다.

행정시가 주관한 사업에는 3개의 마을만들기 사업에 164개 마을이 선정되었다. 제주시 베스트 특화마을로는 3년간 79개 마을이 선정되고, 서귀포시 자립마을 육성과 서귀포시 참 살기 좋은 마을가꾸기에는 5년간 85개 마을이 선정되었다.

〈표 2〉 제주도 사업별 선정마을 세부 현황

<table>
<tr><th colspan="2">사업명</th><th colspan="2">도내 선정마을</th></tr>
<tr><th colspan="2">5개 사업</th><th colspan="2">190개 마을</th></tr>
<tr><td rowspan="3">도</td><td>2개 사업</td><td colspan="2">26개 마을</td></tr>
<tr><td>제주형 지역공동체사업
(마을발전과)</td><td>18개</td><td>2008년 월령리 등 6개 마을
2009년 상가리 6개 마을
2010년 명도암 등 3개 마을
2011년 청수리 등 3개 마을
※ 2008~2010 : 6차산업 베스트마을</td></tr>
<tr><td>향토기업 육성사업
(기업사랑과)</td><td>8개</td><td>2011년 선흘1리(동백동산 습지생태관광)
등 8개 마을</td></tr>
<tr><td rowspan="4">행정시</td><td>3개 사업</td><td colspan="2">164개 마을</td></tr>
<tr><td>제주시 베스트 특화마을</td><td>79개</td><td>2007년 화북(화북30아파트) 등 27개 마을
2008년 교래리 등 20개 마을
2009년 와흘리 등 15개 마을</td></tr>
<tr><td>서귀포시 자립마을 육성</td><td>83개</td><td>2007년 무릉2리 등 20개 마을
2008년 가파리 등 31개 마을
2009년 신흥2리 등 17개 마을
2010년 상모1리 등 11개 마을
2011년 의귀리 등 4개 마을</td></tr>
<tr><td>서귀포시 참살기좋은 마을가꾸기</td><td>2개</td><td>2011년 수망리, 한남리</td></tr>
</table>

주 : 일몰 사업이 포함됨.
출처 : 태흥2리 마을회(2013), 『태흥2리 종합발전계획』, 52~53쪽.

3.2.2. 2013년 추진 현황

2013년 제주도가 추진한 마을발전 사업은 10개 사업 53개 마을에 총 119억원이 지원되었다. 특히 종전에 기관별, 단위사업별로 지원되던 사업을 행정시·도·중앙 지원사업 간에 연계하여 효율적으로 운영하고, 성과를 얻기 위하여 '마을만들기 5단계 행정지원 시스템'을 적용하였다.

2013년에 선정된 사업 내용을 보면 주로 경관개선사업, 마을의 특산물(농수산물 중심)을 활용하여 일자리와 소득창출이 가능한 사업을 추진하고, 시설 보강 등 시설 확충에 역점을 두었다. 반면 마을자원 중 문화를 발굴하고 활용하여 마을만들기를 추진한 사례는 드문 편이다.

〈표 3〉 2013년 제주도 마을발전 사업 현황

단계별	마을별
1단계 예비마을	한림3리, 태흥2리 등 15개 마을 선정
2단계 시범마을	동복리, 서홍리 등 7개 마을
3단계 추진마을	송당리, 구억리, 서광동리 등 3개 마을
4단계 중앙사업 공모 마을	권역단위 15개 마을, 농어촌 인성학교 신규 2개 권역 (녹고뫼권역, 번내물권역) 지정
5단계 사후관리마을	2008~2012년 추진한 21개 마을 대상 평가에 따른 사후 관리

출처 : 제주특별자치도 자치행정과 내부자료(2013)

3.2.3. 2014년 추진 현황

2014년 제주도 마을발전 사업 선정 내용을 살펴보면 다음과 같다. 예비마을 추진 대상 마을(11개)은 대림리, 월림리, 곽지리, 고성1리, 북촌리, 조수1리, 영락리, 신양리, 덕수리, 토산1리, 토평리 등이다. 3단계 추진마을에는 3개 마을이 선정되었다.

〈표 4〉 2014년 제주도 마을발전 사업 현황

단계별	마을별
1단계 예비마을	11개 마을
2단계 시범마을	특성화사업, 베스트특화마을, 자립마을, 참살기좋은마을
3단계 추진마을	3개 마을
4단계 중앙사업공모 마을*	마을권역 단위 정비사업(농촌마을종합정비), 읍면소재지 종합정비사업, 지역창의 아이디어사업, 시군역량사업, 농어촌체험마을 조성사업
5단계 사후관리마을	5개 마을

주 : *는 〈표 5〉 참조

출처 : 제주특별자치도 자치행정과 내부자료(2014)

중앙 지원 사업에 제주의 마을이 선정된 '마을발전 농림축산식품부 지원 신규 사업'(2014)을 보면 4개 분야에 13,560백만원이 지원되었다.[65] 이를 세부적으로 살펴보면 〈표 5〉와 같다.

마을권역 단위사업은 2개 권역(한림 월령권역, 성산 어멍아방권역)에 6,250백만원이 배정되었다.

지역창의 아이디어사업은 4개 마을(애월읍 수산리, 서광동리, 고산1리, 색달동)에 6,200백만원이 배정되었다. 이 사업에는 마을경관 개선과 문화공간 조성이 포함되어 있다. 이 부분이 문화적 관점에서 마을만들기를 추진하는데 유리한 사업으로 보인다. 수산리는 마을경관과 개선사업, 서광동리는 공동문화사업, 고산1리는 자연자원인 지질공원과 문화가 융합된 이야기 마을 조성사업, 색달동은 생태공원 연계사업이 해당된다.

시군지역 역량강화사업은 2개 지구(제주시, 서귀포시)에 100백만원이 배정되었다.

농어촌체험 휴양조성사업은 7개 마을(상명리, 낙천리, 유수암, 명도암, 서광동리, 온평리, 동광리)에 1,010백만원이 배정되었다. 신규지원은 2개 마을(한림읍 상명리, 안덕면 서광동리)이다. 사후관리로 선정된 5개 마을은 '낙천리, 유수암리, 명도암, 온평리, 동광리' 등이다. 사후관리사업은 주로 체험 기반시설 조성과 낙후된 시설 보완 등 시설 투자지원에 해당된다. 즉 이 사업은 전반적으로 체험과 휴양에 역점을 두고 마을만들기가 추진되고 있으므로, 여기에 각 마을의 문화자원을 활용하는 문화적 접근이 필요하다.

---

65) 제주특별자치도 지치행정과 내부자료 참조(2014. 01).

〈표 5〉 마을발전 국비지원 신규 사업 현황(2014)

(단위: 백만원)

구분	사 업 명	사업기간	총사업비			2014년			2014년 이후			비고
			계	국비	지방비	계	국비	지방비	계	국비	지방비	
계	10개사업		13,560	9,492	4,068	3,238	2,266	972	10,322	7,226	3,096	
소계	2		6,250	4,375	1,875	864	604	260	5,386	3,771	1,615	
마을권역 단위사업	월령선인장 마을권역사업	14~16	2,500	1,750	750	432	302	130	2,068	1,448	620	
	어멍아방 마을권역사업	14~17	3,750	2,625	1,125	432	302	130	3,318	2,323	995	
소계	4		6,200	4,340	1,860	1,264	885	379	4,936	3,455	1,481	
지역창의 아이디어 사업	수산리(물메) 마을경관사업	14~15	2,000	1,400	600	343	240	103	1,657	1,160	497	
	고산1리문화 예술마을사업	14~15	2,000	1,400	600	357	250	107	1,643	1,150	493	
	색달동생태 공원연계사업	14~15	2,000	1,400	600	464	325	139	1,536	1,075	461	
	서광동리공동 문화사업	14~15	200	140	60	100	70	30	100	70	30	
소계	2		100	70	30	100	70	30	-	-	-	
시·군 지역역량 강화사업	제주시지구 역량강화사업	'14	50	35	15	50	35	15	-	-	-	
	서귀포시지구 역량강화사업	'14	50	35	15	50	35	15	-	-	-	
소계	2 (5)		1,010	707	303	1,010	707	303	-	-	-	
농어촌 체험휴양 조성사업	신규조성(2)	'14	451	316	135	451	316	135	-	-	-	
	추가지원(5)	'14	559	391	168	559	391	168	-	-	-	

출처 : 제주특별자치도 자치행정과 내부자료 참조(2014. 01.)

3.2.4. 마을만들기사업 유형별 추진 현황[66]

66) 제주도에서 추진되고 있는 마을만들기사업 유형별 현황과 2021년 추진 계획은 제주특

제주도에서 2006년부터 2020년까지 마을만들기 사업에 선정된 마을을 유형별로 살펴보면 다음과 같다. 〈표 2-3〉에서 다룬 선정 마을을 포함하여 읍·면 지역을 중심으로 배열하였다.

자립·베스트 마을만들기 사업 추진 마을 현황은 다음과 같다. 전체 93개 마을인데 제주시 지역에서 41개 마을이 지정되었고, 서귀포시 지역에서 52개 마을이 지정되었다.

〈표 6〉 자립·베스트 마을만들기 사업 추진 마을 현황(2020. 12. 31. 기준)

제주시	■ 조천읍 : 교래리(2008), 북촌리(2015), 선흘2리(2008), 와산리(2017), 함덕리(2020) ■ 구좌읍 : 김녕리(2008), 덕천리(2007/2009/2015), 동복리(2013), 상도리(2011), 송당리(2012/2013), 종달리(2015), 하도리(2008/2016), 한동리(2016) ■ 애월읍 : 곽리지(2010), 광령1리(2017), 납읍리(2015), 봉성리(2015/2016), 상가리(2009), 소길리(2020), 어음2리(2012), 용흥리(2014/2015) ■ 한림읍 : 귀덕2리(2019), 금능리(2016),금악리(2007), 대림리(2016), 동명리(20109), 명월리(2008/2011), 상명리(2007/2014), 옹포리(2008), 월령리(2008/2011/2012),월림리(2015), 한림3리(2013) ■ 한경면 : 고산2리(2017/2018), 낙천리(2007/2009/2011), 저지리(2011), 조수1리(2013), 청수리(2010/2011), 판포리(2017), 한원리(2015/2016)
서귀포시	■ 성산읍 : 고성리(2012), 난산리(2007~2010/2015), 성산리(2009), 수산리(2018), 시흥리(2018), 신산리(2006/2020), 신양리(2015), 신풍리(2007~2009/2011/2016~2017), 오조리(2016), 온평리(2007~2009) ■ 표선면 : 가시리(2012), 성읍2리(2007~2011), 세화1리(2010/2018), 세화2리(2014~2016), 세화3리(2008/2013~2016), 토산리(2007~2010/2018), 토산2리(2015~2017/2020) ■ 남원읍 : 남원1리(2008), 남원2리(2007~2008), 수망리(2010/2012~2013/2018), 신례1리(2008~2010), 신례2리(2015), 신흥1리(2007/2015/2017), 신흥2리(2007~2009/2012~2013/2017~2018), 위미1리(2008), 위리2리(2016~2017), 위미3리(2007~2008/2018), 의귀리(2011), 태흥1리(2016~2017), 태흥2리(2014/2016), 태흥3리(2020), 하례1리(2015~2017), 하례2리(2017~2018/2020), 한남리(2007~2008/2010/2013) ■ 안덕면 : 광평리(2016), 덕수리(2008), 동광리(2015~2016), 대평리(2008~2009/2012), 사계리(2007~2008/2014/2020), 상창리(2007~2008/2010~2011/2016), 서광동리(2013/2016), 화순리(2007~2010) ■ 대정읍 : 가파리(2007~2008), 구억리(2012~2013), 동일1리(2007~2008/2016), 무릉2리(2007~2009), 보성리(2018/2020), 상모1리(2009~2010/2017~2018), 신도1리(2008~2011), 안성리(2017), 일과1리(2007~2008/2017~2018)

별자치도 자치행정과 내부자료(2021) ; 제주특별자치도 자치행정과(2019. 12.), 「제주특별자치도 제주형 마을만들기 사업 운영 지침(안)」 등을 참조하였다.

다음은 지방재정이양 사업에 따른 추진마을 현황이다. 총 32개 마을이 지정되었는데, 여기에는 제주시 지역 마을이 16개, 서귀포시 지역 마을이 16개 포함된다.

농림축산식품부 지방재정이양 사업 대상으로는 24개 마을이 있다. 이는 제주시 지역에서 11개 마을이 지정되었고, 서귀포시 지역에서 13개 마을이 지정되었다.

해양수산부 지방재정이양사업 대상으로는 8개 마을이 있다. 이는 제주시 지역에서 5개 마을, 서귀포시 지역에서 3개 마을이 지정되었다. 지방재정이양 사업으로 지정되는 사업 유형에는 종합개발, 자율개발, 농촌다움, 마을단위특화개발 등 4개가 있다.

〈표 7〉 지방재정이양 사업 추진마을 현황(2020. 12. 31. 기준)

사업 유형	지정 마을과 지정 시기
종합개발(6개 마을)	■ 제주시 : 상가리(2018), 소길리(2020, 고산1리(2018) ■ 서귀포시 : 하례1리(2019). 상창리(2019), 동일1리(2020)
자율개발(13개 마을)	■ 제주시 : 대흘2리(2019), 신흥리(2018), 고성리(2018), 광령1리(2018), 중엄리(2020), 용수리(2020) ■ 서귀포시 : 세화1리(2018), 남원2리(2019), 하례2리(2020), 서광동리(2018), 창천리(2018), 무릉1리(2020), 인성리(2018)
농촌다움(5개 마을)	■ 제주시 : 와흘리(2019), 청수리(2019) ■ 서귀포시 : 신흥2리(2019), 덕수리(2020), 무릉2리(2019)
마을단위특화개발 (8개 마을)	■ 제주시 : 송당리(2019), 하도리(2017), 한동리(2019), 대림리(2019), 한림3리(2018) ■ 서귀포시 : 난산리(2017), 시흥리(2019), 오조리(2018)

사후관리 대상 마을 현황을 보면 총 59개 마을이 해당된다. 여기에는 제주시 지역 29개 마을, 서귀포시 지역 30개 마을이 포함되어 있다. 사후관리 대상 사업 유형에는 권역단위종합개발사업(권), 자율개발사업(자), 종합개발사업(종), 지역창의아이디어사업(창) 등이 있다.

〈표 8〉 사후관리 대상 마을 현황((2020. 12. 31. 기준)

구분	마을
제주시 (29개)	■ 조천읍 : 선흘1리(권), 선흘2리(권), 와흘리(권), 북촌리(자), ■ 구좌읍 : 김녕리(권), 평대리(자) ■ 애월읍 : 소길리(권), 수산리(권), 유수암리(권), 장전리(권), 납읍리(자), 어음2리(자), 용흥리(자), 곽지리(종) ■ 한림읍 : 상명리(권), 월령리(권), 명월리(자), 월림리(자) ■ 한경면 : 금등리(권), 두모리(권), 신창리(권), 판포리(권), 낙천리(권), 산양리(권), 저지리(권), 청수리(권), 고산2리(자), 한원리(자), 조수1리(종)
서귀포시 (30개)	■ 성산읍 : 신천리(권), 신풍리(권), 고성리(자), 성산리(자), 신산리(자), 온평리(창) ■ 표선면 : 가시리(권), 성읍1리(자), 세화2리(자), 세화3리(자) ■ 남원읍 : 수망리(권), 의귀리(권), 한남리(권), 신례1리(자), 신흥1리(자), 태흥2리(자), 토산1리(자), 하례1리(자), 위미1리(창) ■ 안덕면 : 감산리(권), 대평리(권), 덕수리(권), 화순리(권), 사계리(자) ■ 대정읍 : 무릉2리(권), 신도1리(권), 신도2리(권), 신도3리(권), 구억리(자), 영락리(자)

농어촌체험휴양마을 현황을 보면 총 29개 마을이 지정되었다. 여기에는 제주시 지역 12개 마을, 서귀포시 지역 17개 마을이 포함된다.

〈표 9〉 농어촌체험휴양마을 현황(2020. 12. 31. 기준)

구분	마을
농촌체험휴양마을 (22)	■ 제주시 : 명도암마을, 와흘리, 소길리, 유수암리, 어음2리, 월령리, 낙천리, 저지리, 청수리, 조수1리(10개 마을) ■ 서귀포시 : 고성리, 신풍리, 온평리, 신천리, 가시리, 토산1리, 신흥2리, 의귀리, 하례1리, 하례2리, 동광리, 무릉2리(12개 마을)
어촌체험휴양마을 (7)	■ 제주시 : 하도리, 구엄리(2개 마을) ■ 서귀포시 : 위미1리, 강정마을, 법환마을, 사계리, 화순리(5개 마을)

다음은 2021년 제주도 마을만들기 사업 현황을 살펴보겠다.

제주도 자체사업은 지역공동체분야, 마을발전분야, 사후관리분야 등으로 구분하여 추진하고 있다. 자체사업은 총 8개 유형에 20개 사업이 있다. 이를 구체적으로 보면 다음과 같다.

지역공동체분야에는 마을활동가 양성·운영, 공모사업 '사전심사제' 운영, 지역 역량강화 사업 등이 있다. 마을발전분야에는 자율개발사업, 종합개발사업, 제주다움복원 등이 있다. 사후관리분야에는 자립·베스트 마을만들기 사업, 마을만들기 사후평가 사업, 마을시설물 유지·보수 지원 사업 등이 있다.

중앙공모 사업은 5개 유형에 10개 사업이 있다. 일반농산어촌개발사업(농촌중심지활성화, 기초생활거점육성), 일반농산어촌개발사업(신활력플러스사업), 일반농산어촌개발사업(시·군역량강화), 농촌재생확산지원 사업 등으로 구분된다.

각 유형별 사업 내용은 다음과 같다. 일반농산어촌개발 사업에는 농촌중심지활성화, 기초생활거점육성이 있다. 일반농산어촌개발 사업에는 신활력플러스 사업이 있다. 일반농산어촌개발 사업은 시·군역량강화 사업이 해당된다. 농촌재생확산지원 사업은 농촌협약 등을 추진할 수 있도록 역량 향상을 위한 교육과 컨설팅지원 사업을 말한다.

〈표 10〉 제주도 마을만들기 사업 유형과 사업내용(2021)

구 분		사 업 내 용	비고
총 계		8개유형 20개사업	
소 계		3개 유형 10개 사업(15억)	
자체사업	1. 지역공동체분야 (사업기간 1년) 6억	'마을활동가' 양성・운영(1억 이내, 신규)	도
		공모사업 '사전심사제'운영(0.5억 이내, 신구)	도
		지역 역량강화 사업 (1.5억 이내, 전 읍·면·동 대상)	도/행정시
		지역공동체 활성화 사업(3억 이내, 지체사업)	행정시
	2. 마을발전분야(계속사업, 3년~ 5년) 120억 - 이 사업은 지방이양사업으로 3년 한시지원 대상	• 종합개발사업 : 7개마을 (40억 이내, 마을당10억/마을-재정이양) • 자율개발사업 : 8개마을 (40억 이내, 마을당 5억/마을-재정이양) • 제주다움복원 : 5개마을 (40억 이내, 마을당 20억/마을-재정이양)	행정시
	3. 사후관리분야 (사업기간 1년) 24억	자립・베스트 마을만들기사업 (14억 이내, 28개 마을-자체사업)	도/행정시
		마을만들기 사후평가사업 (5억 이내, 20개 마을)	도
		마을시설물 유지·보수 지원 사업 (5억 이내, 20개 마을	행정시

소계		5개 유형 10개 사업	
중앙공모사업	1. 일반농산어촌개발사업	농촌중심지활성화사업: 중심성이 높은 읍·면 소재지와 배후마을 통합 개발추진 - 사업비: 150억원±a 이하 (국비 70%, 지방비 30%), - 사업기간: 5년 이내 자율 기초생활거점육성사업: 배후마을의 서비스 제공기능 확대 - 사업비: 40억원+a 이하 (국비 70%, 지방비 30%) - 사업기간: 5년 이내 자율	행정시
	2. 일반농산어촌개발사업	신활력플러스사업: 민간조직을 활용하여 지역의 사업을 지원함으로써 자립성·지속성 성장이 가능한 농촌사회 구현 - 사업기간: 70억원(국비 70%, 지방비 30%)	행정시
	3. 일반농산어촌개발사업	시군역량강화사업: 주민과 지방자치단체의 역량강화, 종합개발계획 수립과 중간지원조직을 활용한 교육 프로그램 운영 - 사업비: 3억원+a 이하 (국비 70%, 지방비 30%) - 사업기간: 1년	행정시
	4. 농촌재생확산지원사업	농촌재생확산지원사업: 농촌협약 등을 추진할 수 있도록 역량 향상을 위한 교육·컨설팅 지원	도

출처 : 제주특별자치도 자치행정과(2019. 12.), 「제주특별자치도 제주형 마을만들기 사업 운영 지침(안)」, 3쪽/14쪽/20쪽.

3.3. 문제점

3.3.1. 마을 문화 인프라(유형·무형 문화자원)에 대한 인식 부족

마을만들기 지원 사업의 주 내용은 경관조성, 체험시설 등 시설 인프라 지원에 치중되어 있어서 사업 기간 종료 이후 이에 대한 지속적인 관리·운영이 어려울 수 있다.

이에 마을의 고유한 문화자원을 마을만들기 사업의 주요내용으로 선택하려면 마을 사람들이 문화자원의 가치를 높게 평가하고, 발굴해야 한다는 인식이 확고해야 한다.

문화와 마을만들기 사업 간의 연계성을 강화할 필요가 있다. 마을만들기 사업을 경제적 소득 창출의 대상으로만 접근하는 태도에서 탈피하여 문화를 활용하여 마을만들기가 중요하다는 시각으로 변해야 한다. 이는 결국 마을의 문화자원이 경제적 재화가 될 수 있다는 인식이 수반되어야 한다.

3.3.2. 마을 내 문화기획 관련 인적자원 부족

주민참여형 마을만들기 사업 발굴과 추진을 위한 마을 지도가가 부족하다. 즉 마을에 따라 자생적 문화기획자(활동가)가 충분치 못하고, 이들의 역량을 개발할 수 있는 지원체계도 미흡하다.

마을의 문화자원은 살아있는 생활문화박물관이라 할 수 있는데, 마을의 풍부한 보유자원을 구체적으로 기억하고, 전달해 줄 수 있는 인력 발굴을 소홀히 함으로써 문화 관련 인적 자원의 부족을 초래하게 된다.

3.3.3. 마을만들기 사업에 지역민들의 주도적 참여 의식 부족

현재는 단순히 행정지원 제도에 따른 마을만들기가 계획·추진되고 있어서 지역민들의 자발적 참여의식이 부족할 수 있다. 또한 마을에 따라 마을만들기 사업에 대한 공감대 형성이 부족하다.

이에 지역민들이 주도적으로 참여할 수 있는 제도를 갖추어야 한다. 또한 지역민들의 문화 역량강화 기회를 제공하는 등 문화적 접근에 따른 마을만들기를 위한 환경이 조성되어야 한다.

3.3.4. 마을 문화자원의 콘텐츠 개발 역량 부족

지역민들이 마을의 문화자원을 활용하여 마을이 지속적으로 발전하는데 기여할 수 있는 방법에 대한 논의와 공감대 형성이 미흡하다.

마을별 문화자원을 발굴하고 콘텐츠로 개발하여 지역민들이 문화적인 생활을 영위할 수 있는 기반조성에 기여하려는 노력이 부족하다. 또한 마을에서 주도적·자생적으로 문화자원을 조사·구축하고, 콘텐츠화 할 수 있는 전문인력을 양성하는 데도 구조적인 한계가 있다.

4. '문화가 살아 숨 쉬는' 마을만들기 사업을 위한 실천 과제

4.1. 기본 방향

4.1.1. 행정 지원 중심에서 주민참여 중심으로 자립 역량 강화

마을 사람들의 역량 강화와 협력을 통해 행정지원에 대한 의존도를 낮춘다. 이는 행정지원 의존형에서 주민 주도형 사업을 추진할 수 있도록 지역민들의 역량 강화기 필요하다는 뜻이다.

4.1.2. 마을의 역사와 문화자원의 콘텐츠화

마을의 고유한 전통문화, 풍속 등을 보존 가치가 있는 자원으로 인식하도록 한다. 마을만들기 사업은 단순히 지역민들의 경제적 소득창출에만 기여하는 것이 아니고, 역사문화자원을 활용하여 문화유산의 가치를 재발견할 수 있어야 한다.

4.1.3. 마을의 전문인력 양성과 지역민들의 문화 역량 개발

전문인력 발굴과 지역민들의 지속적인 참여가 가능하도록 한다. 이를 위해서는 마을 내 전문인력이 부족할 경우 문화기획자, 문화컨설턴트 등 외부 전문가의 도움을 받을 수 있다. 그러나 가능하면 지역민들이 주도적으로 문화자원 발굴과 문화콘텐츠를 개발할 수 있도록 전문적인 역량을 키운다.

4.1.4. 마을의 소득증대와 마을 사람들의 삶의 질적 향상 모색

농산어촌의 인구 감소와 소득 감소를 해소할 수 있도록 문화와 경제의 가치를 조화롭게 연계하는 방안을 마련한다.

4.2. 실천 과제

4.2.1. 마을 문화자원의 발굴과 적극적 활용

마을만들기 사업에 활용 가능한 문화자원은 마을 고유의 문화유산이다. 이는 마을 사람들로 전승되어 온 '생산방식, 신앙, 의례, 음식, 민속 등'과 유형 문화유산이 포함된다. 마을의 문화자원은 '남아 있는 것, 사라진 것, 사라져 가는 것'일 수 있으므로, 궁극적으로는 마을의 문화를 계승하고 그것을 자원으로 활용하려는 노력이 중요하다.

획일화된 마을만들기 사업에서 탈피하여 차별화된 문화적인 마을을 만들기 위해서는 자신들의 전통 문화자원을 찾아내고, 재창조하려는 지역민들의 적극적인 참여가 중요하다. 이는 자신들의 고유한 문화에 대한 자긍심이 있어야 하고, 공동체 의식과 문화정체성 등 문화유산을 소중하게 여기는 태도가 수반되어야 한다.

기존에는 마을 자체적으로 문화콘텐츠 발굴에 소홀히 하여 문화자원의 실용화가 부족했다고 본다. 따라서 지역민들이 마을의 문화자원을 의미 있게 적극적으로 조사하여 사업화·실용화가 가능하도록 구축한다. '(가칭) 마을 문화자원 조사위원회'를 조직하여 마을의 문화자원을 체계적·단계적으로 발굴하고 활용할 수 있는 시스템을 마련한다.

4.2.2. 마을 사람들의 지도력과 문화적 역량 강화

지역민 주도형 마을만들기 사업이 이루어지기 위해서는 마을 사람들을 대상으로 한 학습화 프로그램을 개설하여 마을만들기 사업과 소득 증대는 물론 마을 발전 등에 대한 이해 증진 기회를 제공해야 한다.

마을만들기 사업을 추진하기 위하여 마을이 요청하면 지방자치단체는 컨설팅과 워크숍 등을 진행할 수 있도록 외부지원 체계를 마련하였다.

반면 행정기관의 지원은 사업 초기단계에서는 효율적일 수 있으나 사업 진행 단계에서도 외부의 지원이 지속된다면 마을 사람들의 지도력과 문화적 역량 개발에 장애가 될 수 있다.

또한 문화적 접근을 통한 마을만들기를 추진할 때 마을 내부에서도 기획자가 혼자 기획하고 매뉴얼을 만들게 되면 마을 사람들 간에 갈등 요인이 될 수 있다. 따라서 마을만들기 전 과정에 대다수 마을 사람들이 참여할 수 있는 열린 공동체가 조직될 수 있도록 마을 내부자 중심으로 역량을 강화해야 한다.

마을이 새롭게 변하기 위해서는 무엇보다도 리더가 필요하다. 이 리더는 마을리더와 사업리더, 기술리더로 역할이 구분된다. 또한 현장 활동가의 역할도 중요하므로 다양한 협력자들의 협조가 수반되어야 한다.[67] 마을리더는 마을의 비전과 발전모델을 제시하고, 실천과제를 발굴하여 구체화할 수 있어야 한다. 사업리더는 체험 관광마을 개발과 같은 마을공동체 사업의 방향을 제시하는 등 마을 사업을 주도한다. 기술리더는 생산, 가공, 친환경 등 분야의 전문기술 향상을 위해 지역의 고용과 소득 창출을 맡는다. 현장 활동가는 마을공동체 역량을 강화하고, 민간업체 관리 강화를 도와주는 마을 외부 전문가 집단이 될 수 있다.

마을 사람들의 지도력 강화를 통해 역량 있는 마을 만들기, 지속가능한 마을만들기를 추진함으로써 지역민 각자의 역량과 잠재력을 개발하고 발휘할 수 있는 기회를 만들어 주는 것이 중요하다.

4.2.3. 마을과 행정기관의 협력 체계 구축

마을만들기 사업을 심도 있게 추진하려면 마을회와 마을만들기 관련 추진부서의 협력체계 구축을 위한 정기적인 간담회 개최 등 정보공유가 있어야 하고, 마을 사람들이 마을만들기의 운영 주체가 되어야 한다.

도와 행정시 간에 업무 연계 강화, 실국별 유사사업 추진에 따른 업무 협력이 필요하다. 행정에서는 마을의 문화자원 조사와 마을발전계획 수립을 지원해 주고 있는데, 향후 마을별 중장기 발전계획 수립에도 지원이 필요하다. 마을만들기 사업 주체 간(선정된 마을 간)에 정보교류와 협력 네트워크를 구축할 수 있도록 행정 지원이 필요하다.

---

67) 색깔있는마을 웹사이트(http://www smilebank.kr)를 참조하였다.

4.2.4. 마을의 문화자원 조사 및 DB 구축을 통한 콘텐츠 개발 기반 구축

'문화가 살아 숨 쉬는' 마을을 만들려면 이를 부각시킬 수 있는 대상이 있어야 한다. 다만 기존에 보유하고 있는 유형 문화자원이 없을 경우에는 무형 문화자원인 생활문화사를 찾아내어 이야기를 만드는 노력이 중요하다. 이를 실천하는데 문화자원 발굴과 콘텐츠 개발에 어려움이 있고, 마을별 특성화된 프로그램 개발이 과제이다.

마을 사람들은 마을의 역사와 문화를 기억하고 있는 문화전승자와 지속적인 대화를 통해 문화자원을 조사하고 기록함으로써 자료구축의 여건을 조성한다([그림 3] 참조). 마을의 문화자원을 조사하고 DB로 구축하려면 '(가칭) 마을 문화자원 조사위원회'가 구성되어야 한다. 이들은 조사자 선정, 자원 목록, 조사방법, 정리방법, 활용방법 등을 협의하여 규정한다.

문화자원 발굴과 구축 절차로는 '(가칭) 마을 문화자원 조사위원회를 구성한 후에 자료조사 기준을 마련한다. 조사 기준에 맞게 마을의 모든 자료를 조사하고 정리한다. 이후 조사된 자료들의 사실 관계 확인 등 검증 과정을 거친 후에 마을의 문화자원으로 활용될 수 있도록 구축해 둔다. 이때 마을의 모든 기록물을 수집·분석한다. 이후 현장조사를 진행한다. 마을에 있는 구체적인 지명, 풍속, 의례 등 유형·무형의 문화자원 조사가 해당된다.

어촌, 농촌, 산촌 등 마을의 유형에 따라 문화자원의 종류가 다르므로 마을별 문화자원 조사 결과에 따라 마을사는 물론 지역사 연구에도 중요한 자료로 활용될 수 있다.

[그림 3] 문화자원 발굴·구축 절차

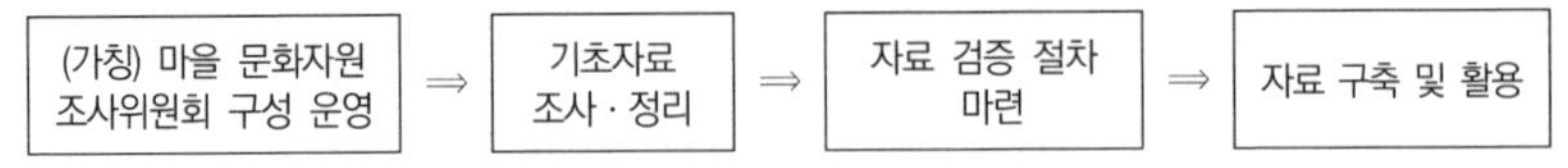

2020년에 개선된 제주형 마을만들기 사업에는 마을의 자원조사 단계가 보이지 않는다. 그렇다고 하더라도 마을만들기 사업 초기에 마을의 문화자원을 발굴하고 활용할 수 있는 기반을 갖추지 않는다면 공동체 문화는 사라질 것이다. 즉 마을만들기는 시설과 환경 개선 등 유형적인 것만 정비한다면 콘텐츠의 부재는 당연한 것이고, 이럴 경우 마을브랜드 발굴은 불가능할 수 있다.

따라서 사업 유형에 따라 지원 내용은 달라질 수 있으나, 핵심은 마을공동체 구성원들이 기억하고 재현하고 싶은 공간이 조성되어야 하며, 이를 실현하려면 문화적인 접근이 필요하다.

4.2.5. 마을만들기 사업 평가 체계 구축

'마을만들기지원센터'를 설립하여[68] 기획 단계부터 사후 평가, 지속 유지까지 일괄 지원체계가 구축되어야 한다.

마을만들기 사업이 선정되고 추진하기까지는 순차적으로 진행될 수 있는데 중간 점검과 사후 관리를 위해 평가제도가 필요하다. 기존 마을 발전 5단계에 따라 각 단계별 평가는 시행되었으나 각 단계별로 평가할 수 있는 지표와 사후 관리가 미흡했다.

이에 2020년 이후 개선된 선정 절차를 적용하여 좀더 체계화된 지표를 개발하고, 평가 수행 주체를 명확히 하는 등 평가 결과에 따른 사후 관리 방안이 마련되어야 한다.

---

68) 제주도에서는 「제주특별자치도 특별자치마을 만들기 지원 조례」(2009. 01. 07. 제정, 2015. 10. 06. 전부 개정)에 근거하여 2016년 〈마을만들기 종합지원센터〉를 설치하였다.

6장
공동체 문화 실천의 장으로서 제주시 문화도시 실현

1. 수눔정신의 실체

지역과 집단 또는 개인이 지니고 있는 고유한 가치를 정체성이라 할 수 있는데, 우리사회가 다양화되면서 독자성 유지 차원에서 정체성을 확인하고, 유지하려는 의식이 높아지고 있다. 또한 민족이나 지역문화(정신문화, 물질문화)를 통해 정체성을 추출하고 정립하기도 하며, 공동체 문화에서 공동체 정신을 도출하기도 한다.

제주도 공동체의 특징을 이야기할 때 ᄌᆞ냥정신(근검 · 절약 정신)과 수눔정신이 거론되어 왔다. 일반적으로 '＊＊정신'이라 할 때 그 실체에 대한 궁금증이 항상 존재하지만 추상적인 대상을 구체적으로 어떻게 보여주고 설명할 수 있는지에 대한 대답은 쉽지 않다.

우리들에게 익숙한 단어인 ᄌᆞ냥정신이 보편적으로 쓰이게 된 이유는 무엇일까? 이는 제주도의 자연환경과 관련이 있다. 적어도 농경시대 제주도는 가난하고 평화로운 섬이었고, 사람들은 생존하기 위하여 부지런히 일하고 절약하지 않으면 안 되었을 것이다. 따라서 여성과 남성의 역할을 구분하지 않고 먹고살기 위하여 집 안과 밖의 노동에 부부가 공동으로 참여하였다. 이는 성인지 감수성이 높다고 할 수 있지만 사실은 성역할을 구분하면서까지 생활하기 어려운 가난한 환경이었다.

다시 말하면 제주도는 원시시대부터 평화공동체였고, 그러한 정신이 현대까지 이어져서 2005년에는 '세계평화의 섬'으로 지정되었으며 평화와 번영의 메신저 역할을 담당하고 있다.

21세기인 이 시점에서 제주시 문화도시의 지향점으로 '수눔정신'을 선택한 것은 ᄌᆞ냥정신을 바탕에 두고 제주 사람들의 공동체 정신을 구현해 보려는 목적이 있다. 공동체의 신념이나 가치관은 시대에 따라 변할 수 있고, 구성원들의 이해관계에 따라 영향을 미치기도 한다.

정부에서 추진하고 있는 문화도시 사업의 성격을 간단히 살펴보겠다. 문화도시 조성 사업은 예비지정과 본지정 단계로 구분되어 있다. 이 사업의 취는 "지역별 특색 있는 문화자원을 활용하여 문화 창조력을 강화할 수 있도록 「지역문화진흥법」(2014)에 따라 지정된 도시"를 말한다. 이 사업은 광역 지방자치단체(시, 도), 기초자치단체(시, 군, 자치구)가 지정 대상이다.

문화도시 사업은 기존에 추진된 문화특화지역 조성사업(2014~2018)의 연장사업이며, 2018년부터 문화도시 조성 사업으로 변경되었다.[69] 이 사업에는 서귀포시가 2015년에 지정되었고, 제주시는 2016년에 지정되어 문화도시 예비사업을 추진해 왔다.

문화도시 지정 분야는 역사전통, 예술, 문화산업, 사회문화, 지역자

---

69) 문화도시 조성사업은 1차로 2019년 12월 말에 7개 도시가 선정되었다. 2차로는 2021년 1월 초에 5개 도시가 선정되었다.

율 분야 등으로 구분되어 있고, 신청하는 지방자치단체에서는 한 유형을 선택할 수 있다. 문화도시로 지정되면 5년간 국비(50%)가 지원된다.

제주도에서는 서귀포시가 2018년에 문화도시 예비사업 대상지로 지정되었고, 2019년에 본도시로 지정되어 관련 분야 사업을 추진하고 있다. 반면 제주시는 2019년에 예비 문화도시로 지정되었고, 2021년에 본도시로 지정받기 위해서 사회문화 유형을 고려하여 제주 시민 참여형 사업을 추진하고 있다.[70]

2000년대 들어와서 제주사회는 내국인들의 이주가 증가하였고, 그에 따라 지역 공동체 구성원 간에 갈등이 나타났다. 그동안 제주 사람들은 자신들의 역사와 문화에 관심을 주지 않더라도 지속되고, 고유성이 전승될 것이라 믿었다.

그런데 제주사회 공동체 구성원들이 다양해지면서 제주도의 고유한 문화를 찾아내어 재정립하는 한편 보존하고 전승해야 할 자산으로 인식하기 시작했다. 이는 결국 우리들의 공동체 문화가 방치되더라도 유지되고 살아남을 것이라 착각하고 있었거나 방치하지 않았다고 믿었지만 현실은 무관심과 방치 수준에 가까웠음을 인정한 결과로 볼 수 있다.

농사일

70) 제주도에서는 문화도시 조성을 위해 「제주특별자치도 문화도시 기본 조례」를 제정하고(2018. 21. 31.) 추진위원회를 구성하였다. 서귀포시문화도시센터(2019. 07. 개소)는 민간조직으로 구성되어 있다. 제주시문화도시센터(2019. 07. 개소)는 제주시 문화예술과 내 '문화도시센터TF팀'으로 운영되고 있다.

따라서 외부의 충격이 없을 때는 변화의 정도를 감지하지 못하는데 충격의 강도가 점점 높아진다고 생각하게 되니까 마치 제주 공동체 정신이 소멸될 것이라는 위기의식이 대두되었다. 그 결과 제주사회 곳곳에서 지역과 지역문화를 소생시키는데 적극적으로 달려드는 풍토가 조성되고 있다.

공동체 정신은 자연스럽게 시간의 흐름에 따라 형성되고 유지되어 왔는데, 요즘은 공동체의 정체성을 강조하면서 수눔정신을 부각시키려는 행동들이 많이 나타나고 있다.

2. 제주 공동체 문화

제주 사람들은 자신들의 고유한 문화를 유지하고 문화가 살아 숨쉬는 삶을 영위할 수 있는 문화도시에 대한 열망이 있다. 이에 제주 인문자산의 가치를 인정하고, 공동체 정신을 회복함은 물론 다양한 구성원들과 공존할 수 있는 문화환경 만들기에 수눔정신을 적용해 보려는 것이다.

'수눔'에 대해 생각해 보면 사람은 사회적 동물임을 실감케 하고, 이웃과 문화 공유가 가능해야 함을 알게 해 준다. 제주 사람들의 공동체 정신이라 할 수 있는 수눔정신은 전통문화에 잘 녹아 있다. 예를 들면 일생의례와 세시풍속을 통해 제주 사람들은 평화와 공존을 최우선에 두고 서로 협력하여 문화 공동체 유지에 동참하였음을 알 수 있다.

일생의례는 사람이 태어나기 전 단계부터 출생과 혼인, 죽음과 사후 제사에 이르기까지 각 단계마다 엄숙하고 성대하게 치러야 하는 절차를 말한다. 이러한 의례를 이행하기 위해서는 이웃과 친척들의 협력과 배려가 있어야 한다. 특히 서로 간 협력체계의 주요소는 시간과 정성이다. 지금은 그 자리를 화폐가 차지하고 있으나 제주 사람들은 자신들의 공동체 정신을 가치 있게 드러내기 위하여 수눔정신에 방점을 찍고 싶어 한다.

제주 공동체 문화는 가족, 문중, 마을 단위로 형성되어 있으며, 집단에 따라 성격이 다르게 나타난다. 간혹 공동체 문화의 부정적 측면에서 집단문화 또는 집단이기주의로 비춰지기도 한다. 이는 공동체마다 내재되어 있는 요소이므로, 부정적인 요인이 발생하게 된 사회문화적 환경을 이해하려는 열린 시각이 필요하다.

해조류를 거둬들이는 사람들

현재 제주에는 내국인과 외국인이 한데 어울려 살아가고 있어서 국가와 민족은 물론 지역 간의 문화다양성이 공존하고 있다. 그동안 제주 사람 중심으로 유지되었던 공동체에서 인구 유입에 따른 문화의 혼종이 발생하고 있다. 반면 이를 인지하지 못하고 내부인과 외부인 간의 경계 만들기에만 급급해 한다면 수눔정신이 훼손될 것이다. 현대적 의미의 수눔정신은 국적, 인종, 종교, 성 등을 포용하고 더불어 살아가야 하는 공동체 정신으로 변화해야 한다.

이제는 좀더 개방적인 시각에서 우리 자신을 객관화하여 자신과 타인을 바라보고, 각자가 보유하고 있는 문화적인 요소들을 인정하고 공유할 수 있는 문화 공동체를 만드는 것이 제주시 문화도시가 추구해야 할 '수눔정신'이라 할 수 있다.

사람들은 공존해야 하는 대상이고, 거기서 파생되는 것이 공동체 문화이며, 이를 지탱해 주는 것이 공동체 정신이 된다. 그래서 정체성과 공동체 정신은 밀접한 관계에 놓여 있으므로, 공동체 정신은 개별 정체성 정립에도 긍정적인 효과를 줄 수 있어야 한다.

점심 먹는 사람들

3. 수눔정신의 실천

제주 사람들은 오래전부터 수눔정신을 실천하면서 살아왔고, 제주도는 그 정신을 자양분삼아 발전해 왔다고 포장하고 싶은 것은 아닌지에 대한 반성이 필요하다. 그 이유가 무엇이든 우리들은 고유한 공동체 정신을 보유하고 있으며, 그 정신을 실천할 수 있도록 사회 곳곳에 전파해야 하는 의무가 있다.

우리나라는 근대화와 산업화 과정을 거치면서 성장과 개발에 치중한 정책들이 추진되어 왔으며, 물질적인 가치를 높게 평가하는 현실에서 국민들의 문화적 감수성 회복이 중요하게 부각되었다.

이에 정부에서는 「문화기본법」을 제정하여(2013) 개인의 문화권을 보장해 줄 수 있는 정책을 추진하고 있다. 또한 지역 공동체의 고유성과 독자성을 계승하고 발전할 수 있도록 「지역문화진흥법」을 제정하여(2014) 지역의 문화적 가치 확산을 권장하고 있다. 이에 더하여 지역 공동체 정신의 토양을 발굴하고 계승할 수 있도록 「인문학 및 인문정신문화의 진흥에 관한 법률」을 제정하여(2016) 국가와 지역의 고유성 유지에 필요한 제도적 장치를 마련하였다.

이와 같은 정부의 시각을 반영하여 제주도에서도 관련조례를 제정하여 제주 사람들의 정체성 확립과 공동체 문화 회복이 필요하다는 인식이 확산되어 있다.

고사리를 꺾는 사람들

따라서 제주도 곳곳에서 문화가 핵심 가치로 떠올랐고, 우리들의 일상생활은 물론 주거 환경, 경제, 정치 등 사회 전반에 문화가 스며들 수 있는 문화 활동이 활성화되고 있다. 이런 측면에서 사람들이 문화적인 감수성을 지닐 수 있도록 수눔이라는 공동체 정신이 제주시 문화도시가 추구하려는 신념으로 선택되었다.

제주사회에서 회자되고 있는 '문화예술의 섬'은 2014년 민선 6기(2014~2018)부터 정책으로 채택되어 민선 7기(2018~2022)에도 지속되고 있으며, 제주 사람들이 문화로 행복한 삶을 누릴 수 있는 환경 만들기에 노력하고 있다. 또한 제주시에서는 2016년부터 시민들이 문화적인 기본 권리를 누릴 수 있도록 문화도시를 만들어가고 있다.

따라서 과거의 수눔정신은 제주도의 환경에 반응한 자생적인 공동체 정신이라 한다면 현대적 의미의 수눔정신은 노동시간과 자본을 공유하는 것에서 문화다양성이라는 문화 공동체의 영역으로 확대되어야 한다.

제주 전체를 문화도시로 만들어가기 위해서는 시민들의 의식이 문화적으로 변해야 하고, 의식이 바뀔 수 있도록 문화의 생활화가 가능해야

마늘을 수확하는 사람들

한다. 이와 같은 변화가 이루어지려면 사회구성원 모두의 능동적 참여가 담보되어야 한다.

지역과 마을 단위의 공동체 정신이 제 색깔을 지킬 수 있으려면 제주의 독자성과 보편성이 공존해야 하고, 제주의 전통문화와 외부에서 이식해 온 문화가 공존할 수 있어야 한다.

이에 다양성을 수용할 수 있도록 열러 있는 지역으로 만들어 가는 것이 문화도시의 지향점이 되어야 한다. 결국 제주 사람들이 공유하고 있는 수눔정신이 미래에도 살아남게 하려면 장소와 가치관에도 다양성과 포용성이 덧씌워져야 한다.

여기서 한 가지 제안한다면 수눔정신에 기초하여 아시아 주변국과 문화 공유가 가능하도록 문화 공적개발원조(ODA:Official Develpoment Assistance) 사업에 동참할 수 있는 기회를 만들어야 한다. ODA사업은 유엔지속가능발전목표(SDGs:Sustainable Development Goals)의 17번째 목표로 선택되었으며, 핵심 목표이기도 하다.

따라서 우리들의 고유한 문화와 정신의 실천 장소를 제주에만 국한하지 말고 국내는 물론 아시아지역까지 확대할 수 있기를 희망한다.

3부

문화예술과 문화정책

1장
제주특별자치도 인문학 진흥 지원제도 개선 방안

1. 논의개요

인문학은 인간과 인류 문화 전반에 관여하는 학문이다. 또한 인문학은 인간의 유연한 사고 유지의 기초가 되고, 공동체 의식을 함양하는 요소이기도 하다. 한편 인간의 가치와 존엄성 등 인본주의를 중시하는 인문학은 1990년대 신자유주의의 확장에 따라 경제성과 효용성 측면에서 저평가되면서 소외되기 시작했다.

우리나라에서는 2000년대 들어와서 인문학의 위기설이 공론화되었고, 2006년부터 학계에서는 인문학의 위기를 극복하기 위하여 한국연구재단을 중심으로 대학과 연구자들을 지원하고 있다. 2006년 인문학 위기 선언(전국 인문대학장 중심)에 이어 '인문주간'을 시작으로 인문학 진흥에 관심을 갖기 시작하였고, 2007년 이후 인문한국(HK;Humanities Korea) 사업이 추진되었다. 2008년 학술진흥재단과 과학재단이 '한국연구재단'으로 통합되었는데, 이는 교육부와 과학기술부가 교육과학기술부로 통합됨에 따라 유관 산하기관도 통합된 것이다. 2011년 1회 세계인문학포럼이 개최된 것도 인문학의 위기의식의 발로로 볼 수 있다. 이 포럼은 유네스코 · 교육부 · 지방자치단체가 주최하고 한국연구재단이 주관하는 인문학 행사로 2012년 2회 포럼 이후부터 2년 단위로 개최되고 있다.

인문학은 일부 전문가 집단의 전유물로 인식하는 경향이 있는데, 현대사회에서는 사람들의 황폐화된 정신건강 회복 차원에서 인문학의 가치가 재평가되고, 대중화 사업 필요성이 제기되었다.

이에 대학 중심의 인문학 지원 사업이 국민들을 대상으로 하는 대중화 사업으로 전환되고 있다. 이런 변화를 반영하여 정부에서는 「인문학 및 인문정신문화의 진흥에 관한 법률」을 제정하여(2016) 다양한 인문학 사업을 지원하고 있다.

교육부 중심으로 추진되던 인문학 진흥 정책이 2014년부터 문화체육관광부와 교육부에서 공동으로 담당하고 있다. 따라서 인문정신문화 진흥 사업과 인문학 대중화 사업 예산이 확대되고, 인문학 강좌가 증가하였다. 이에 지방자치단체와 시·도교육청 단위로 조례를 제정하여 인문학 진흥 사업을 추진하고 있다.

제주특별자치도는 지역 고유의 전통문화를 지니고 있는데, 2000년대 이후 급격한 환경변화와 국내 이주민의 증가에 따라 공동체 문화의 상실에 대한 위기의식이 확산되고 있다.

따라서 이 글에서는 제주 도민의 삶의 가치를 높일 수 있도록 인문학의 대중화 사업을 확대할 필요가 있다고 보고, 제도 개선을 통해 인문정신문화의 확산 방안을 제안하고자 한다.

2. 정부와 제주특별자치도의 정책 현황

2.1. 정부의 인문학 및 인문정신문화 진흥 정책 현황

2.1.1. 정부의 정책 변화

① 「인문정신문화 진흥 7대 중점과제」 발표(2014)

교육부 · 문화체육관광부에서는 '인문정신, 문화융성의 길을 열다'를 비전으로 선포하고 '교육 및 학술지원 강화, 인문정신의 사회문화적 확산'을 정책 방향으로 정함에 따라 인문정신문화 진흥을 위한 7대 중점과제'를 발표하였다(교육부 · 문화체육관광부, 2014. 08. 06.). 박근혜 정부에서는 국정과제로 '인문정신문화 진흥'을 선포하였고, 대통령 직속 자문기구로 「인문정신문화 특별위원회」를 구성하였다(2013. 10.).

7대 중점과제로는 〈1. 초·중등 인성교육 실현을 위한 인문정신 함양 교육 강화, 2. 인문정신 기반의 대학교양교육 개선 및 확산, 3. 인문분야 학문후속세대 육성 및 학술역량 강화, 4. 지역 기반을 통한 생활 속 인문정신문화 실현, 5. 인문정신문화와 콘텐츠의 융·복합 확대, 6. 생애주기별 인문정신문화 프로그램의 다양화, 7. 인문정신문화 분야의 국제교류 활성화〉 등이 선정되었다. 중점과제 3건(1~3번)은 교육부에서 주관하는 정책이고, 중점과제 4건(4~7)은 문화체육관광부에서 주관하는 정책이다.

세부과제인 인문정신의 사회문화적 확산 전략에 따라 지역 인문정신문화 체험 프로그램 추진, 길 위의 인문학 사업 확대, 문화가 있는 날 지정 운영, 인문도시 지정 사업 등이 추진되었으며, 이 사업들은 문재인 정부에서도 지속되고 있다.

② 「인문학 및 인문정신문화의 진흥에 관한 법률」 제정(2016)

21세기 들어와서 인문학의 위기설이 사회문제로 대두되었으며, 그 결과 학생들은 경제성과 효용성을 앞세우는 학과로 몰리는 반면 인간의 삶과 가치를 탐구하는 인문학은 소외되기 시작하여 인문학 관련 학과는 존폐위기에 내몰렸다.

우리사회에서 인문학 연구는 주로 대학을 중심으로 진행되었고, 일반인들이 접근하기 어려운 분야로 인식되어 왔다. 또한 경제성장에 역점을 둔 결과 개인의 삶의 질은 낮아지고 공동체도 붕괴 위기에 직면하게 되었다.

한편 대다수 사람들이 양질의 일자리를 원하는 추세에 따라 인문학을 전공하려는 학생 수가 감소하고 연구자 또한 감소하는 위기에 직면해 있다. 이에 정부에서는 학문분야에 머물러 있던 인문학을 사회 속으로 확산하여 생활 속에서 인문정신문화가 살아날 수 있도록 법률을 제정하고 다양한 정책을 추진하게 되었다.

「인문학 및 인문정신문화의 진흥에 관한 법률」(2016. 02. 03. 제정)과 시행령(2016. 08. 04. 제정)의 핵심은 인문학과 인문정신문화의 진흥을 통해 창의적인 인재 양성과 삶의 질 개선에 두었다. 동 법률 3조에는 '인문, 인문학, 인문정신문화'의 개념이 정의되어 있다. 동 법률의 조항에는 국가와 지방자치단체의 책무, 다른 법률과의 관계, 인문학과 인문정신문화 진흥 심의회 설치 및 심의사항, 심의회의 구성과 운영, 심의회 심의결과의 활용, 기본계획 수립, 시행계획의 수립·시행, 자료제출 요청, 연구 활동 지원, 인문교육의 실시, 인문정신문화 향유 활동 지원과 환경조성, 전문인력의 양성·활용, 인문학과 인문정신문화의 확산, 국내외 교류협력, 전담기관의 지정 등 권한의 위임·위탁 등이 포함되어 있다.

「인문학 및 인문정신문화의 진흥에 관한 법률」

제1조(목적) 인문학 및 인문정신문화를 진흥하고 사회적으로 확산함으로써 창의적 인재를 양성하고 나아가 국민의 정서와 지혜를 풍요롭게 하며, 삶의 질을 개선하는 데 이바지 한다.

제2조(기본이념) 인문학 및 인문정신문화의 진흥이 인간의 존엄을 바탕으로 사회적 · 문화적 가치와 조화를 이루고 경제 · 사회 발전의 원동력이 되도록 하며, 국민의 자율성과 창의성이 존중받도록 하고, 인문학이 자연과학 및 사회과학과 균형 있게 발전하도록 한다.

제3조(정의) 이 법에서 사용하는 용어의 뜻

1. "인문"이란 인간과 인간의 근원문제 및 인간의 사상과 문화
2. "인문학"이란 인문에 관하여 탐구하는 학문으로서 언어학 · 문학 · 역사학 · 철학 · 종교학 등의 학문과 직관 · 체험 · 표현 · 이해 · 해석 등 인문학적 방법론을 수용하는 제반 학문 및 이에 기반을 둔 융복합 학문 등 관련 학문분야
3. "인문정신문화"란 인문에 기반을 둔 정신적인 가치를 지향하는 활동 및 유형 · 무형의 문화적 산물

출처 : 국가법령정보센터((http://www.law.go.kr/)

③ 인문학 및 인문정신문화 기본계획 및 시행계획 수립(2017)

정부에서는 「인문학 및 인문정신문화 진흥에 관한 법률」에 근거하여 5년 단위로 『인문학 및 인문정신문화 진흥 기본계획』을 수립하고 있으며, 이 계획에 기초하여 매년 시행계획을 수립하고 있다.

「인문학 및 인문정신문화 진흥 시행계획」은 교육부, 문화체육관광부, 행정안전부 등 5개 부처와 34개 시·도 및 시·도 교육청에서 수립하고 있다.

교육부 주관으로 「인문학 진흥 기본계획」(2017)을, 문화체육관광부 주관으로 「인문정신문화 진흥 기본계획」(2017)을 수립하였다.

④ 「2019 인문학 및 인문정신문화 진흥 기본계획 시행계획」 수립(2019)

정부에서는 법률에 따라 법정 기본계획을 수립하였고, 지방자치단체에서는 매년 시행계획을 수립하여 정부에 보고하는 구조이다.

정부부처별로 「인문학 및 인문정신문화 진흥 기본계획」에 따라 매년 시행계획을 수립하여 추진하고 있다. 정부부처의 추진전략과 주요내용은 기본계획과 동일하다.

〈표 1〉 2019 정부부처 인문학 및 인문정신문화 진흥 시행계획.

	비전	목표	추진전략 및 주요내용
문화체육관광부	국민의 정서와 지혜를 풍요롭게 하여 삶의 질 향상	• 인문적 소양을 갖춘 창의적 인재양성 • 인문 진흥 및 사회적 확산	• 주체적 인문소비 강화 • 인문 친화적 환경 조성 • 장기적으로 사회 · 경제 발전에 기여
교육부			• 생애주기별 체계적 · 연속적 인문교육 • 인문학 전문인력 양성 및 연구 다양화 등 지원 • 연구 성과의 확산을 통한 인문학 대중화 • 정책 효과성 제고를 위한 행 · 재정적 기반 구축
법무부	수용자 내면의 변화를 유도하여 자존감 회복 및 사회안전망 구축	• (교정기관) 인성변화를 통한 건전한 수용생활 및 성공적 사회복귀 도모 • (소년보호기관) 인문학 교육을 통해 소년원생의 재비행 방지 및 건전한 성장 및 발달 도모	• (교정기관) 체계적 · 연속적 수용자 인문학 교육, 온라인 강좌를 통한 인문교육 지속화 • (소년보호 · 보호관찰기관) 소년원생과 보호관찰대상자의 눈높이에 맞는 인문학 콘텐츠 발굴 및 개발
행정안전부	중앙-지방자치단체간 연계 · 협력을 통한 인문학 진흥 분위기 확산	• 인문학 진흥을 위한 중앙-지방자치단체 협력 강화 • 인문학과 리더십 교육을 연계하여 중앙 및 지방 공무원의 감성 · 소통 역량 강화	• 중앙-지방자치단체 정책협의회 활용 인문역량 배양 및 인문학 활성화를 위한 중앙-지방 협력 체계 구축 • 지방공무원 인문학 기본소양 함양을 위한 교육과정 운영
문화재청	인문정신으로 풍부해지는 문화유산의 가치	• 문화유산교육을 통한 창의융합 인재 육성 • 인문정신을 활용한 문화유산의 가치 제고	• 문화유산 교육 기반 강화 및 생활 속에서 즐기는 교육 실현 • 문화유산 활용 프로그램을 통한 인문정신 함양

출처 : 교육부 · 문화체육관광부(2019), 『2019년도 인문학 및 인문정신문화 진흥 시행계획(1/2)』.

2.1.2 교육부의 정책 현황

① 『인문학 진흥 5개년 기본계획(2017~2021)』 수립

『인문학 진흥 5개년 기본계획(2017~2021)』(교육부, 2017)은 「인문학 및 인문정신문화 진흥에 관한 법률」 제9조에 근거하여 수립되었다. 이 기본계획의 비전은 '국민의 정서와 지혜를 풍요롭게 하여 삶의 질 향상'에 두고 4개의 추진전략과 10개의 추진과제를 선정하였다.

교육부에서는 우리나라 학생들이 인문소양을 갖춘 창의인재로 성장할 수 있는 기초가 인문학 진흥에 있다고 보았다. 그동안 인문학 연구는 주로 대학 내에서 이루어졌으나 대중들이 인문학의 가치를 가볍게 여기는 사회현상을 고려하여 인문학의 대중화 전략을 마련하였다.

〈표 2〉 인문학 진흥 5개년 기본계획 추진과제

추진 전략	추진과제
1. 생애주기별 체계적 · 연속적 인문교육	1-1. 초 · 중등 인문소양교육 체계화
	1-2. 모든 대학생 대상 인문교양교육 강화
	1-3. 평생교육기관 및 소외계층 인문교육 확대
2. 인문학 전문인력 양성 및 연구의 다양화 등 지원	2-1. 인문학 후속세대 교육 · 연구 안정적 지원
	2-2. 인문학자 연구지원 내실화
	2-3. 인문학 교육 · 연구거점으로서 HK연구소 육성
3. 연구 성과의 확산을 통한 인문학 대중화	3-1. 국내 인문학 대중화 기반 마련
	3-2. 인문학 성과의 글로벌 확산 기반 마련
4. 정책 효과성 제고를 위한 행 · 재정적 기반 구축	4-1. 범정부 협업 강화 및 인문학 진흥 전담 조직 운영
	4-2. 안정적 인문학 진흥을 위한 법적 · 재정적 기반 확보

출처 : 교육부(2017), 「인문학 진흥 5개년 기본계획(2017~2021)」.

② 「인문사회 학술생태계 활성화 방안(2019~2022)」 수립

정부에서는 인문학의 진흥과 대중화 정책을 추진해 오고 있으나 인문사회과학 분야의 가치가 약화되고, 재정지원이 열악함은 물론 학문 후속세대의 위기가 심화되고 있다. 이에 정부부처가 협력하여 그동안 연구비 지원에 중점을 두었던 정책을 전환하여 인문사회 학문 분야에 대한 사회적 수요 확대, 학문후속세대의 지원 강화를 토대로 하는 「인문사회 학술생태계 활성화 방안(2019~2022)」을 수립하였다(교육부·과학기술정보통신부·문화체육관광부, 2019).

이 기본계획을 보면 중점 추진과제로는 인문사회분야 연구지원 강화와 사회 진출 다변화, 지속가능한 혁신을 위한 인문사회과학의 역할 확대, 개인과 공동체의 삶을 풍요롭게 하는 생활 속 인문사회과학 등이 있다.

세부사업에는 지역 인문학 활성화를 위해 인문도시가 문화도시로 육성될 수 있도록 사업 간 연계 및 부처 간 협력 강화가 있다. 즉 2020년부터 인문도시 사업을 확대하고 연구·교육 중심에서 지방자치단체가 주도하는 지역 인문학 진흥사업으로 개편한다는 계획이다. 인문사회소양교육 전담기관 대학(연구소)을 '교육지원센터'로 지정할 수 있도록 하고, 교육 콘텐츠·전문인력 활용 사업이 포함되어 있다. 또한 인문사회 협동조합 육성, 지역 인문활동 지원사업 등이 있다.

2.1.3. 문화체육관광부의 정책 현황

① 「인문정신문화 진흥 기본계획(2017~2021)」 수립

「인문정신문화 진흥 기본계획(2017~2021)」(문화체육관광부, 2017)은 2016년 관련 법률이 제정되고, 동법 제9조에 따라 5년 단위로 수립되고

있다. 「인문학 진흥 기본계획」(교육인적자원부, 2007)과 '인문정신문화 진흥을 위한 7대 중점과제'(교육부·문화체육관광부, 2014)가 기 수립되었으나 이는 법률에 기초하지 않은 임의적인 계획이고, 「인문정신문화 진흥 기본계획」은 법률에 기초한 법정 계획이다.

「제1차 인문정신문화 진흥 기본계획」은 3개의 전략과제, 7개의 중점과제, 26개의 세부과제로 구성되었으며, 문화체육관광부와 교육부를 주축으로 하여 전 부처가 추진기관 및 협조기관으로 참여하고 있다.

〈표 3〉 인문정신문화 진흥 전략 및 중점과제

전략과제	중점과제
주체적 인문소비 강화	1. 인문 본질을 강화한 프로그램 제공 2. 인문활동의 자생력 신장
인문 친화적 환경 조성	3. 공간의 인문적 활용 촉진 4. 문화기반시설의 매개 역량 강화
장기적으로 사회 · 경제 발전에 기여	5. 사회적 화두에 적극 대처 6. 인문의 산업적 활용 및 국제적 확산 7. 장기 실효성 담보를 위한 기반 정비

② 국정과제와 '문화비전2030'에 반영

문재인 정부 국정과제 67번 '지역과 일상에서 문화를 누리는 생활문화 시대', 국정과제 71번 '휴식 있는 삶을 위한 일·생활의 균형 실현'은 국민의 인문정신문화 진흥 정책에 포함되어 있다.

「문화비전2030 사람이 있는 문화」 '의제 1. 개인의 문화권리 확대, 의제 4. 문화다양성 보호와 확산, 의제 6. 지역 문화분권 실현, 의제 7. 문화자원의 융합역량 강화' 등의 세부과제에 인문학 및 인문정신문화 진흥 사업이 반영되어 있다.

인문학과 인문정신문화 진흥 사업과 관련 있는 세부과제에는 '전국민에게 문화복지 확산, 문화정체성의 다양한 표현 보장, 전통문화유산 보호와 현대화, 지역 문화의 고유성 유지 발전, 지역 문화 거점기관 운영 혁신과 지원체계 마련, 문화자원의 기록 · 보존 체계 강화, 창의성과 상상력을 갖춘 시민 · 인재, 문화자원 융합 역량을 제고하기 위한 관련 제도 개선' 등이 있다. 따라서 정부의 인문학진흥정책은 지속적으로 추진될 것이다.

③ 2019년 문화체육관광부 업무계획에 반영

문화체육관광부의 2019년 인문정책사업은[71] '읽고, 생각하는 인문의 가치 확산'에 역점을 두었고, 세부과제는 '열린 인문학과 책읽기의 일상화'이다.

열린 인문학 관련 사업에는 일상생활과 사회변화에 고민·대응하는 창의적 인문실험(100개), (가칭) 인문학교 시범 운영(2개소), '인문360°'(인문학 강연, 대담 등 온라인 서비스) 활성화 등이 있다.

책읽기 일상화 관련 사업에는 생애 주기별 독서활동 지원, 시민 참여형 독서 프로그램·캠페인 방송 제작, 매월 마지막 주 금요일 '심야책방의 날' 전국 동시 실시(월 70개 서점), 서점 소외 지역 중심 순회 책방 운영(50회), '책문화센터(북 비즈니스센터)' 운영(1개소/신규), '책마을' 지정(3개) 등이 있고, 이 외에도 동네책방 문화사랑방(20여개) 등이 있다.

한편 인문학 진흥 사업이라는 명분 아래 1회성 인문학 강좌가 개설되고, 단기성 인문학 강좌가 운영되기도 하므로, 인문학 대중화의 질적 향상을 고려해야 한다. 이에 정책 사업이나 프로그램 앞에 인문학을 붙이기만 하면 인문정신문화 진흥 사업이라고 착각할 수 있는데, 이 경우 인문학을 멀리했던 사람들은 점점 더 인문학과 거리를 둘 수 있다는 단점이 있다.

---

71) 문화체육관광부(2019), 「2019년 업무계획」을 참조하였다.

2019년에 이어 2021년에도 정부의 인문학 진흥을 위한 지원정책은 지속되고 있다. 문화체육관광부 「2021년 업무계획」(2021. 02.)을 보면 '문화가치 회복·확산'(과제 6번)에 따른 세부과제로 인문정신 가치 제고에 필요한 내용이 채택되었다. 여기에는 생활밀착 인문교육(길 위의 인문학), 주민주도 생활 속 인문·여가 가치 확산을 위한 '다양한 프로그램 제공'(169억원, 35만명)이 확정되었다.

④) 『인문정신문화 실태조사』 추진(2018)

정부에서는 인문학 및 인문정신 진흥을 위해 법률을 제정(2016)하고, 기본계획을 수립(2017)하는 한편 2018년에는 국민들의 인문 활동과 인문학 및 인문정신문화에 대한 인식 정도를 다양하게 측정하여 인문학 및 인문정신문화 진흥정책 방향을 마련하였다.

『인문정신문화 실태조사』(문화체육관광부, 2018)는 「인문학 및 인문정신문화 진흥에 관한 법률」 제12조 및 제16조에 따라 인문학 및 인문정신문화 활동 지원 근거 마련에 목적이 있다. 국민 대상 인문정신문화 실태조사 관련 지표는 다음과 같다.

〈표 4〉 인문정신문화 실태조사를 위한 지표 항목

범 주	세부지표 항목
인문정신문화에 대한 인식	• 인문정신문화의 개념과 의미에 대한 이해도 • 현재 우리나라 국민의 인문정신문화 수준 정도 • 인문학에 대한 관심도(개인) • 인문학 및 인문정신문화의 필요 정도 · 의식수준 정도 • 인문학 및 인문정신문화가 중요한 이유, 한계점
인문정신문화 정책 만족도 및 발전 방향	• 인문정신문화 지원정책 만족도 • 인문관련 프로그램 개선점 · 보완점 • 인문프로그램 발전 방향

인문정신문화 습득 실태	• 인문관련 프로그램 참여여부 · 인식경로 · 참여유형 · 참여분야 • 수강 시 사용방법 [방문시설 · 수강시간대(시설방문 · 대중매체 활용) · 이용 대중매체] • 수강 시 고려사항 • 인문프로그램 평균 참여 횟수(한 달) · 참여 강좌 수(1년 간)·월 평균 수강료(1년 간) • 인문프로그램 동반자 • 인문프로그램에 참여하지 못한 요인
인문정신문화 나눔 및 활용 실태	• 인문프로그램 참여 후 변화 · 효과성 • 습득한 인문 활동 및 지식 활용여부(나눔활동 유형 · 활용 계기 · 미참여 이유)

출처 : 문화체육관광부(2018), 『인문정신문화 실태조사』, 7쪽.

인문정신문화 실태조사 결과[72] '인문학 및 인문정신문화에 대한 인식' 항목에서 인문학의 관심도에 비해 필요하다는 의견이 2배 이상 높게 나타났다. 인문정신문화는 '삶의 가치를 성찰'하기 때문에 중요하다는 응답이 가장 많이 나타났다(64.8%). 인문학 및 인문정신문화의 한계점에 대해 '내용이 어렵고 추상적이라 접근성이 낮기 때문에'라는 응답이 39.3%로 가장 높게 나타났다.

향후 인문정신문화 실태조사 결과를 참고하여 제주특별자치도의 인문정신문화 진흥정책 수립에 반영할 필요가 있다.

2.2. 제주특별자치도의 인문학 및 인문정신문화 진흥 정책 현황

2.2.1. 제주특별자치도의 정책 환경

정부에서 「인문정신문화 진흥 기본계획」을 수립한 이후부터 제주특별자치도는 매년 시행계획과 추진결과를 정부에 보고하고 있다. 문화체육

72) 문화체육관광부(2018), 『인문정신문화 실태조사』, 123쪽, 130~131쪽.

관광부에서는 인문학의 대중화 사업을 정책화하였으며, 2016년에 법률을 제정하고, 2017년부터 2021년 현재까지 매년 인문학 진흥정책을 추진하고 있다.

제주특별자치도에서는 지역서점과 작은도서관 지원, 제주학 분야 육성 등을 지원할 수 있는 조례를 제정하여 제주특별자치도의 인문학 진흥 토대를 마련하였다. 여기에는 「제주특별자치도 지역서점 활성화 및 지원에 관한 조례」 제정(2018), 「제주특별자치도 제주학연구센터 설립 및 지원 조례」 제정(2013), 「제주특별자치도 독서문화진흥에 관한 조례」 제정(2010), 「제주특별자치도 작은도서관 설치 및 운영지원에 관한 조례」 제정(2008), 「제주어 보존 및 육성 조례」 제정(2007) 등이 있다.

따라서 제주특별자치도에서는 위와 같은 법적 · 제도적 지원 정책 이외에도 제주특별자치도 인문도시사업(2018~2020)이 선정되어(교육부 지원, 2018. 05.) 5개 대상 제주 문화유산을 중심으로 인문학 프로그램을 운영하였다(운영 주체는 제주대학교 인문과학연구소임).

반면 제주특별자치도의 인문학 진흥 사업은 문화체육대외협력국에서 추진하고 있는 사업 중심으로 시행되고 있어서 제주 도민들의 인문학 향상을 위한 정책 다양성이 부족해 보인다. 인문정신문화 진흥 사업은 문화유산(무형 · 유형 문화재 등), 도서관, 박물관(미술관), 공연장 등 인문자원을 실행하는 조직의 업무에 해당되는데, 제주특별자치도의 경우 문화체육대외협력국이 시행계획 제출 부서이기 때문에 다른 실국에서 추진하고 있는 사업은 반영되지 못하는 단점이 있다.

한 예로 제주특별자치도 세계유산본부에서는 문화재 업무를 담당하고 있으며, 공공 문화시설로 박물관(미술관), 도서관, 공연장 등의 담당 조직이 구분되어 있어서 인문정신문화 추진 현황을 종합적으로 취합하는데 어려움이 있다.

향후 제주 도민의 인문학 및 인문정신문화 진흥정책 담당기관을 확대하여 현황을 점검하고 정책을 추진할 수 있는 협력체계가 마련되어야 한다. 제주특별자치도교육청과 협력하여 학교교육 현장에서 추진 가능한 교육 프로그램 개발 및 제공이 필요하다. 또한 제주 도민 대상 인문학 진흥에 필요한 실태조사가 필요하고, 이 조사 결과에 기초하여 도민들의 욕구를 반영한 정책이 수립되어야 한다.

2.2.2. 제주특별자치도의 정책 추진 현황[73)]

민선 7기 제주도정의 비전은 "사람과 자연이 공존하는 청정 제주"이고, 인문정신문화 진흥정책과 관련 있는 과제로는 '14-1 제주 역사문화 정체성 창달 사업, 14-2 제주 역사문화 연구 편찬 사업' 등이 있다.

제주특별자치도의 인문정신문화 진흥에 따른 2019년 비전은 "성숙한 문화의식으로 품격 있는 도민 문화 조성"으로 정하였다. 그에 따른 목표는 "인문 소양을 갖춘 성숙한 도민으로 발전, 지역 인문 진흥 및 사회적 확산"에 두고 2개의 추진전략과 4개의 과제를 수립하였다. 2018년 세부 과제별 추진실적(〈표 5〉)과 2019년 시행계획(〈표 6〉)은 다음과 같다.

제주특별자치도에서 2018년에 추친한 세부사업에는 '제주학의 연구, 인문학 최고지도자 과정 지원, 제주어 활성화를 위한 도민 교육 및 홍보 프로그램 운영, 인문도시 사업 추진, 시민인문학 운영, 도서관 이용 활성화 도모, 지역 문화예술공간 조성 및 운영, 공공 문화예술공간 전문인력 양성 프로그램 운영, (가칭) 제주문학관 건립' 등이 있다.

---

73) 교육부 · 문화체육관광부(2019), 「2019년도 제주특별자치도 인문학 및 인문정신문화 진흥 시행계획」, 『2019년도 인문학 및 인문정신문화 진흥 시행계획(2)』를 참조하였다.

〈표 5〉 2018년 제주특별자치도 인문정신문화 진흥 세부사업별 추진 실적

세부사업명	추진실적
1-1-1. 제주학의 연구	• 제주학아카이브 시스템 관리(2018년 46,000건 구축) • 제주역사 편찬사업 • 제주학 연구자 지원 사업(2018년 12건 지원)
1-1-2. 인문학 최고지도자 과정 지원	• 인문학 최고지도자 과정 지원 사업(2018년 69명 이수)
1-2-1. 제주어 활성화를 위한 도민 교육 및 홍보 프로그램 운영	• 제주어 도민교육 운영(2018년 8개 사업 지원) • 제주어 홍보 프로그램 운영(2018년 10개 사업 지원)
1-2-2. 인문도시 사업 추진	• 인문학 강좌 프로그램(2018년 2개 운영) • 인문학 강좌 운영 횟수(2019년 18회 개최)
1-2-3. 시민인문학 운영	• 제주시 목요 인문학강좌 및 명사 초청 인문학 강좌 운영(2018년 40회 운영) • 서귀포시 시민대학 운영(2018년 10회 운영)
2-1-1. 도서관 이용 활성화 도모	• 작은도서관 활성화 지원(2018년 5개소 지원) • 작은도서관 프로그램 운영 및 네트워크 구축 사업 • 제주꿈바당어린이도서관 운영(2018년 268천명 이용)
2-1-2. 지역 문화예술공간 조성 및 운영	• 예술공간 이아 운영, 산지천갤러리 운영, 구)산양초등학교 문화예술창작공간 조성 및 운영 : 문화공간별 프로그램 운영
2-2-1. 공공문화예술공간 전문인력 양성 프로그램 운영	• 공립 박물관(미술관) 대상 전문인력 양성 프로그램 운영(2019년 신규 사업)
2-2-2. (가칭) 제주문학관 건립	• (가칭) 제주문학관 건립 실시설계 용역 중

다음은 2019년 제주특별자치도의 인문정신문화 진흥 시행계획을 살펴보겠다. 추진과제에는 ‘인문 본질을 강화한 프로그램 제공, 인문의 대중화 기반 마련, 공간의 인문학 활용 추진, 문화기반시설의 매개 역량 강화’ 등 4건이 선정되었다.

〈표 6〉 2019년 제주특별자치도 인문정신문화 진흥 시행계획

추진전략	추진과제	세부사업
1. 지역 내 주체적 인문소비 강화	1-1. 인문 본질을 강화한 프로그램 제공	1-1-1. 제주학의 연구 1-1-2. 인문학 최고지도자 과정 지원
	1-2. 인문의 대중화 기반 마련	1-2-1. 제주어 활성화를 위한 도민 교육 및 홍보 프로그램 운영 1-2-2. 인문도시 사업 추진 1-2-3. 시민인문학 운영
2. 인문 친화적 지역 환경 조성	2-1. 공간의 인문학 활용 추진	2-1-1. 도서관 이용 활성화 도모 2-1-2. 지역 문화예술공간 조성 및 운영
	2-2. 문화기반시설의 매개 역량 강화	2-2-1. 공공문화예술공간 전문인력 양성 프로그램 운영 2-2-2. (가칭) 제주문학관 건립

2.2.3. 제주특별자치도교육청의 정책 추진 현황

제주특별자치도교육청에서는 2016년 인문소양교육 선도학교 1교 운영 지원, 2018년 학생 인문학 동아리 5팀 운영 지원 등을 추진하였으며 2019년 추진계획은 다음과 같다.[74]

비전은 “인문학적 상상력을 갖춘 창의융합형 인재 양성”으로 정하고 그에 따른 교육목표는 “체계적 · 지속적인 인문소양교육을 통해 인문학적 성찰의 일상화”로 정하는 한편 2개의 추진전략을 수립하였다.

추진전략 1은 단위학교 인문소양교육 자율 역량 강화로 정하고, 세부과제로는 인문학 체험기회 확대 운영이 있다. 제주 책축제 인문학 프로그램을 운영한(자체 예산 12,000천원) 결과 2018년 250명이 참가하였고, 2019년은 300명을 목표로 정하였다. 2019년 제주 미술캠프를 운영하였다(자체 예산 45,000천원).

74) 교육부 · 문화체육관광부(2019), 「제주특별자치도교육청 2019년도 인문학 및 인문정신문화 진흥 시행계획」, 『2019년도 인문학 및 인문정신문화 진흥 시행계획(1)』을 참조하였다.

추진전략 2는 초·중등학교 인문소양교육 지원체제 강화이며, 세부 과제로는 학생 인문학 동아리지원 사업이 있다. 학생 인문학 동아리 공모 및 지원(7개팀 14,000천원) 결과 2018년에는 75명이 참여하였고, 2019년에는 80명을 목표로 정하였다.

〈표 7〉 2019년 제주특별자치도교육청 인문학교육 진흥 사업 시행계획

추진전략	추진과제
1. 단위학교 인문소양교육 자율 역량 강화	인문학 체험기회 확대 운영
2. 초·중등학교 인문소양교육 지원체제 강화	학생 인문학 동아리 지원

3. 지방자치단체의 지원 조례 제정 현황

시·도교육청과 지방자치단체에서는 「인문학 및 인문정신문화의 진흥에 관한 법률」에 기초하여 관련 조례를 제정하고, 지역에 맞는 인문학 및 인문정신문화 진흥정책을 추진하고 있다.

3.1. 시·도교육청의 인문학 교육 진흥 조례 제정 현황

시·도교육청의 인문학 교육 진흥 조례를 검토한 결과 해당 시·도 학생들의 삶과 사회에 대한 인문학적 통찰력을 갖춘 인격체로 성장하는데 필요한 교육여건을 제공한다는 목적이 주를 이루고 있다.

조례 목적에 명시된 핵심요소에는 학생들의 인문학 교육 기회 확대, 문화정체성과 국가정체성 확립 기회 제공, 인문학적 기본소양 및 바른 인성 함양을 위한 교육 여건 마련, 창의적 인재 양성 등이 있다.

조례에 사용되는 용어는 대체로 대동소이하다. '인문'이란 인간과 인간의 근원문제 및 인간의 사상과 문화를 말한다. '인문소양교육'이란 역사, 문화, 예술, 철학 등의 학문을 인간의 삶과 연관시킨 이해와 해석을 통하여 자신과 타인의 삶을 성찰하고 탐구하는 교육활동을 말한다. '학교'란 「초·중등교육법」 제2조에 따른 학교를 말한다.

각 교육청 조례의 조항에는 교육감의 책무, 시행계획의 수립·시행, 인문학 진흥 시행계획 수립, 인문학 교육 진흥 사업, 인문학 교육 행사, 인문학 교육기관의 지정·위탁, 인문학 교육의 실시 점검, 인문학(교육) 주간 지정, 인문학교육지원센터 설치, 인문소양교육 연구학교 지정, 위원회 구성, 우수사례 발굴 및 지원, 경비의 지원, 협력체계 구축, 포상 등이 반영되어 있다.

〈표 8〉 시·도교육청의 인문학 교육 진흥 조례 제정 현황

	조례명	지정도시명	제정일	담당부서
1	강원도교육청 인문학 교육 진흥 조례	강원도교육청	2019. 09. 27.	문화체육과
2	경기도교육청 인문학 교육 진흥 조례	경기도교육청	2013. 11. 07.	문예교육과
3	경상남도교육청 인문학 교육 진흥 조례	경상남도교육청	2017. 02. 09.	창의인재과
4	경상북도교육청 인문학 교육 진흥 조례	경상북도교육청	2017. 12. 28.	중등과
5	광주광역시교육청 인문학 교육 진흥 조례	광주광역시교육청	2014. 05. 02.	민주인권생활교육과
6	부산광역시교육청 인문학 교육 진흥 조례	부산광역시교육청	2016. 09. 28.	중등교육과
7	세종특별자치시교육청 인문학 교육 진흥 조례	세종특별자치시교육청	2020. 10. 10.	유초등교육과
8	울산광역시교육청 인문학 교육 진흥 조례	울산광역시교육청	2019. 09. 26.	교육과정운영과
9	인천광역시교육청 인문학 교육 진흥 조례	인천광역시교육청	2017. 07. 17.	학교교육과
10	충청남도교육청 인문학 교육 진흥 조례	충청남도교육청	2017. 10. 10.	학교교육과
11	충청북도교육청 인문소양교육 진흥 조례	충청북도교육청	2017. 07. 07.	과학국제문화과

출처 : 자치법규정보시스템(http://www.elis.go.kr)

3.2. 광역자치단체의 인문학 및 인문정신문화 진흥 조례 제정 현황

광역자치단체의 조례 제정 목적을 보면 도민(시민)들이 일상생활에서 인문정신문화를 계승 · 발전시키고, 인문학의 육성 및 인문정신문화 진흥에 필요한 제반 사항을 규정하고 있다.

조례 목적에 명시된 핵심요소에는 인문학적 소양을 갖춘 도민 육성, 인문학적 기회 확대와 인문강좌 지원, 인문학의 사회적 확산에 기여 등이 있다.

광역자치단체 조례의 조항에는 자치단체장의 책무, 시행계획의 수립 · 시행, 인문정신문화진흥위원회 설치 및 기능, 인문학 강좌 지원, 인문정신문화 진흥 활동 발굴, 인문정신문화 향유 활동 지원, 전담기관의 지정, 전문인력의 양성·활용, 인문활동 지원, 인문주간 운영, 협력체계 구축, 포상 등이 포함되어 있다.

〈표 9〉 광역자치단체의 인문학 및 인문정신문화 진흥 조례 제정 현황

	조례명	지정도시명	제정일	담당부서
1	경상북도 인문학 및 인문정신문화 진흥 조례	경상북도	2018. 12. 27. (일부개정)	경상북도 문화융성사업단
2	광주광역시 인문학 및 인문정신문화 진흥 조례	광주광역시	2019. 03. 15.	광주광역시 문화도시정책관
3	대구광역시 인문학 및 인문정신문화 진흥 조례	대구광역시	2017. 10. 30.	대구광역시 문화예술정책과
4	울산광역시 인문학 및 인문정신문화 진흥 조례	울산광역시	2019. 11. 07.	울산광역시 문화예술과
5	전라남도 인문학 및 인문정신문화 진흥 조례	전라남도	2019. 07. 09.	전라남도 문화자원과
6	제주특별자치도 사회적 취약계층을 위한 인문학서비스 지원 조례	제주특별자치도	2018. 12. 31. (일부개정)	제주특별자치도 복지청소년과

출처 : 자치법규정보시스템(http://www.elis.go.kr/)

한편 제주특별자치도에서는 다른 지방자치단체와 달리 「제주특별자치도 사회적 취약계층을 위한 인문학서비스 지원 조례」를 제정하여 인문학진흥 사업을 사회복지의 한 축으로 접근하고 있다. 동 조례에는 도지사의 책무, 지원계획 수립, 인문학서비스 제공, 제공기관, 기금 조성, 평가 등이 반영되어 있다.

> **「제주특별자치도 사회적 취약계층을 위한 인문학서비스 지원 조례」**
>
> 제1조(목적) 이 조례는 「사회보장기본법」의 기본이념인 모든 국민이 행복하고 인간다운 생활을 향유할 수 있도록 자립 지원과 사회참여 및 자아실현을 위하여 「사회복지사업법」 및 「북한이탈주민의 보호 및 정착지원에 관한 법률」에 따라 서비스를 제공받고 있는 사회적 취약계층에게 인문학서비스를 제공함으로써 사회적 취약계층의 삶의 다양성 확보와 자아존중감 향상 및 자립 의지 제고와 관련된 사항을 규정함을 목적으로 한다. 〈개정 2018. 12. 31.〉
>
> 제2조(정의) 이 조례에서 사용하는 용어의 뜻은 다음과 같다.
>
> 1. "사회적 취약계층(이하 "취약계층"라 한다)"이란 다음 각 목의 사람을 말한다.
>
> 가. 「사회복지사업법」제2조 제1호 각 목의 법률에 따른 서비스 대상자
>
> 나. 삭제〈2018. 12 .31.〉
>
> 다. 「북한이탈주민의 보호 및 정착지원에 관한 법률」 제2조 제1호에 따른 북한이탈주민
>
> 2. "인문학서비스"란 언어학, 문학, 역사, 법률, 철학, 고고학, 예술사, 비평, 예술의 이론과 실천 등을 내용으로 하는 학문과 관련된 교육 및 체험활동(공연·전시관람, 여행, 습작, 연주 등의 직·간접적, 육체적 활동이 수반되는 관련 활동을 포함 한다)을 말한다.
>
> 3. "제공기관"이란 취약계층에게 인문학서비스를 제공하는 제주특별자치도 내에 있는 사회복지시설, 사회복지 관련 기관·단체 및 문화 관련 법인·단체 등을 말한다.

출처 : 자치법규정보시스템(http://www.elis.go.kr/)

3.3. 기초자치단체(시 · 군 · 구)의 인문도시 조례 제정 현황

기초자치단체는 해당 지역의 특성을 고려하여 인문학 및 인문정신문화 진흥, 인문학도시, 인문도시 등의 운영에 필요한 조례를 제정하였다. 조례 명칭에 따른 용어 정의는 다음과 같다.

“인문도시”란 일상생활에서 인문정신에 기반을 둔 삶을 추구하고, 이웃과의 교류를 통해 더불어 사는 행복한 삶을 즐길 수 있는 도시를 말한다.

“인문정신”이란 인간의 자유를 중시하되 타자의 인격도 존중하고, 합리적 사고와 비판을 통해 사회의 정의를 구현하며, 창조적이고 생태적인 시각을 삶 속에 조화롭게 구현하는 통합적 사고를 말한다.

“인문자산”이란 도시 · 장소 · 사람 · 자연 등 도시 안의 물리적 환경을 포함하여 역사 · 철학 · 민속 · 문화 · 예술 등 거주민의 정서와 문화 형성에 관여하는 다양한 사회 · 역사 · 문화적 요소들을 말한다.

“인문활동”이란 인문정신의 증진을 기반으로 수행하는 독서 · 교육 · 창작 · 봉사 · 토론 등 관련 활동들을 말하고, “인문활동가”는 인문활동을 수행하는 사람을 말한다.

“인문학 도시”란 일상생활에서 인문학적 삶을 즐길 수 있는 도시를 말한다.

“인문학 활동”이란 인간의 사상 및 문화를 대상으로 하는 활동영역으로 “독서문화 활동”을 포함한다.

“인문학 마을”이란 주민 중심의 창조적이고 실용적인 공동체 활동을 추진하는 마을을 말한다.

“인문학 마을 만들기”란 지역의 인문자원을 바탕으로 주민 스스로 주도하는 마을 공동체 활동을 말한다.

출처 : 자치법규정보시스템(http://www.elis.go.kr)

기초자치단체별로 조례 명칭은 일정하지 않아도 조례 제정 목적은 해당 기초자치단체에 속한 구성원들이 인문학적 기회를 접하고, 인문학적 소양을 갖춘 시민으로 성장할 수 있는 기회 제공에 있다.

조례 목적에 명시된 핵심요소에는 인문도시 조성에 기여, 인문학 및 인문정신문화 진흥에 필요한 사항 규정, 인문학도시 조성 방안 마련, 생활 속에서 독서문화활동 등 다양한 인문학적 기회 제공 등이 있다.

기초자치단체별 조례의 조항에는 기초자치단체장의 책무, 인문학 진흥을 위한 기반조성, 기본계획 수립, 시행계획 수립 및 시행, 위원회 설치 및 기능, 인문 · 인문학 활동 장려, 인문주간 운영, 인문도시 · 인문학도시 기반조성, 인문활동 동아리 및 단체의 자발적 활동 지원, 인문도시 관련 마을 사업 위탁 · 운영, 인문대학 운영 및 명예교수단 설치, 인문학 마을만들기, 인문학 마을협의회 설치, 인문학 사업의 위탁 · 운영, 포상 등이 반영되어 있다.

한편 전라남도 담양군에서는 「지역특화발전특구에 대한 규제특례법」 제12조에 따라 담양군의 지역특화발전특구인 담양인문학교육특구의 운영에 필요한 사항 규정을 위한 조례를 제정하였다. "담양인문학교육특구"란 담양의 사람과 자연, 교육이 어우러진 인문학생태도시를 위하여 「지역특화발전특구에 대한 규제특례법」 제9조에 따라 지정 · 고시된 지역을 말한다. "특화사업"이란 법 제2조 제5호에 따라 중소기업청장으로부터 승인을 얻어 추진하는 사업으로서 법 제7조에 따른 지역특화발전특구계획에 반영된 것을 말한다.

또한 광주광역시 동구는 기본 이념에 "광주의 인문적 특성과 의병운동, 동학혁명, 광주학생독립운동, 5·18민주화운동 등에서 나타난 공동체 문화의 정체성을 찾기 위해 노력한다."는 내용을 반영하여 지역의 특성을 고려하였다.

〈표 10〉 기초자치단체(시 · 군 · 구)의 인문도시 조례 제정 현황

	조례명	지정도시명	제정일	담당부서
1	강릉시 인문도시 조성 조례(폐지, 2019)	강원도 강릉시	2016. 05. 11.	강릉시 평생학습과
2	광주광역시 남구 인문학 진흥 조례	광주광역시 남구	2019. 04. 01.	남구 교육지원과
3	광주광역시 동구 인문도시 조성에 관한 조례	광주광역시 동구	2019. 07. 31.	동구 인문도시정책관
4	광주광역시 북구 인문학 및 인문정신문화 진흥 조례	광주광역시 북구	2019. 05. 20.	북구 문화관광과
5	구미시 인문학 진흥 조례	경상북도 구미시	2017. 12. 29.	구미시 교육지원과
6	담양군 인문학교육특구 운영에 관한 조례	전라남도 담양군	2017. 04. 18.	담양군 자치행정과
7	부산광역시 기장군 인문학도시 조성 조례	부산광역시 기장군	2019. 08. 28. (일부개정)	기장군 도서관과

8	부산광역시 해운대구 인문학도시 조성 조례	부산광역시 해운대구	2013. 03. 11.	해운대구 교육협력과
9	서울특별시 관악구 인문학도시 조성 조례	서울특별시 관악구	2014. 11. 13.	관악구 교육사업과
10	수원시 인문학도시 조성 조례	경기도 수원시	2017. 09. 27. (일부개정)	수원시 인문학팀
11	안양시 인문도시 조성 조례	경기도 안양시	2017. 05. 18. (일부개정)	안양시 제2부흥추진단
12	여수시 인문학 진흥 조례	전라남도 여수시	2017. 06. 13.	여수시 교육지원과
13	여주시 세종인문도시 명품 여주 조성에 관한 조례	경기도 여주시	2016. 12. 20.	여주시 전략사업과
14	전주시 인문학 진흥 조례	전라북도 전주시	2016 .07. 15.	전주시 교육청소년과
15	칠곡군 인문학 도시 조성 조례	경상북도 칠곡군	2015. 04. 01.	칠곡군 교육문화회관

출처 : 자치법규정보시스템(http://www.elis.go.kr/)

4. 제주특별자치도의 인문학 진흥 지원제도 개선 방안

4.1. 「(가칭) 제주특별자치도 인문학 진흥 조례」 제정 필요

「(가칭) 제주특별자치도 인문학 진흥 조례」를 제정할[75] 때는 법률에 근거하지만 제주특별자치도의 실정을 고려하여 제주 도민의 정체성

75) 이 연구 결과에 따라 2020년 1월 30일 〈제주특별자치도의회 문화관광체육위원회 문화누리포럼〉 주최로 「제주 인문학진흥 지원제도 마련을 위한 전문가 토론회」를 개최하였다. 이후 2020년 5월 13일 「제주특별자치도 인문학 및 인문정신문화 진흥 조례」가 제정되었다. 이 연구에서 제안한 내용이 동 조례에 반영되었다.

유지, 지역 공동체 문화의 위기 극복, 지역학 학문후속세대 양성을 위한 지원 등 다양한 내용이 포함되어야 한다.

조례에는 제주특별자치도의 인문학 연구자, 학회, 민간단체, 인문학 동아리 등 다양한 인문활동을 지원할 수 있는 규정, 인문학 진흥 관련 실태조사, 인문학 교육 활성화 및 대중화 방안, (가칭) 인문학진흥담당관 제도 등을 포함하고, 예산지원이 가능하도록 명시할 필요가 있다.

현재 「제주특별자치도 사회적 취약계층을 위한 인문학서비스 지원 조례」가 제정되어 있으나, 이를 인문정신문화 진흥 조례에 반영하여 지원 대상을 제주 도민 전체로 확대할 필요가 있다.

4.2. 제주 도민의 인문학 및 인문정신문화 실태 조사 추진

인문학 관련 도민의 인식 조사 결과에 따라 제주특별자치도의 인문학 진흥 사업과 지역 문화 진흥 사업 추진 방향, 발전 방안 마련의 근거로 삼는다.

따라서 조사 결과는 인문학 프로그램의 개발과 운영 등 인문학 사업 추진 근거로 활용할 수 있다. 또한 인문학 진흥 사업을 발굴하여 지역 문화정책의 기초자료로 활용한다.

제주특별자치도의 인문학 동아리 운영 현황, 인문학 프로그램 운영 실태, 인문학 교육기관 운영 실태, 인문학 교육 강사풀 제도 보완, 인문학 진흥을 위한 재정지원 등을 구체적으로 조사하여 중장기 운영 계획을 마련할 수 있다.

4.3. 인문학 교육의 운영 체계화

인문학 진흥의 기초연구 강화를 위해 연구의 지속화, 대중화, 교육공간 마련 등 도민들이 자유롭게 인문학을 접할 수 있도록 운영 체계를 갖추어야 한다. 교육공간은 기존 공공시설을 이용할 수 있도록 관련 규정 제정 등 제도를 보완해야 한다. 즉 지역이나 마을에 있는 공공시설을 인문학 교육 장소로 사용할 수 있는 제도가 개선되어야 한다. 인문학 교육 공간은 저녁시간과 휴일에 사용할 수 있어야 하므로 시간제 관리자 채용 등 일자리사업과 연계되도록 지원한다.

제주특별자치도의 인문학 대중화를 위해서 맞춤형 인문학 교육 방법을 도입하고, 제주특별자치도교육청과 연계하여 인문학 교육 사업을 추진할 수 있도록 제도가 정비되어야 한다.

또한 정책 추진 시에는 생애주기별, 세대별, 직업별, 계층별 인문학 교육 기회에 격차가 발생하지 않도록 찾아가는 인문학 교육을 시행하고, 인문학 동아리 지원 등 인문학의 대중화가 지속될 수 있는 환경을 만들어야 한다.

4.4. 주요정책에 인문학 요소를 반영할 수 있도록 제도 강화

사람들이 경제적·외형적·물질적 풍요로움을 추구한 결과 인간의 근본정신, 삶의 가치, 정체성 등을 회복해야 한다는 인식이 확산되고 있으므로 문화도시 조성 사업, 도시재생 뉴딜사업, 마을만들기 사업 추진 시 제주특별자치도의 인문학 진흥 사업이 반영될 수 있도록 세부 지침 등 제도 정비가 필요하다.

제주시(2019년 12월, 예비도시 지정)와 서귀포시(2018년 12월 예비도시 지정, 2019년 12월 본도시 지정)가 문화도시로 거듭나기 위하여 관련 사업에 인문학 진흥 사업을 반영하여 진행할 필요가 있다. 정부에서는 「지역문화진흥법」에 기초하여 인문도시 사업을 문화도시 사업에 포함하여 지방자치단체가 운영하는 방안을 검토하고 있다.

이 외에도 지역과 마을 단위의 공동체 정신과 인문자원의 유지를 위한 정책이 필요하다. 또한 제주 인문정신의 가치를 사회적 가치로 확산할 수 있도록 주요정책에 인문정신문화가 반영되어야 한다.

4.5. 인문학 연구 기반 조성 및 연구자 지원 확대

제주사회에서 인문학 대중화 교육을 진행할 때 전문가가 부족해서 다양한 프로그램을 지속적으로 진행하는데 한계가 있다.

이에 인문학 분야 전문인력 양성 기회가 마련되어야 하므로, 인문학 분야 학문후속세대 대상 장학금 등 연구비 지원을 통해 인문학 연구자의 양성 기회가 확대되어야 한다.

따라서 지역 대학과 연계하여 인문학 연구자들이 결과물을 축적할 수 있도록 지원제도를 마련하고, 도민 대상 인문학 대중화교육 자료로 활용할 수 있는 기초연구 기회가 확대되어야 한다.

4.6. 인문학의 대중화 기반 조성

(가칭) 인문학진흥담당관제도를 도입하여 인문학 교육 프로그램을 개발하고, 시행할 수 있는 환경을 만들고, 인문학 교육이 가능한 강사풀 제도를 도입해야 한다.

인문학의 대중화를 위해서 양질의 프로그램과 전문가를 제공하지 못할 경우 도민들은 인문학을 외면하게 되고, 인문학 진흥의 기회는 약화될 수 있다.

현재 문화공간에서 진행되는 사업이 평면적이고 수동적이어서(공연, 전시, 창작 발표, 강연 등) 도민들은 이를 인문학 사업으로 인지하지 못하고 있으므로 인문학의 대중화 범위를 적극적으로 홍보할 필요가 있다.

제주특별자치도의 인문학 분야 연구기관과 유관기관이 협력하여 프로그램 개발과 운영 방법 등을 협의할 수 있도록 거버넌스 시스템이 구축되어야 한다. 가능하면 인문학지원센터의 역할을 담당할 수 있는 전담조직 지정도 필요하다.

4.7. 인문자원을 국내외로 확산할 수 있는 기회 제공

제주특별자치도의 위상이 높아짐에 따라 국내외인들이 제주의 인문학 분야에 대한 관심이 증가하고 있으나, 이를 충족시킬 수 있는 인문자료 구축이 미흡한 실정이다.

이에 제주의 역사, 언어, 전통문화, 사회관계망, 공동체 정신 등 인문자원들을 발굴하여 제공할 수 있는 온라인 공유 플랫폼이 구축되어야 한다. 따라서 인문자원이 구축되면 이를 대중교육 자료로 활용하는 한편 도민과 제주거주 외국인 대상 인문학 대중화 사업을 확대해야 한다.

2장
문화영향평가제도 시행에 따른 제주특별자치도의 시사점

1. 문화영향평가제도 개요

1.1. 문화영향평가제도 도입 배경과 필요성

우리 사회는 경제 발전 속도에 비례하여 국민의 삶의 질은 낮아지고, 문화의 가치 또한 저평가되어 왔다. 이에 정부에서는 국민의 진정한 행복의 조건으로 문화의 가치를 재발견하고, 정부부처에서 시행하는 정책에 문화적 가치를 반영할 수 있는 제도의 필요성을 인식하였다.

결국 정부의 각종 정책이나 제도와 관련하여 경제, 환경에 대한 효과 분석은 있으나 문화적 가치에 대한 효과 분석이 없는 점을 고려하여 2003년 참여정부에서 문화영향평가제도 도입이 제기되었다.

참여정부에서는 국가 또는 지방자치단체의 각종 정책·제도 수립 시 "국민의 문화적 삶과 국가의 문화적 정체성에 미치는 장·단기적 영향", 즉 문화적 타당성에 대한 분석, 검증을 거쳐 확정·시행토록 하며, 문화적 타당성 검증과정에 국민 참여(김규원, 2003 : 1)가 가능한 제도를 시행하고자 했다.

이후 박근혜 정부에서는 문화융성을 통한 국민의 행복을 실현할 수 있도록 「문화기본법」을 제정하고(2013), 각종 정책에 문화적 가치의 사회적 확산을 위해 '문화영향평가제도' 도입을 법제화하였다.

문화영향평가는 문화적 관점에서 계획이나 정책을 평가하는 것이므로, 제주특별자치도의 각종 계획이나 정책을 수립할 때 도민들에게 문화적인 영향을 줄 수 있는 방향 제시가 가능하도록 이 제도의 도입이 필요한 시점이다.

따라서 이 글에서는 문화영향평가제도의 주요 내용과 추진 과정을 검토해 보고, 제주 도민의 문화기본권과 문화정체성에 긍정적인 영향을 줄 수 있는 정책추진 방안을 제안하고자 한다.

1.2. 문화영향평가제도의 개념과 추진 현황

문화영향평가(Cultural Impact Assessment)제도는 「문화기본법」 제5조 4항에 근거하여 "국가 및 지방자치단체의 주요 계획·정책 등이 문화적 관점에서 국민의 삶에 미치는 영향을 평가하여 국민들에게 문화적 가치를 확산"할 수 있는 방안을 제시하는 것을 의미한다.

문화영향평가제도는 평가 자체보다는 문화적 가치의 사회적 확산을 통한 삶의 질 향상에 역점을 두고 있으므로, 정부와 지방자치단체가 추진하는 정책에 평가지표를 반영하여 추진할 수 있도록 권장하는데 목적이 있다.

문화영향평가는 해당 계획이나 정책에 대한 성과평가가 아니라, 그것들이 실행될 경우 국민들에게 미치게 되는 문화적 영향을 분석하고,

문화적 가치를 반영할 수 있도록 권장하는데 의의가 있다.

정부에서는 문화영향평가제도의 본격적인 시행을 앞두고, 시범평가 단계를 거치면서 평가 방법 전반에 대한 운영 지침을 마련하였다. 문화체육관광부에서는 2년간(2014~2015) 정부부처와 지방자치단체의 9개 사업을 대상으로 시범평가를 실시하였고, 2016년부터 본격적으로 평가 사업을 추진하였다.

3년 차인 2016년에는 문화영향평가 지원기관을 지정하고(2016. 03.) 15개 정책사업과 계획을 대상으로 전문평가를 시행하였다.

2017년에는 14개 정책사업과 계획을 대상으로 전문평가를 실시하였고, 1개는 자체평가를 시범적으로 시행하였다.

2018년에는 총 25개 정책사업 대상 전문평가를 실시하고, 총 10개의 도시재생 뉴딜사업은 약식평가로 진행하여 35건을 평가하였다. 또한 2018년에는 약식평가제도를 시범적으로 도입하였다.

2019년에는 총 17개 정책사업 대상 전문평가를 실시하고, 총 18개의 도시재생 뉴딜사업은 약식평가를 적용하여 35건을 평가하였다.

2020년에는 총 11개 정책사업 대상 전문평가를 실시하고, 총 35개의 약식평가를 적용하여 46건을 평가하였다. 여기에는 도시재생 뉴딜사업, 문화도시/특화사업, 문화재(문화유산) 복원과 활용사업이 포함되어 있다.[76] 특히 2020년에는 자가진단을 통해 간단히 평가하는 진단평가제도를 도입하여 20개의 사업에 적용하였다.

---

76) 문화영향평가 추진 현황은 『문화영향평가 종합결과보고서』(문화관광연구원, 각 연도) ; 「문화체육관광부 보도자료」(각 연도)를 참조하였다.

1.3. 문화영향평가제도의 법제화

정부에서는 「문화기본법」(2013. 12. 30. 제정)과 「문화기본법 시행령」(대통령령 제25268호 신규 제정; 2014. 03. 24.)을 통해 국민들의 문화 향유 및 참여 기회 확대에 필요한 문화영향평가제도를 법제화하였다.

특히 「문화기본법 시행령」 제2조에 명시된 문화영향평가 대상에 근거하여 평가 대상 사업을 선정하여 평가하게 된다.

중앙행정기관의 장과 지방자치단체의 장은 문화적 가치의 사회적 확산 및 국민의 삶의 질과 밀접한 관련이 있는 계획과 정책을 수립하는 경우 「문화기본법」 제5조 제4항에 따라 문화적 관점에서 국민의 삶의 질에 미치는 영향을 평가해야 한다고 명시되어 있다.

> 「문화기본법」
>
> 제1조 목적 : 이 법은 문화에 관한 국민의 권리와 국가 및 지방자치단체의 책임을 정하고 문화정책의 방향과 그 추진에 필요한 기본적인 사항을 규정함으로써 문화의 가치와 위상을 높여 문화가 삶의 질을 향상시키고 국가 사회의 발전에 중요한 역할을 할 수 있도록 하는 것을 목적으로 한다.
>
> 제3조 정의 : 이 법에서 '문화'란 문화예술, 생활양식, 공동체의 삶의 방식, 가치 체계, 전통 및 신념 등을 포함하는 사회나 사회 구성원의 고유한 정신적·물질적·지적·감성적 특성의 총체를 말한다.
>
> 제5조의 4항 : 국가와 지방자치단체는 각종 계획과 정책을 수립할 때에 문화적 관점에서 국민의 삶의 질에 미치는 영향을 평가(이하 이 조에서 '문화영향평가'라 한다)하여 사회적으로 확산될 수 있도록 하여야 한다.
>
> 제5조의 5항 : 문화영향평가의 대상, 절차 및 방법 등에 필요한 시행은 대통령령으로 정한다.

출처 : 국가법령정보센터(www.law.go.kr)

2. 문화영향평가제도의 주요 내용과 특징

2.1. 문화영향평가 시범 운영 현황

2.1.1. 1차 문화영향평가 시범평가 대상 사업 내용(2014)

2014년에 시행된 1차 시범평가는 국민들의 문화 향유와 참여에 영향을 미치는 문화기본권을 측정하는 지표, 지역의 고유자원 보호 및 활용과 공동체의 활성화에 긍정적인 영향을 미치는 문화정체성을 평가할 수 있는 지표를 적용하였다(〈표 1〉 참조).

〈표 1〉 2014년 문화영향평가 평가지표

평가 영역		평가지표
문화 기본권	소극적 권리	문화 인프라 충분성, 문화인력 배치 계획 문화 프로그램 계획, 문화재정 확보 검토
	적극적 권리	문화 수요와 표현 충족, 문화 장벽과 차별 해소
문화 정체성	지역 고유성	지역 고유자원 보호, 지역 고유자원 활용
	공동체 소통 · 발전	지역 주민 참여와 소통, 지역 공동체 상생 및 발전

출처 : 한국문화관광연구원(2014ㄴ), 『문화영향평가 실행에 관한 연구』, 문화체육관광부, 58~59쪽.

2014년 4건의 1차 시범평가 대상 정책은 문화체육관광부, 국토교통부 등 정부에서 추진하는 정책이 선정되었으며, 평가지표를 적용하여 평가한 결과는 〈표 2〉와 같다.

'문화로 행복한 학교 만들기'는 학교 내 유휴시설 및 공간 등을 문화공간으로 조성한다는 내용이다. 이 정책은 문화 인프라 확충을 통해 지역민들의 프로그램 참여 기회 확대에 긍정적인 영향을 줄 수 있다.

'산업단지 · 폐산업 시설 문화재생 사업'은 산업단지 유휴시설, 지역의 폐산업시설을 예술인 창작 및 문화공간으로 조성한다는 내용이다. 이 정책은 예술인들에게 창작 기회를 제공하고, 지역민들의 문화 장벽과 차별을 해소할 수 있도록 긍정적인 방향으로 추진되어야 한다는 뜻이다.

'도시재생정책'은 상대적으로 낙후된 기존 도시에 대해 새로운 기능을 창출할 수 있도록 지원한다는 내용이다. 이 정책은 문화인력 배치 및 주민밀착형 문화시설 활용 방안을 고려하여 추진되어야 한다는 뜻이다.

'행복주택정책'은 사회초년생, 신혼부부 등을 대상으로 저렴한 공공임대주택을 조성한다는 내용이다. 이 정책은 문화 수요와 표현 충족, 지역민의 참여와 소통 기회에 필요하다.

〈표 2〉 2014년 문화영향평가 시범평가 결과

정책명 (소관기관)	내용	평가 및 제언
문화로 행복한 학교 만들기 (문화체육관광부)	학교 내 유휴시설 및 공간 등을 문화공간으로 조성	• 교내 유휴공간을 활용한 체험 프로그램 운영으로 문화 환경에 긍정적 영향력 기대 • 정책 대상 공간이 교문·외벽 등으로 확장될 경우, 지역사회와 연계 모색 가능
산업단지 · 폐산업시설 문화재생 사업 (문화체육관광부-산업부 등 협업)	산업단지 유휴시설, 지역의 폐산업시설을 예술인 창작 및 문화공간으로 조성	• 지역민 중심의 협의회 구성 및 문화 인프라 구축 등으로 문화영향력 확산 기대 • 산업 유산의 문화적 재생뿐만 아니라 기존 유사시설과 연계 고려
도시재생 정책 (국토교통부)	상대적으로 낙후된 기존 도시에 대해 새로운 기능을 창출할 수 있도록 지원	• 전통시장 및 공동체 보존, 지역 특화산업 활용, 주민 참여 계획 등이 긍정적 효과 기대 • 문화 인력 배치 및 주민밀착형 문화시설 활용 고려 필요
행복주택 정책 (국토교통부)	사회초년생, 신혼부부 등을 대상으로 저렴한 공공임대주택 조성	• 주택 조성 시 만들어진 문화공간의 개방으로 주민 문화수요 충족 기대 • 지역 문화 전문가 중심의 지역성 관련 사전조사로 지역문화 활성화 방안 모색

출처 : 정정숙(2015), 「문화영향평가의 의의와 과제」, 『서울시 문화영향평가제도, 어떻게 시행할 것인가? 발표자료집』, 서울연구원 · 문화사회연구소, 47쪽.

2014년 1차 연도에 시행한 4개의 문화영향평가 시범평가 대상은 대체로 시설중심의 정책에 해당되므로, 해당 지역민들이 문화를 통한 삶의 질을 높이는데 긍정적인 영향을 줄 수 있는 방향으로 추진되어야 함을 보여준다.

문화체육관광부의 정책(2개)은 문화공간 조성을 통해 지역민들의 문화예술 참여 및 향유 기회를 확대한다는 취지이다. 또한 예술인들에게 창작공간을 제공함으로써 문화적 가치의 사회적 확산에 기여한다는 목적에도 적합하다.

국토교통부의 정책(2개)은 도시재생과 주거환경 개선 사업 추진 시 지역민들의 문화예술 참여 기회를 제공함으로써 문화적인 영향을 줄 수 있음을 보여준다.

2.1.2. 2차 문화영향평가 시범평가 대상 사업 내용(2015)

2015년 문화영향평가 시범평가 대상 사업은 개별 평가기관에서 직접 평가할 대상 사업을 선정하여 제출하였다.

문화체육관광부에서 2차 시범평가 대상으로 5개의 사업을 최종 선정하였으며, 정책명과 정책 내용은 〈표 3〉과 같다. 2차 시범평가 대상 정책에는 〈새뜰마을 사업(농식품부·지역발전위원회), 글로벌 명품시장 육성(중소기업청), 세운상가 활성화 종합계획(서울시), 서울 마을공동체 지원사업(서울시), 강원도 마을공동체 만들기 사업(강원도청)〉 등이 있으며, 소관기관은 정부부처와 지방자치단체가 해당된다.

〈표 3〉 2015년 문화영향평가 시범평가 대상 사업

평가대상 정책명	소관기관	정책 내용
새뜰마을 사업(취약지역 생활개선 개조)	농식품부/지역발전위원회	• 농어촌 취약지역 주민의 기본적인 생활수준을 보장해 주기 위해 생활인프라 확충 및 주민역량 강화 등 지원 - 제10차 지역발전위원회 논의, 2015년부터 시작
글로벌 명품시장 육성	중소기업청	• 우수 시장 6개소 선정, 지역 문화관광자원과 연계하여 외국인이 찾는 세계적인 관광명소로 육성 - 서울 남대문, 부산 국제, 대구 서문, 전주 남부, 청주 육거리, 제주 동문
세운상가 활성화 종합계획	서울시	• 세운상가 보존 결정에 따라 세운상가에 적합한 문화콘텐츠 자원을 연계하여 도시재생 및 도시공간 활성화
서울 마을공동체 지원사업	서울시	• 주민이 참여하는 마을단위 행정 구현, 마을공동체를 통해 도시화 때문에 사라진 관계망 복원, 공동체 회복
강원도 마을공동체 만들기 사업	강원도청	• 공동체 회복을 통해 지역의 사회경제적 약자와 저발전 지역의 문제 해결

출처 : 한국문화관광연구원(2016ㄴ), 『2015년 문화영향평가 연구』, 문화체육관광부, 6~7쪽.

2014년 1차 시범평가 결과 평가지표(〈표 1〉 참조)를 보완하여, 2015년 2차 평가지표 개발에 반영되었다(〈표 4〉 참조). 1차 평가지표에 비해 2차 평가지표에는 문화다양성, 문화경관, 유형·무형 문화유산 등을 반영함으로써 1차 평가지표보다 좀더 구체적으로 문화적인 영향을 고려했다.

따라서 2015년 개정된 평가지표에 따라 5개의 사범평가가 이루어졌다. 2015년 종합평가 평가지표(〈표 4〉 참조)를 적용한 결과 '문화향유, 표현의 자유, 문화다양성, 문화경관 및 유형문화유산, 무형문화유산,

〈표 4〉 2015년 문화영향평가 평가지표

구분	평가지표	세부 평가지표
문화기본권	1. 문화향유에 미치는 영향	• 문화접근성 · 문화향유 수준
	2. 표현 및 참여에 미치는 영향	• 표현 및 참여 기회 · 생활문화예술 참여
	3. 문화다양성에 미치는 영향	• 문화적 종 다양성 • 소수집단의 문화적 표현에 대한 차별

문화정체성	4. 문화경관 및 유형문화유산 등에 미치는 영향	• 문화경관 및 유형문화유산 등의 보호 • 문화경관 및 유형문화유산 등과의 조화
	5. 무형문화유산에 미치는 영향	• 무형문화유산의 보존 • 무형문화유산의 창조적 활용
	6. 공동체에 미치는 영향	• 공동체 의식 · 문화공동체

출처 : 한국문화관광연구원(2016ㄴ), 『2015년 문화영향평가 연구』, 문화체육관광부, 8쪽.

공동체 등에 미치는 영향'을 적용하여 평가한 결과 모두 (+) 점수가 나타났다.

시범평가에 따른 평가지표 점수는 [그림 1] ~ [그림 5]에 잘 드러난다.[77] 개별 정책별로 세부 평가지표를 적용한 결과 '공동체에 미치는 영향'은 상대적으로 높게 평가되었다. 반면 '문화 경관 및 유형문화유산', '무형문화유산' 등에 미치는 영향은 상대적으로 낮게 평가되어서 향후 정책 시행 과정에서 이 부분에 대한 보완이 필요하다. 다만 '새뜰마을 사업'은 '무형문화유산' 항목이 (—) 점수로 낮게 나타났다. 각 평가지표의 점수 범위는 -20점 ~ +20점에 분포되어 있다.

[그림 1] 새뜰마을 사업 종합평가 결과

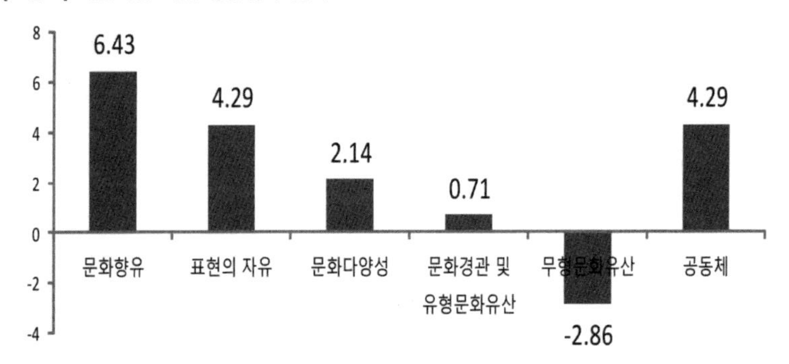

77) [그림 1 ~ 그림 5] 자료와 2015년 평가 결과는 『2015년 문화영향평가 연구』(한국문화관광연구원, 2016ㄴ : 277~295)를 참조하였다.

[그림 2] 글로벌 명품시장 육성사업 종합평가 결과

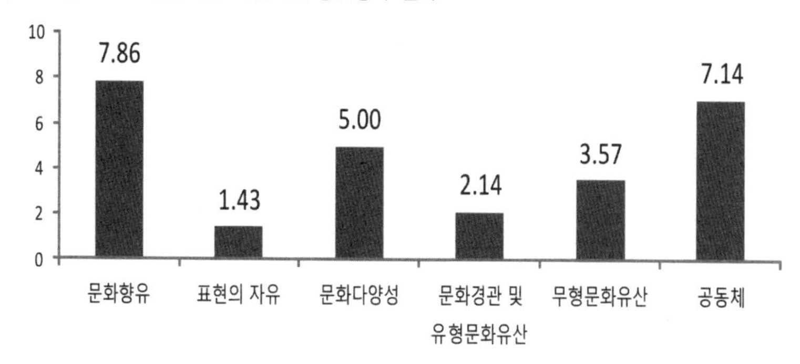

[그림 3] 세운상가 활성화 종합계획 종합평가 결과

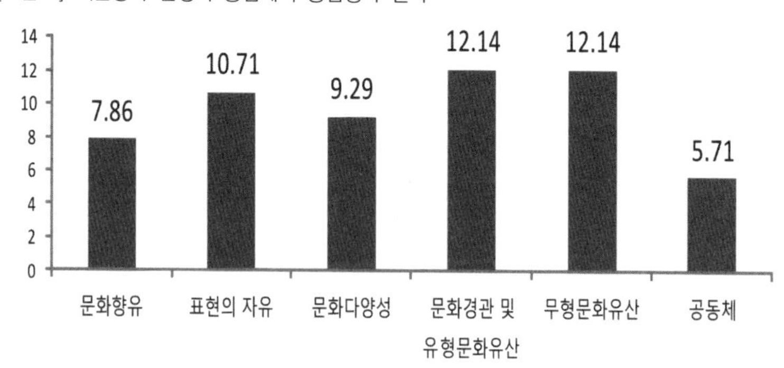

[그림 4] 서울시 마을공동체 지원사업 종합평가 결과

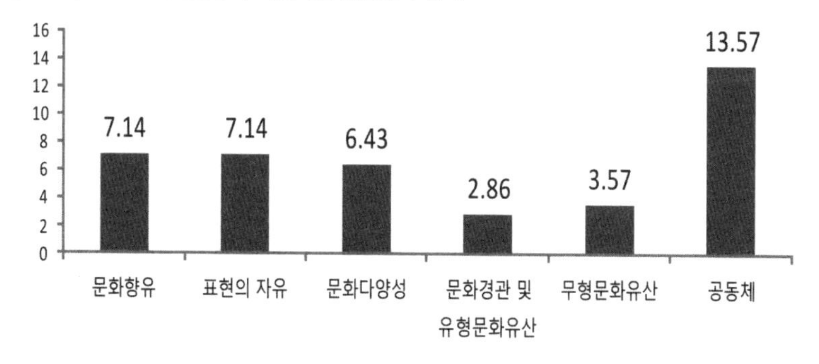

[그림 5] 강원도 마을공동체 만들기 지원사업 종합평가 결과

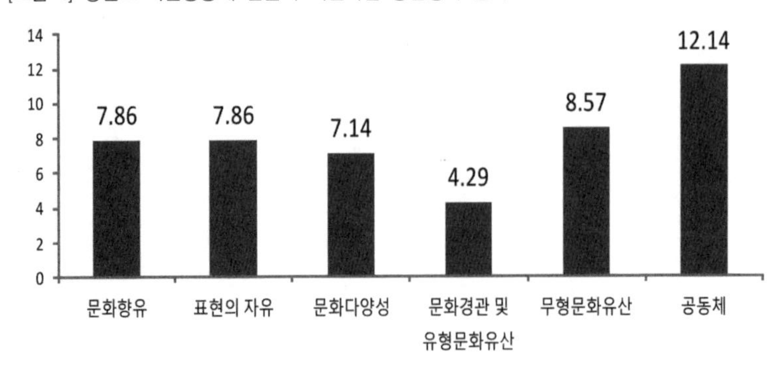

2015년 2차 시범평가 대상 정책 중에 '새뜰마을사업, 세운상가 활성화 종합계획'은 주로 시설에 역점을 두었으며, '글로벌 명품시장 육성, 서울 마을공동체 지원사업, 강원도 마을공동체 만들기 사업'은 프로그램에 역점을 두었다. 각각의 정책에 대한 평가 결과를 보면 이 정책을 추진할 경우 공동체에 미치는 영향의 지수는 높게 나타났다.

한편 해당 지역민들의 문화향유 기회에 긍정적인 영향을 미친다는 의견이 높은 반면 표현의 자유, 문화다양성, 문화경관 및 유형문화유산 등은 사업별로 기대치가 낮게 나타났다. '세운상가 활성화 종합계획'은 문화영향평가 결과 6개의 지표에서 4개의 평가 대상 사업보다 높게 나타났다. 이는 사업에 대한 기대치가 높은 지역민들의 참여와 만족도 등에 따라 긍정적 요인과 부정적 요인의 결과가 다를 수 있음을 보여준다.

5개 사업 대상 문화영향평가 결과를 보면, 향후 관련 사업이 추진될 경우 해당 지역민들의 문화적인 삶을 유지하는데 긍정적인 영향을 미칠 것이라는 확신을 심어줄 필요가 있다.

문화영향평가는 2014년 4건, 2015년 5건 등 총 9건을 시범평가 사업으로 선정하여 시범평가 과정에서 평가 절차, 평가 방법, 평가지표 등을 점검하여 운영 지침을 보완하였다. 따라서 문화체육관광부에서는 2016

년 본격평가 사업을 추진하면서 평가방법과 평가지표를 일부 수정하여 2021년 현재까지 적용하고 있다.

2.2. 문화영향평가 본격 평가 시행 현황[78]

2.2.1. 문화영향평가 대상 정책 선정 절차

2016년부터 본격적으로 시행된 문화영향평가 대상 정책 선정절차는 다음과 같다. 문화체육관광부에서는 정부부처와 각 지방자치단체를 대상으로 문화영향평가 수요 조사 및 의견 수렴 과정을 거친다. 선정된 정책을 대상으로 문화영향평가 협의체를 구성하여 최종 선정한다. 평가 대상으로 확정된 계획 등을 소관기관에 통보하고, 이후 선정된 계획 등의 평가기관 선정 및 평가가 진행된다.

[그림 6] 문화영향평가 대상 정책 선정 절차(2016)

문화영향평가 수요조사 및 의견수렴 (문화체육관광부)		평가대상 협의 (문화영향평가 협의체)		평가대상 확정 (문화체육관광부)
① 정부부처, 지방자치단체 대상 평가 요청 접수 ② 정부부처, 지방자치단체 의견 수렴 ③ 대국민 공모 제안과제 접수 ④ 전문가 추진과제 접수	⇒	1. 기획재정부, 교육부, 미래창조과학부, 외교부, 통일부, 행정자치부, 농림축산식품부, 산업통상자원부, 보건복지부, 환경부, 고용노동부, 여성가족부, 국토교통부, 문화재청 등 관계 중앙행정기관 2. 문화영향평가 또는 문화정책 연구에 전문성이 있는 기관 및 단체	⇒	평가 확정된 정책, 계획, 법·제도 등에 대해 소관 중앙행정기관 및 지방자치단체에 통지

출처 : 한국문화관광연구원(2016ㄴ), 『2015년 문화영향평가 연구』, 문화체육관광부, 328쪽.

78) 문화영향평가 관련 내용은 『2015년 문화영향평가 연구』(한국문화관광연구원)에 수록된 '2016년 문화영향평가 운용 지침'을 참조하였다.

문화영향평가 대상 정책 선정 절차는 2017년 이후 일부 조정되어 2021년 현재까지 적용되고 있다.

소관기관이나 문화체육관광부에서는 문화영향평가 요청접수 및 수요를 조사한다. 그 결과에 따라 문화체육관광부에서는 전문가 검토회의 결과를 적용하여 평가대상 후보를 선정한다. 문화체육관광부에서는 평가대상을 확정하고 공지한다. 문화영향평가 대상 정책이나 계획으로 선정되면 평가기관을 지정하고 평가방법을 협의하여 정해진 일정에 따라 당해 연도에 평가절차를 마무리한다.[79)]

[그림 7] 2019년 문화영향평가 대상 선정 일반 절차

문화영향평가 요청접수 및 수요조사 (소관기관=문화체육관광부)		평가대상 후보 선정 (문화체육관광부)		의견 조회 및 대상 확정 (문화체육관광부=문화영향평가협력체계 등)		평가대상 공지(문화체육관광부=소관기관)
① 정부부처, 지방자치단체의 평가 요청 접수 ② 정부부처, 지방자치단체 대상 수요조사 ③ 일반 국민, 전문가 대상 수요조사	⇒	① 전문가 검토회의 개최 ② 평가의 유형·범위·내용 등 조정 ③ 평가대상 후보 선정	⇒	① 문화영향평가 협력체계, 관계부처 등에 대한 의견조회 ② 평가대상 확정	⇒	① 평가대상 계획 및 정책의 소관기관에 결과 통지 ② 소관기관과 문화영향평가 지원기관(한국문화관광연구원) 간 평가 추진 협의

출처 : 한국문화관광연구원(2019ㄷ), 『2019년 문화영향평가 종합결과보고서』, 문화체육관광부, 21쪽

2.2.2. 2016년 본격평가 대상 사업 선정 결과

문화체육관광부에서는 시범평가(2014~2015) 결과에 따라 '문화영향평가제도 운영 지침'을 수정·보완하여 2016년부터 본격적인 평가를

79) 문화영향평가 대상 선정 절차는 진단평가(2020년 시행), 약식평가(2018년 적용), 기본평가, 심층평가 등 평가 유형에 따라 조금씩 차이가 있다.
평가유형은 크게 자체평가(진단평가, 약식평가)와 전문평가(기본평가, 심층평가, 전략평가)로 구분된다.

추진하였다.

중앙부처와 지방자치단체에서는 해당 계획이나 정책을 평가 대상 과제로 직접 신청하였으며, 최종 15개가 선정되었다(〈표 5〉 참조). 중앙부처는 교육부, 농림축산식품부, 문화재청 등이 참여하였으며, 특별히 국토교통부에서 지원하는 도시재생 관련 5개의 사업이 모두 문화영향평가 대상 사업으로 선정되었다. 지방자치단체는 경북 안동시, 제주특별자치도(제주시), 광주광역시 동구 및 서구, 대구광역시 남구, 경기도 및 시흥시, 인천광역시 동구 등이 참여하였다.

문화영향평가센터(한국문화관광연구원 소속)가 중심이 되어 기 선정된 정책 및 사업을 평가할 수 있는 평가기관을 선정하여 평가 절차를 이행하였다.

제주특별자치도에서는 '제주시 원도심 도시재생 사업'(국토교통부 지원)과 '제주관광 질적 성장 기본계획'(자체 계획)이 선정되어 평가 절차가 이루어졌다.

〈표 5〉 2016년 문화영향평가 대상 사업

연번	정책명	주요내용	소관기관
1	재생두레를 통한 안동웅부 재창조계획	• 태사로 특화거리 및 한옥숙박촌 조성 • 창업 인큐베이팅 프로그램 운영	경북 안동시
2	제주시 원도심 도시재생사업	• 관덕정 광장 복원, 성굽길 도심 올레길 조성 등	제주도 제주시
3	도시재생 활성화 기본계획	• 지역의제(지속가능 디자인 마을)의 다원적 프로그램을 통한 주민 1인 1개 지속가능 콘텐츠 개발	광주 동구
4	오천마을 재생프로젝트	• 전통시장(양동시장) 활성화를 활용한 브랜드 마케팅, 방직문화를 활용한 관광 자원화 등	광주 서구
5	대명공연문화거리 활성화사업	• 대명공연예술센터 건립, 대명공연문화거리 조성, 대명공연문화거리 주민활동지원 사업	대구 남구

6	지역의 문화·교육 사회공헌 및 창의인재육성 프로그램 운영	• 대학생 연합 기숙사 건립 및 운영	교육부
7	농촌체험휴양마을	• 농촌의 부존자원을 활용하여 도시민을 대상으로 체험 프로그램, 숙박, 음식 등의 서비스 제공	농림축산식품부
8	로컬푸드직매장 지원사업	• 사업자(조합원 및 참여농가 등)가 생산한 농산물을 판매할 수 있는 로컬푸드직매장 인테리어, 장비, 시설 지원	
9	문화재 돌봄사업	• 문화재 사전예방을 통한 문화재 보조사업	문화재청
10	지역문화재 활용사업	• 문화재에 내재된 역사적 의미와 가치를 교육, 문화, 체험, 관광자원으로 창출한 문화재 향유프로그램	
11	경기도 맞춤형 정비사업	• 도로, 주차장, 공원, 경로당 등 주민 공동 이용시설 확충 및 정비	경기도
12	소통과 혁신의 경기도 신청사 건립	• 경기도 신청사 건립 및 경기도형 스마트한 행정시스템 구축, 수원 화성, 역사박물관 등과 연계한 문화적 광역 그린웨이 조성	
13	배다리 근대역사문화마을 조성	• 헌책방거리 및 배다리 공예상가 활성화 • 숭인지하차도 상부 생태문화공원 조성	인천 동구
14	경기청년 협업마을 조성·운영사업	• 창의적인 인재들이 유입되는 창의적인 청년협업마을 조성 및 교육프로그램 운영	경기도 시흥시
15	제주관광 질적성장 기본계획	• 관광정책 목표를 양(목표관광객 수)에서 질(관광고객만족도 향상 등)로 대폭 전환	제주도

출처 : 문화체육관광부(http://www.mcst.go.kr) 보도자료(2016. 05. 19.)

2.2.3. 2017년 이후 문화영향평가 선정 사업 현황

문화영향평가 선정 이후 평가방법을 간단히 살펴보면 전문평가와 약식평가가 있다(한국문화관광연구원, 2019ㄷ:16). 전문평가는 전문성을 지닌 제3의 기관이 수행하는 평가를 의미하며, 여기에는 기본평가, 심층평가, 전략평가 등이 있다.

약식평가는 계획과 정책을 수립하거나 시행하는 기관(중앙행정기관, 지방자치단체 등)의 담당자가 점검표를 사용하여 자체적으로 실시하는 평가를 가리킨다.

이와 같이 2가지의 평가방법을 적용하여 진행된 현황을 보면 2017년 15개, 2018년 35개, 2019년 35개, 2020년 46개 등의 정책과 계획사업이 평가되었다. 2017년에는 지방자치단체의 자체평가 대상인 '광주비엔날레 평가'를 시범적으로 약식평가 방법을 적용하였다. 이후 2018년부터 약식평가가 채택되어 2020년에도 적용되었다.

2018년에는 도시재생 뉴딜사업계획과 문화특화지역 조성사업 계획 등 25개가 전문평가 대상이고, 일부의 도시재생 뉴딜사업계획 등 10개가 약식평가 방식으로 진행되었다. 2019년에는 도시재생 뉴딜사업계획과 문화도시 조성사업 계획 등 17개가 전문평가 대상이고, 일부의 도시재생 뉴딜사업계획 등 18개가 약식평가 방식으로 진행되었다.

따라서 2018년 문화영향평가 대상계획 사업으로 도시재생 뉴딜사업이 31개 선정되었고, 2019년에는 23개가 선정되었다. 문화영향평가 대상으로 선정된 계획과 정책으로는 도시재생 뉴딜사업계획의 비율이 높음을 알 수 있다.[80)]

2.2.4. 문화영향평가 평가지표의 특징

문화영향평가 지표는 규제적 성격이 아니라 일종의 규범적 성격을 띠고 있으며, 「문화기본법」과 「문화기본법 시행령」에 평가 사항이 법제화되어 있다.

80) 한국문화관광연구원(2018 / 2019ㄷ), 『문화영향평가 종합결과보고서』에서 평가방법과 평가 대상 선정 현황을 참조하였다.

정부부처 및 지방자치단체의 각종 계획이나 정책 등이 문화적 가치 확산을 통해 지역민의 삶의 질을 높이는데 영향을 미칠 수 있는 '문화영향평가 지표'를 적용하여 평가한다(〈표 7〉 참조). 문화영향평가 평가지표는 크게 공통지표와 특성화지표로 구분되며, 세부지표에는 필수지표와 선택지표가 들어 있다. 공통지표와 필수지표는 모든 평가 정책 대상에 적용되는 것이며, 특성화지표와 선택 세부지표는 평가 대상 정책에 맞게 선택적으로 적용 가능하다.

문화영향평가 관련 평가지표를 비교해 보면(〈표 1, 4, 6〉 참조), 시범평가기간(2014~2015)에는 '문화기본권, 문화정체성' 2영역에 6개의 평가지표를 적용하였다. 2016년 본 시행에는 2영역에 '문화발전'을 추가하여 3개를 공통지표로 묶고, 1개의 특성화지표를 추가하였다. 시범평가 기간에는 세부지표를 모두 적용하도록 되어 있는데, 본 시행 기간에는 세부지표를 필수와 선택으로 구분하여 정책이나 계획의 특성을 고려하여 평가할 수 있도록 자율성을 고려하였다.

2016년 문화영향평가 평가지표는 평가 대상 사업에 공통적으로 적용되는 3개의 공통지표 설정 이외에 개별 평가기관이나 대상 과제의 특성을 고려하여 자율적으로 개발하여 적용할 수 있도록 특성화지표를 배정한 것이 특징이다.

〈표 6〉 2016년 문화영향평가 평가지표

구분	평가 항목	평가지표	세부지표
공통지표 (핵심지표)	문화 기본권	1. 문화향유에 미치는 영향	(필수)문화접근성
			(선택)문화향유수준
		2. 표현 및 참여에 미치는 영향	(필수)표현 및 참여 기회
			(선택)생활문화예술 참여

	문화 정체성	3. 문화유산 및 문화경관에 미치는 영향	(필수)문화유산 및 문화경관의 보호
			(선택)문화유산 및 문화경관의 활용
		4. 공동체에 미치는 영향	(필수)사회적 자본
			(선택)문화공동체
	문화 발전	5. 문화다양성에 미치는 영향	(필수)문화적 종 다양성
			(선택)소수집단의 문화적 표현
		6. 창조성에 미치는 영향	(필수)창조자본
			(선택)창조기반
특성화지표 (자율지표)	개별평가기관에서 대상과제의 특성을 고려하여 자율적으로 개발		

- 공통지표(핵심지표) 중 필수지표는 평가에 있어 반드시 포함해야 함.
- 공통지표(핵심지표) 중 선택지표는 선택적으로 활용할 수 있음.
- 특성화지표(자율지표)는 평가기관에서 대상과제의 특성을 고려하여 자율적으로 개발할 수 있음.

출처 : 한국문화관광연구원(2016ㄴ), 『2015년 문화영향평가 연구』, 문화체육관광부, 333쪽.

문화영향평가를 위한 평가지표는 2016년 본격적으로 적용한 이후 2017년에 일부 수정되었으며, 이 평가지표는 2021년 현재까지 사용하고 있다. 2016년 평가지표와 그 이후의 평가지표를 비교해 보면 다음과 같다.

2016년까지는 평가지표에 따른 세부지표를 지정한 후 세부지표는 필수지표와 선책지표로 구분하여 대상과제의 성격에 따라 유연하게 접근하도록 했다. 반면 2017년 이후 평가지표는 세부지표라는 용어대신 고려사항으로 확장하고 필수와 선택의 구분을 없앴다. 이는 평가대상 사업의 특성을 반영할 수 있는 이점이 있다. 또한 '평가지표 3. 문화유산 및 문화경관에 미치는 영향'에 대한 고려사항을 하나로 통합하였다.

〈표 7〉 문화영향평가 평가지표(2017년 이후)

구분	평가 영역	평가지표	고려사항
공통지표(핵심지표)	문화 기본권	1. 문화향유에 미치는 영향	문화접근성, 문화향유수준
		2. 표현 및 참여에 미치는 영향	표현 및 참여 기회, 생활문화예술 참여
	문화 정체성	3. 문화유산 및 문화경관에 미치는 영향	문화유산 및 문화경관의 보호 · 활용
		4. 공동체에 미치는 영향	사회적 자본, 문화공동체
	문화 발전	5. 문화다양성에 미치는 영향	문화적 종 다양성, 소수집단의 문화적 표현
		6. 창조성에 미치는 영향	창조자본, 창조기반
특성화지표(자율지표)	※ 평가대상의 특성을 고려하여 평가수행기관이 자율적으로 개발하여 적용		

출처 : 한국문화관광연구원(2019ㄷ), 『2019년 문화영향평가 종합결과보고서』, 문화체육관광부, 8쪽.

3. 제주특별자치도의 문화영향평가 추진 현황

3.1. 문화영향평가제도 도입이 필요한 여건

3.1.1. '제주 문화예술의 섬' 조성 과정에 반영

제주특별자치도의 계획과 정책을 추진할 때 문화적인 가치가 반영되어 제주 도민들이 문화적인 삶을 누릴 수 있도록 문화영향평가제도를 적용해야 한다.

이에 제주특별자치도의 각종 정책에 문화적인 요소를 반영하여 계획되고 추진될 수 있는 시스템을 구축함으로써, 제주 문화예술의 섬 조성 사업에 반영·추진이 가능하다. '제주 문화예술의 섬 조성 전략' 계획의 핵심과제로 '문화영향평가제도 실시'가 선정되었으며,[81] 향후 제주특별자치도의 각종 정책과 계획에 문화영향평가제도를 적용할 수 있도록 행정적 지원 정책이 필요하다.

따라서 '제주, 문화예술의 섬 조성' 관련 계획이 문화영향평가와 연동되어 추진되어야 한다고 보며, 이 계획의 추진 방향과 목표[82]는 다음과 같다.

제주 문화예술의 섬 조성 방향은 크게 문화예술이 있는 섬과 문화예술적인 섬으로 접근이 가능하다. 전자는 제주 도민의 고유한 삶의 양식을 통해 문화자원이 문화예술 콘텐츠로 재창조될 수 있도록 하는 것이다. 후자는 문화예술적인 가치를 지니고 있는 섬을 조성하는 것이다. 따라서 제주를 '문화예술이 있는 섬'으로 만든다는 것은 문화예술이 있는 섬에서 살아가는 제주 도민뿐만 아니라 관광객들도 기쁨, 자유, 행복 등을 느낄 수 있도록 문화예술 환경을 조성한다는 뜻이다.

제주섬이 예술성을 지닐 수 있게 하려면 제주의 자연을 살리고, 경관을 관리함으로써 문화예술의 특성이 드러나게 조성하는 것이다. 이에 '문화예술의 섬'을 조성하기 위한 목표인 '예술, 경관, 삶'을 달성하는 과정에 문화영향평가제도의 적용이 필요하다. 목표와 그 취지는

- 예술 : 다양한 문화예술 콘텐츠가 활성화된 섬,
- 경관 : 미학적인 경관으로 문화예술화된 섬,
- 삶 : 창조적 역량으로 발전하는 섬 등을 가리킨다.

---

81) 핵심과제로 선택된 제도개선 부분이 2017년 12월 국회에 제출되었다. 이후 「제주특별법」 제257조의3 '문화예술의 섬 조성'이 가능하도록 법적 제도가 마련되었다(2019. 11. 19. 국회 본회의 통과, 12월 10일 확정). 이와 관련된 내용은 문순덕 외(2019) 『제주 문화예술의 섬 활성화 전략』에 반영되어 있다.

82) 이 부분은 『제주 문화예술의 섬 조성 전략』(문순덕 외, 제주발전연구원, 2016)을 참조하였다.

결국 제주 문화예술의 섬 조성을 위해서는 제주특별자치도의 다양한 정책에 문화영향평가제도를 적용할 수 있는 여건이 마련되어야 한다.

3.1.2. 제주 도민들의 문화생활 향유 및 만족도 환경 고려

제주특별자치도(2018)에 따르면 제주 도민들의 문화환경 요소에 대한 만족도(2015, 2016, 2018. 3회) 조사 결과는 다음과 같다(〈그림 8〉 참조). 만족도 측정 요소로는 문화시설, 문화프로그램, 소요비용 등이 있다.

문화시설 측면에서는 3회 평균 58%가 보통, 24%가 만족한다는 응답 결과를 보더라도 대체적으로 82%가 만족한다는 결과를 알 수 있다.

문화프로그램 측면에서는 3회 평균 57%가 보통, 20%가 만족한다는 응답 결과에 따라 대체로 77%가 만족한다는 뜻이다.

소요비용 측면에서는 3회 평균 52%가 보통, 15%가 만족한 다는 응답 결과를 보면 대체로 67%가 만족한다고 볼 수 있다.

문화환경 요소 중에 '문화시설의 만족도가 가장 높고, 그 다음에는 문화프로그램, 소요비용 순으로 나타났다. 또한 만족도 3요소 모두 2016년 만족도는 높은 반면 2018년 조사에서는 불만족하다는 비율이 높게 나타났다.

따라서 문화예술 프로그램은 향유자(수요자)의 요구를 만족시킬 수 있는 콘텐츠로 재현되어야 한다. 더욱이 대다수 도민들이 이용하는데 부담되지 않도록 문화예술 향유 비용도 고려해야 한다.

[그림 8] 문화환경 요소 만족도

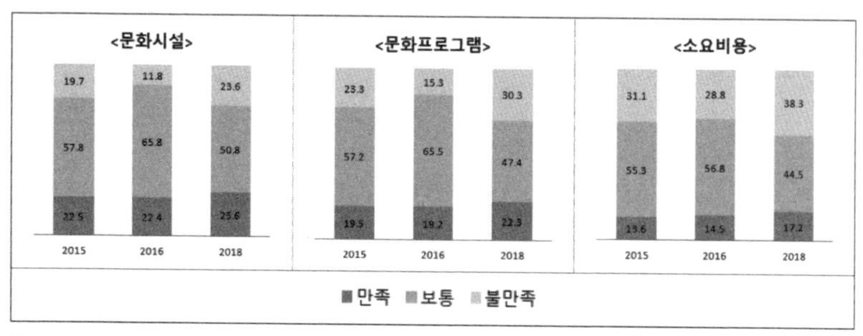

출처 : 제주특별자치도(2018), 『2018 제주사회조사 및 사회지표』, 104쪽.

다음은 5회 조사 결과(2013~2016, 2018) 제주 도민들의 전반적인 문화환경 만족도를 알 수 있다([그림 9] 참조). 전반적으로 5회 연속 만족도의 비율이 높게 나타났다. 다만 불만족 비율이 4회 연속 20%대에 머물렀는데, 2018년에는 28.6%으로 가장 높게 나타났다. 이 시기에는 만족한다는 비율도 기존 조사에 비해 높게 나타났다. 이는 제주 도민들이 체감하는 문화환경 요소에 따라 만족 정도에 간극이 있다는 뜻이다.

[그림 9] 문화환경 만족도

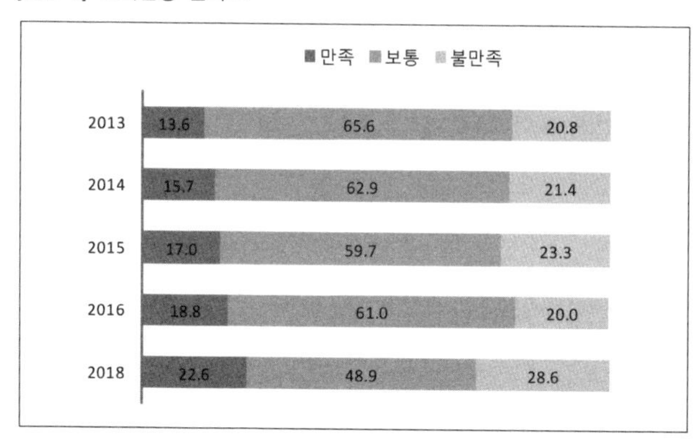

출처 : 제주특별자치도(2018), 『2018 제주사회조사 및 사회지표』, 104쪽.

제주 도민들이 기대하는 문화환경 요소에서 알 수 있듯이 제주특별자치도의 각종 계획과 정책에 '문화향유, 표현 및 참여'에 긍정적인 영향을 미칠 수 있도록 문화영향평가를 시행하는 것이 도민의 삶의 질을 향상시키는데 주요하다고 본다.

현재 제주특별자치도는 문화예술섬을 만들어 가는 과정에 있으므로, 도민들의 문화 향유 만족도를 높일 수 있는 문화시설이나 문화 프로그램 제공, 문화 전문인력 양성과 배치 등 문화적 가치를 높일 수 있는 환경 조성이 필요하다.

3.2. 제주특별자치도의 문화영향평가 대상 정책 내용

문화영향평가제도는 공공 정책과 사업이 문화의 시각에서 도민의 삶에 어느 정도 영향을 미치는가에 대해 평가하고, 장기적으로는 모든 정책과 사업에 문화의 가치를 부여하는데 목적이 있다. 문화적 관점에서 도민의 삶의 질 또는 일상생활에 미칠 영향력이 큰 정책과 계획, 문화적 가치를 고려할 필요성이 큰 계획이나 정책을 평가 대상으로 삼는다.

제주특별자치도의 정책 중에 2016년 본격평가 대상 사업에는 2개가 선정되었다. 하나는 '제주시 원도심 도시재생 사업 기본계획'이고, 다른 하나는 '제주관광 질적 성장 기본계획'이다.[83] 2개의 정책 사업은 공모·선정 절차를 거쳐서 개별 · 종합 평가를 받았다.

이 외에도 2018년에는 도시재생 뉴딜사업에 선정된 '제주시 남성마을 기본계획'이 약식평가 대상으로 선정되었다. 2019년에는 '제주시 문화도시조성 사업관련 기본계획'이 전문평가 대상으로 선정되었다.

---

83) 2016년 문화영향평가 대상 사업과 관련하여 제주도시재생센터, 제주특별자치도 관광정책과, 문화영향평가기관 등의 의견을 수렴하여 반영하였다.

따라서 제주특별자치도에서는 4건의 정책사업과 계획이 문화영향평가를 받았다. 한편 2021년에는 '서귀포시 문화도시 조성사업'이 약식평가 대상으로 선정되었다.

3.2.1. 「제주시 원도심 도시재생 사업」 문화영향평가 내용

이 계획은 제주특별자치도 도시재생과에서 신청하였으며, 문화체육관광부에서 최종 선정하였다. 이후 문화영향평가센터(한국문화관광연구원)에서 사업별 평가기관을 선정하고, 평가 절차를 이행하였다.

이 계획은 제주시 원도심 도시재생 사업([그림 10] 참조) 추진 시 문화적 영향을 고려하여 도민들의 삶의 질을 높일 수 있는 방향으로 추진 가능하도록 제안한다는 목적이 있다.

[그림 10] 제주시 원도심 도시재생사업 문화영향평가의 공간적 범위

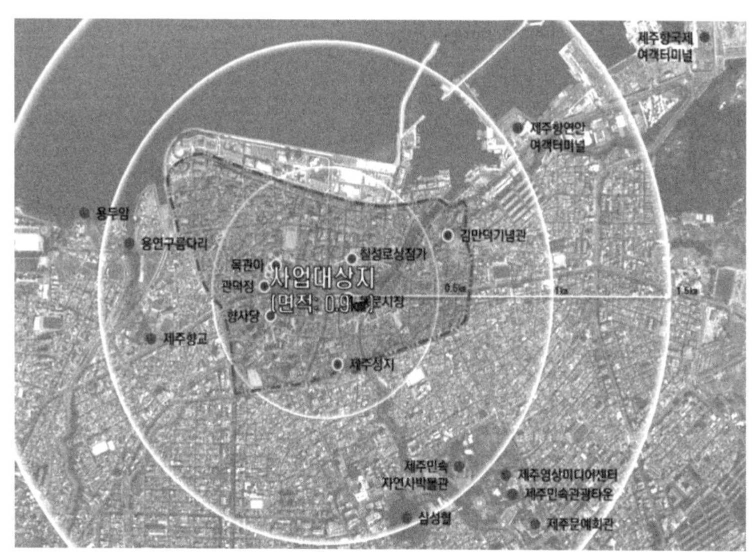

출처 : (주)도시문화집단CS(2016.), 『2016년 제주시 원도심 도시재생사업 문화영향평가 연구』, 한국문화관광연구원, 6쪽.

이 계획을 평가하기 위하여 10개 모두 필수지표로 적용하고, 별도로 2개의 특성화지표를 개발하여 적용하였다(〈표 8〉 참조). 특성화지표는 평가기관에서 이 계획의 성격을 고려하여 해당사업에 적합한 지표를 개발하여 적용하였다.

특성화지표는 원도심 도시재생 사업 추진 이후에도 문화적 환경이 지속적으로 유지가 되어야 하고, 문화공간과 다양한 프로그램이 제주의 문화관광자원으로 활용될 수 있도록 문화관광에 긍정적으로 작용할 수 있는 방안 마련에 역점을 두었다.

이 계획에 대한 평가 목표는 제주시 원도심 도시재생사업의 문화영향 지표 도출, 제주시 원도심 도시재생사업의 문화영향 평가 및 정책적 개선방안 제안 도출, 제주시 원도심 도시재생사업의 문화사회적 효과 확산을 위한 컨설팅 실시 등에 두었다(㈜도시문화집단CS, 2016:4).

〈표 8〉 제주시 원도심 도시재생사업 문화영향평가 평가지표

구분	평가 항목	평가지표	세부지표
공통 지표 (핵심 지표)	문화 기본권	문화향유에 미치는 영향	문화접근성
		표현 및 참여에 미치는 영향	표현 및 참여 기회
			생활문화예술 참여
	문화 정체성	문화유산 및 문화경관에 미치는 영향	문화유산 및 문화경관의 보호
			문화유산 및 문화경관의 활용
		공동체에 미치는 영향	사회적 자본
			문화공동체
	문화 발전	문화다양성에 미치는 영향	문화적 종 다양성
			소수집단의 문화적 표현
		창조성에 미치는 영향	창조자본

선택지표 (특성화지표)	지속 가능성에 미치는 영향	문화적 환경의 유지
	문화관광에 미치는 영향	문화관광자원화

출처 : (주)도시문화집단CS(2016), 『2016년 제주시 원도심 도시재생사업 문화영향평가 연구』, 한국문화관광연구원, 8쪽.

문화영향평가 평가지표별 영향지수를 조사한 결과((주)도시문화집단 CS, 2016:125), 문화관광에 미치는 영향이 60.4점으로 가장 높게 나타났다. 그 다음은 문화유산 및 문화경관에 미치는 영향 57.8점, 공동체에 미치는 영향 57.4 점 순으로 미미한 차이를 보인다. 반면 문화다양성에 미치는 영향은 51.6점으로 가장 낮게 나타났다.

따라서 이 사업을 추진할 때는 세부지표별 영향지수를 고려하여야 함을 알 수 있다. 2021년 현 시점에서 원도심 도시재생사업은 본궤도에 진입했다고 볼 수 있다.

〈표 9〉 평가지표별 영향지수

(단위: 점)

평가지표	문화향유에 미치는 영향	표현 및 장애에 미치는 영향	문화유산 및 문화경관에 미치는 영향	공동체에 미치는 영향	문화다양성에 미치는 영향	창조성에 미치는 영향	지속가능성에 미치는 영향	문화관광에 미치는 영향
영향지수	57.3	53.4	57.8	57.4	51.6	56.38	53.4	60.4

출처 : (주)도시문화집단CS(2016), 『2016 제주시 원도심 도시재생사업 문화영향평가 연구』, 한국문화관광연구원, 125쪽.

3.2.2. 「제주 관광 질적 성장 기본계획」 문화영향평가 내용

제주특별자치도 관광정책과에서는 「제주 관광 질적 성장 기본계획」(2016. 04.)을 수립한 후 문화영향평가 대상 계획으로 신청하여 최종 선정되었다. 이 기본계획은 지방자치단체가 자체적으로 수립한 후, 문화영향평가 사업에 신청한 것이다.

이 기본계획은 제주 관광의 양적 성장(관광객 급증, 관광 개발의 가속화 등)에 따른 불균형을 해소하고, 문화적인 영향을 미칠 수 있도록 질적 성장을 제도화하기 위하여 수립되었다.

이 계획에는 14개 중점과제와, 86개의 세부과제가 선정되어 단기(1~2년), 중기(3년 이상) 과제로 구분하였다. 이 과제를 대상으로 문화영향평가를 진행하였다(〈표 10〉 참조).

이 기본계획은 선택지표(특성화지표)를 개발하여 적용하는데 어려움이 있어서 '2016년 문화영향평가 평가지표'(〈표 6〉 참조)를 그대로 적용하여 평가하였다. 이 기본계획에는 사업 추진 방향성 정도만 제시되어 있어서 문화영향평가 시행에 어려움이 있었다. 따라서 「제주 관광 질적 성장 기본계획」의 문화적 요인을 도출하기 위하여 공통지표(필수, 선택 모두)를 전부 적용하여 평가를 진행하였다.

이 계획에 대한 문화영향평가 목적은 제주 관광 질적 성장 기본계획이 문화적 관점에서 제주도와 도민에 미치는 영향 진단, 제주 도민의 문화역량 강화 및 삶의 질 향상 방안 탐색, 기본계획 추진 시 예상되는 부정적 영향을 최소화 · 저감하기 위한 고려요인 발굴, 제주도의 지속 가능한 문화발전 토대 및 기반 구축 대안 검토 등에 두었다((재)한국지식산업연구원, 2016:5).

〈표 10〉「제주 관광 질적 성장 기본계획」 중점과제 목록

중점과제명	세제명	
	단기과제	중기과제
1. 마케팅 전략 변화	① 시장분석 및 세부전략 수립 ② 주요 시장의 다변화 및 세분화 ③ 유관기관 마케팅 연계 강화 ④ 온라인 서비스 시스템 확충 ⑤ SIT(목적관광) 고부가 관광객 유치를 위한 상품 개발	① 제주 관광브랜드 개발 ② 관광마케팅 전문 인력 육성 ③ 관광마케팅 영역 확대 ④ 바다올레길 조성 및 사업화 ⑤ (가칭) 제주위크 추진 ⑥ 온라인 마케팅 시스템 고도화
2. 관광정보 안내 개선	① 관광안내사 근무자세 등 기본사항 표준화 추진 ② 관광안내소 설치 입지 재검토 ③ 움직이는 관광안내소 설치	① 관광안내소 종합 발전계획 수립 ② 랜드마크형 종합관광안내소 조성 ③ 숙박시설 내 관광안내 시스템 마련
3. 쇼핑/관광상품 개발	① 사후면세점 확대 ② 관광기념품 및 상품 개발 ③ 관광기념품 및 상품 판로 확대 ④ 야간광장문화 유도	① 관광기념품 정보 DB 구축 ② 쇼핑 특화거리 조성 ③ 야간관광 상품 발굴 · 지원 및 인프라 구축
4. 교통체계 개선	① 외국어 버스정보 안내 강화 ② 버스안내 앱(app) 개선 ③ 관광지 안내표지판 개선 ④ 투어버스 통합 운영 및 신설 ⑤ 렌터카 제도개선 및 제주형 내비게이션 개발	① 시티투어버스 운영 확대 및 다양한 운영방안 검토 ② 외국인이 이용하기 편리한 대중교통 체계 확립 ③ 주요 허브 공항을 활용한 항공접근성 확대 ④ 직항전세기 및 저가항공사를 활용한 접근성 개선
5. 환대서비스 제고	① 영세업체 서비스 개선을 위한 종합 컨설팅단 운영 ② 친절업소 지정 확대, 지원 ③ 장애 없는 관광지 조성 ④ 특색있는 제주어 인사 등 안내 ⑤ 언어통역서비스 활용 홍보	① 정보통신기술을 활용한 언어 통역 서비스 사용 활성화
6. 관광 품질 고급화	① 가이드 · 수수료에 대한 제도적 대응 추진 ② 공영관광지 서비스 개선 및 경쟁력 강화 추진 ③ 도내숙박시설현황 통계 구축 ④ 저가덤핑상품 고급화전략 마련	① 관광품질 통합인증 평가체계 ② 빅데이터 활용한 상권분석, 공유 ③ 숙박시설 통합 통계시스템 구축 ④ 관광호텔 · 렌터카 · 골프장 가동률, 객단가 통계시스템 도입
7. 관광개발사업	① 지역경제 활성화 시스템 구축 ② 대규모 관광단지 조성 모델 마련	① 지속가능한 관광개발 원칙 확립(특별법, 조례 등)

8. 지역 연계 융·복합 화 관광	① 융복합관광 협업체계 구축 ② 우수 마을공동사업 기금 지원 ③ 융복합관광사업의 공동 홍보	① 공공/민간 거버넌스 관광조직화 ② 제주 마을관광자원 통합 DB구축 및 조사활동
9. 환경친화 행태	① 관광객 환경교육 기회 확대	① 에코인증 시스템 도입 ② 관광사업체의 환경친화경영체계 구축 및 모니터링
10. 불만족 요소 관리	① 체계적 대응 위한 협업체계 구축 ② 지속·반복 불만요인 특별관리 ③ 외국인 관광불편신고제도 개선	① 불만보상 공제제도 도입 검토 ② 관광불편신고센터 통합 운영 ③ 관광경찰 독자적 역할 확립
11. 관광인력 양성	① 교육기관간 협업체계 구축 ② 관광사업체 자체교육 지원 검토 ③ 가이드 교육 등 관리 강화	① 산학연계 교육훈련 시스템 구축 ② 우수인력 해외 교환프로그램 ③ 고부가가치 신산업과 연계한 신규 일자리 확대 추진
12. 위기 관리	① 각종 위기요소에 관한 대응 매뉴얼 수립 및 점검 ② 위기상황에 대한 관광업계 지원	① 관광위기 대비 프로그램 운영
13. 기금 운용 효율화	① 질적성장 중심 기금 투자·운용 ② 행정시 위임 기금 집행 제도개선 ③ 도민체감형 기금사업 발굴 지원	① 기금정책 방향 전환 ② 기금 재원 확대 추진 ③ 기금의 일정 비율을 관광 연구조사(R&D) 재원으로 별도 할당
14. 관광 조사·분석 체계화	① 국민소득 추계방식의 관광수입 추계 ② 관광객 실태조사 개선 ③ 사업체 운영실태 조사 개선 ④ 관광통계 협업체계 구축 ⑤ 조사·연구 인력 확보	① 관광서비스업 생산 동향 조사 ② 관광수입 통계주기 축소

출처 : 제주특별자치도 관광정책과(2016), 『제주관광 질적성장 기본계획』.

기본계획에 따른 세부지표별 문화영향평가 결과 영향지수를 보면((재)한국지식산업연구원, 2016:136), 문화다양성에 미치는 영향이 70.5점으로 가장 높게 나났고, 그 다음은 공동체에 미치는 영향 68.4점, 문화향유에 미치는 영향 67.9 순으로 나타났다. 반면 표현 및 참여에 미치는 영향은 62.9점으로 가장 낮게 조사되었다.

결국 이 기본계획을 추진할 때는 평가지표 조사 결과를 반영하여 낮게 나타난 요인을 긍정적으로 끌어올릴 수 있는 사업이 필요하다.

〈표 11〉 평가지표 종합결과

(단위: 점)

평가 지표	문화향유에 미치는 영향	표현 및 참여에 미치는 영향	문화유산 및 문화경관에 미치는 영향	공동체에 미치는 영향	문화다양성에 미치는 영향	창조성에 미치는 영향
영향 지수	67.9	62.9	65.5	68.4	70.5	67.1

「제주관광 질적 성장 기본계획」 문화영향평가의 결과를 세부계획에 반영할 때는 몇 가지 고려사항이 있다. 구체적인 내용은 다음과 같다.

첫째, 문화영향평가 결과 문화적인 가치를 확산할 수 있는 긍정적인 요소는 별 문제가 없는데, 부정적인 요소가 나타날 경우, 긍정적인 방향으로 추진할 수 있도록 세부 실행계획에 반영해야 한다.

둘째, 특정 정책에 대한 기본계획을 평가할 경우에는 목적에 맞게 문화영향평가를 할 수 있는 기준 설정이 필요하다. 즉 평가할 수 있는 구체적인 내용이 계획에 반영되어 있어야 평가가 가능하므로, 향후 문화영향평가 대상 사업을 선정할 때는 이 점을 고려해야 한다.

셋째, 문화영향평가 결과에 따라 긍정적 요인과 부정적 요인에 대한 문화영향 지수보다는 도민들의 문화적 가치 확산을 위해 계획 단계부터 의견수렴을 거치고 반영할 수 있는 시스템이 마련되어야 한다.

넷째, 이 기본계획을 통해 인력, 공간조성 등 분야별 전문 인력을 확보할 수 있도록 지원하고, 도민들의 문화적인 삶과 이를 향유할 수 있는 방향이 제시되어야 한다.

다섯째, 문화적 가치를 고려할 때 '제주 관광의 질적 성장'이 가능하도록 도민들의 입장과 관광객의 입장에서 공간이나 프로그램이 만족할 수 있어야 하므로, 결국은 문화적 관점에서 질적 성장의 방향이 제시되어야 한다.

4. 제주특별자치도에 주는 시사점

4.1. 문화영향평가제도 도입 필요

제주특별자치도에서는 2016년 2개, 2018년 1개, 2019년 1개 등 4개의 계획이 문화영향평가 대상 사업으로 선정되었는데, 이는 시범 적용의 성격을 띠므로 향후 본격적으로 적용하기 위해서는 이 제도의 도입 방안을 구체적으로 수립해야 한다.

각종 계획이나 정책 수립 단계부터 문화영향평가가 진행되면 긍정적인 요소들을 반영할 수 있는 장점도 있다. 반면 계획이나 정책이 자칫하면 평가 목적대로 진행할 수 있는 단점이 나타날 수 있으므로, 문화영향평가 방법, 지표 등을 적절히 운용함으로써 문화적 가치를 사회적으로 확산할 수 있도록 한다.

특히 해당 계획이나 정책은 도민들의 삶과 밀접한 관련이 있기 때문에 도민들에게 참여 기회를 제공하고, 다양한 의견을 반영할 수 있도록 문화영향평가제도가 정착될 수 있어야 한다.

또한 제주특별자치도의 각종 정책이나 계획을 평가하기 위해서는 컨설팅 전담인력이 상시적으로 활동할 수 있는 제도가 준비되어야 한다. 정책 사업에 대한 컨설팅을 수행할 수 있는 전문기관을 운영하게 되면 제주특별자치도의 정책을 일차적으로 컨설팅할 수 있는 이점이 있다.

따라서 문화영향평가제도 도입을 통해 평가방법과 결과의 활용을 구체화하고 해당 정책에 반영하여 문화적으로 긍정적인 효과를 거둘 수 있는 방안이 마련되어야 한다.

4.2. 문화영향평가제도 정착을 위한 지원체계 마련

'(가칭) 제주특별자치도 문화영향평가 운영 조례'를 제정하거나 유사한 조례에 반영하여[84], 제주특별자치도의 정책 분야별 계획(기본계획, 중장기계획 등)을 수립할 때는 문화영향평가를 받을 수 있도록 제도적 지원 근거를 마련한다. 각종 기본계획(3~5년)을 수립할 경우 문화영향평가 결과 반영과 추진 여부 등 중간 점검을 위한 행정적·재정적 지원이 필요하다.

제주특별자치도의 법정계획(법령, 조례에 명시된 계획)은 문화영향평가 대상에 포함하며, 특히 대규모 개발 사업(일정규모 이상 건물 신축 등)을 추진할 경우에는 문화영향평가를 받을 수 있도록 조례에 반영할 것을 검토한다. 환경영향평가와 같이 공공성을 띤 사업은 문화영향평가를 받도록 관련 조례 등에 명시한다.

문화영향평가제도가 제주특별자치도에 정착되기 위해서는 사전평가, 과정평가, 사후평가의 단계가 체계적으로 이행될 수 있도록 시스템이 구축되어야 한다. 특히 사후평가는 평가 결과의 환류 방법에 해당되므로, 연속성을 지닐 수 있도록 자체평가 계획이 수립되어야 한다.

문화영향평가 결과가 제대로 이행되기 위해서는 인력과 예산 지원 등 인센티브가 있어야 하고, 사후평가가 이루어질 수 있도록 모니터링 체계를 마련하는 등 '계획과 정책 수립 사전 - 과정 - 사후' 등 단계별로 진행되도록 행정체계가 갖추어져야 한다.

문화영향평가가 완료된 계획이나 정책인 경우 그 결과를 세부 실행

---

84) 조례 제정을 위해 「문화영향평가의 효율적 운영의 필요성과 제도화 방안 모색」 토론회를 개최하였다(제1차 제주문화누리포럼 창립기념 및 정책 토론회, 2018. 10. 11.). 2021년 3월 기준 제주특별자치도의회에서는 관련조례 제정 타당성을 검토하고 있다.

계획에 반영하여 실효성을 거둘 수 있는 제도적 장치가 마련되어야 한다. 현재 제도상 문화영향평가 결과에 대한 수용 여부는 담당기관의 선택사항이므로, 그 결과를 반영하지 않을 때 특별한 강제규정이 없는 실정이다.

따라서 이런 단점을 보완하고 이 제도가 정착되기 위해서는 정부와 지방자치단체에서는 제도를 보완하여 정착될 수 있는 환경을 마련해야 한다.

4.3. 문화영향평가 자체평가 관련 운영 지침 마련

정부부처의 지원사업인 경우 지방자치단체에서는 수동적으로 문화영향평가제도를 수용한 측면이 있다. 이에 제주특별자치도에서는 자체적으로 '(가칭) 제주특별자치도 문화영향평가 운영 지침'을 마련하여 문화영향평가제도가 활성화되도록 해야 한다.

문화영향평가 대상 정책은 계획 단계부터 '문화영향평가 운영 지침'을 참고하고, 해당 정책 관련 부서나 전문가를 중심으로 일차적으로 자체 평가할 수 있는 시스템을 마련한다. 그 결과 평가대상 정책으로 선정되었을 때 제도의 목적에 적합한 평가 절차를 수행할 수 있다.

따라서 제주특별자치도의 실정에 맞게 문화영향평가 운영 지침을 마련하고, 자체적으로 문화영향평가를 시행할 수 있도록 한다. 이를 위해 제주특별자치도의 문화영향평가 대상 정책을 선정하고, 평가기관도 선정하여 평가할 수 있는 근거를 마련해야 한다.

또한 문화적 가치 확산을 위한 국민의 질 향상이라는 문화영향평가의 목적을 유념하여 제주특별자치도의 계획이나 정책에 반영되고 실천되도록 사전 컨설팅과 사후 모니터링이 가능한 운영 지침이 제시되어야 한다.

제주특별자치도에서 자체적인 평가제도 시행에 따른 계획을 수립하고, 해당 평가 과정에 전문가 이외에 도민들이 참여할 수 있는 내용을 반영한다.

문화영향평가 결과 보고서가 완료되면 해당 정책 추진 부서에서는 그 내용을 수용하여 반영 여부를 결정하고, 가능하면 도민들에게 문화적 가치가 확산될 수 있도록 계획에 반영하여 집행할 수 있는 규정이 마련되어야 한다.

이와 더불어 해당 계획의 다양성을 훼손하지 않는 범위 내에서 문화영향평가에 대한 평가 결과를 담당기관에서 수용할 수 있는 시스템이 구축되어야 한다.

4.4. 문화영향평가제도의 인식 확산과 홍보

문화영향평가제도의 본격 시행에 발맞추어 향후 이 제도가 안정적으로 정착 · 운영될 수 있도록 지역사회 구성원들의 공감대 형성이 필요하다.

결국 이 제도를 시행함으로써 문화 관련 정책과 계획뿐만 아니라 경제, 관광, 환경, 교통 등 제주특별자치도의 모든 정책과 사업을 문화의 관점으로 접근하고 제고할 수 있는 기회가 제공되어야 한다.

그 다음 단계로는 계획 수립 담당 공무원, 연구기관과 연구자, 계획 수혜 대상자 등을 대상으로 문화영향평가제도의 홍보가 필요하다. 정책 수혜 대상자인 도민을 대상으로 이 제도의 목적과 효과 등을 홍보하고, 적극적으로 참여할 수 있는 기회를 제공한다.

한편 정책추진 주체인 지방자치단체, 전문 연구기관 등을 대상으로 제도 운영 관련 설명회 개최, 토론회 개최 등을 통해 홍보한다.

3장
정부의 지역문화실태조사와 제주특별자치도의 대응 과제

1. 문제제기

정부에서는 그동안 정부 주도로 전개되어 온 문화정책을 점차 지역으로 이관하는 한편, 지역문화의 중요성을 부각시키며, 지역민들의 생활문화 활성화에 역점을 두고 있다.

이는 국민의 문화향유 기회 확대를 위해 문화시설 설립에 목적을 두었던 것에서 벗어나서 지역·세대·계층 간 문화 격차를 해소할 수 있는 보편적 문화복지의 관점으로 접근한다고 볼 수 있다.

정부에서는 국민의 문화적 권리를 기본권으로 인식하여 「문화기본법」을 제정하고(2013), 지역 간 문화 격차를 해소하고 지역의 고유한 문화를 정책에 반영하여, 지역민들의 생활문화를 활성화할 수 있도록 「지역문화진흥법」을 제정하여(2014) 법적 지원 체제를 갖추었다.

정부의 문화정책은 모든 국민을 대상으로 하는 보편적인 정책이 될 수 있는데 비해 지역에서는 지역의 특성을 고려하여 지역민의 기대와 요구를 해소해 줄 수 있는 정책이 수립되고, 추진되어야 한다. 따라서 정부 차원에서는 전국의 문화정책 현황을 표준화된 기준으로 조사하고, 지역의 문화 발전 정도를 측정할 수 있는 지역문화지표 개발 및 적용이 필요하다고 보았다.

이에 정부에서는 중앙과 지역 간 문화 격차 해소를 통해 지역문화 발전을 도모하고, 지역문화 정책의 균등한 발전을 위하여 지역문화지표를 개발하고(2012), 이를 시범적으로 실시한 후(2014), 더 나아가 전국적으로 지역문화실태를 조사하였다(2016, 2019).[85] 지역문화지표 적용 대상은 광역자치단체와 기초자치단체(시 · 군 지역)이다.

또한 정부에서는 중앙과 지방의 문화 격차를 해소할 수 있는 지역 중심의 문화정책 진흥 방안을 권장하고 있다. 이에 제주특별치도는 문화향유의 소외지역이라는 문화 격차 의식을 해소할 수 있는 지역문화진흥 정책이 필요하다.

제주특별자치도에서는 제주 도민의 문화행복 지수를 높일 수 있는 문화정책을 추진하고 있으나 문화정책의 수요자인 도민들의 정책 만족도가 어느 정도인지, 정책 제공자인 제주도정의 다각적, 행 · 재정적 지원사업들이 어떻게 실현되는지에 대한 가시적인 검증이 필요하다.

따라서 이 글에서는 지역문화지표 시범조사와 2회의 실태조사 결과[86]

---

85) 2019년에 발표된 『2017년 기준 지역문화실태조사』(한국문화관광연구원, 2019ㄱ/ㄴ)은 2017년 기준 통계자료를 적용하였다. 이 조사에는 전국 229개 기초자치단체의 지역문화 현황 통계분석 결과가 반영되었다. 이 글에서는 시범조사와 2회의 본조사 자료를 분석하였고, 3차 조사 결과(2019ㄱ/ㄴ)을 부분적으로 참고하였다.

86) 지역문화지표에 필요한 기초자료는 세부지표에 따라 기초자치단체 담당 공무원이 직접 입력하고, 그 외는 문화관련 행정자료와 통계자료에 근거하여 분석하였다. 2014년 지역문화실태조사 시 자료수집 출처는 지방자치단체 직접 입력, 문화재청 홈페이지, 전국문화기반시설총람, 국가도서관통계시스템 제공자료, 예술경영지원센터 등이 해당된다.

에 기초하여 향후 제주특별자치도의 문화정책 방향을 제안하고자 한다.

논의 범위로는 『2014년 기준 지역문화실태조사 분석 연구』를 기본 자료로 이용하고, 『2013 지역문화지표 지수화를 통한 비교 분석』(한국문화관광연구원, 2014ㄱ)을 참고하여 전국 지방자치단체와 제주특별자치도의 지역문화실태조사 결과를 재분석하였다.

2. 지역문화실태조사 추진 현황

2.1. 지역문화지표 개발 및 시범 적용 결과(2013)[87]

지역문화지표는 "지역문화 진흥 정책의 목표와 가치가 내재되어 있는 통계자료이며, 지역문화의 발전 현황과 변화 추이를 파악할 수 있는 측정도구"(한국문화관광연구원, 2013 : 15)의 의미로 쓰인다.

지역문화지수는 "지역문화를 구성하는 제반요인을 포괄하여 지역의 발전 정도를 종합적으로 평가할 수 있는 수치"(한국문화관광연구원, 2013 : 173)라는 뜻이다.

정부에서는 2012년 지역문화지표를 개발하여 특별시와 광역시를 제외한 전국 158개의 기초자치단체를 대상으로 시범 조사하였으며, 조사 결과는 『지역문화 지표개발 및 시범적용 연구』(한국문화관광연구원, 2013)에 반영되었다.

정부에서는 최종적으로 지역문화지표로 6개 영역에 54개 지표를 확

87) 정부에서는 2012년 지역문화지표를 개발하여 전국 158개 기초자치단체를 대상으로 시범 조사를 실시하였고, 2013년에 분석결과물이 나왔다. 따라서 이 글에서는 2013년 『지역문화지표 개발 및 시범적용 연구』를 분석 자료로 활용하였다.

정하였으며, 이 중에 38개의 세부지표를 대상으로 시범 적용하였다(〈표 1〉 참조). 지역문화정책 영역 세부지표 7개, 지역문화인력 영역 세부지표 7개, 지역문화활동 영역 세부지표 5개, 지역문화 인프라 영역 세부지표 11개, 지역문화자원 영역 세부지표 4개, 지역문화 향유 및 복지 영역 세부지표 4개 등 6개 영역에 38개 세부지표를 적용하여 각각에 대한 행정자료를 수집·분석하였다.

〈표1〉 2012년 지역문화지표

지표 영역	세부지표(시범적용 지표/비적용 지표)
지역문화정책(10)	지역문화정책 중장기 발전방안 수립 유무, 최근 5년간 문화분야 발전을 위한 보고서 발행 수, 지역문화재단 및 문화산업진흥원 설립 유무, 지자체 예산 대비 문화정책 예산 비율, 인구 천명당 문화정책 예산 규모, 인구 천명당 문화행정 인력 수, 문화분야 담당 공무원 근속연수 (시범적용 7)
	지역문화정책의 업데이트 여부, 연구 및 보고서 발행 후 문화정책 입안 수, 성인지 문화정책 수립 유무 (비적용 3)
지역문화인력(10)	인간문화재 수, 지역문화재 대비 문화재관리 인력 비율, 학예사 수, 문화복지 전문인력 지역별 배치 수, 사서 1인이 감당하는 도서장서 수, 인구 천명당 사서 수 (시범적용 7)
	노동부 지정 공예 분야 명인 수, 여성 공무원 학예사·복지사 수, 각 지역의 예총 및 민예총 지부 회원 수 (비적용 3)
지역문화활동(6)	문화원 사업비 총액, 문화예술단체 지원 총액, 지역문화 예술인 대상 공모사업 지원 건수, 등록 문화예술단체 수, 인구 천명당 도서대여 수(시범적용 5)
	지자체 관리 문화 동호회 및 동아리 수 (비적용 1)
지역문화 인프라(14)	작은도서관 수, 인구 천명당 서점 수, 대표 공연장 가동일 수, 대표 전시장 가동일 수, 문화시설 관람객 수, 인구 십만명당 문화기반시설 수/면적 대비 문화기반시설 수, 시군별 축제 및 행사경비 지출금액(인구대비), 인구 천명당 문화사업체 수, 문화산업분야 매출액, 문화산업분야 종사자 수 (시범적용 11)
	문화 관련 특성화지구 여부, 각 지역의 예총 및 민예총 지부 설립 여부, 문화시설 어린이 보호시설 유무 (비적용 3)
지역문화자원(6)	국가지정 유형문화재 수, 국가지정 무형문화재 수, 인구 천명당 지역축제 수, 1인당 도서장서 수 (시범적용 4)
	고유 콘텐츠 활용 프로그램 및 사업개발 수, 양성평등 문화콘텐츠 개발 수(비적용 2)
지역문화 향유 및 복지(8)	각 지역별 문화향유를 위한 무료 공연 진행 건수, 지역문화예술 프로그램 수, 지역별 문화이용권 발급대비 이용률, 지역별 문화이용권 예산대비 집행률 (시범적용 4)
	전체 인구 수 대비 예술행사 관람율, 예술 창작 발표 활동 횟수, 문화예술관련 지출 총액/인구 수, 문화예술교육 기회 제공/인구수 (비적용 4)

출처 : 한국문화관광연구원(2013), 『지역문화 지표 개발 및 시범 적용 연구』, 문화체육관광부, 60쪽.

정부에서는 지역문화지표 개발과 시범조사를 통해 지역의 문화실태를 조사하고, 지역민들의 문화향유 실태와 지역의 문화발전 정도를 측정하여 균형 잡힌 문화진흥 정책 추진의 근거로 삼고자 했다.

따라서 지역문화지표는 지역의 문화다양성과 발전 정도를 확인할 수 있는 기준이라 할 수 있고, 지표 조사 결과에 따라 지역별 문화정책의 미래전략을 수립할 수 있는 준거로 활용할 수 있다.

2.2. 1차 지역문화지표 조사 결과(2014)[88)]

『2013 지역문화지표 지수화를 통한 비교분석』(한국문화관광연구원, 2014ㄱ)에 기초한 1차 지역문화지표 조사 결과는 다음과 같다.

2012년 지역문화지표 시범조사 결과에 따라 2013년에는 특별시(세종특별자치시 제외)와 광역시까지 확대하여 전국 기초자치단체 229개 지역을 대상으로, 4대 대분류, 12개 중분류, 37개 세부지표 대상 지역문화정책을 조사하였다. 조사 대상지역은 서울특별시 25개 구, 인천광역시 5개 구, 울산광역시 4개 구, 부산광역시 15개 구, 대구광역시 7개 구, 대전광역시 5개 구, 광주광역시 5개 구, 제주특별자치도 2개 시(제주시, 서귀포시) 등이다.

제주특별자치도는 광역자치단체에 속하지만 기초자치단체가 없으므로, 행정시인 제주시와 서귀포시가 지역문화지표 실태조사 지역에 포함된다.

1차 조사 결과 지역문화지수 종합순위가 시·군·구별 상위 10개 지

88) 1차 지역문화지표 조사는 2013년에 진행되었으며, 그 결과물은 2014년에 『2013 지역문화지표 지수화를 통한 비교분석』으로 발간되었다. 따라서 이 글에서는 2014년 결과물을 활용하였으므로, 본문 설명 자료는 지역문화지표조사 시기가 2013년으로 되어 있다.

역은 〈표 2〉와 같다. 제주특별자치도 제주시와 서귀포시는 상위 10개 지역에 포함된다.

지역문화지수가 전체적으로 가장 높은 시지역은 경기도 수원시이고, 군지역은 전라남도 강진군, 구지역은 서울시 송파구가 가장 높은 것으로 조사되었다.

〈표 2〉 지역문화지수 종합순위 시·군·구별 상위 10개 지역

구분	상위 10개 지역
시	경기 수원시, 경기 부천시, 제주 제주시, 경기 성남시, 전북 전주시, 경남 창원시, 경북 경주시, 경기 고양시, 제주 서귀포시
군	전남 강진군, 경기 양평군, 경북 울릉군, 경북 고령군, 경북 성주군, 강원 인제군, 충북 청원군, 충남 부여군, 경남 거창군, 충북 단양군
구	서울 송파구, 서울 서초구, 서울 종로구, 서울 구로구, 서울 중구, 서울 용산구, 대구 중구, 서울 서대문구, 울산 중구, 서울 노원구

출처 : 한국문화관광연구원(2014ㄱ), 『2013 지역문화지표 지수화를 통한 비교분석』, 문화체육관광부, 169쪽.

지역문화 대분류와 지수 값이 높게 나타난 지역을 보면, 문화정책 영역에서는 경기도 수원시, 문화자원 영역에서는 경기도 성남시, 문화활동 영역에서는 제주특별자치도 제주시, 문화향유 영역에서는 경기도 수원시가 가장 높게 나타났다(〈표 3〉 참조). 문화향유 영역에서는 제주시가 4순위에 해당된다.

제주특별자치도 제주시가 문화활동과 문화향유 영역에서 문화지수 값이 높게 나타난 것을 보면 예술가의 창작 활동 기회가 확대되고, 그에 따라 도민들의 문화향유 기회도 많아졌다고 볼 수 있다.

2013년 지역문화지표조사 결과물인 『2013 지역문화지표 지수화를 통한 비교분석』에 기초하여 분석한 결과 제주특별자치도가 상위권에

속한 영역은 지역 문화정책, 지역 문화활동, 지역 문화향유 관련 지표들이 유의미하게 측정되었음을 알 수 있다. 반면 지역 문화자원 관련 지표 순위는 낮게 나타나서 향후 이 지표 순위를 높일 수 있는 문화정책이 추진되어야 할 것이다.

〈표 3〉 지역문화 대분류 및 지수 값이 높게 나타난 지역

대분류	내용	상위지역
문화정책	정책수립, 정책실행, 정책예산 집행이 안정적으로 진행되고 있는 지역	경기 수원시, 전남 강진군, 경북 경주시, 경북 울릉군, 경기 부천시
문화자원	문화유산, 문화인력, 문화자원에 대한 보유 및 관리가 안정적으로 수행되고 있는 지역	경기 성남시, 경기 고양시, 부산 해운대구, 충북 청주시, 전북 전주시
문화활동	기초자치단체 내 문화예술인 및 문화예술단체에 대한 지원 및 활동이 활발한 지역	제주 제주시, 서울 종로구, 경기 수원시, 경남 창원시, 전북 전주시
문화향유	지역민의 문화향유 증대를 위한 무료 공연 및 문화이용권 사업이 가장 활성화 되어 있는 지역	경기 수원시, 경기 부천시, 경기 성남시, 제주 제주시, 경남 창원시

출처 : 한국문화관광연구원(2014ㄱ), 『2013 지역문화지표 지수화를 통한 비교분석』, 문화체육관광부, 146쪽.

1차 지역문화지표 조사와 세부지표별 제주특별자치도의 문화정책 진흥 정도를 측정할 수 있는 결과는 다음과 같다.

2012년 1년간 민간 문화 전문인력을 가장 많이 고용한 기초자치단체는 제주특별자치도 서귀포시가 28명이고, 그 다음이 서울특별시 송파구와 강원도 춘천시 18명, 경기도 안양시 14명 순으로 나타났다.

지역축제가 가장 많이 개최된 기초자치단체로는 제주시가 14개로 가장 높게 나타났으며, 서귀포시가 11개로 제주특별자치도에서 25개가 개최된 것으로 조사되었다. 그 다음은 경기도 파주시 10개, 경상남도 거제시 9개 순으로 나타났다.

지역 예술가 대상 공모사업 지원 총액이 가장 많은 곳은 전라북도 남원시(1,796,000천원)이고, 그 다음이 경상남도 창원시(1,666,820천원), 제주특별자치도 제주시(1,314,400천원), 경기도 부천시(1,255,610천원) 등의 순으로 나타났다. 광역자치단체로는 제주특별자치도가 공모지원 사업 예산이 가장 높고, 그 다음이 충청남도, 경기도 순으로 나타났다.

학예사를 가장 많이 보유하고 있는 기초자치단체는 제주시가 19명이고, 수원시 14명, 경기도 부천시 12명, 양평군 11명 등의 순으로 나타났다.

문화관광해설사 수가 가장 많은 기초자치단체는 경기도 수원시가 172명으로 가장 높고, 제주특별자치도 서귀포시는 95명으로 3순위로 나타났다. 또한 기초자치단체 평균 1.47명으로 보면, 광역시도인 제주특별자치도는 62.50명으로 가장 많고, 그 다음은 전라북도 21.29명, 경기도 19.94명 순으로 나타났다.

지역민 대상 문화예술교육 강좌 개설 및 운영 건수가 가장 많은 기초자치단체는 경기도 수원시로 연간 884건을 진행하였으며, 제주특별자치도 제주시는 482건으로 4순위에 해당된다.

소외계층 대상 문화관련 프로그램 운영 건수가 가장 많은 기초자치단체는 경기도 부천시가 240건이고, 제주특별자치도 제주시는 49건으로 6순위로 나타났다.

2.3. 2차 지역문화실태조사 결과(2016)[89]

지역문화지표 시범조사(2012)와 1차 조사(2013)에 이어, 2014년 2

89) 2차 지역문화실태조사는 2014년을 기준연도로 하여 2015년에 조사되었다. 그 결과물이 2016년에 발간되었으므로, 이 글에서는 2016년 분석 자료를 활용하였다.

차 지역문화실태조사는 전국으로 확대하여 실시되었다. 지역문화지표조사는 「지역문화진흥법」이 제정(2014)됨에 따라 '지역문화실태조사'로 사업명이 변경되었으며, 향후 5년 단위로 주기적인 조사의 근거가 마련되었다.

「지역문화진흥법」 제1장에는 지역문화진흥 정책 추진, 지역문화진흥 기본계획 수립이 포함되어 있으며, 이 부분이 지역문화지표에 반영되었다. 동법 제2장 지역의 생활문화진흥에는 지역의 문화예술단체와 동호회 활동 지원, 생활문화시설 설립·운영이 명시되어 있으며, 이 역시 지역문화지표에 반영되었다.

동법 제3장에서 지역의 문화진흥기반 구축에는 전문인력 양성, 지역문화실태조사 등의 당위성이 명시되어 있다.

「지역문화진흥법」

제1장 총칙

제1조 (목적)

이 법은 지역문화진흥에 필요한 사항을 정하여 지역 간의 문화격차를 해소하고 지역별로 특색 있는 고유의 문화를 발전시킴으로써 지역주민의 삶의 질을 향상시키고 문화국가를 실현하는 것을 목적으로 한다.

제3장 지역의 문화진흥기반 구축

제11조 (지역문화실태조사)

① 문화체육관광부장관은 제6조 제1항에 따른 기본계획의 수립 등을 위하여 지역 간의 문화격차 현황 등 지역문화진흥에 필요한 사항을 5년마다 조사하여야 한다.

② 문화체육관광부장관은 중앙행정기관의 장 또는 지방자치단체의 장에게 조사에 필요한 자료의 제출을 요청할 수 있다.

출처 : 국가법령정보센터(www.law.go.kr)

『2014 기준 지역문화실태조사 분석 연구』(한국문화관광연구원, 2016ㄱ)에 따르면 지역문화지표는 4개 대분류, 10개 중분류, 27개 세부지표로 확정되어 실태조사에 적용되었다. 2013년 지역문화지표에서는 중분류 영역이 12개이고, 세부지표로 37개를 선정하였는데, 2014년 지역문화지표에서는 중분류 영역이 10개에 세부지표 27개로 조정되었다(〈표 4〉 참조).

〈표 4〉 2014년 지역문화지표 확정안

2013 지역문화지표				⇒	2014 지역문화지표 확정안			
대분류(4)	중분류(12)	지표수(37)			대분류(4)	중분류(10)	지표수(27)	
문화정책	정책수립	2	7		문화정책	수립 및 실행	3	7
	정책실행	3				정책환경	2	
	정책예산	2				문화예산	2	
문화자원	문화유산	2	15		문화자원	문화유산	1	8
	문화기반시설	7				기반시설	4	
	문화시설활용	2				자원활용	3	
	문화자원	4						
문화활동	활동지원	2	10		문화활동	활동현황	1	5
	활동현황	3				활동인력	4	
	활동인력	5						
문화향유	문화향유	2	5		문화향유	지역주민	4	7
	문화복지	3				소외계층	3	

출처 : 한국문화관광연구원(2016ㄱ), 『2014 기준 지역문화실태조사 분석 연구』, 문화체육관광부, 21쪽.

2016년 2차 지역문화실태조사 결과에 따른 지역문화지수 종합순위를 보면, 시지역은 전라북도 전주시, 군지역은 전라남도 강진군, 구지역은 서울특별시 성동구가 상위 10개 지역에 포함되어 있다(〈표 5〉 참조). 시·군지역 중에 경기도를 제외하고는 비수도권 지역이 상위지역에 해당되고, 구지역은 광역시가 해당된다.

〈표 5〉 지역문화지수 종합순위 시·군·구별 상위 10개 지역

구분	상위 10개 지역
시	전북 전주시, 경기 수원시, 경남 창원시, 경기 부천시, 경북 안동시, 충북 청주시, 경북 경주시, 전북 익산시, 경기 고양시, 경기 구리시
군	전남 강진군, 경기 양평군, 전남 진도군, 전북 무주군, 전북 완주군, 충북 보은군, 경북 울릉군, 강원 양구군, 전북 순창군, 충북 영동군
구	서울 성동구, 부산 사상구, 서울 중구, 서울 노원구, 서울 동작구, 부산 서구, 서울 종로구, 서울 강동구, 부산 북구, 광주 동구

출처 : 한국문화관광연구원(2016ㄱ), 『2014 기준 지역문화실태조사 분석 연구』, 문화체육관광부, 127~129쪽.

2016년 2차 지역문화실태조사 결과 지역문화 대분류별 지수 값에 따른 전국 시·군·구 지역의 순위를 보면(〈표 6〉참조), 문화정책 영역에서는 전라남도 강진군, 문화자원 영역에서는 경상남도 창원시, 문화활동 영역에서는 경기도 수원시, 문화향유 영역에서는 부산광역시 사상구가 높게 나타났다. 경기도를 제외하고는 비수도권에 속하는 기초자치단체가 대분류별 지수 값이 높은 지역으로 조사되었다.

〈표 6〉 지역문화 대분류별 지수값이 높게 나타난 지역

대분류	내용	상위지역(5개)
문화정책	정책수립, 정책실행, 정책예산 집행이 안정적으로 진행되고 있는 지역	전남 강진군, 전북 전주시, 강원 평창군, 경북 영주시, 경북 안동시
문화자원	문화유산, 문화인력, 문화자원에 대한 보유 및 관리가 안정적으로 수행되고 있는 지역	경남 창원시, 경기 부천시, 경기 고양시, 경북 포항시, 광주 동구
문화활동	기초자치단체 내 문화예술인 및 문화예술단체에 대한 지원 및 활동이 활발한 지역	경기 수원시, 전북 전주시, 경남 창원시, 서울 동작구, 충북 청주시
문화향유	지역민의 문화향유 증대를 위한 무료 공연 및 문화이용권 사업이 가장 활성화되어 있는 지역	부산 사상구, 전북 완주군, 경기 구리시, 경기 양평군, 전북 무주군

출처 : 한국문화관광연구원(2016ㄱ), 『2014 기준 지역문화실태조사 분석 연구』, 문화체육관광부, 159쪽.

2.4. 3차 지역문화실태조사 결과(2019)[90]

2016년 2차 지역문화실태조사 결과에 이어 3차 조사결과는 2019년에 발표되었다. 이 사업의 조사명은 '2017년 기준 지역문화실태조사'이고, 기준 연도는 2017년 기준(2017년 당해 연도 또는 2017년까지 누적)이다. 조사 대상은 전국 229개 지방자치단체(226개 기초자치단체, 2 행정시, 세종특별자치시)이다.

한편 2014년 기준 지역문화지표를 일부 보완하여 2017년 지표로 확정하였다. 2017년 지역문화지표와 2014년 지표(〈표 4〉)를 비교하면 4개의 대분류 체계는 그대로 유지하면서 10개 중분류에 28개 지표로 조정되었다. 2017년 지표에는 1개의 지표가 추가되었다.

또한 중분류 지표에도 변화가 있다. 2014년에는 문화정책 수립 및 실행이 2017년에는 문화정책 사업으로 바뀌었다. 2014년 활동현황이 2017년에는 활동조직으로 변경되었다.

〈표 7〉 2017년 기준 지역문화지표

대분류(4개)	중분류(10개)	지표수(28개)	
문화정책	정책사업	2	7
	정책환경	2	
	문화예산	3	
문화자원	문화유산	2	9
	기반시설	4	
	자원활용	3	

90) 3차 지역문화실태조사는 2017년을 기준연도로 하여 2019년에 조사되었다(2018. 11.~ 2019. 01.). 그 결과물은 『2017 기준 지역문화실테조사』(한국문화관광연구원, 2019ㄱ/ㄴ)이며 이 글에서는 2019년 분석 자료를 참조하였다.

문화활동	활동조직	2	7
	활동인력	3	
문화향유	지역주민	2	5
	소외계층	3	

출처 : 한국문화관광연구원(2019ㄱ). 『2017년 기준 지역문화실태조사-현황통계분석』, 문화체육관광부, 18쪽.

2017년 기준 지역문화실태조사 대분류별 지수 분석 결과를 보면 문화정책 지수 1위는 전라남도 강진군이고, 문화자원 지수 1위는 경상남도 창원시, 문화활동 지수 1위는 서울특별시 종로구, 문화향유 지수 1위는 전라북도 전주시로 조사되었다. 반면 제주특별자치도 서귀포시는 문화향유 지수에서 4위로 조사되었다.

〈표 8〉 지역문화실태조사 대분류별 지수 분석 결과(2019)

기준	위1	위2	위3	위4	위5
정책지수	전남 강진군	경기 수원시	전북 전주시	경죽 경주시	충남 천안시
자원지수	경남 창원시	전북 전주시	충북 청주시	경북 포항시	경기 화성시
활동지수	서울 종로구	경기 수원시	전북 전주시	서울 마포구	서울 성북구
향유지수	전북 전주시	경북 울릉군	충남 청양군	제주 서귀포시	경남 김해시

출처 : 한국문화관광연구원(2019ㄴ). 『2017년 기준 지역문화실태조사-종합지수 분석 및 문화균형지수 시범연구』, 문화체육관광부, 55쪽.

3. 지역문화실태조사의 주요 내용과 특징

이 절에서는 2016년 2차 조사 결과물인 『2014 기준 지역문화실태조

사 분석 연구』를 토대로 전국 기초자치단체와 제주특별자치도의 문화정책 현황을 비교·분석하고자 한다.[91]

2차 지역문화지표로는 문화정책, 문화자원, 문화활동, 문화향유 등 4개의 대분류와 10개의 중분류, 27개의 세부지표가 선정되었다. 이러한 분류 기준과 조사 순서에 따라 주요 내용을 살펴보고자 한다.

3.1. 지역문화정책 영역

문화정책 분야는 문화정책 수립 및 실행, 정책환경, 문화예산 등 3개의 중분류로 구분된다.

3.1.1. 지역문화정책 수립 및 실행

① 지역문화진흥을 위한 종합계획 수립 유무

종합계획을 수립한 기초자치단체는 광주광역시 기초자치단체가 40%(2개)로 가장 높게 나타나고, 그 다음이 부산광역시 기초자치단체가 37.5%(6개), 서울특별시 기초자치단체가 36.0%(9개) 순으로 나타났다.[92] 반면 제주특별자치도를 비롯하여 인천광역시, 대전광역시, 세종특별자치시, 충청북도, 경상북도 기초자치단체는 문화정책 수립 및 실행 결과가 없는 것으로 나타났다.

91) 이 절에서 인용한 세부지표별 조사 결과는 『2014년 기준 지역문화실태조사 분석 연구』(한국문화관광연구원, 2016ㄱ : 38~120)를 참조하였으므로. 각 지표별 결과표(그림 포함)에 대한 출처는 생략하였다.

92) 지역문화진흥 종합계획 수립 비율은 해당 광역시 소속 기초자치단체의 수 대비, 이를 실행한 기초자치단체 수를 가리킨다.

제주특별자치도 행정시인 제주시와 서귀포시는 자체적으로 지역문화진흥 시행계획을 수립하지 않기 때문에 이에 대한 세부지표의 실적이 없는 것으로 조사되었다. 지역문화실태조사 대상 범위가 기초자치단체이므로, 제주도는 특별자치도의 특성상 기초자치단체가 없다. 다만 제주특별자치도 차원에서 10년 단위로 『제주향토문화예술진흥 중 · 장기계획』을 수립하고 있는데, 「지역문화진흥법」 제정에 따른 지역문화진흥 시행계획 수립과 중복되는 부분이 있다. 이에 정책계획의 중복 해소 조정 방안이 「제주특별자치도 설치 및 국제자유도시 조성을 위한 특별법」 6단계 제도개선에 반영되어 개정되었다.[93]

② 중앙정부 및 광역자치단체 기획 · 발주 문화관련 사업 선정 건수

세부지표인 사업 선정 건수는 국비 또는 도비 지원 없이 100% 기초자치단체 예산으로 추진된 사업을 의미하는데, 제주시와 서귀포시는 자체 예산이라고 해도 도비 지원의 성격을 띠고 있다.

이 사업 선정 건수 관련 세부지표 조사 결과 세종특별자치시가 100%로 가장 높고, 충청북도 90%, 대구광역시 87.5% 순으로 나타났다. 이에 비해 제주특별자치도는 50.0%로 대전광역시 다음으로 낮아 16위를 차지하고 있다.

---

93) 「제주특별법」 개정(2019. 11. 19. 국회 본회의 통과)에 따라 문화예술 분야 개정 내용은 ① 5년마다 향토문화예술진흥계획 수립(제257조 제1항), 「지역문화진흥법」 제6조에 따른 지역문화진흥 시행계획에 반영되어야 할 사항을 향토문화예술진흥계획에 포함(제257조 제2항 제7호), 제7호에 따라 향토문화예술진흥계획에 반영된 부분은 「지역문화진흥법」제6조에 따른 지역문화진흥 시행계획으로 간주함(제257조 제5항)] 등으로 조정되었다. 따라서 기존에 10년 단위로 수립했던 '향토문화예술진흥계획'은 5년 단위로 수립할 수 있게 되었다.

3.1.2. 정책환경

지역문화정책을 원활하게 추진할 수 있는 환경을 검증하는 지표는 지역문화진흥기관 설치 유무, 문화 관련 조례 제정 유무와 관련된 사항이다.

① 지역문화진흥기관 설치 유무

지표에서 정의한 지역문화진흥기관은 지역문화재단, 지역문화예술위원회, 문화산업(콘텐츠) 관련 기관 등이 포함된다.

울산광역시 기초자치단체의 80.0%는 지역문화진흥기관을 설립한 것으로 나타났다. 제주특별자치도와 대전광역시, 세종특별자치시 등은 지역문화진흥기관이 설치되지 않은 것으로 조사되었다.

제주특별자치도는 광역단위로 지역문화재단이 1곳만 있고 행정시(제주시, 서귀포시)에는 문화재단이 설치되어 있지 않아서 실적이 없는 것으로 나타났다.

또한 지역문화예술위원회는 제주특별자치도에만 조직되어 있으며, 문화콘텐츠진흥원은 제주특별자치도 출연기관으로 설립되었다.[94]

② 문화관련 조례 제정 유무

세종특별자치시의 모든 기초자치단체는 문화관련 조례를 제정한 것으로 나타났으며, 그 다음이 광주광역시와 울산광역시가 60%의 추진 실적을 보인다. 반면 2014년 조사 기준연도에는 제주특별자치도는 문화관련 조례가 제정되지 않은 것으로 조사되었다.

제주특별자치도만이 문화예술관련 조례를 제정할 수 있으므로 행정

94) 제주영상 · 문화산업진흥원은 제주테크노파크 디지털부, 아시아CGI애니메이션센터, 제주영상위원회(2003년 설립) 등의 기능을 통합하여 개원되었다(2018. 04. 19.). 2021년 4월 기준 기관명칭 변경 절차가 진행되고 있다.

시(제주시, 서귀포시)는 조례 제정 권한이 없어서 이 세부지표 관련 추진 실적이 없는 것으로 나타났다. 제주특별자치도에서 제정한 문화예술관련 조례 건수는 2017년 10월 기준 42건에 이른다. 이후 매년 필요에 따라 조례가 제정되는데, 2021년 3월 기준 문화정책 관련조례는 65건이 제정되었다.

지역문화실태조사 대상이 기초자치단체에 해당되기 때문에 행정시인 제주시와 서귀포시는 지역의 문화정책 환경 관련 추진 실적이 없는 것으로 나타나는 구조적 한계를 지니고 있다.

3.1.3. 문화예산

① 기준연도 총예산 대비 문화관련 예산 비율

문화관련 세부지표 조사 결과 229개 기초자치단체의 평균 문화예산이 1.93%로 나타났고, 평균 이상 지역이 98개이다. 문화관련 예산 비율이 평균 이상인 시 지역은 총 47개로 경기도 19개(수원시 등), 제주특별자치도 2개(제주시, 서귀포시) 등이다. 문화관련 예산 비율이 평균 이상인 군 지역은 총 38개로 부산광역시, 대구광역시, 인천광역시, 울산광역시 각각 1개 지역이 있다. 문화관련 예산 비율이 평균 이상인 구 지역은 총 13개로 서울특별시 2개(성동구, 광진구) 등이 있다.

한편 제주특별자치도의 전체 예산 대비 문화예술정책 투자 예산 비율을 보면(〈표 9〉 참조), 민선 5기 시작 해인 2010년에는 문화예술 분야 예산이 전체 예산의 1.73%이고, 2012년부터 2.0%대로 증가하였다.

특히 민선 6기 원희룡 도정에서는 문화예술 재정을 3%까지 확대한다는 목표 하에 매년 예산을 증액하였다. 2014년 제주특별자치도 전체 예산 대비 문화예술 예산은 2.19%이고, 2016년에는 2.60%, 2017년에는

2.86%, 2018년에는 3.22%까지 증가하여 제주도정 목표인 3%를 넘어섰다. 한편 총예산 대비 문화관련 예산 비율이 높아지면서 지역문화정책이 안정적으로 추진될 수 있는 기반 조성에 기여하였다.

민선 7기에도 문화예술 분야 예산은 3%대를 유지하려는 계획이다. 다만 2020년 COVID-19 상황에서 문화예술 분야 예산이 일정부분 감소하였고, 2021년에도 증액은 어려워 보인다.

〈표 9〉 제주특별자치도 문화예술 분야 예산 확보 추이

(단위: 억원)

구분	2010	2012	2014	2015	2016	2017	2018	2019	2020	2021
전체예산	27,498	30,763	35,824	38,194	40,128	44,493	50,297	52,851	58,218	58,299
문화예술 예산	476	696	785	957	1,065	1,273	1,613	1,639	1,647	1,361
전체예산대비 구성비(%)	1.73	2.26	2.19	2.50	2.60	2.86	3.22	3.1%	2.83	2.33

출처 : 제주특별자치도 문화체육대외협력국, 각 연도, 「주요업무보고」.

[그림 1] 제주특별자치도 문화예술 분야 예산 확보 추이

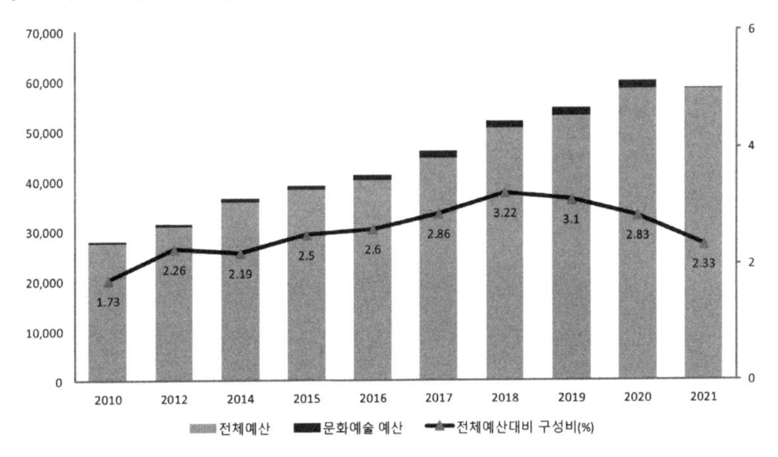

② 천 명당 기준연도 총예산 대비 문화관련 예산 규모

이 세부지표는 지역민들이 인지하고 있는 문화정책의 수준을 파악해 보기 위한 것으로, 문화예술과 문화재 예산만 합산하여 비교하였다.

이 세부지표에서 문화관련 예산액의 전국 평균은 80,289천 원으로 나타났으며, 평균 이상인 지역은 87개로 나타났다. 제주특별자치도 서귀포시는 평균 이상 지역에 속한 것으로 나타났다.

3.2. 문화자원

문화자원 영역에는 문화유산, 기반시설, 자원활용 등이 중분류로 설정되어 있으며, 세부지표 조사 결과는 다음과 같다.

3.2.1. 문화유산

세부지표인 '기초자치단체 지정 문화재 수'를 조사한 결과 229개 기초자치단체 중에 2014년 한 해 동안 문화재를 지정한 곳은 80개로 나타났다.

또한 2014년 한 해 동안 시 · 도 지정문화재를 등록한 기초자치단체는 총 35개(15.3%)이고, 경상남도 합천군이 가장 많은 11건을 지정하였다. 등록문화재를 등록한 기초자치단체는 총 40곳(17.5%)이고, 문화재자료를 등록한 지역은 총 24곳(10.5%)으로 나타났다.

반면 제주특별자치도인 경우 2014년 한 해 동안 시 · 도 지정문화재와 문화재자료 등록은 없는 것으로 나타났다. 2017년 9월 기준 385건이 문화재로 지정되었다. 여기에는 국가지정 109건, 도지정 276건이 있다. 도지정문화재는 제주시에 177건, 서귀포시에 99건이 있다.

한편 2020년 8월 기준 385건(국가지정 113건, 도지정 280건)의 문화재가 지정되어 있다(〈표 10〉 참조). 2017년과 2020년 도지정문화재 현황을 비교해 보면 3년간 8건이 증가하였다.

〈표 10〉 제주특별자치도 문화재 총괄 현황(2020)

구 분	계 (단위: 건)	유형문화재 (보물)	기념물 (사적 · 천연기념물 · 명승)	무 형 문화재	민 속 문화재	문화재자료 (등록문화재)
계	393	46	193	28	91	35
국가지정	113	9	65	5	9(8)	25
도지정	280 (125)	37 (33)	128 (51)	23 (22)	82 (10)	10 (9)

※ ( ) 안의 건수는 부번호를 본번호에 계수한 건수이다.

출처 : 제주특별자치도 세계유산본부(2020. 08. 기준)

2020년 제주특별자치도 지정문화재는 총 280건으로 제주시에 178건, 서귀포시에 102건이 있다(〈표 11〉 참조).

〈표 11〉 제주특별자치도 지정문화재 현황(2020)

구 분	계 (단위: 건)	유 형 문화재	무 형 문화재	기념물	민 속 문화재	문화재 자 료
계	280(125)	37(33)	23(22)	128(51)	82(10)	10(9)
제 주 시	178	24	14	82	49	9
서귀포시	102	13	9	46	33	1

※ ( ) 안의 건수는 부번호를 본번호에 계수한 건수이다.

출처 : 제주특별자치도 세계유산본부(2020. 08. 기준)

3.2.2 기반시설

① 문화기반시설의 평균 및 총 개수

광역시 · 도내 문화기반시설의 총 개수를 살펴보면,[95] 경기도가 334

개로 가장 많고, 제주특별자치도는 43개로 13위에 해당한다. 문화기반시설은 기초자치단체 소속 공공도서관, 등록박물관, 등록미술관, 문예회관 등을 가리킨다.

광역시·도와 기초자치단체 대비 문화기반시설 수 평균을 보면, 제주특별자치도가 관내 1개 기초자치단체 당 평균 21.5개로 가장 많고, 그 다음이 경기도 10개, 서울특별시 7개 순으로 나타난다.

문화기반시설을 가장 많이 보유한 기초자치단체는 경기도 수원시와 경상남도 창원시로 각각 25개가 있으며, 그 다음은 제주특별자치도 제주시가 24개로 나타났다. 서귀포시는 19개를 보유하고 있어서 조사대상 전국 기초자치단체 가운데 7번째에 해당된다.

기초자치단체별 인구 십만 명당 문화기반시설 수를 광역시·도별로 보면, 강원도가 약 8.3개로 가장 많이 보유하고 있으며, 그 다음은 전라남도 7.7개, 제주특별자치도 7.2개 순으로 나타났다.

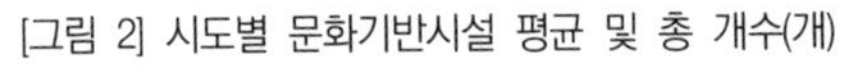
[그림 2] 시도별 문화기반시설 평균 및 총 개수(개)

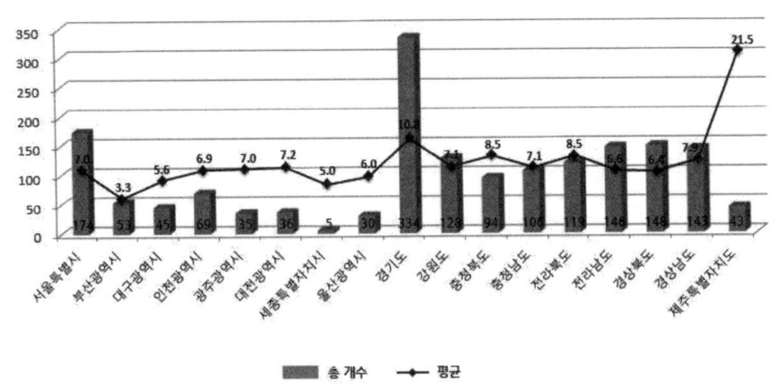

95) 문화기반시설 이용 현황은 한국문화관광연구원(『2014년 기준 지역문화실태조사 분석 연구』)를 참조하였다([그림 2 ~ 그림 6]).

② 생활문화시설의 평균 및 총 개수

광역시 · 도별 생활문화시설 총 개수는 서울특별시가 345개로 가장 많고, 경기도가 321개로 나타난 반면, 제주특별자치도는 50개 미만으로 16위를 차지했다. 지역문화지표에서 정의한 생활문화시설은 생활문화센터, 평생학습관, 문화의집, 생활영상시설(지역영상미디어센터, 작은영화관), 작은도서관 등을 가리킨다.

광역시·도별 관내 기초자치단체의 생활문화시설 수 평균 개수는 제주특별자치도가 16.5개로 가장 많고, 그 다음이 광주광역시 16.4개, 서울특별시 13.8개, 경기도 10.4개 순으로 조사되었다.

인구 십만 명당 생활문화시설 수의 결과를 보면 전라북도가 인구 십만 명당 7.4개로 가장 많은 생활문화시설을 보유하고 있으며, 제주특별자치도는 5.6개로 2순위에 해당된다.

[그림 3] 시 · 도별 생활문화시설 평균 및 총 개수(개)

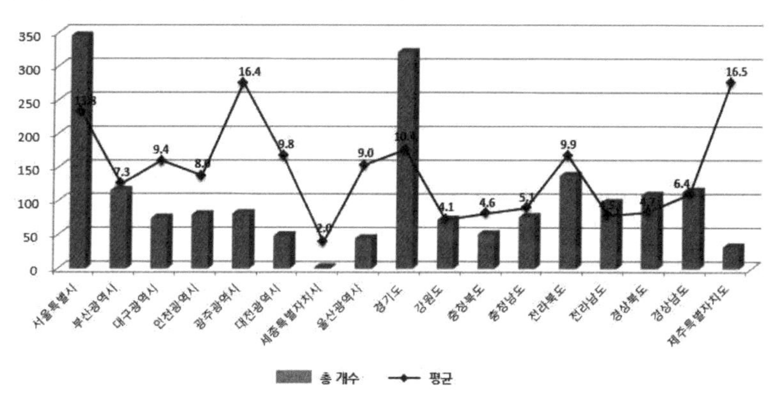

③ 공연장 및 전시장 내 모유수유시설 보유 현황

이 세부지표는 공공기관에서 설립 · 운영하고 있는 공연장과 전시장 내에 모유수유시설 보유 현황이다. 이러한 시설은 양성평등권을 보장하는 정책에 긍정적인 영향을 미친다.

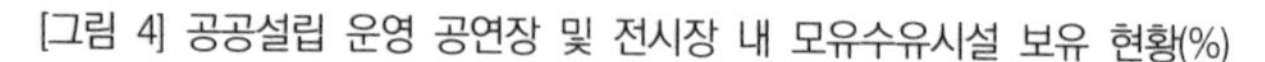
[그림 4] 공공설립 운영 공연장 및 전시장 내 모유수유시설 보유 현황(%)

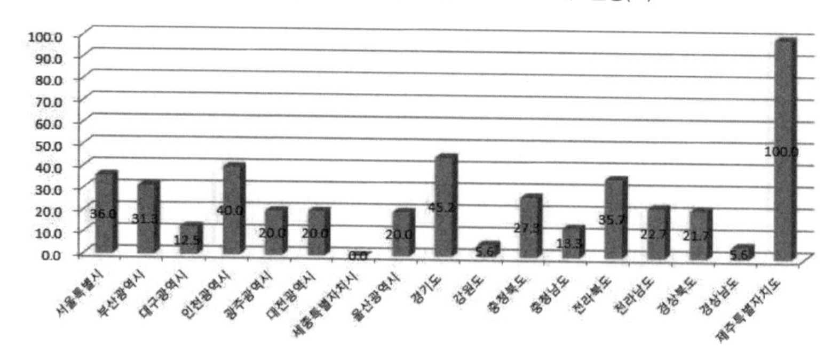

제주특별자치도 내 공연장과 전시장은 100% 모유수유시설을 갖춘 반면, 다른 지방자치단체는 50% 미만으로 조사되었다. 특히 강원도와 경상남도는 5.5%의 낮은 비율을 보인다. 경기도는 45.2%, 인천광역시는 40.0%, 서울특별시는 36.0% 등 대부분 수도권 지역이 높게 나타났으며, 비수도권 지역은 전라북도 35.7%, 부산광역시 31.3%를 제외하면 대체적으로 10%~20%에 해당된다.

④ 공공설립 운영 공연장 내 장애인 좌석 설치

이 세부지표는 공연장 내 장애인 좌석 준수 여부와 좌석 확보 점검을 통해 사회적 약자의 문화 향유권 보장을 권장하려는 정책이다.

제주특별자치도와 세종특별자치시에 설치된 공연장의 장애인 좌석 설치 비율은 100%를 보이는 가운데, 서울특별시 84.0%, 충청북도 81.8%, 광주광역시 · 대전광역시 · 울산광역시 등은 각각 80.0%로 조사되었다.

[그림 5] 공공설립 운영 공연장 내 장애인 좌석 설치 현황(%)

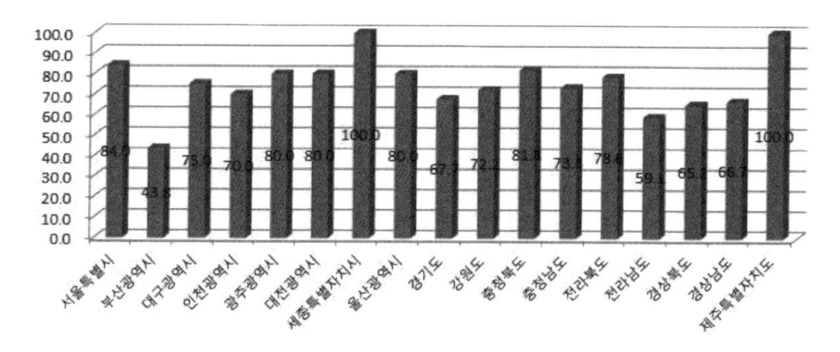

⑤ 공공설립 운영 공연장 내 장애인 좌석 준수 여부 및 좌석비율

법적으로 확보되어야 할 장애인 좌석이 전체 좌석 중 1.0% 이상인 점을 볼 때, 제주특별자치도와 세종특별자치시 내 공연장은 모두 법적 기준을 준수하고 있다. 서울특별시 84.0%, 충청북도 81.8%, 광주광역시와 대전광역시가 80.0%의 준수율을 보이고 있는데 비해 부산광역시는 43.8%로 가장 낮게 나타난다.

〈표 12〉 공공설립 운영 공연장 내 장애인 좌석 준수 여부 및 좌석비율 평균(%)

시도명	준수여부	좌석비율
서울	84.0	1.10
부산	43.8	0.83
대구	75.0	0.91
인천	70.0	1.14
광주	80.0	1.41
대전	80.0	1.05
세종	100.0	1.38
울산	80.0	1.07

시도명	준수여부	좌석비율
경기	67.7	0.81
강원	72.2	1.15
충북	81.8	1.31
충남	73.3	0.75
전북	78.6	1.96
전남	59.1	0.96
경북	65.2	0.87
경남	66.7	1.35
제주	100.0	1.02

출처 : 한국문화관광연구원(2016ㄱ), 『2014년 기준 지역문화실태조사 분석 연구』, 문화체육관광부, 72쪽.

3.2.3. 자원 활용

문화자원은 주로 문화시설, 지역축제 개최, 도서관 장서 등 지역민들의 문화생활 활성화에 필요한 대상을 가리킨다.

① 평균 이상 공연장 가동일 수 보유 기초자치단체 수

전국 229개 기초자치단체 중 평균 공연장 가동일 수인 151.65일 이상 공연장을 가동한 자치단체는 105개이다. 그 중에 제주특별자치도는 1개를 보유하고 있어서 15위에 해당된다.

이 지표에 쓰인 공연장은 기초자치단체가 운영하는 문화시설을 가리킨다. 경기도는 17개, 서울특별시는 15개, 충청남도와 경상북도는 10개를 보유하고 있으며, 세종특별자치시와 울산광역시는 각각 1개를 보유하고 있다.

이 세부지표 조사 결과를 보면 평균 이상 공연장을 가동하는 기초자치단체는 수도권과 비수도권 지역에서 격차가 발생함을 알 수 있다.

문예회관 공연장 가동일 수는 문예회관 내에 있는 공연장 가동일 수를 조사한 것으로 전체 평균 가동일 수인 151.65일 이상 공연장을 가동한 광역시 · 도는 8개로 조사되었다. 전국 평균 이상 공연장 가동일 수를 지킨 광역시 · 도는 세종특별자치시, 서울특별시, 대구광역시, 충청남도, 광주광역시, 경기도, 제주특별자치도, 전라북도 등으로 나타났다. 여기서 제주특별자치도는 7번째에 해당된다.

문예회관 내 공연장 가동일 수가 많은 것은 지역민들의 문화 향유 기회가 확대된다는 의미이며, 공연 콘텐츠에 따라 문화향유 만족도는 다를 수 있다.

② 전국 지역축제 총괄표 기준 평균 지역축제 예산

지역축제 평균 예산은 충청남도가 1,635.2백만원으로 가장 높았으며, 제주특별자치도는 1,003.0백만원으로 6번째로 높게 나타났다. 평균 지역축제 예산 규모는 서울특별시가 가장 낮게 나타났고, 그 다음이 인천광역시, 대구광역시 순으로 조사되었다. 따라서 수도권 지역에서는 지역축제 예산 지원이 비수도권 지역에 비해 적음을 알 수 있다.

2017년 기준 제주특별자치도의 축제는 지역단위로 80여 개 이상이 개최되었다(광역축제 6개, 지역축제 21개 포함). 제주특별자치도의 평가대상 축제는 2019년 29개, 2020년 29개이다. 2021년에는 35개가 선정되었으나 상황에 따라 개최여부는 달라질 수 있다.[96]

③ 1인당 장서수 증가율

1인당 장서수 증가율은 광주광역시가 33.56%로 가장 높았고, 제주특별자치도는 1.80%로 16번째에 해당된다. 이는 세종특별자치시를 제외하면 전국 최하위에 해당된다.

향후 제주특별자치도의 공공도서관에서는 1인당 장서수를 확대할 수 있도록 예산 확보가 필요하다.

---

96) 제주특별자치도의 평가대상 축제는 행정의 예산지원을 받고 2일 이상 개최하는 축제를 말한다. 광역축제는 1억원 이상의 예산규모이고, 1억원 이하 예산인 경우 지역축제로 분류된다. 이 축제는 제주특별자치도 축제육성위원회에서 평가한다.
2020년에는 29개가 평가대상 축제로 선정되었으나 COVID-19로 3개의 축제만 비대면 방식으로 개최되고 그 외는 취소되었다. 2021년에는 35개의 평가대상 축제가 선정되었는데 3개는 취소되고, 그 외 축제는 개최방식을 달리하여 추진할 예정이다. 2021년 3월 기준 전면 비대면으로 진행된 축제는 탐라국입춘굿(2021. 01. 29. ~ 03.)과 제주들불축제(2021. 03. 13. ~ 14.) 등 2개가 해당된다(제주특별자치도 관광정책과 내부자료 참조).

3.3. 문화활동

문화활동 영역에 속하는 중분류는 활동현황, 활동인력 등이 해당된다.

3.3.1. 활동현황 - 지역문화예술법인 단체 및 사회적 기업 수 평균 및 총 개수

제주특별자치도 내 법인·단체·기업의 수는 총 11개이며, 관내 기초자치단체당(행정시) 평균 5.50개의 법인·단체·기업이 활동하는 것으로 나타났다.

서울특별시의 법인·단체·기업의 수는 총 265개이고, 기초자치단체 평균 10.60개가 활동하고 있다. 그 외 부산광역시는 총 91개가 있고, 기초자치단체 평균 5.69개가 활동하고 있다.

3.3.2. 활동 인력

① 기초자치단체 소속 학예 전문인력 및 문화재 전문인력

조사지역(229개) 중 65.9%에 해당하는 151개 기초자치단체가 전문인력을 고용하고 있는 것으로 나타났으며, 경기도 수원시가 가장 많이 고용한 것으로 조사되었다. 기초자치단체 당 평균 1.99명의 활동인력을 고용하는 것으로 나타났다.

2013년 지역문화지표조사 결과에 따르면 제주특별자치도 제주시가 전국 대비 가장 많은 수인 19명의 학예사를 보유한 것으로 나타났는데, 2014년 조사 결과를 보면 상위 순위에 포함되어 있지 않다.

② 시·도별 평균 문화관광해설사 수

이 세부지표는 제주특별자치도가 평균 39.50명으로 가장 많고(1순위), 그 다음이 경기도(평균 15.61명), 충청북도(15.00명), 전라북도(14.07명) 순으로 나타났다. 2016년 조사 결과와 2013년 조사 결과를 비교해 보면 제주특별자치도가 62.5명으로 가장 높게 나타서, 2회 연속 1순위 지표에 해당한다. 따라서 이 조사 결과를 보면 제주 도민들의 문화활동 영역이 긍정적인 방향으로 정책에 반영됨을 알 수 있다.

제주특별자치도에서 문화관광해설사를 많이 배출하고, 활동기회를 제공하는 것은 관광지의 특성으로 보이지만 결국은 관광객과 제주 도민들도 전문인력의 도움을 많이 받고 있음을 의미한다.

〈표 13〉 시·도별 평균 문화관광해설사 수

(단위: 명)

시·도명	평균 해설사 수	시·도명	평균 해설사 수
서울	2.72	경기	15.61
부산	4.44	강원	6.78
대구	0.38	충북	15.00
인천	7.30	충남	9.33
광주	3.00	전북	14.07
대전	0	전남	12.82
세종	4.00	경북	11.26
울산	0	경남	9.06
		제주	39.50

출처 : 한국문화관광연구원(2016ㄱ), 『2014년 기준 지역문화실태조사 분석 연구』, 문화체육관광부, 93쪽.

③ 시·도별 문화예술교육사 평균 및 총 인원수

서울특별시가 535명으로 가장 많은 문화예술교육사를 보유하고 있으며, 제주특별자치도는 17명으로 16위에 해당되는데, 이는 세종특별자치시를 제외하면 최하위에 해당되는 수이다. 경기도가 377명, 전라북도가 221명, 광주광역시가 190명 순으로 나타난다.

한편 시·도별 평균 문화예술교육사 수는 광주광역시가 38.00명으로 가장 높고, 제주특별자치도는 8.50명으로 8번째로 높게 나타난다. 서울특별시는 21.40명으로 2번째에 해당되고, 그 다음으로 전라북도가 15.79명으로 조사되었다.

문화예술교육사는 학교교육 이외에 지역과 세대를 고려하여 맞춤형 문화예술교육 기회를 제공하는데 중요한 역할을 담당한다. 따라서 문화예술교육사와 같은 전문인력의 활동 능력에 따라 지역민들의 문화예술 교육 참여 기회와 만족도가 높아질 수 있다.

〈표 14〉 시·도별 평균 문화예술교육사 수

(단위: 억원)

시도명	평균	총계	시도명	평균	총계
서울	21.40	535	경기	12.16	377
부산	5.06	81	강원	3.00	54
대구	11.75	94	충북	3.55	39
인천	9.70	97	충남	4.27	64
광주	38.00	190	전북	15.79	221
대전	11.40	57	전남	3.64	80
세종	7.00	7	경북	3.78	87
울산	6.40	32	경남	4.72	85
			제주	8.50	17

출처 : 한국문화관광연구원(2016ㄱ), 『2014년 기준 지역문화실태조사 분석 연구』, 문화체육관광부, 98쪽.

3.4. 문화향유

문화향유 관련 중분류에는 지역주민과 소외계층 등이 선정되었다.

3.4.1. 지역주민

① 인구 천 명당 무료공연 진행 건수

이 세부지표는 충청북도가 0.48회로 가장 많고, 제주특별자치도는 0.16회로 11번째로 많다. 경기도가 0.42회, 전라북도가 0.44회로 높은 편이며, 서울특별시 0.10회, 인천광역시 0.15회 등 수도권 지역의 무료공연 건수는 낮은 편이다.

무료공연 진행 건수의 과다 현상이 지역민들의 문화향유 기회 확대와 반드시 일치하지는 않는다. 다만 기초자치단체의 재정 여건에 따라 무료공연 횟수가 많을 수도 있다. 반면 이런 현상이 지속된다면 문화예술 창작 여건 활성화에는 부정적일 수도 있다.

결국 문화 향유자들이 정당한 대가를 지불하고 문화를 향유할 수 있는 사회환경을 조성하는 것이 궁극적으로는 지역의 문화발전에도 바람직하다.

② 시·도별 1인당 문화기반시설 평균 이용횟수

강원도의 1인당 문화기반시설 평균 이용횟수는 9.8회로 가장 높았으며, 이어서 서울특별시 9.4회, 제주특별자치도 9.1회(3위) 순으로 높게 나타났다. 실태조사 결과를 보면 제주 도민들은 문화향유 기회를 잘 활용한다고 볼 수 있다.

[그림 6] 시·도별 1인당 문화기반시설 평균 이용횟수 현황

(단위: 회)

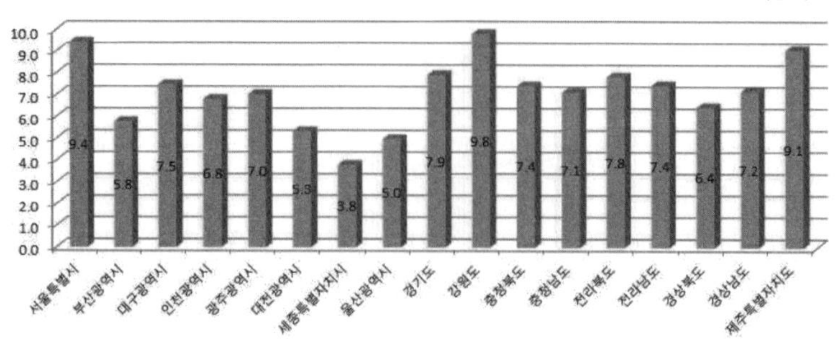

3.4.2. 소외계층

① 통합문화이용권 집행률

정부에서는 문화 소외계층 대상 문화향유권을 보장해 줌으로써 계층 간 문화 격차 해소에 도움을 줄 수 있는 정책을 추진하고 있다. 이에 지방자치단체별로 통합문화이용권 집행률을 조사한 결과 경상남도 97.2%, 울산광역시 96.9%에 이어 제주특별자치도는 9번째로 높은 94.2%로 나타났다.

통합문화이용권 집행률이 다른 지표에 비해서 추진 실적이 높게 나타난 것은 이 사업비는 국비 지원이 필수이고, 그에 따른 지방비가 연계되어 집행되는 항목이기 때문이다.

② 다문화가족 지원 운영 예산 평균 현황

여성가족부 지정 다문화가족지원센터는 각 시·도별로 설치되어 있으며,97) 이 기관의 운영비에는 국비와 지방비가 포함된다. 또한 지방자

97) 건강가정지원센터와 다문화가족지원센터는 2016년부터 건강가정·다문화 가족지원센터로 통합 운영되고 있다.

치단체별로 다문화가족지원 사업비가 별도로 책정되기도 한다.

제주특별자치도의 다문화가족지원 운영 예산 평균 금액은 310,737천원으로, 17개 시도 중 7번째로 높게 나타났다. 2017년 제주특별자치도의 다문화가족 관련 사업비는 556,053천원(국비+지방비)이다.

따라서 정부에서 소외계층 대상 문화향유 기회를 확대할 수 있는 지표를 설정한 것은 지역의 문화정책이 문화다양성 정책으로 전환되는 계기를 마련한 것으로 볼 수 있다.

4. 제주특별자치도의 대응 과제

4.1. 지역문화실태조사와 문화정책의 재정립

정부에서는 2012년에 지역문화지표를 개발하고 광역시(특별시 및 광역시)를 제외한 전국 158개 (도 단위) 기초자치단체를 대상으로 시범조사를 실시하였다.

시범조사 결과에 따라 문화지수 분석 방법을 보완하여 2013년에는 전국 229개 기초자치단체를 대상으로 전수조사를 실시하는 등 전국을 지역문화지표조사 지역에 포함하였다.

정부의 지역문화실태조사와는 별개로 제주특별자치도에서도 지역간 문화 격차 해소를 위한 연구(문순덕 · 강세현, 2015)에 이어, '제주문화지표조사' 결과물이(문순덕 외, 2017) 나왔다.

지역문화실태조사는 표준화된 기준지표를 적용하여 기초단위 지역까지 문화정책의 현황을 확인할 수 있는 장점이 있다. 반면 이 조사 결과에 따르면 중앙과 지방, 지역과 지역 단위까지 문화 격차 해소를 위해 정부의 정책 방향이나 지원정책 범위가 구체화되어 있지 않다.

따라서 지역문화실태조사 결과에 따라 정부에서는 수도권-비수도권, 도시-농산어촌 등 지역 간 문화 격차 해소는 물론 계층·세대 간 문화 격차를 해소할 수 있는 지역문화정책이 실현될 수 있도록 예산 확충에 적극적인 정책 의지를 가져야 한다.

4.2. 제주특별자치도 문화 인프라의 질적 개선

정부에서 17개 시·도 대상으로 지역문화실태를 조사한 결과 제주특별자치도가 1순위에 해당되는 세부지표에는 '문화기반시설 수 현황(평균), 생활문화시설 수(평균), 공연장 및 전시장 내 모유수유시설 보유, 공공설립 운영 공연장 내 장애인좌석 설치 현황, 평균 문화관광해설사 수' 등이 있다. 이는 문화기반시설과 활용 인력을 위한 정책이 잘 추진됨을 보여주는 자료이다.

또한 1순위 세부지표 외에 '인구 십만 명당 생활문화시설 수'가 많은 것은 2순위로 나타났고, '1인당 문화기반시설 평균 이용 횟수'가 많은 것은 3순위로 나타나서 제주특별자치도의 문화정책은 문화자원과 문화향유(문화복지 측면) 영역에서 높은 평가를 받았다.

지역문화실태조사 결과 세부지표 27개 지표 중에 8순위 이하(17개 시·도 기준)에 속하는 세부지표는 15개가 있는 것으로 나타났다. 지역문화지표인 문화정책, 문화자원, 문화활동, 문화향유 등 모든 영역에서 낮은 순위를 보이는 시·도들이 있다.

이에 제주특별자치도에서는 이 조사 결과를 참고하여 제주 도민들이 문화활동 참여의 생활화에 필요한 문화관련 인프라를 개선할 수 있는 정책을 추진해야 한다.

지역문화지표는 지역의 문화정책, 지역민들의 문화향유 시설, 문화활동 기회 제공, 문화향유 환경 조성(인력 배치 등), 문화복지 등을 향상시킬 수 있는 근거를 마련해 줄 수 있는데 비해 창작의 주체인 예술가들의 활동과 지원 정책을 검증할 수 있는 지표는 부족해 보인다.

따라서 지역문화지표와는 별개로 제주특별자치도에서는 제주 도민들의 문화활동과 문화향유 기회 확대를 위해서도 예술가들의 복지증진 정책을 추진해야 한다.

4.3. 제주특별자치도의 문화정책 진흥 기반 조성 강화

표준화된 기준지표를 적용하여 전국 단위로 지역문화실태를 조사하고 비교하는 것은 용이하지만, 지방자치단체 간 지역문화지표 지수화 순위에 따라 지역 문화정책 진흥 정도를 서열화하는 등 경쟁 구도를 유발할 수도 있다.

따라서 지방자치단체들은 지역문화실태조사 결과를 분석하여 해당 지역의 문화적 특성과 강점을 특성화하고, 약점을 보완할 수 있는 문화정책을 수립해야 한다.

이에 제주특별자치도에서는 지역문화지표조사 결과에 따라 지역 간 문화 격차를 해소하고 지역의 고유성을 지니고 있는 지역 문화자원을 발굴하여 정책화하는 데 활용해야 한다.

제주특별자치도는 지역 문화 발전의 경쟁력 강화를 위해서도 지역문화실태조사 결과를 재분석하여 지방자치단체 간 정책 교류와 공유가 가능한 기회를 만들어야 한다. 지역 문화정책 네트워크를 구축하여 정부와 정책적 협력을 추진함에 있어 제주특별자치도가 주도적인 역할을 할 수 있는 행정체계를 구축할 필요가 있다.

따라서 지방자치단체에서는 지역문화실태조사를 문화정책의 기초자료로 활용하는 데만 그치지 말고 정부의 문화정책이 전체 국민에게 골고루 전파될 수 있도록 정책의 다양화를 요구해야 한다.

4.4. 지역문화실태조사 시 담당부서의 적극적 참여

정부에서는 전국 229개 기초자치단체 대상 27개 지역문화지표를 적용하여 각 지표별 실적 순위를 제시함으로써 지역문화지표에 따른 전국의 순위를 비교할 수 있는 근거로 활용될 수 있다. 이에 제주특별자치도와 행정시에서는 지역문화지표 별로 제주특별자치도의 기초자료를 정확하게 제시하여 문화정책의 현주소를 분명하게 전달하여야 한다.

제주특별자치도 소속 2개 시(제주시, 서귀포시)가 조사대상 지역에 포함되었으나, 기초자치단체가 아닌 행정시여서 지역문화지표 적용에 문제가 있다. 향후 전국단위의 문화 분야 실태조사 시에는 제주특별자치도의 추진 현황이 지표에 반영될 수 있도록 조사기관과 적극적인 협의가 필요하다.

또한 행정시 담당부서에서 지역문화실태조사 관련 기초자료를 제출할 때 지표별 문제점을 검토하여 제주특별자치도의 추진 실적들이 정확하게 반영될 수 있도록 제주특별자치도와 협력을 강화해야 한다.

따라서 제주특별자치도와 행정시(제주시, 서귀포시)에서는 지역문화실태조사 결과를 비교 · 분석하고 미비점을 보완하여 각종 문화관련 자료에 반영할 수 있도록 행정조직 간 협력 방안을 모색해야 한다.

4.5. 지역 문화정책의 다변화·전문화 및 특성화 전략 구축

정부에서 3회에 걸쳐 조사한 지역문화실태조사(2014, 2016, 2019)에는 예술가들의 창작활동을 보장하는 지표는 없지만 제주특별자치도 자체적으로 조사하는 문화정책 관련 통계자료와 지표조사에는 이 부분이 포함되어 있어서 향후 제주 문화정책에 반영하여 추진이 가능하다.

한편 제주특별자치도에서는 지역문화실태조사 결과를 문화정책 계획에 반영하여 도민들이 자유롭게 문화활동에 참여할 수 있도록 생활문화 참여 환경을 조성해야 한다. 이를 위해서 생활문화센터 등 문화시설을 정비하고, 운영 활성화, 프로그램의 다양화, 문화 전문인력의 고용 등이 필요하다.

정부에서는 문화복지정책으로 소외계층과 다문화가족에 한정하여 문화 향유 기회를 제공하는 정책을 추진하고 있다. 반면 제주특별자치도에서는 외국인주민들도 다양한 문화활동에 참여할 수 있는 문화 환경을 조성하고, 그에 따른 정책 추진까지 범위를 확대할 필요가 있다.

따라서 외국인주민들이 직접 참여할 수 있도록 문화시설 접근이 용이해야 하고, 그들이 이용하는데 필요한 시간을 고려하여 시설과 프로그램을 운영해야 한다.

정부의 지역문화 진흥정책 중에 국민들의 여가활동 활성화 정책과 연계하여 제주 도민들의 여가생활에 필요한 문화향유 기반 조성과 다양한 문화활동 참여 기회 제공 등을 제주특별자치도 문화정책에 적극적으로 반영할 필요가 있다.

4장

제주특별자치도 문화예술 10년 성과와 과제

1. 국내 문화예술정책 동향

이 장에서는 제주도가 특별자치도로 재편(2006년 7월 1일)된 이후 2007년부터 2017년까지 약 11년 간 제주 문화예술 분야의 현황을 살펴보고, 그에 따른 과제를 제안하고자 한다. 또한 문화예술 분야에 따라 2018년 이후 2021년까지 자료 확인이 가능한 현황도 제시하겠다.

1.1. 정부의 문화예술정책 동향

최근 들어 우리사회에서는 국민들의 삶의 질 향상이 문화예술의 주요소로 부각되고 있으며, 예술가들의 창작 여건 마련 등 문화복지정책에도 관심이 집중되고 있다. 이에 정부의 문화예술 정책 흐름을 간단히 살펴보겠다.

정부의 각종 정책이나 제도와 관련하여 경제, 환경에 대한 효과 분석은 있으나 문화적 가치에 대한 효과 분석은 없는 점을 고려하여 2003년

노무현 정부에서 문화영향평가제도 도입이 제기되었고, 박근혜 정부에서는 「문화기본법」 제5조 4항에 근거하여 문화영향평가제도 도입을 법제화하였다. 문화영향평가는 문화적 관점에서 각종 계획이나 정책을 평가하는 제도이다(문순덕, 2016:3).

정부는 모든 국민이 기본적으로 누려야 하는 '문화권'을 보장해 주기 위하여 「문화기본법」을 제정하였으며(2013), 개인이 어느 곳에서 살든지 문화권을 누릴 수 있도록 「지역문화진흥법」을 제정하여(2014), 지역이나 계층은 물론 연령에 관계없이 문화예술을 생활화할 수 있는 환경 조성을 목표로 하고 있다.

문재인 정부는 5대 국정 목표 중 '내 삶을 책임지는 국가'를 달성할 수 있도록 '자유와 창의가 넘치는 문화국가'를 국정 전략으로 정하였다. 국정 전략에 따른 세부과제로는 지역과 일상에서 문화를 누리는 생활문화시대, 창작 환경 개선과 복지 강화로 예술인의 창작권 보장, 공정한 문화산업 생태계 조성 및 세계 속 한류 확산, 휴식 있는 삶을 위한 일 · 생활의 균형 실현 등이 선정되었다(국정기획자문위원회, 2017).

문화에 대한 세계의 시각은 '세계문화다양성 선언'(2001)에도 잘 드러나는데, 이 선언을 기초로 하여 '문화적 표현의 다양성 보호와 증진을 위한 협약'(2005)이 채택되었다. 우리나라는 이 협약의 110번째 비준 국가이며, 2010년 7월에 정식 발효되었다.

정부는 이 협약 이행에 필요한 「문화다양성 보호와 증진에 관한 법률」을 제정(2014. 05. 28.)하고, 시행(2014. 11. 29.)하였다. 이 법률에 준하여 매년 5월 21일을 '문화다양성의 날'로 정하고, 2015년에는 1주간을 '문화다양성 주간'으로 지정하였다. 제주특별자치도에서도 「제주특별자치도 문화다양성 보호와 증진에 관한 조례」를 제정하였다(2017. 06. 02.).

정부에서는 모든 국민이 다양한 문화예술을 체험할 수 있도록 정책화하고, 2013년부터 매월 마지막 주 수요일을 '문화가 있는 날'로 정하여 국민들의 문화예술 향유 기회 확대와 문화 격차 해소 정책을 추진하고 있다.

이에 따라 지방자치단체에서도 '문화가 있는 날' 행사에 참여하는 문화시설 수를 확대하여 지역민들이 다양한 문화예술을 향유할 수 있도록 문화권 보장에 노력하고 있다.

제주특별자치도의 문화예술 지원 제도와 관련하여 2006년부터 2021년 3월 기준 「제주특별자치도 문화예술 진흥 조례, 제주특별자치도 생활문화 진흥에 관한 조례, 제주특별자치도 문화예술인 복지 증진에 관한 조례, 제주특별자치도 거리공연 활성화 및 지원에 관한 조례」 등 65건이 제정되었다.

1.2. 제주특별자치도 문화예술정책의 제도적 지원 현황

제주특별자치도의 각종 기본계획을 통해 문화예술정책 진흥계획이 포함되어 있는 정도를 살펴보겠다. 『2025년 제주광역도시계획』(제주특별자치도, 2007)에는 문화·체육 분야가 포함되어 있다. 그에 따른 실천전략으로는 국제적 규모의 문화·공연·전시시설 건립(서귀포시지역 광역 거점에 1개소), 종합 도서관 건립(우도, 추자도 각 1개소), 가칭 제주문화산업진흥센터 신설(동부 지역과 서부지역의 지역 거점에 각 1개소), 가칭 제주해양문화박물관 신설(서귀포시 동부 지역 거점에 1개소) 등이 선정되었다.

『제주 미래 비전과 전략』(제주발전연구원, 2009ㄱ)에 따르면 문화 분야 추진과제로 '선진 문화·예술 기반 조성, 제주문화 자원화, 제주문화 글로벌화' 등이 반영되었다.

『제2차 제주국제자유도시 종합계획(2012~2021)』(제주특별자치도, 2011)에 따르면 문화예술 분야 추진과제로 '제주문화의 정체성 확립 및 창조적 활용, 문화예술 진흥과 국제교류 활성화 · 문화예술을 통한 나눔과 배움문화 확산, 문화콘텐츠산업 육성을 위한 생태계 조성, 문화자원을 활용한 디지털콘텐츠 제작' 등이 반영되었다. 다만 제주특별자치도의 최상위 계획인『제2차 제주국제자유도시 종합계획』에 기초하여 그 하위계획 간에 연계성이 없이 각 계획별로 문화예술정책을 수립하는 경향이 있다.

『제2차 제주향토문화예술진흥 중 · 장기계획(2013~2022)』(제주특별자치도, 2013)에 따르면 문화시설과 재정의 확충, 전문가 인력 양성 등에 역점을 두고 있으나, 추진단계별 정책 추진 여부를 평가할 수 있는 시스템이 마련되어 있지 않다.

『제주미래비전』(제주특별자치도, 2016)에 따르면 문화 부문의 추진 전략은 '문화로 행복한 제주 만들기'로 정하였으며, 그에 따른 실천 전략으로는 '제주의 문화정체성 강화, 제주의 문화생태계 강화, 제주문화의 영향력 확대' 등이 선정되었다.

따라서 제주특별자치도의 문화예술정책 관련 여러 계획들이 지속적으로 수립되고 있으나, 사후 관리가 가능하도록 추진과정과 평가 환류 시스템이 마련되어야 한다.

제주 거주 인구수가 증가하게 되면 예술가와 향유자들의 욕구가 다양해질 수 있으므로, 이와 같은 환경 변화를 고려한 문화예술정책이 추진되어야 한다. 또한 제주 도민들이 문화예술의 일상화와 일상생활의 문화예술화를 경험하기 위해서는 지역 · 계층 · 세대 간 문화 격차를 해소할 수 있는 환경이 만들어져야 한다.

2. 제주특별자치도의 문화예술정책 변화

제주도는 민선 4기인 2006년에 특별자치도로 재편되면서 제주도의 독자성과 창조성을 부각시킬 수 있도록 '독특한 문화예술'을 주요 정책 방향으로 정했다. 민선 5기인 2010년이 되면서 제주와 국내는 물론 세계와 소통할 수 있는 문화예술 교류 기반을 확장할 수 있도록 '국제문화교류의 확대'에 역점을 두었다.

민선 6기인 2014년에는 '자연·문화·사람의 가치를 키우는 제주'를 문화예술정책의 슬로건으로 내걸고, 기존의 정책을 아우르며, 제주에 예술의 이미지를 강화하여 '문화예술의 섬 조성'에 주력했다.

여기서는 민선 4기부터(2006~2010) 민선 7기(2018~2022)까지 제주 문화예술정책의 변화를 주요사업을 통해 살펴보겠다.[98]

2.1. 민선 4기 김태환 도정(2006~2010)의 문화예술정책

민선 4기 김태환 도정(2006~2010)의 문화예술정책을 간략히 제시하면 다음과 같다.

2006년에는 '문화예술 진흥 및 문화환경 조성 확대, 제주도립미술관 건립 추진, 제주영상미디어센터 설립 추진' 등에 역점을 두었다.

2007년에는 '창조적 문화예술 활동 지원 강화, 문화예술 기반시설 확충, 제주영상위원회 운영 강화' 등에 역점을 두었다.

2008년에는 '이야기가 있는 문화예술 마당, 도민의 생활 속에 체감하

---

98) 제주특별자치도 문화예술정책 추진 결과는 문화체육대외협력국 각 연도별 주요업무 보고를 참조하였다(제주특별자치도의회-www.council.jeju.kr).

는 문화 인적 인프라 구축, 영상산업 등 신성장 동력산업 육성, 문화예술 인프라 확충 및 활용' 등에 역점을 두었다.

2009년에는 '문화원형의 창조적 집적화로 콘텐츠 실용화, 문화예술 축제를 통한 지역경제 활성화 도모, 품격 높은 문화예술 활동으로 감동' 등에 역점을 두었다.

2010년에는 '창의적 문화콘텐츠 발굴·육성, 품격 있고 신뢰받는 제주 브랜드 가치 창조, 문화기반 인프라 확충, 선택과 집중을 통한 예술단체 육성·창작 역량 강화, 감동과 소통이 있는 문화예술 장(場)터 확충' 등에 역점을 두었다.

2.2.. 민선 5기 우근민 도정(2010~2014)의 문화예술정책

민선 5기 우근민 도정(2010~2014)의 문화예술정책은 다음과 같다.

2011년에는 '제주 전통문화 콘텐츠를 제주 브랜드로 세계화, 도민과 함께하는 문화예술의 장 마련, 제주문화 창의적 콘텐츠 개발 및 실용화, 문화·영상기반 인프라 확충, 국내외 문화예술 교류 확대' 등에 역점을 두었다.

2012년에는 '2012 탐라대전 개최, 문화예술 공연 활성화, 국제문화교류 지원 확대, 창의적 문화콘텐츠 및 영상산업 육성, 문화기반 인프라 확충' 등에 역점을 두었다.

2013년에는 '탐라문화제를 제주의 대표축제로 육성, 탐라문화 정체성 확립을 위한 문화예술 활동 지원, 제주신화·문화콘텐츠를 활용한 영상산업 육성, 문화기반 인프라 확충' 등에 역점을 두었다.

2014년에는 '제주문화 브랜드 세계화, 예술의 섬 인프라 구축, 영상콘텐츠산업을 신성장 동력산업으로 육성' 등에 역점을 두었다.

2.3. 민선 6기 원희룡 도정(2014~2018)의 문화예술정책

민선 6기 문화예술 정책 방향은 '문화예술의 섬 조성'이었고, 이를 추진하는데 필요한 정책이 추진되었다. 민선 6기 문화예술정책 추진 결과 문화시설 지원, 문화향유 지원, 맞춤형 문화복지, 전문 인력 양성 지원 분야의 주요사업은 다음과 같다(〈표 1〉 참조).

〈표 1〉 민선 6기(2014~2018) 문화예술정책 추진 실적

유형	주요 사업 내용
문화시설 지원	• 제주종합문화예술센터 조성 사업 추진 • 김창열미술관 건립 • 제주 칠머리당 영등굿 공연 · 전수회관 건립 • 솔동산 및 삼도2동 문화의 거리 조성 • 김만덕 객주터 재현 사업 추진 • 생활문화센터(3개소), 작은도서관(1개소), 공관 어린이도서관 개관 • 도서관 기능 강화 • 문화를 통한 지역재생 및 원도심 활성화 사업
문화예술향유 지원	• 생활예술문화 활동 지원 • 찾아가는 영화관 운영 • 한일음악합창제 등 국내외 문화예술 교류 사업 • 원도심 활성화 문화예술 프로그램 운영 및 문화페스티벌 개최 운영 • 탐라문화제, 제주국제관악제 개최 • '문화가 있는 날' 활성화 • 문화축제 운영 방법 개선 • 문하시장(프리마켓) 확대, 문화콘텐츠 홍보 및 전시 등 문화 향유 지원 • 제주아트페스티벌 확대 개최
맞춤형 문화복지	• 이동식 야외 전시공간(아트큐브) 설치 · 운영 • 지역문화예술교육지원센터 운영 • 장애인 문화예술교육 확대 • 통합문화이용권 사업 • 제주사랑티켓 사업
전문인력 양성 지원	• 문화콘텐츠 기획, 창작기회 제공 등 도민 역량 강화 문화 창작 지원

출처 : 제주특별자치도 문화체육대외협력국 주요업무보고(2014~2018) 참조하여 재구성.

문화시설 지원 사업에는 '(가칭) 제주종합문화예술센터(현 예술공간 이아) 조성, 제주도립김창열미술관 건립, 서귀포시와 제주시 문화의

거리 조성' 등이 있다.

문화예술향유 지원 사업에는 '생활문화 동호회 활동, 문화예술 축제, 국제합창제, 원도심 중심의 다양한 예술 축제 및 프로그램 운영, 문화시장(프리마켓) 운영 확대' 등이 있다. 이 사업들을 통해 제주 도민들은 양질의 프로그램 서비스를 제공받았다.

맞춤형 문화복지 사업은 '통합문화이용권, 제주사랑티켓, 제주문화예술교육 지원' 등 일반적인 사업 추진 이외에 이동식 야외 전시공간을 운영함으로써 지역 간 문화 격차 해소 정책을 추진하였다.

전문인력 양성 사업에는 문화콘텐츠 기획 인력 양성이 있다.

이 외에도 2017년부터 예술가(단체, 개인)의 창작 지원 확대를 위해 보조율을 폐지하였고(100% 보조금 지원), 전국 최초로 문화예술 창작융자 제도를 시행하였다.

2.4. 민선 7기 원희룡 도정(2018~2022)의 문화예술정책

민선 7기(2018~2022) 원희룡 도정의 문화예술정책은 문화체육대외협력국의 주요업무보고를 참조하여 정리하였다.

민선 6기에 추진했던 '제주 문화예술의 섬 조성'이 실행 가능하도록 관련 정책을 추진하였다. 이에 2019년 전략과제는 '문화가 숨 쉬는 제주'로 정했고, 2020년애는 '도민의 삶이 풍요로워지는 문화예술의 섬 조성'으로 정했다.

한편 2021년은 COVID-19 상황에서 예술가의 창작활동 여건을 마련하고, 도민들의 문화예술 향유 기회 확대에 역점을 두고 있다. 민선 7기 문화정책의 핵심은 문화예술의 섬 조성 활성화에 있다.

〈표 2〉 민선 7기 원희룡 도정(2018~2022)의 문화정책(안)

연도	전략과제	실행계획
2019	문화가 숨 쉬는 제주	• 제주의 전통과 미래를 연결하는 문화 부흥 • 지역발전에 기여하는 영상 · 문화산업 육성 • 도민의 삶이 풍요로워지는 문화예술 활성화 추진 • 종교 문화예술 활성화 및 문화유산 보존 전승 • 지역과 상생하는 김창열미술관 운영
2020	도민의 삶이 풍요로워지는 문화예술의 섬 조성	• 제주 고유문화 보전 · 전승 위한 지역문화 기반 구축 • 제주가치를 활용한 지역민과 함께하는 영상문화산업 육성 • 도민과 함께하는 지역 밀착형 문화예술 육성 • 종교 문화예술 활성화 및 문화유산 보존 전승 • 자연과 호흡하고 대중과 소통하는 김창열미술관 운영
2021	코로나 일상 속 문화예술로 도민 행복 실현	• 제주문화자원 발굴 육성 및 문화예술의 섬 조성 • 제주문화를 활용한 콘텐츠산업 육성 및 인력 양성 • 예술생태계 회복을 위한 예술인 복지 및 향유권 확대 • 종교문화 활성화로 제주 종교 문화가치 확산 • 만남과 감동이 있는 김창열미술관 운영

출처 : 제주특별자치도 문화체육대외협력국 주요업무보고(2018 ~ 2021) 참조.

3. 제주특별자치도 문화예술 분야 현황

3.1. 문화예술단체 및 예술가 현황

제주특별자치도의 문화예술단체(2017년 기준)에는 크게 (사)한국예술문화단체총연합회 제주특별자치도연합회(10개 단체), (사)제주민족예술인총연합(7개 단체), (사)서귀포시예술문화단체총연합회(7개 단체) 등이 있다.

장르별 문화예술단체 수(2017년 기준)에는 문학단체 45개, 미술단체 80개, 서예단체 34개, 사진단체 40개, 음악단체 155개, 무용단체 22개, 연극단체 21개, 전통예술 (국악) 단체 50개, 건축단체 3개, 영상단체

5개, 다원 및 문화일반 단체 22개 등 총 477개가 있다.

제주특별자치도의 예술가 현황은 일반적으로 문화예술단체에 가입된 회원 수로 파악할 수밖에 없다. 문화예술단체에 가입한 회원 수는 2017년 기준 (사)한국예술문화단체총연합회 제주특별자치도연합회 1,530명, (사)제주민족예술인총연합 169명, (사)서귀포시예술문화단체총연합회 319명 등 총 2,008명이다.

위 총괄 단체 이외에 서예단체로 (사)서예문인화총연합회가 있으며, 소속 10개 단체 회원 수는 500명이다. 한편, 최근 제주로 이주해 온 예술가들에 대한 정확한 현황 파악은 어려운 실정이다.

2020년 12월 기준 제주특별자치도의 문화예술단체 현황[99]을 보면 (사)한국예술문화단체총연합회 제주특별자치도연합회 12개 단체, (사)제주민족예술인총연합회 5개 단체, 법인 162개 단체, 기타 388 개소 등 총 567개 단체가 있다. 여기서 기타 단체를 보면 건축 2개 단체, 문화일반 22개 단체, 도립 5개 단체, 무용 17개 단체, 문학 38개 단체, 미술 52개 단체, 사진 36개 단체, 서예 35개 단체, 연극 16개 단체, 영상 4개 단체, 음악 115개 단체, 전통예술 46개 단체 등이 있다.

2021년 3월 기준 (사)한국예술문화단체총연합회 서귀포지회에는 문인협회(89/456명), 무용협회(16/124명), 음악협회(49/275명), 미술협회(42/246명), 국악협회(32/204명), 영화인협회(41/172명), 사진작가협회(24/97명), 한국연예예술인총연합회 서귀포지회(64/290명) 등 8개의 지부에 총 2,221명의 회원이 등록되어 있다.[100]

---

99) 제주특별자치도 문화체육대외협력국, 「2021년 주요업무보고」 참조.

100) (사)한국예술문화단체총연합회 서귀포지회에서는 2021년 3월 기준 정회원과 준회원으로 구분하여 회원명단을 정리하였다. 본문에는 지부명에 따라 정회원/준회원으로 인원수를 제시하였다. 여기서는 이 단체의 내부자료를 참조하였다.

3.2. 문화시설 현황

문화시설은 문화예술 활동의 대표적인 공간에 해당된다. 이는 문화예술 활동 참여자(공급·생산 담당층)들은 물론 문화예술 활동 관람자(수요·소비 담당층)들의 이용 공간이므로, 문화예술 향유 기회 확대와 문화 격차 해소에 중요한 요소이다.

제주특별자치도의 문화기반시설[101]은 2017년 12월 기준 총 338개로 조사되었다 이를 구체적으로 보면 공공도서관이 총 21개이다. 지방자치단체 직영 도서관이 15개이고, 제주특별자치도교육청 직영 도서관이 6개이다. 박물관과 미술관은 총 79개이며, 여기에는 박물관 28개, 미술관 19개, 전시관 22개, 수족관 1개, 식물원 9개 등이 있다. 기타 문화기반시설은 238개로 공연시설 37개, 문예회관 1개, 문화의집 20개, 문화원 3개, 작은도서관(문고 포함) 177개 등이 있다.

한편 2021년 2월 기준 제주특별자치도 문화기반시설 현황을 보면 총 323개소로 집계되었다. 여기에는 공공도서관 22개소, 박물관 56개소, 미술관 21개소, 공연시설 33개소, 문화의집 21개소, 문화원 3개소, 작은도서관 167개소 등이 있다. 이 외에도 생활문화센터는 8개소가 있다.

지역별 인구 백만 명 당 시설 수(〈그림 1〉 참조)를 보면, 제주특별자치도가 201개로 가장 많고, 그 다음이 강원도 139개, 전라남도 108개 순으로 나타났다.[102]

---

101) 기반시설 현황(2017 / 2021)은 제주특별자치도 문화체육대외협력국 「주요업무보고」를 참조하였다.

102) 2020년 기준 지역별 인구 백만 명당 시설 수를 보면, 제주도는 205개로 가장 많고, 그 다음이 강원도 150개, 전라남도 118개 순으로 조사되었다.
2017년 현황과 2020년 현황을 비교해 보면 제주도는 200.54개에서 205.67개로 증가하였다. 결국 제주도의 문화기반시설 수는 매년 증가한다고 볼 수 있다.

문화시설 수가 많다고 하여 문화예술 향유 기회가 확대되거나, 문화 격차가 감소한다고 볼 수는 없다. 다만 정부와 지방자치단체는 문화 격차 해소와 문화예술 창작 기반 조성의 핵심으로 문화기반시설 설치에 역점을 둔 경향이 있다.

[그림 1] 인구 백만 명 당 문화시설 수

(단위: 명, 개)

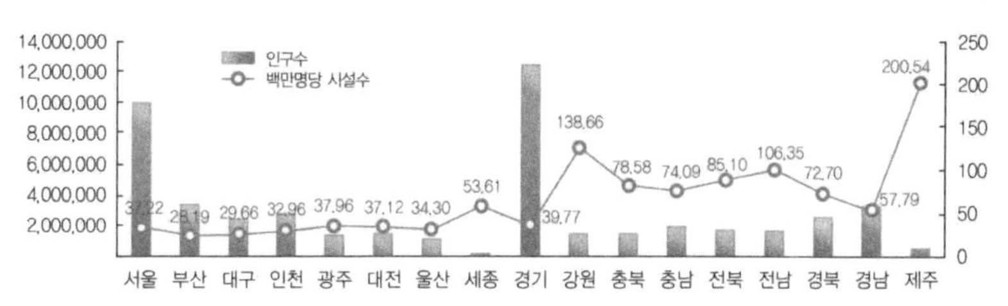

출처 : 문화체육관광부 문화기반과(2017), 『2017 전국 문화기반시설 총람』, 20쪽.

3.3. 문화예술 창작 활동 현황

제주특별자치도 예술가들의 창작 활동 현황을 구체적인 수효로 집계하는 데는 어려움이 있기 때문에 이를 간접적으로 확인할 수 있는 발표 실적물을 중심으로 간략히 제시하겠다.

『제주문예연감』(제주문화예술재단)에 기초하여 '문학, 미술, 서예, 사

〈인구 백만 명 당 문화시설 수〉

(단위: 명, 개)

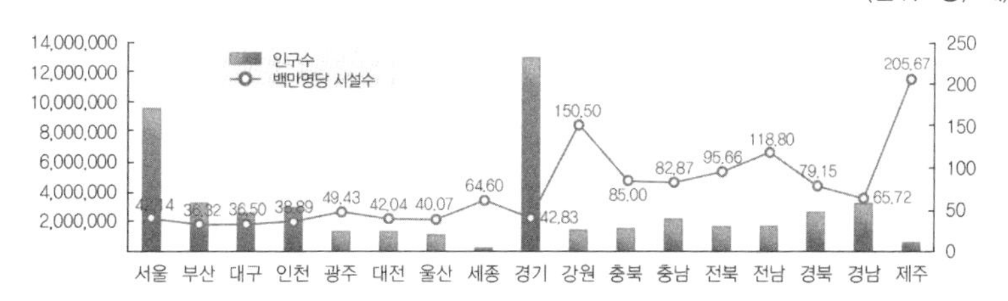

출처 : 문화체육관광부 문화기반과(2020), 『2020 전국 문화기반시설 총람』, 19쪽,

진, 건축, 양악, 국악, 연극, 무용, 영상' 등 장르별로 13년간(2007~2019)의 실적을 제시하면 다음과 같다(〈표 3〉 참조). 장르별 실적 중에 동일한 제목으로 여러 장소에서 발표한 경우에는 작품을 기준으로 하여 1회로 처리하였다.

2014년까지는 음악이 양악과 국악으로 구분되어 집계되었는데, 2015년에는 음악(양악+국악)으로 추진 실적(435건)이 집계되었다. 이 경우 음악은 양악에 포함하고, 전통예술(75건)은 국악에 포함하였으며, 문화축제(영화제 포함)를 영상(52건)에 포함하여 집계하였다.

문학 부문 추진 실적은 2007년 160건, 2008년 140건, 2009년 86건, 2010년 214건, 2011년 235건, 2012년 147건, 2013년 261건, 2014년 110건, 2015년 122건, 2016년 107건, 2017년 122건, 2018년 81건, 2019년 170건 등 총 1,955건이다. 주요 내용은 단행본, 문예지·동인지, 등단, 수상, 행사, 공모 등이다.

미술 부문 추진 실적은 2007년 223건, 2008년 226건, 2009년 228건, 2010년 249건, 2011년 365건, 2012년 242건, 2013년 298건, 2014년 287건, 2015년 385건, 2016년 373건, 2017년 372건, 2018년 283건, 2019년 480건 등 총 4,011건이다. 주요 내용은 도내 전시, 도외 전시, 해외 전시, 수상, 해외 교류, 행사 등이다.

서예 부문 실적은 2007년 47건, 2008년 50건, 2009년 54건, 2010년 67건, 2011년 82건, 2012년 75건, 2013년 73건, 2014년 46건, 2015년 63건, 2016년 56건, 2017년 59건, 2018년 60건, 2019년 65건 등 총 801건이다. 주요 내용은 도내 전시, 도외 전시, 해외 전시, 수상, 행사 등이다.

사진 부문 실적은 2007년 47건, 2008년 79건, 2009년 78건, 2010년 73건, 2011년 69건, 2012년 53건, 2013년 51건, 2014년 80건, 2015년 94건, 2016년 88건, 2017년 81건, 2018년 33건, 2019년 111건 등 총

937건이다. 주요 내용은 종합, 수상, 발간 등이다.

건축 부문 실적은 2007년 6건, 2008년 19건, 2009년 28건, 2010년 24건, 2011년 17건, 2012년 23건, 2013년 15건, 2014년 15건, 2015년 2건, 2016년 3건, 2017년 3건, 2018년 4건, 2019년 2건 등 총 149건이다. 주요 내용은 전시, 수상, 행사 등이다.

양악 부문 실적은 2007년 349건, 2008년 409건, 2009년 396건, 2010년 472건, 2011년 413건, 2012년 217건, 2013년 661건, 2014년 321건, 2015년 435건, 2016년 471건 , 2017년 451건, 2018년 323건, 2019년 619건 등 총 5,567건이다. 주요 내용은 종합, 대회, 독주·독창, 수상, 콩쿠르, 도외 공연, 행사 등이다.

국악 부문 실적은 2007년 25건, 2008년 58건, 2009년 78건, 2010년 73건, 2011년 216건, 2012년 53건, 2013년 97건, 2014년 60건, 2015년 52건, 2016년 45건, 2017년 58건, 2018년 27건, 2019년 45건 등 총 886건이다. 주요 내용은 전통예술, 기타 행사, 수상, 발간 등이다.

연극 부문 실적은 2007년 35건, 2008년 325건, 2009년 342건, 2010년 84건, 2011년 548건, 2012년 104건, 2013년 206건, 2014년 72건, 2015년 127건, 2016년 135건, 2017년 129건, 2018년 27건, 2019년 209건 등 총 2,389건이다. 주요 내용은 일반 연극 · 뮤지컬, 청소년극 · 아동극, 도외 공연, 수상, 행사 등이다.

무용 부문 실적은 2007년 29건, 2008년 39건, 2009년 77건, 2010년 68건, 2011년 16건, 2012년 15건, 2013년 36건, 2014년 26건, 2015년 28건, 2016년 35건, 2017년 35건, 2018년 15건, 2019년 63건 등 총 481건이다. 주요 내용은 종합, 수상 등이다.

영상 부문 실적은 2007년 48건, 2008년 40건, 2009년 22건, 2010년 35건, 2011년 52건, 2012년 61건, 2013년 153건, 2014년 77건, 2015년

52건, 2019년 12건 등 총 550건이다. 주요 내용은 상영, 수상, 행사, 영화제 상영작 등이다.

이상으로 13년간 제주특별자치도의 문화예술 창작 활동 실적을 정리하면 문학 분야 1,955건, 미술 분야 4,011건, 서예 분야 801건, 사진 분야 937건, 건축 분야 149건, 양악 분야, 5,567건, 국악 분야 886건, 연극 분야 2,389건, 무용 분야 481건, 영상 분야 550건 등 총 17,713건으로 나타났다.[103]

따라서 제주 예술가들의 창작 활동 실적을 볼 때, 양적 증가폭이 일정하지 않은데, 이는 창작 활동 지원 규모에 따라 다르거나, 실적물 집계 방법이 일률적이지 않은 결과로 보인다.

또한 문화예술단체에 가입하지 않은 예술가 현황을 정확하게 파악하는데 한계가 있고, 예술가의 창작 활동 현황도 집계된 자료 이외에 개인 활동들을 확인하는데 어려움이 있다.

〈표 3〉 제주특별자치도의 문화예술 창작 활동 실적 추이

(단위: 건)

연도	총계	문학	미술	서예	사진	건축	양악	국악	연극	무용	영상
2007	969	160	223	47	47	6	349	25	35	29	48
2008	1,385	140	226	50	79	19	409	58	325	39	40
2009	1,389	86	228	54	78	28	396	78	342	77	22
2010	1,359	214	249	67	73	24	472	73	84	68	35
2011	2,013	235	365	82	69	17	413	216	548	16	52
2012	990	147	242	75	53	23	217	53	104	15	61
2013	1,851	261	298	73	51	15	661	97	206	36	153
2014	1,128	110	287	50	80	3	321	59	118	25	75
2015	1,360	122	385	63	94	2	435	52	127	28	52

103) 이 글은 2016년까지 창작활동 현황에 역점을 두었으나 2017년부터 2019년까지 추진실적을 추가하였다.

2016	1,313	107	373	56	88	3	471	45	135	35	-
2017	1,310	122	372	59	81	3	451	58	129	35	-
2018	853	81	283	60	33	4	323	27	27	15	-
2019	1,793	170	480	65	111	2	619	45	209	63	12
총계	17,713	1,955	4,011	801	937	149	5,567	886	2,389	481	550

출처 : 제주문화예술재단, 각 연도, 『제주문예연감』.

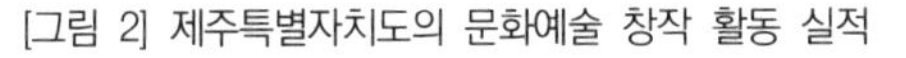
[그림 2] 제주특별자치도의 문화예술 창작 활동 실적

(단위: 건)

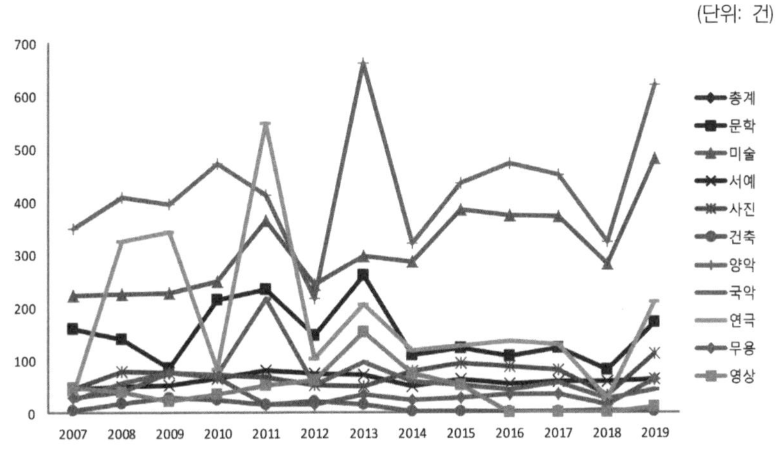

3.4. 문화예술 향유 현황

제주 도민들의 문화예술 활동 관람(향유자 측면) 현황은 '문화예술 향유 기반(문화시설 중심) 이용자 수로 살펴볼 수 있다. 문화시설 수 및 이용(관람)자 수는 7년간 지속적으로 증가하였다(〈표 4〉 참조).

문화시설 수는 2011년 76개소, 2012년 80개소, 2013년 85개소, 2014년 88개소, 2015년 89개소, 2016년 90개소, 2017년 87개소로 매년 신규

시설이 건립되었다. 공공도서관은 2012년에 비해 2013년에 1개소가 감소하여 2017년까지 지속되었다. 박물관은 7년간 9개소가 유지되었다. 미술관은 2011년 15개소에서 2017년 20개소로 매년 증가하였다. 반면, 영화관과 공연장은 연차적으로 감소와 증가 현상이 나타난다.

문화시설 총 이용자 수는 2011년 10,911천 명, 2012년 11,724천 명, 2013년 12,356천 명, 2014년 12,789천 명, 2015년 12,247천 명, 2016년 12,423천 명으로 매년 증가하였으며, 2017년 11,970천 명으로 전년 대비 감소하였다.[104)]

문화시설의 종류에 따른 7년 평균 이용자 수를 보면 공공도서관이 2,998천 명, 미술관은 2,675천 명, 공연장은 2,500천 명, 박물관은 2,023천 명, 영화관은 1,872천 명 순으로 나타났다.

〈표 4〉 문화시설 수 및 이용자 수

(단위: 개소, 천명)

연도	계		공공도서관		박물관		영화관		미술관		공연장	
	개소	이용자 수	개소	이용자 수	개소	이용자 수	개소	이용자 수	개소	이용자 수	개소	이용자 수
2011	76	10,911	23	3,001	9	2,376	6	1,368	15	2,544	23	1,622
2012	80	11,724	23	3,059	9	2,261	5	1,361	17	2,512	26	2,531
2013	85	12,356	21	3,061	9	2,119	6	1,845	18	2,706	31	2,685
2014	88	12,789	21	2,979	9	1,787	6	2,081	19	2,811	33	3,131
2015	89	12,247	21	2,969	9	1.921	6	1,961	19	2,792	34	2,604
2016	90	12,423	21	2,935	9	2,092	6	2,226	20	2,741	34	2,429

104) 제주특별자치도(2020:388~399)에 따르면 공공도서관 자료실 이용자 수는 2018년 1,808,222명, 2019년 1,876,785명으로 집계되었다. 박물관 입장객 수는 2018년 2,181,865명, 2019년 2,156,486명으로 집계되었다.

2017	87	11,970	21	2,983	9	1,608	5	2,263	20	2,617	32	2,499
합계		84,420		20,987		14,164		13,105		18,723		17,501

주 : 1) 문화기반시설 전체 개소 수는 공공도서관, 박물관, 영화관, 미술관, 공연장 수치의 합계
2) 문화기반시설 전체 이용자 수는 공공도서관, 박물관, 영화관, 미술관, 공연장 수치의 합계

출처 : 제주특별자치도(2018), 『2018 제주사회조사 및 사회지표』, 107쪽.

3.5. 문화예술 재정 현황

제주특별자치도의 전체 예산 대비 문화예술정책 투자 예산 비율을 보면(문순덕, 2017. 참조), 민선 5기 시작 해인 2010년에는 문화예술 예산이 전체 예산의 1.73%이고, 2012년부터 2%대로 증가하였다. 총예산 대비 문화관련 예산 비율이 높아졌다는 것은 지역 문화정책이 안정적으로 추진될 수 있는 조건을 갖추었음을 의미한다.

특히 민선 6기 원희룡 도정에서는 문화예술 재정을 3%까지 확대한다는 목표 하에 매년 예산 증액에 노력하였다. 2014년 제주특별자치도 전체 예산 대비 문화예술 예산은 2.19%이고, 2016년에는 2.60%, 2018년에는 3.22%까지 증가하여 제주도정 목표인 3%를 넘어섰다. 2019년까지는 3.1%를 유지하였으며, 2020년에는 2.83%대로 낮아졌다.

〈표 5〉 제주특별자치도 문화예술 분야 예산 확보 추이

(단위: 억원)

구분	2010	2012	2014	2015	2016	2017	2018	2019	2020	2021
전체예산	27,498	30,763	35,824	38,194	40,128	44,493	50,297	52,851	58,218	58,299
문화예술 예산	476	696	785	957	1,065	1,273	1,613	1,639	1,647	1,361
전체예산대비 구성비(%)	1.73	2.26	2.19	2.50	2.60	2.86	3.22	3.1%	2.83	2.33

출처 : 제주특별자치도 문화체육대외협력국, 각 연도, 「주요업무보고」.

[그림 3] 제주특별자치도 문화예술 분야 예산 확보 추이

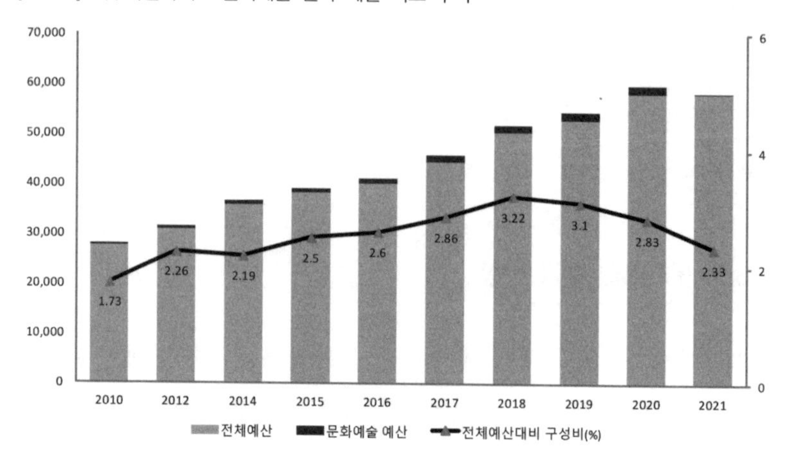

3.6. 문화예술 후원 제도 현황

제주특별자치도에서는 제주메세나운동본부를 중심으로 개인 또는 기업이 문화예술 진흥에 참여하는 제도가 마련되어 있다. 이 기구는 2011년 12월 28일 제주문화예술재단 부설로 발족하였고, 2015년 12월 18일 (사)제주메세나협회로 창립되었다.

제주메세나운동 결연 실적(〈표 6〉 참조)을 살펴보면, 2012년 149,750천 원, 2013년 162,000천 원, 2014년 75,300천 원, 2015년 259,800천 원, 2016년 236,200천 원, 2017년 307,200천 원, 2018년 653,000천 원, 2019년 601,800천 원, 2020년 676,800천 원 등 매년 결연(기부)금이 증가하는 추세이다.

〈표 6〉 제주메세나운동 결연 실적

(단위: 천원)

구 분	2012	2013	2014	2015	2016	2017	2018	2019	2020	계	비고
참여기업(개인)	11	16	19	29	38	66	76	77	48	380	중복 포함
참여(지원)단체	10	14	19	28	38	78	96	104	94	481	
결연(기부)금액	149,750	162,000	75,300	259,800	286,200	307,200	653,000	601,800	676,800	3,171,850	

출처 : 문순덕 외(2017), 『제주문화지표조사』, 제주특별자치도 · 제주연구원, 117쪽. ; 제주메세나협회 내부자료(2021) 참조.

3.7. 창작공간 현황[105]

제주특별자치도에서는 예술가들이 안정적인 환경에서 지속적으로 창작 활동에 전념할 수 있는 창작공간이 중요하게 부각되면서 레지던스 프로그램 지원정책이 추진되었다.

'레지던스'는 일정기간 창작자가 작업할 수 있는 공간과 작품 제작에 필요한 '창작스튜디오'를 제공하는 형태를 의미한다. 레지던스 프로그램 유형에는 공간 제공형, 프로젝트형, 지역 중심형, 교류 중심형 등이 있으며, 사업 주체의 목적에 따라 레지던스 프로그램 유형이 달라진다.

제주특별자치도의 창작공간 운영 사업은 빈집프로젝트, 창작스튜디오, 레지던스, 예술인 입주점포사업 등과 같은 레지던스 프로그램 유형이 대부분이다.

우리나라에서는 2010년을 전후하여 문화예술 소외지역 주민들의

105) 제주특별자치도 창작공간 현황은 『제주지역 문화예술 창작공간 지원사업 실태 및 활성화 방안』(문순덕 · 김연진, 제주연구원, 2017)에 기초하여 작성하였으며, 일부 자료는 2021년 3월 기준 관련기관의 내부자료를 참조하였다.

삶의 질 향상과 지역의 문화예술 활동공간 조성을 위해 '빈집프로젝트 사업'이 추진되었고, 제주특별자치도에서도 제주문화예술재단을 통해 추진되었다.

민선 5기에는 창작공간 지원사업으로 빈집프로젝트사업이 추진되었다. 빈집프로젝트 지원사업은 4년간(2011~2014) 아트창고(2011), 공연창작스튜디오페이스(2012), 제주아트프로젝트(2013), 재주도좋아(2013), 아테우리(2014) 등 5개의 창작공간 단체가 선정되었다.

민선 6기 창작공간 지원 사업으로는 예술인 입주점포사업이 추진되었다. 이는 제주시에서 추진하는 사업으로 삼도2동(구 제주대학교병원 일대) 지역의 공동화 현상을 해소하고 예술가들에게 창작공간을 제공함으로써 문화예술로 행복한 지역 만들기에 역점을 두었다.

이 사업은 2014년부터 2017년까지 13팀에 16명이 선정되어[106], 입주작가들이 활동하고 있으나 예술가와 지역민들의 다양한 의견 수렴 기회가 부족한 편이다.

이 외에도 공공기관에서 운영하는 창작공간으로는 현대미술관 창작스튜디오, 이중섭미술관 창작스튜디오&공예공방, 제주문화예술재단 청년예술가 대상 창작공간, 예술공간 이아 창작센터, 우도 창작스튜디오,[107] 김창열미술관 창작스튜디오(2021년 시작) 등 6곳이 있다. 민간에서 운영하는 창작공간에는 문화공간 양이 있고, 서귀포문화빳데리충전소는 없어졌다.[108]

---

106) 예술인 입주점포사업을 통해 2014년 1기 입주작가에 이어 2021년 1월 기준 2기 입주작가는 12팀에 14명이 선정되었다.

107) 우도 창작스튜디오는 2012년 개관한 후 2013년부터 2021년 현재까지 매년 3~4명씩 입주 작가를 선정하여 운영하고 있다(우도면사무소 내부자료 참조).

108) 서귀포문화빳데리충전소(대표:김백기)는 2014년 12월 개관한 후 2020년 2월까지만 운영되었고, 공간 대표가 제주도를 떠나면서 이 창작공간은 문을 닫았다.

제주특별자치도에서는 예술가의 창작기반 조성과 도민들의 문화예술 향유 기회 확대에 필요한 문화정책을 추진하고 있지만 지역사회에서는 아직도 창작공간의 부족, 소규모 극장의 부족, 예술시장의 비활성화, 예술가 간의 네트워크 활성화 부족 등이 제기되고 있다.

제주 문화예술 분야의 현황을 살펴본 결과 제주특별자치도 예술가 현황, 개인 창작공간 운영 실태, 창작 활동 유형 등에 대한 구체적인 자료가 구축되어 있지 않다. 또한 제주 이주 예술가들의 실태를 구체적으로 파악한 자료도 전무한 상황이고, 예술가들이 가치를 창출할 수 있는 산업여건이나 시장구조도 미흡한 상태이다.

4. 과제

정부의 문화예술정책은 주로 향유자의 측면에서 문화시설 확충, 양질의 문화콘텐츠 향유 기회 제공 등 문화예술 활동 참여에 역점을 두었다. 제주특별자치도에서는 문화예술 향유자 지원정책도 추진하고 있으나 예술가들의 창작 환경을 보장해 주고, 창작물이 원활하게 유통될 수 있도록 예술가 지원정책도 필요하다.

문화시설 분포에 따라 지역 간 문화 격차가 발생할 수 있고, 제주특별자치도 내에서도 동지역(도시 지역)과 읍·면지역(농·어촌 지역) 간에 문화예술 향유 기회와 만족도 등에 대한 격차가 나타날 수 있다. 현재 동지역(도시지역 중심)에 문화시설이 편중되어 있어서 읍·면 지역민들은 다양한 장르의 문화예술 활동을 향유할 수 있는 기회가 제한되어 있다고 볼 수 있다.

제주 도민들은 지역 간 문화 격차 의식이 높은 편이므로 이를 해소할 수 있는 정책적 지원이 필요하다. 또한 문화시설 확보(향유공간, 창작공간 등), 양질의 문화예술 향유 기회, 일상적인 여가생활의 기회가 주어져야 한다.

문화예술 향유 기회는 동지역(도시지역)에 편중되어 있고, 경제적인 여유가 있는 계층에 집중되는 경향이 있으므로 농·어촌 등 읍·면 지역민들의 문화예술 향유에 대한 다양한 욕구를 해소해 줄 수 있는 정책이 필요다. 이와 더불어 제주 도민의 여가생활 활성화 방안도 마련되어야 한다.

2000년대 들어와서 제주로 유입되는 인구가 증가하고 있으며, 국내외 관광객 또한 증가하고 있다. 이는 제주지역이 사람들에게 거주 및 활동 공간으로서 만족감을 줄 수 있음은 물론 문화예술이 살아 숨 쉬는 장소라는 기대가 높아지고 있기 때문이다.

따라서 제주 도민, 지역 예술가, 제주 이주민, 국내외 예술가 등 예술가와 생활인 모두가 함께 즐기고 누리면서 행복하게 생활할 수 있는 문화예술의 섬을 만드는데 모두의 관심이 필요하다.

한편 「지역문화진흥법」시행에 따라 제주특별자치도의 지역문화기본계획을 수립해야 하고, 문화영향평가제도 시행에 따라 문화영향평가를 위한 조례 제정도 필요하다.

향후 정부의 지방자치분권정책에 따라 문화분권에 따른 문화자치시대를 준비해야 하고, 4차 산업혁명에 따른 문화예술계의 관심과 준비도 필요하다.

5장
제주특별자치도 시각예술 10년 성과와 전망

1. 시각예술 환경

정부에서는 주로 문화예술 생산자(창작자)를 고려한 문화예술정책을 추진해 왔으며, 그 결과 문화시설 건립, 창작 여건 조성 등에 집중한 경향이 있다. 이에 창작자들의 활동 기회는 확대되었으나, 이를 즐길 수 있는 향유자들의 다양한 욕구는 해소되지 못한 측면이 있다.

따라서 정부에서는 「문화기본법」을 제정(2013. 12. 30.)하여 국민의 문화적인 권리를 보장해 주고자 했다. 이 법은 국민의 문화적 권리 증진을 비롯하여 문화적 다양성, 자율성, 창조성의 권리가 조화롭게 실현되어야 함을 규정하고 있다.

또한 어떤 환경에서나 모든 국민에게 문화예술 향유의 기회가 주어져야 한다는 취지에서 「지역문화진흥법」이 제정(2014. 01. 28.)되었다. 이 법은 수도권과 지방은 물론 세대 · 계층 간의 문화 격차를 해소하고, 지역의 고유한 문화진흥 기반을 마련하는데 목적이 있다. 이는 국민이 문화로 행복한 삶을 영위할 수 있는 토대 마련을 위해 어떤 조건에서도 문화예술 향유 기회에 차별을 두어서는 안 된다는 취지이다.

제주특별자치도는 예술가들을 위한 창작기반 조성과 문화예술 향유자들을 위한 양질의 예술 활동 참여 기회를 제공할 수 있는 정책을 마련하고, 관련 조례를 제정하는 등 행정적·제도적 지원을 하고 있다.

여기서는 제주특별자치도 출범 이후인 2007년부터 2017년까지 시각예술 분야의 활동 현황을 살펴보겠다. 또한 2018년부터 2021년까지 추진 현황은 자료 집계 범위 내에서 제시하고자 한다.

시각예술 분야 현황 검토 대상은 미술(회화, 판화, 조각, 공예, 도예, 디자인, 설치, 복합), 서예, 사진, 건축 등 시각예술 분야의 행사(개인전, 단체전, 국내외 교류전, 행사 등)와 수상 실적 등이며, 기존 자료에서 확인 가능한 범위 내에서 다루고자 한다.

2. 시각예술 분야 현황

제주특별자치도의 시각예술 분야 현황은 예술가의 창작 활동 측면에서 각종 발표 실적, 미술관(전시관) 전시 실적, 창작공간 지원 실적 등을 대상으로 하겠다. 또한 문화예술 향유자의 측면에서는 시각예술 분야 시설 이용 정도, 활동 참여 정도 등을 살펴보겠다.

2.1. 미술관(전시관) 이용 현황

제주특별자치도 등록 전시관은 공립 2개, 사립 20개 등 22개가 있는데, 이 중에 2017년을 기준하여 전시 실적이 있는 경우만 제시하였다.

전시관의 성격에 따라 기획전시가 선택적으로 진행되어서 자료집계가 일정하지 않다.

세계미니어처 전시관 관람객 수는 85,000명이다. 문예회관 전시실(제1, 2전시실)은 48,888명, 세계조가비박물관은 50,000명이 관람했다.

〈표 1〉 등록 전시관 전시회 및 관람객 수

연번	전시관 명	소재지	소장 작품 수	전시회 수	관람객 수	인력현황 (학예사,해설사 등)	행사 수/ 참여자 수
1	세계미니어처 전시관	제주시 조천읍 비자림로 606	63	상설	85,000	8(0)	3/5,000
2	문예회관 전시실 (제1, 2전시실)	제주시 동광로 69	—	43	48,888	—	—
3	세계조가비박물관	서귀포시 태평로 284	312	12	50,000	7(0)	2/1,000

출처 : 문순덕 외(2017), 『제주문화지표조사』, 제주특별자치도·제주연구원, 44쪽.

2017년 기준 등록 미술관은 공립 7개, 사립 12개 등 총 19개인데 1개는 제외하였다(〈표 2〉 참조). 미술관에 따라 기획전시가 개최되었고, 관람객 수에는 기획전과 상설전시관 방문객이 포함되었다. 제주현대미술관 관람객은 46,098명, 제주도립미술관 관람객은 149,708명, 제주도립김창열미술관 관람객은 30,624명으로 조사되었다.

기당미술관 관람객은 11,673명, 이중섭미술관 관람객은 225,000명, 소암기념관은 7,735명, 제주추사관 관람객은 52,259명 등으로 나타났다.

〈표 2〉 등록 미술관 전시회 및 관람객 수

연번	미술관 명	소장 작품 수	관람객 수	전시회 수	인력 현황 (학예사, 큐레이터 등)	행사 수/ 참여자 수
1	러브랜드미술관	193	300,000	10	17(2)	0

2	제주현대미술관	324	46,098	4	(1)	12/1,000
3	돌하르방공원	156	40,000	상설	3(0)	8/700
4	성안미술관	630	16,500	3	(1)	—
5	제주 유리의성	185	450,000	상설	26(1)	0
6	제주도립미술관	396	149,708	12	(3)	7/5,235
7	그리스신화박물관	120	100,000	0	8(1)	0
8	아라리오뮤지엄	100	17,900	2	(1)	4/300
9	제주도립김창열미술관	220	30,624	5	(1)	1/90
10	기당미술관	644	11,673	5	(1)	1/600
11	이중섭미술관	140	225,000	4	(1)	1/1,000
12	김영갑갤러리미술관	264	69,200	—	(1)	—
13	자연사랑미술관	500	10,000	2	1(1)	30/2,000
14	소암기념관	415	7,735	7	(1)	7/200
15	제주추사관	129	52,259	—	5(1)	2/200
16	박물관은살아있다	148	473,741	—	(1)	1/500
17	왈종미술관	294	11,128	상설	2(2)	5/1,000
18	유민미술관	121	10,336	—	(1)	—

출처 : 문순덕 외(2017), 『제주문화지표조사』, 제주특별자치도 · 제주연구원, 48-49쪽.

2.2. 시각예술 분야 단체수 및 창작 활동 현황

2017년 기준 미술단체 80개, 서예단체 34개, 사진단체 40개, 건축단체 3개 등 157개가 있다. 또한 2021년 2월 기준 현황을 보면 미술단체 52개, 서예단체 35개, 사진단체 36개, 건축단체 2개 등 125개의 단체가 집계되었다.[109] 2017년 157개 단체에서 2021년 125개로 32개 단체가 줄어들었다. 시각예술 회원수는 단체 소속인 경우와 그렇지 않은 경우가 있어서 정확히 파악하는데 한계가 있다.

109) 제주특별자치도 문화체육대외협력국(2021), 「2021년 주요업무보고」를 참조하였다.

시각예술 분야의 창작 활동 현황은 『제주문예연감』(제주문화예술재단, 각 연도) 자료를 참고하여 '미술(공예, 도예, 디자인, 복합, 설치, 조각, 판화, 희화), 서예, 사진, 건축' 분야의 13년간(2007~2019) 추진 실적을 살펴보고자 한다(〈표 3〉 참조).

미술 부문 추진 실적은 2007년 223건, 2008년 226건, 2009년 228건, 2010년 249건, 2011년 365건, 2012년 242건, 2013년 298건, 2014년 287건, 2015년 385건, 2016년 373건, 2017년 372건, 2018년 283건, 2019년 480건 등 총 4,011건이다. 주요 내용은 도내 전시, 도외 전시, 해외 전시, 수상, 해외 교류, 행사 등이다.

서예 부문 실적은 2007년 47건, 2008년 50건, 2009년 54건, 2010년 67건, 2011년 82건, 2012년 75건, 2013년 73건, 2014년 46건, 2015년 63건, 2016년 56건, 2017년 59건, 2018년 60건, 2019년 65건 등 총 801건이다. 주요 내용은 도내 전시, 도외 전시, 해외 전시, 수상, 행사 등이다.

사진 부문 실적은 2007년 47건, 2008년 79건, 2009년 78건, 2010년 73건, 2011년 69건, 2012년 53건, 2013년 51건, 2014년 80건, 2015년 94건, 2016년 88건, 2017년 81건, 2018년 33건, 2019년 111건 등 총 937건이다. 주요 내용은 종합, 수상, 발간 등이다.

건축 부문 실적은 2007년 6건, 2008년 19건, 2009년 28건, 2010년 24건, 2011년 17건, 2012년 23건, 2013년 15건, 2014년 15건, 2015년 2건, 2016년 3건, 2017년 3건, 2018년 4건, 2019년 2건 등 총 149건이다. 주요 내용은 전시, 수상, 행사 등이다.

이상 13년간 제주특별자치도의 시각예술 분야 창작 활동 실적은 미술 분야 4,011건, 서예 분야 801건, 사진 분야 937건, 건축 분야 149건 등 6,984건으로 나타났다.

〈표 3〉 제주특별자치도 시각예술 분야 활동 실적 추이

(단위: 건)

연도	총계	미술	서예	사진	건축
2007	323	223	47	47	6
2008	374	226	50	79	19
2009	388	228	54	78	28
2010	413	249	67	73	24
2011	533	365	82	69	17
2012	393	242	75	53	23
2013	437	298	73	51	15
2014	420	287	50	80	3
2015	544	385	63	94	2
2016	520	373	56	88	3
2017	515	372	59	81	3
2018	380	283	60	33	4
2019	658	480	65	111	2
총계	6,984	4,011	801	937	149

출처 : 제주문화예술재단, 각 연도, 『제주문예연감』.

[그림 1] 제주특별자치도 시각예술 분야 활동 실적

(단위: 건)

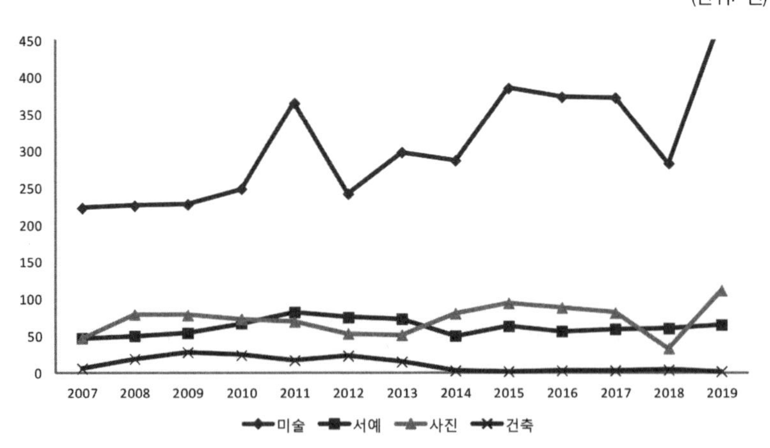

2.3. 시각예술 분야 창작공간 운영 현황[110)]

제주특별자치도의 지원사업으로 운영되는 창작공간은 빈집프로젝트사업(2011~2014)과 레지던스 사업이 있다. 이는 주로 시각예술 분야 작가들에게 제공된 창작공간이다.

빈집프로젝트 사업은 읍·면 지역의 낡고 비어있는 공간을 재활용하여 예술가들에게는 창작공간으로 제공하고, 지역민들에게는 문화예술 활동 참여 기회를 제공하는 문화예술 향유 공간으로 거듭날 수 있도록 기획된 사업이다.

2.3.1. 예술인 입주점포사업

예술인 입주점포사업은 2012년 제주대학교병원 이전으로 원도심 지역의 공동화 현상이 심화됨에 따라 문화예술사업을 통해 원도심 활성화에 기여하고자 하는 목적으로 추진되었다.

제주시에서는 원도심 활성화사업의 일환으로 2013년부터 '삼도2동 문화예술 거점사업'에 따라 빈 점포 입주 작가들에게 창작활동 공간을 제공하고 있다. 2014년부터 2017년까지 13곳에 16명의 작가가 입주하였다. 1기 입주 작가에 이어 2020년 1월에 2기로 선정된 작가들이 입주하였다.

1기로 선정된 창작공간은 〈제라진그림미술관, 콤자살롱, 가마&조이, 제라진, 바농그림, 숨suum ward rove, 아트세닉, 간드락, 몬딱도르

---

110) 제주특별자치도 시각예술 창작공간 현황은 『제주지역 문화예술 창작공간 지원사업 실태 및 활성화 방안』(문순덕 · 김연진, 제주연구원, 2017)에 기초하여 작성하였다. 또한 2018년부터 2021년 3월 기준 시각예술 창작공간 운영 현황은 관련기관 웹사이트와 내부자료를 참조하여 보완하였다.

라, 요보록소보록, 화가엄마, 제마앤주마, 이미지스토리, 사진이야기, 전통조각보, 올래살래미디어랩〉 등 시각예술 분야이다.

1기 빈점포 입주 작가는 2014년부터 2020년까지로 종료되었고, 2기 빈점포 입주 작가는 2020년 1월 9일부터 최대 5년 간(2025. 01.) 창작공간을 이용할 수 있다. 2021년 1월 기준 입주 작가는 12개소에 14명이 해당된다(제주시 문화예술과 내부자료 참조).

입주 작가의 활동 분야를 보면 공예(도자기, 핸드프린팅, 한지), 창작공방(천연염색), 공연(퍼포먼스), 회화(서양화, 수채화, 그림책), 아트숍(일러스트), 음악(대중), 웹툰(애니메이션), 사진, 그래픽아트 등이 속한다.

2기 입주 작가의 창작공간은 〈요보록소보록, 숨suum ward rove, 아트세닉, 작은쉼포 펜클럽, 가마앤조이, 제주문화창작연구소, 제라진, 그릇이야기 최작, 쿰자살롱, 제마앤주마, ART&GRIGO 사진이야기, 이에오아트〉 등이다

2.3.2. 공공기관의 창작공간 운영 현황

① 현대미술관 창작스튜디오

제주현대미술관 창작스튜디오는 저지문화예술인마을 내에 위치하며 시설은 2층 규모이다. 입주 작가들은 도내, 국내, 국외 등에서 활동하는 예술가들로 2009년부터 2020년까지 12년간 24명의 작가가 입주하여 창작 활동을 했다. 2021년 (3월 기준) 입주 작가 선정이 완료되지 않았다.[111)]

---

111) 현대미술관 창작스튜디오(http://www.jfac.kr/), 내부자료 참조. 2020년에는 1팀(2명)이 선정되었다. 2021년 선정작가는 1명으로 예정되어 있으며, 입주기간은 2021년 10월 21일~2022년 10월 20일이다.

입주 작가의 전공 분야는 회화(동양화, 서양화, 한국화), 미디어, 디자인, 설치미술, 비디오아트, 미디어아트, 공예, 드로잉, 판화 등 시각예술 전 분야에 해당된다.

② 이중섭미술관 창작스튜디오&공예공방

서귀포시는 이중섭 문화의 거리 조성 사업의 일환으로 2008년 2월에 이중섭미술관 창작스튜디오를 완공하고 입주 작가를 지원하는 레지던스사업을 추진하고 있다. 이 창작스튜디오 입주 작가는 2009부터 2021년까지 총 84명이 선정되었다.

2018년 9기 입주 작가는 7명이고(1년 입주), 2019년 10기 입주 작가는 10명이다(상반기 5개월 5명, 하반기 5개월 5명). 2020년 11기 입주 작가는 영상 1명, 회화 3명으로 모두 4명이 선정되었다. 2021년 12기 입주 작가는 4명이 선정되었다. 입주 작가 선정은 매년 12월 말에 확정된다.[112]

③ 김창열미술관 창작스튜디오

제주도립김창열미술관에서는 2021년에 처음으로 창작스튜디오를 운영하고 있으며, 1기 입주작가로 1명을 선정하였다(2021. 02. 26.). 입주기간은 10개월이다(3월~12월).[113]

2.3.3. 제주문화예술재단 창작공간 운영 현황

① 예술공간 이아(ARTSPACE IAa)

---

112) 이중섭 창작스튜디오(http://culture.seogwipo.go.kr/jslee), 내부자료 참조.

113) 제주도립김창열미술관(http://kimtschang-yeul.jeju.go.kr) 참조.

예술공간 이아는 구 제주대학교병원을 리모델링하여 조성되었으며, 작가 레지던스와 전시장, 연습공간, 문화예술교육 프로그램 운영 등 복합문화공간의 성격을 띠고 있다. 이 공간은 2017년 5월에 개관했으며, 제주문화예술재단이 위탁받아 운영하고 있다.

2017년 1기 국내외 레지던시 사업 선정 결과 국내 작가 8팀에 9명, 국외 작가 3팀에 5명 등 11팀이 입주했다(분기별 순차적으로 입주). 선정된 장르는 영상, 사진, 설치, 퍼포먼스, 회화 등 시각예술 분야이다.

2018년 2기 국내외 레지던시 사업 선정 결과 22팀에 31명이 입주했다. 그 내용을 좀더 살펴보면 2018년 상반기에는 국내 작가 13명이 입주했고, 하반기에는 국내 작가 6명, 국외 작가 9명 등 15명이 입주했다(분기별 입주). 국제교류로는 3명이 선정되었다.

국내외 레지던시 사업은 2년간 추진한 후에 종료되었고(2017~2018), 2019년부터 2021년 현재까지는 창작스튜디오 및 커뮤니티사업으로 진행되고 있다. 그 결과 2019년에는 9팀 · 27명, 2020년에는 8팀 · 39명이 활동하고 있다.[114)]

② 제주문화예술재단 청년 예술가 대상 창작공간

제주문화예술재단에서는 2017년부터 2021년 현재까지 청년문화매개 특성화사업을 지원하고 있다. 이 사업에는 청년유망예술가육성 지원, 청년예술창작공간 지원, 청년예술창작공간 임대료 지원, 청년문화예술오픈존사업, 청년예술처음발표지원, 청년문화기획프로젝트 지원 등이 있으며, 매년 일부 사업명에 변화가 있다.

여러 지원사업 중에 청년예술창작공간 이충 지원사업은 2017년 6명, 2018년 7명 등 13명이 선정되었다. 이 사업은 공간대여 형식의 지원사업

---

114) 예술공간 이아(http://www.atrspaceiaa.kr), 내부자료 참조.

으로 청년 예술가 대상 문화예술 인큐베이팅 지원에 목적을 두었다.

또한 같은 성격의 사업으로 청년예술가창작공간 임대료 지원사업이 있다. 이 지원사업은 2017년 2명, 2018년 4명, 2019년 7명, 2020년 6명, 2021년 7명 등 총 26명이 선정되었다.[115]

③ 예술곶 산양 창작공간

제주특별자치도에서는 폐교[116]를 활용한 창작공간으로 '예술곶 산양'을 조성하여(2017~2020) 제주문화예술재단에서 운영하고 있다. 예술곶 산양은 2020년 8월에 개관하여 국내 레지던시 사업을 진행하였으며, 7팀에 7명이 입주하였다(2020. 08.~12.).

2020년 시범운영에 이어 2021년부터 본격적인 레지던시 사업을 추진하고 있다. 즉 '2021 예술곶 산양 레지던시 입주작가 공모' 결과 최종 7명이 선정되었고(2021. 03. 16.), 입주 기간은 2021년 4월부터 12월 말까지이다. 2명은 도내 작가이고, 5명은 도외지역 작가이다. 7명의 주요 분야는 사진·설치, 도예, 설치·회화, 설치, 설치·영상, 조각, 영상·설치 등 시각예술 전 분야이다.[117]

2.4. 문화예술 향유자의 참여 활동 현황

이 부분은 2017년 제주 도민 700명을 대상으로 조사한 『제주문화지표조사』를 참고하였으며, 시각예술 분야 참여 활동 정도를 살피는데

---

115) 제주문화예술재단(http://www.jfac.kr), 내부자료 참조.

116) 산양초등학교 부지(한경면 산양리 소재)를 창작공간으로 리모델링하여 2020년 8월 29일에 '예술곶 산양'으로 개관하였다.

117) 제주문화예술재단(http://www.jfac.kr), 예술곶 산양(http://www.sanyang.or.kr) 참조.

의의를 두고자 한다.

최근 1년을 기준하여 문화시설 이용 횟수를 파악한 결과, '경험 없음'을 0회로 처리해서 전체 평균을 산출하면 사설 문화예술 시설 이용 횟수가 3.4회로 가장 높고, 다음으로는 공공도서관이 2.19회로 나타났다(〈표 4〉 참조).

연간 문예회관(문예회관, 아트센터, 서귀포예술의전당 등)을 10회 이상 평균 이용한 조사 대상자는 17명(2.4%)에 이른다. 특히 전시시설(미술관 등)을 연간 10회 이상 이용한 대상자는 10명(1.5%)으로 적은 편이다.

〈표 4〉 연간 문화예술 시설 이용 횟수

(단위: 명, %)

구분	0회	1-3회	4-6회	7-9회	10회 이상	평균(회)
1. 문예회관 (문예회관, 아트센터, 포예술의전당 등)	449 (64.1)	195 (27.8)	37 (5.3)	3 (0.5)	17 (2.4)	1.1
2. 공공도서관 (사설도서관, 대학도서관 제외)	504 (72.0)	103 (14.7)	39 (5.6)	2 (0.3)	52 (7.4)	2.2
3. 박물관 (시립박물관, 사립박물관 등)	497 (71.0)	172 (24.6)	23 (3.3)	1 (0.1)	7 (1.0)	0.7
4. 전시시설 (아트플랫폼, 미술관 등)	576 (82.3)	98 (14.0)	15 (2.1)	1 (0.1)	10 (1.5)	0.5
5. 주민자치센터 문화시설	600 (85.7)	73 (10.5)	11 (1.5)	0 (0.0)	16 (2.3)	0.7
6. 청소년/여성/노인 문화시설 (청소년 수련관 등)	661 (94.4)	24 (3.4)	3 (0.4)	0 (0.0)	12 (1.7)	0.7
7. 사설 문화시설 (대학, 대형마트 문화센터 등)	610 (87.2)	42 (6.1)	9 (1.3)	1 (0.2)	37 (5.3)	3.4

출처 : 문순덕 외(2017), 『제주문화지표조사』, 제주특별자치도 · 제주연구원, 84쪽.

연간 10개 영역의 문화예술 관람 활동 횟수를 조사한 결과(〈표 5〉 참조)를 보면, 연간 영화 관람 횟수가 4.6회로 가장 높고, 다음으로는 축제를 포함한 기타 복합장르(1.7회)로 나타났다. 2개 장르를 제외한 다른 영역은 모두 연간 1회 미만의 관람 횟수를 보인다.

미술(사진, 서예, 건축, 디자인 포함) 전시회 관람 횟수는 평균 0.5회로 저조한 편이다. 이를 구체적으로 보면 '전혀 관람하지 않는다'가 604명(86.3%)으로 가장 높고, 2회 관람이 49명(7.0%), 5회 관람이 23명(3.3%), 8회 관람이 7명(0.9%), 10회 이상 관람이 1명(0.1%) 순으로 나타났다.

〈표 5〉 연간 문화예술 관람 활동 횟수

(단위: 명, %)

구분	0회	1-3회	4-6회	7-9회	10회 이상	평균 (회)
1. 문학행사 (시화전, 도서전시회, 작가와의 대화)	659 (94.2)	18 (2.5)	10 (1.4)	5 (0.7)	1 (0.1)	0.3
2. 미술 (사진, 서예, 건축, 디자인 포함) 전시회	604 (86.3)	49 (7.0)	23 (3.3)	7 (0.9)	1 (0.1)	0.5
3. 서양음악 (클래식, 서양악기관련) 공연	652 (93.1)	13 (1.8)	14 (2.0)	5 (0.7)	4 (0.6)	0.3
4. 전통예술 (국악, 풍물, 민속극) 공연	645 (92.2)	26 (3.7)	13 (1.8)	4 (0.6)	3 (0.5)	0.2
5. 연극	610 (87.2)	39 (5.6)	27 (3.9)	11 (1.6)	2 (0.3)	0.4
6. 뮤지컬	627 (89.6)	38 (5.4)	20 (2.8)	3 (0.4)	1 (0.1)	0.3
7. 무용 (서양무용, 한국무용, 현대무용)	688 (98.3)	4 (0.6)	1 (0.2)	2 (0.2)	3 (0.4)	0.1
8. 영화	218 (31.1)	57 (8.2)	65 (9.2)	60 (8.5)	43 (6.2)	4.6

9. 대중음악 (가요콘서트), 연예(방송 프로그램 등)	606 (86.6)	41 (5.9)	28 (4.0)	8 (1.2)	1 (0.1)	0.5
10. 기타 복합장르 (지역축제, 야외행사 등)	296 (42.4)	142 (20.3)	101 (14.4)	62 (8.8)	28 (4.1)	1.7

출처 : 문순덕 외(2017), 『제주문화지표조사』, 제주특별자치도 · 제주연구원, 85쪽.

이 외에도 시각예술 분야 교육 참여 경험을 보면 미술(사진, 서예, 건축, 디자인 포함) 전시회 참여 빈도는 41명(5.9%)이 '있음'이고, 659명(94.1%)이 '없음'으로 응답했다.

시각예술 분야 동호회 활동 참여 경험은 미술(사진, 서예, 건축, 디자인 등) 11명(1.5%)이 '있다', 689명(98.5%)이 '없다'라고 응답했다.

3. 전망

지난 15년간 시각예술 분야의 문화시설로는 제주현대미술관(2007. 개관), 제주도립미술관(2009. 개관), 제주도립김창열미술관(2016. 개관), 예술공간 이아(2017. 개관), 예술곶 산양(2020. 개관) 등이 개관되었다. 서예 분야 전시관인 소암기념관이 개관되었고(2008), 산지천갤러리(2017)가 개관되어 사진 분야의 전시공간도 마련되었다.

공공 미술관에서는 매년 정기적으로 기획전시를 함으로써 예술가에게는 발표 기회가 주어지고, 문화예술 향유자들은 다양한 전시를 경험할 수 있게 되었다. 특히 2017년에는 제주도립미술관 주관으로 「제1회 제주비엔날레」를 개최하여 제주 문화예술의 섬 조성 분위기 형성에 긍정적인 영향을 미쳤다고 볼 수 있다.

한편 제주 미술계의 숙원이었던 제주도미술대전은 미술과 서예문인화대전으로 분리하여 진행하게 되었다. 지금까지 제주도미술대전은 (사)한국예술문화단체총연합회 제주특별자치도연합회가 주최했는데 (사)한국미술협회 제주특별자치도지회(이하 '제주미협'이라 함)를 중심으로 2016년부터 분리 개최를 준비하였다.

여러 협의체의 논의 결과에 따라 2017년을 유예기간으로 하고, 2018년부터(제44회) 제주도미술대전은 제주미협이 주최하였다. 또한 서예문인화대전(제44회)은 제주미협이 주최하고, 제주도 서예·문인화운영위원회 주관으로 개최되었다.

향후 시각예술 분야 예술가들의 자유로운 창작 활동 기반을 마련해주는 지원정책이 지속되어야 한다. 또한 제주 도민들이 창작과 관람 활동에 참여할 수 있는 기회도 확대되어야 한다.

6장
제주특별자치도 문화 공적개발원조(ODA)의 특성화 전략과 과제

1. 논의개요

1.1. 논의 배경 및 필요성

우리나라는 외국의 원조를 통해 경제발전을 이룩한 나라에 속하며, 짧은 기간에 수원국(受援國)에서 공여국(供與國)으로 전환된 유일한 국가이다. 1961년 OECD(경제협력개발기구 ; Organization for Economic Cooperation and Development) 출범 이후 우리나라는 수원국에서 공여국으로 전환된 첫 번째 국가이며, OECD 산하 기관인 개발원조위원회(DAC : Development Assistance Committee)에 2009년 24번째로 가입되면서 '원조 공여국 클럽'의 임원국가가 되었다.

공적개발원조(ODA : Official Develpoment Assistance, 이하 ODA)는 중앙정부, 지방정부, 공공기관이 주체가 되어 DAC 수원국 목록에 포함된 개발도상국에 지원하는 제도를 뜻한다.

이에 ODA사업은 인도주의적 관점, 정치 · 외교적인 관점, 경제적 관점, 사회 · 문화적인 관점 등 다양한 목적과 차원에서 시행되는 국제협력 프로그램이다. 따라서 ODA사업은 수원국이 경제적 빈곤을 벗어날 수 있는 기반 조성 등 경제 원조에 역점을 두고 있다.

그러나 최근 들어 국제사회에서는 경제적 빈곤보다도 정신적 빈곤이 인간의 삶을 황폐하게 할 수 있다는 사실을 인지하고, 문화적 요소를 강조하는 문화 ODA사업을 강화하는 추세이다. ODA는 OECD가입 국가[118)]를 중심으로 개발도상국가에 대한 경제원조의 형태로 지원되면서 문화 분야 지원이 저조한 편이었다.

특히 선진국이 중심이 되어 문화 ODA사업이 추진되고 있으며, 동시에 이 분야가 ODA사업의 새로운 트렌드가 되고 있다. 우리나라 역시 2005년부터 문화 ODA사업인 문화동반자사업을 비중 있게 추진하고 있다.

한편 제주특별자치도는 유네스코 생물권보전지역 지정(2002), 세계자연유산 등재(2007), 세계지질공원 가입 인증(2010) 등을 통해 자연환경이 브랜드가 되었다.

또한 '제주칠머리당영등굿'이 유네스코 세계무형문화유산 등재되었고(2009), '제주밭담'이 'FAO 세계중요농업유산(GIAHS : Globally Important

---

118) 우리나라는 OECD 개발원조위원회(DAC)에 가입한 이후 ODA 기본법인 「국제개발협력기본법」을 제정하고(2010년 7월 시행), 비구속성 원조를 확대하여 국제기준에 맞게 원조체계 구축을 추진하고 있다. 또한 1987년 「대회경제협력법」 제정을 통해 국제개발원조 사업에 공식적으로 참여하게 됨으로써 공여국이 되었다. 즉 1987년 대외경제협력기금(EDCF : Economic Development Cooperation Fund)과 1991년 한국국제협력단(KOICA ; Korea international Cooperation Agengcy)을 설립하면서 국제개발협력 체제를 구축하였다.

Agricultural Heritage Systems)'으로 지정되었으며, '제주해녀문화'도 유네스코 세계인류 무형문화유실 대표목록에 등재되었다(2016).

이러한 기반 위에 제주의 풍부한 문화자원(자연·인문 자원)을 보존하고 전승해 온 전문적인 지식과 기술을 개발도상국가에 전달할 수 있도록 문화 ODA사업을 추진할 수 있는 여건이 조성되어 있다.

1.2. 논의 목적

우리나라는 ODA사업의 목적에 맞게 경제개발 분야를 지원해 왔으며, 2010년 이후 다른 나라들과 차별화하고, 우리의 특성을 반영하여 비교우위에 놓을 수 있는 '한국형 ODA 모델 개발'에 노력하고 있다.

ODA사업 시행 초기에는 정부 주도로 진행하는 사업이 대부분이었으나, 최근 일부 지방자치단체에서는 특화된 ODA사업을 개발하여 시행하고 있다.

제주특별자치도는 2012년을 ODA사업 추진 원년으로 선포한 이후 2013년부터 2019년까지 아시아 일부 국가 대상으로 사업을 추진하고 있는 정도이다.[119] ODA사업에 대한 일부 지방자치단체의 적극적 대응과는 달리 제주특별자치도에서는 ODA사업이든 문화 ODA사업이든 간에 이에 대한 행정기관과 도민들의 사회적 인식과 이해가 부족한 편이다.

문화 ODA사업은 시민들이 문화적 정체성을 복원하고 자존감을 회복할 수 있도록 환경을 개선해 줌으로써 경제적 자립으로 연계되도록 하는 것이다. 이에 기후변화시대를 맞이하여 무분별한 환경 파괴를 지양하고 환경 보전 방향과 이를 활용한 공정한 문화관광 조성에 대한

119) 2013년부터 2019년까지 제주특별자치도의 ODA사업 협력 대상 국가에는 '동티모르, 몽골, 에티오피아, 우간다, 부른디, 인도네시아, 베트남 등 7개국이 있다.

제주특별자치도의 지식과 기술을 수원국과 공유할 수 있다. 또한 제주의 문화자원 관리와 보전 정책을 문화 ODA사업을 통해 개발도상국가와 교류할 수 있는 지점에 와 있다.

따라서 이 글에서는 ODA의 특징과 정부의 ODA사업 정책을 살펴보고, 제주특별자치도의 문화 ODA사업 추진을 위한 특성화 전략과 과제를 제안하고자 한다.

2. 정부의 문화 ODA사업과 정책 방향

2.1. 정부의 ODA사업 추진 체계

정부는 2005년 국무조정실 소속으로 국제개발협력위원회를 구성하여 무상·유상 원조정책을 통합 운영하고 있다(〈그림〉 참조).

우리나라 ODA 업무 관련 조직을 보면 국제개발협력위원회는 총괄과 조정기구이고, 기획재정부와 외교부는 주관기관이며, 한국국제협력단(KOICA ; 이하 약호 사용)과 한국수출입은행은 시행기관이다.

국제개발협력위원회의 위원장은 국무총리이고, 국무조정실에 개발협력정책관실을 신설하여 사무국 역할을 담당하고 있다. 기획재정부는 유상원조의 주관기관이고, 외교부는 무상원조의 주관기관으로서 각 분야별 5개년 기본계획과 연간 시행계획안을 수립·점검한다.

KOICA는 무상원조를, 한국수출입은행은 유상원조를 집행하고 있다. 이 외에도 30여개의 정부부처와 지방자치단체에서도 무상원조를 수행하고 있다.

KOICA는 한국과 개발도상국가 간에 국제개발협력 증진을 추진하고 해당 국가의 사회·경제 발전을 지원하는 정부차원의 대외무상협력사업 전담기관이다.

공적개발원조의 자금지원 유형에는 무상원조와 유상원조에 해당되는 양자간 원조와 국제기구 지원 관련 다자간 원조가 있다.[120)]

양자간 공적개발원조는 공여국과 수원국 간에 직접 이루어지는 거래를 뜻한다. 무상원조에는 프로젝트 원조, 프로그램 원조, 기술협력, 식량원조, 긴급재난구호, 채무탕감, NGO지원, 공공-민간 파트너십 지원, 개발인식 증진, 행정비용 등이 속한다. 유상원조에는 차관, 출자 등이 있다.

다자간 공적개발원조는 공여국이 국제기구 앞으로 출자 또는 출연을 통해 수원국을 지원하는 간접 원조 방법을 뜻한다. 여기에는 국제기구 출연, 출자, 분담금 납입, 국제기구에 대한 양허성 차관 등이 있다.

〈 우리나라 ODA 추진 체계 〉

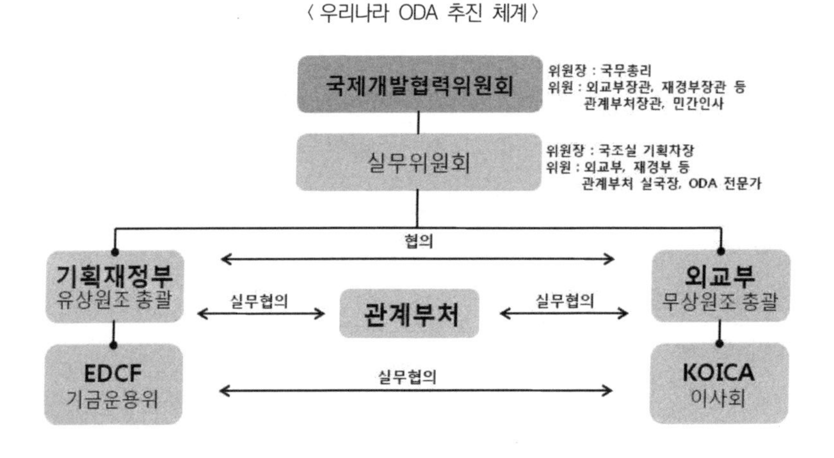

출처 : 외교부(www.mofa.go.kr)

120) 원조 유형은 한국수출입은행 경제협력본부(2009)를 참조하였다.

2.2. 정부의 ODA사업 정책 방향

2.2.1. 정책 방향

정부의 ODA사업 추진과제에는 ODA사업 지속 확대 및 모범적·통합적 개발협력 추진 등이 선정되었다. 이에 대한 추진 방향은 다음과 같다.[121]

- (ODA 규모 지속 확대) 2015년까지 ODA/GNI 비율 0.25%를 목표로 추진하고, 2016년 이후 규모 등을 포함한 「제2차 ODA 기본계획(2016 - 2020)」 수립.[122]
- (ODA 추진체계 공고화) 국제개발협력위원회 중심의 통합적 추진체계 및 관계기관 간 연계·협력 강화.

---

121) 이는 박근혜 정부 공약사항이다(제18대 대통령직인수위원회 「박근혜 정부 국정비전 및 국정목표」, 2013. 02.).
「문재인 정부 국정운영 5개년 계획」(국정기획자문위원회, 2017. 07)에는 정부의 ODA사업 실행과 관련하여 대표과제 99번 '국익을 증진하는 경제외교 및 개발협력 강화'에 반영되어 있다. 또한 『문화비전2030 사람이 있는 문화』(2018) 의제 8. '미래와 평화를 위한 문화협력 확대'에도 세부과제로 선정되어 있다.
문화체육관광부 「2021년 업무계획」에는 '국제문화 교류 · 협력 강화'가 과제로 선정되었다. 이를 추진하기 위해 국제기구 및 공적개발원조 영향력 확대에 역점을 두고 있다. 특히 우리나라는 제14차 유네스코 문화다양성 협약 정부간 위원회(2021. 02. 01~02. 06.) 의장국으로서 활동 및 문화공적개발원조(ODA)) 지원 사업을 확대할 예정이다.

122) 관계부처 합동으로 『제3차 국제개발정책 종합 기본계획(2021~2025)』이 수립되었다(2021. 01. 20.). 이 계획에 따르면 비전은 '협력과 연대를 통한 글로벌 가치 및 상생의 국익 실현'으로 정하고 12개의 중점과제를 선정하였다. 12개 중점과제로는 〈글로벌 보건 위협 대응 강화, 취약분야 인도적 지원 확대, 인간의 삶의 질 향상, 경제 · 사회 발전기반 조성, 녹색전환 선도, 대외정책과의 정합성 제고, 수원국 혁신 역량 강화, 개발협력 프로그램 확산, 개발협력 재원 다양화, 시민사회 파트너십 강화, 국제협력 고도화, 개발협력 외연 확대〉 등이 있다.

- (수원국 중심의 효율적 ODA 추진방식 확립) 중점 협력국 조정 및 국가협력 전략 수립·개선을 통해 ODA 재원·역량 집중.
- (개발협력 글로벌 인재 양성) 해외봉사단·ODA 청년인턴사업·주니어 컨설턴트제도 등을 활성화하고, 맞춤형 ODA 교육 확대.
- (ODA 투명성 및 소통 강화로 국민신뢰 및 지지 확대) ODA 정보제공 확대, 시민사회와 정책대화 등 소통 활성화.

2.2.2. ODA사업 규모

「2014 국제개발협력 종합시행계획(안)」(관계부처 합동, 2014 : 23)을 보면 ODA사업의 전담 부처인 외교부와 기획재정부 외에 정부부처와 산하 기관 26곳이 ODA사업에 참여하고 있고, 수원국이 중복되거나 아시아 지역에 집중되는 단점이 있다. 또한 사업 내용의 중복, 운영 기구의 이원화 등으로 지원 주체는 다양한데 수원국 현지에서 이를 조정해 주는 조직과 운영의 일원화가 필요하다.

2014년 ODA사업 총규모는 약 2조 2,666억 원인데 이는 2013년 규모 대비 약 2,255억원 증가(11%)하였으며, 국민총소득(GNI) 대비 비율은 0.16% 내외로 추정하였다.

여기서 『제3차 국제개발 종합 기본계획(2021~2025)』(관계부처 합동, 2021:1~2)을 참고하여 우리나라 ODA사업 규모를 보면 2010년 1.3조원에서 2020년 3.4조원으로 증가하였다. 이는 2019년 ODA 규모로는 세계 15위에 속한다. 특히 ODA규모(순지출 기준)를 보면 2015년 1,915백만불, 2017년 2,201백만불, 2019년 2,540백만불 규모로 지출되었다.[123] 예산 규모의 확대 이외에도 우리나라의 협력국은 아시아 중심지

123) 이 지원 규모는 우리나라 ODA재원 연평균 증가율이 7.3%에 해당되는데, 이는

원에서 아프리카 국가로 이동하고 있다.

따라서 최근 5년 간(2015~2019) 아시아 지역은 47%에서 52%로 증가하였고, 아프리카 지역은 25%에서 27%로 조금 증가하였다. 중남미 지역은 9%에서 12%로 증가하고 있다.

2.3. 문화 ODA사업의 특징

ODA는 개발도상국가가 경제적 빈곤에서 벗어날 수 있도록 농업, 기술, 기간산업시설 등을 지원하는 한편, 국민들이 건강한 삶을 영위할 수 있도록 보건·의료 분야 지원에 치중한 경향이 있다. 최근에는 선진국이 중심이 되어 수원국 국민 지향의 문화복지와 문화향유가 가능한 방향으로 원조사업이 추진되면서 문화 ODA사업이 부각되고 있다.

선진국의 ODA사업이 문화 분야로 확대되고, 개발도상국가 국민의 문화복지가 향상됨에 따라 경제적인 빈곤도 일정 부분 해소되었다. 이에 따라 공여국의 경제 분야 ODA에서 문화 분야 ODA로의 방향 전환은 세계적인 흐름이다.

따라서 문화 ODA사업은 개발도상국가의 고유한 문화자원을 보호·활용하여 해당 국민의 정체성과 문화적 자부심을 강화하는데 기여하고, 수원국의 문화 가치를 인지함으로써 문화수요의 창출에 동기를 부여하게 된다.

말하자면 문화 ODA사업은 수원국의 문화적 가치를 진흥시키는데 역점을 둔다는 취지이다. 이런 점에서 우리나라도 수원국의 문화를 존중하고, 문화재 복원력, 문화콘텐츠산업 육성, 문화시설 건립, 관광

OECD DAC 회원국 연평균 증가율(2.9%) 대비 약 2.5배 수준이다.

정책 컨설팅, 체육프로그램 지원, 문화동반자사업 등 수원국의 요구를 고려하여 문화 ODA사업을 추진하고 있다.

이는 수원국이 주도적으로 발굴·보존하고 발전시킬 수 있는 문화유산, 문화예술, 문화산업 분야 지원을 의미한다. 반면 공여국은 문화다양성을 인식하고 문화 ODA사업을 통해 수원국의 문화적 환경과 문화자원의 귀중함을 확인해 주는 역할을 담당한다.

우리나라는 2010년 '문화다양성협약'에 가입하였으며(110번째 비준국가임), 이 협약을 이행하기 위하여 「문화다양성의 보호와 증진에 관한 법률」(제12691호)을 제정하여(2014. 05. 28.) 문화다양성 정책에 참여하고 있다. 동 법률 제11조 '문화다양성의 날'[124]을 지정함으로써 지방자치단체의 장은 이를 기념하여 특별한 행사를 추진할 수 있는 법적 장치를 마련하였다.

2.4. 문화 ODA사업의 현황과 동향

〈표 1〉은 정부에서 추진해 온 ODA사업 중에 문화 분야의 토대가 되는 현황을 정리하였다.

---

124) 유네스코에서는 2002년 제57차 총회에서 5월 21일을 '세계 문화다양성의 날'로 제정하였으며, '세계 문화다양성 선언'(2001), '문화적 표현의 다양성 보호와 증진 협약'(2005)을 채택하였다(유네스코 한국위원회: www.unesco.or.kr). 우리나라에서는 '문화다양성의 날' 지정에 따라 문화다양성의 날부터 일주일이 문화다양성주간에 해당된다.

문재인 정부에서는 문화다양성 보호와 확산을 의제로 선정하고(9대 의제 중 4번째) 6개의 과제를 채택하였다. 여기에는 '문화다양성 정책 위상 강화와 법제 정비, 문화다양성 침해(혐오표현 등) 금지와 인식 제고, 문화정체성의 다양한 표현 보장, 언어문화 다양성 실현, 전통문화유산 보호와 현대화, 문화다양성에 기반한 국내외 관광객 정책 마련' 등이 있다(새문화정책준비단 · 문화체육관광부, 『문화비전2030-사람이 있는 문화』. 2018).

문화 분야는 주로 수원국의 문화자원을 활용하여 민족적 정체성과 문화적 자긍심을 회복할 수 있는 사업이 선정된다. 문화유산 보존을 통한 관광사업 활성화, 문화재 보존 기술 전수, 국제문화 이해증진 교육을 통한 문화다양성 인식 기회 제공, 언어 교육 등이다.

〈표 1〉 정부 추진 문화 무상지원 프로젝트 국가별 사업

국가	사업명	내용	시행기간 / 예산(단위: us$)
캄보디아	시엠립 우회도로 건설사업	시엠립 우회도로를 건설하여 앙코르와트 문화유산을 보존하고 관광증진을 통해 지역개발	2005~2006년 / 1,600천$
	시엠립 우회도로 포장	'시엠립 우회도로 건설사업'의 홍토포장을 보완하기 위한 정규 포장공사 시행으로 우회도로 기능 향상 교통량 분산을 통한 유적지 보존, 관광산업 증진 및 지역경제 활성화	2008~2009년 / 430만$
	시엠립 우회도로 연장사업	'시엠립 우회도로 건설사업' 연장	2010~2012년 / 1,150만$
이집트	문화재청 유물정보시스템 구축사업(카이로시)	이집트 문화유물 관리를 담당하고 있는 문화재청 정보센터에 방대한 이집트 유물을 관리하는 정보화시스템을 도입함으로써 보다 체계적이고 효율적인 문화재 관리를 도모하고, 우리의 문화재 정보화 경험 및 기술 전수	2007~2009년 / 200만$
콜롬비아	역사자료 전산화 및 보존기술 역량강화	콜롬비아 정부가 소유하고 있는 세계적 유산을 최초로 전 세계에 디지털화하여 공개함으로써 콜롬비아 측 문화적 자긍심 고취 및 가치 높은 고문서의 보존 기술 역량강화에 기여	2010~2011년 / 100만$ · 기자재공여(785천$) : 사료 디지탈화 컨설팅 및 Hardware, Software 지원 · 전문가파견(80천$) : 고문서 보존 – 복원 장비 및 기술이전 · 국내초청연수(43천$) : 관리자 과정 2명/2주 · 사업관리(92천$) : 조사단 파견, 사업평가 등
동티모르	동티모르 테툼어 교과서 보급사업		2010~2012년 / 190천$

인도네시아	한・인니 기술문화협력센터 건립사업	한국취업 근로자의 사전교육을 내실화하고 외국인 근로자의 문화적 충격 등을 예방하는 한편 우리기업 요구에 맞는 고용인력 확보를 통한 생산성 향상을 도모하는 사업	2006~2008년 / 300만$ ・강의실, 어학실, 기숙사 등 연면적 5,000㎡ 건축 (235만$) ・어학실습장비, PC 등 교육기자재 및 설비 (40만$) ・센터설립 및 운영 자문 전문가, 한국어 교육, 한국문화 소개 및 교재개발 봉사단 파견 등
우크라이나	Kiocsky Lyceum 학교재건사업	학교 교사증축 및 어학실습 기자재 지원을 통해 수원국 인적자원 개발 도모 및 학교 내 한국어과정 개설로 양국문화 교류 활성화	1997~1999/ 500천$

출처 : 공적개발원조(www.odakorea.go.kr)를 참조하여 재구성하였다.

〈표 2〉는 문화체육관광부가 추진한 문화 ODA사업이며, 이 중에 역점을 두고 있는 문화동반자사업이 19.76%로 높은 편이다. 그 다음은 '해외 작은도서관 조성'이 12.54%이고, 개도국 관광발전 지원이 5.83% 순으로 나타난다. '해외문화예술봉사단' 사업은 1.75% (1억 2천만원)로 가장 낮은 편이다.

이 비율만 보더라도 ODA사업은 공여국이 수원국에 일방적으로 전달하는 것이 아니라 상호 문화적 교류를 통한 발전에 목적이 있음을 알 수 있다.

2013년 문화 ODA 신규 사업으로 스포츠발전지원이 38.44%로 가장 높으며, 문화예술교육 지원은 2.92%에 불과하다.

문화예술교육 지원사업은 우리나라에서 예술강사와 기획자를 수원국에 파견하여 현지 문화를 존중하면서 예술 교육의 경험을 공유하는 프로그램이다.

문화예술교육 지원사업은 베트남 등 일부 국가에서 시행되고 있다. 이 사업은 KOICA에서 시행하는 '라오까이 행복 프로그램'과 연계하여 추진되었다(2013~2014).

〈표 2〉 문화체육관광부 문화 ODA사업 및 예산

구분	사업명	2013년 예산(단위: 백만 원)	비중(단위: %)
추진사업	문화동반자사업	1,355	19.76
	유네스코신탁기금 지원	489	7.13
	해외문화예술봉사단	120	1.75
	유네스코세종문해상 지원	121	1.76
	WIPO신탁기금 지원	400	5.83
	개도국관광발전 지원	667	9.73
	해외작은도서관 조성	860	12.54
신규사업	스포츠발전 지원	2,636	38.44
	문화예술교육 지원	200	2.92
발굴사업	아시아문화전당	-	-
합계		6,857	100

출처 : 정환문·정다정(2014), 「한국 문화분야 ODA문제와 나아가야 할 방향」, 『문화산업연구』 14-1, 한국문화산업학회, 13쪽.

2.5. 정부의 문화동반자사업 동향125)

2.5.1. 문화동반자사업의 특징

문화동반자사업은 아시아와 동유럽·아프리카·남미 각국의 문화 분야에 종사하는 젊고 유망한 전문가를 우리나라로 초청하여 공동 창작과 연수 및 교류를 실시하는 문화연수사업으로 문화체육관광부가 주도하고 있다.

125) 문순덕 외(2014), 『제주 문화융성 정책에 대한 인식과 발전과제』, 제주발전연구원, 139~142쪽.

문화동반자사업은 2005년에 출범한 아시아문화동반자 사업을 그 모체로 하고 있다. 처음에는 한류의 주 수요자인 아시아국을 대상으로 '문화'를 통해 국가 간 편견을 극복하고 성공적인 협력 관계를 모색하기 위해 시작되었다. 2년간의 사업성과를 바탕으로 2007년부터는 남미와 아프리카 지역까지, 2010년에는 동유럽까지 연수 초청의 범위가 확대되었다.

문화동반자사업은 문화·예술·관광·체육 분야 전문가들이 참여할 수 있으며, 참가자는 관련 정부부처 또는 국·공립 기관의 추천을 통해 선발한다. 참가자에게는 항공료, 체재비, 어학연수, 문화교류, 분야별 전문연수 등을 지원한다. 참가자는 한국 체류 활동 보고서(결과물) 제출, 자국 문화 발표와 한국어 연수 참여 등의 의무 사항이 있다.

이 사업으로 초청된 전문가들은 약 6개월 동안 우리나라에 체류하며 문화체육관광부 산하 유관단체와 민간기관 등에서 한국어 연수를 포함한 문화 관련 분야별 실무 연수를 받는다.

결국 이 사업은 동반자들이 문화교류 행사 등을 통해 자연스럽게 자신의 문화를 다른 나라의 동반자들과 한국인에게 소개하는 기회를 마련하는 등 쌍방향 문화교류 증진이라는 장점이 있다.

문화동반자사업은 2005년 시범사업으로 시작하여 2021년 현재까지 지속되고 있다. 이 사업은 문화예술·관광·체육 분야의 대표적인 지식공유 프로그램으로 공적개발원조 사업에 해당된다. 2005년부터 2019년까지 총 132개국에서 1,200명의 문화예술, 문화산업, 관광, 체육 분야의 젊은 인재들이 참여하여 문화를 기반으로 한 상호 호혜적 협력 모델을 구축하는 성과를 얻었다. 2020년에는 5개 국가에서 출판, 문화상품, 영화산업, 현대공연, 대중음악 등 5개 분야가 선정되었다.[126]

---

126) 문화체육관광부 보도자료(2019. 07. 18) ; 한국국제문화교류진흥원(www.kofice.or.kr) 참조.

2.5.2. 문화동반자사업 추진 현황

〈표 3〉에서 보는 바와 같이 정부는 문화동반자사업 추진에 앞서 각국에서 수요조사를 했다. 그 결과를 보면 아시아 6개국, CIS[127)] 동유럽 3개국, 아프리카 3개국, 남아메리카 1개국 등 13국에서 83명이 참여의사를 밝혔다. 최종적으로는 지원자들이 원하는 교육을 받을 수 있도록 정부 산하 공공기관에 이들을 배치한다.

지원자들이 신청한 분야는 문화, 관광, 체육, 예술 등이고, 세부관심분야로는 관광정책, 무형문화유산, 전통문화, 미디어산업, 저작권, 체육과학 연구 등으로 나타났다.

이는 우리나라의 축척된 지식과 기술을 전달할 수 있는 특성화 분야라 할 수 있다. 예를 들어 문화재청은 국제문화유산 전문가 연수를 실시하고, 한국문화재단은 유적 보존·복원과 고증연구 추진, 유적 기초 조사 등을 지원한다.

문화동반자사업 수요조사 결과를 보면 개발도상국가들도 공여국의 일방적인 원조보다는 자신들이 절실하게 필요한 분야를 선택해서 지원받는 시스템을 선호함을 알 수 있다.

따라서 문화 ODA사업은 공여국과 수원국 간에 상호 협력과 교류에 역점을 두어야 할 것이고, 이 점이 제주특별자치도 문화 ODA사업의 추진 방향이 될 수 있다.

---

127) CIS(Commonwealth of Independent States)는 독립국가연합의 약칭이며, 1991년 11개 국가로 구성되었다. 즉 구 소련에 속했던 15개 국가 중에 11개 국가가 연합했으며, 2008년 그루지아가 탈퇴하면서 현재 10개 국이 되었다.

〈표 3〉 2014 문화동반자 사업 수요조사 결과

<table>
<tr><th>구분</th><th>국가</th><th>요청기관</th><th>분야</th><th>세부관심분야</th><th>신청자수</th></tr>
<tr><td rowspan="22">아시아</td><td>캄보디아</td><td>관광부</td><td>관광</td><td>관광정책교육</td><td>1</td></tr>
<tr><td>인도네시아</td><td>템포문화재단</td><td>문화</td><td>연구</td><td>1</td></tr>
<tr><td>필리핀</td><td>관광진흥위원회</td><td>관광</td><td>마케팅, 관광정책</td><td>2</td></tr>
<tr><td rowspan="2">스리랑카</td><td rowspan="2">체육부</td><td rowspan="2">체육</td><td>스포츠과학</td><td rowspan="2">10</td></tr>
<tr><td>태권도시범 무술</td></tr>
<tr><td rowspan="12">태국</td><td>태국관광공사</td><td>관광</td><td>관광 전략 분석</td><td>10</td></tr>
<tr><td>문화유산연구소</td><td>문화</td><td>무형문화유산</td><td>3</td></tr>
<tr><td>국립문서관리소</td><td>문화</td><td>기록물관리보호연구</td><td>4</td></tr>
<tr><td rowspan="2">전통미술관리사무소</td><td>문화</td><td>연구</td><td>3</td></tr>
<tr><td>예술</td><td>연수 워크숍</td><td>2</td></tr>
<tr><td rowspan="2">인류학 연구소</td><td rowspan="2">문화</td><td>조각 보존 연구</td><td>5</td></tr>
<tr><td>문화교류연수</td><td>6</td></tr>
<tr><td>문화부 공무원 연수</td><td>문화</td><td>미디어산업정책</td><td>0</td></tr>
<tr><td>국립박물관</td><td>문화</td><td>박물관인종연구</td><td>1</td></tr>
<tr><td>전통음악연구소</td><td>예술</td><td>한국전통음악연구</td><td>2</td></tr>
<tr><td rowspan="3">베트남</td><td>문화관광연구원</td><td>문화</td><td>문화정책연구</td><td>2</td></tr>
<tr><td>문화재연구소</td><td>문화
유산</td><td>무형문화유산연구</td><td>4</td></tr>
<tr><td>베트남국립도서관</td><td>문화
저작권</td><td>저작권위원회</td><td>4</td></tr>
<tr><td rowspan="3">CIS
동유럽</td><td>불가리아</td><td>표기 안함</td><td>문화</td><td>유형 · 무형문화유산연구</td><td>2</td></tr>
<tr><td>슬로바키아</td><td>문화부</td><td>문화</td><td>미디어 · 문화 정책 분석</td><td>1</td></tr>
<tr><td>우즈베키스탄</td><td>문화체육부</td><td>문화</td><td>문화영역관리</td><td>4</td></tr>
<tr><td rowspan="4">아프리카</td><td>이집트</td><td>예술품저작권위원회</td><td>문화</td><td>저작권위원회 연구</td><td>1</td></tr>
<tr><td>케냐</td><td>스포츠 · 문화 · 예술부</td><td>문화</td><td>연구</td><td>6</td></tr>
<tr><td rowspan="2">레소토</td><td rowspan="2">관광환경문화부</td><td rowspan="2">문화</td><td>박물관 큐레이터</td><td>1</td></tr>
<tr><td>문화 · 관광 비교연구</td><td>1</td></tr>
<tr><td rowspan="4">남미</td><td rowspan="4">칠레</td><td>칠레태권도협회</td><td>태권도</td><td>국기원 태권도 연수</td><td>4</td></tr>
<tr><td>산티아고대학교</td><td>체육</td><td>체육과학연구</td><td>1</td></tr>
<tr><td>과학교육대학교</td><td>체육</td><td>체육과학연구</td><td>1</td></tr>
<tr><td>칠레올림픽위원회</td><td>체육</td><td>체육과학연구</td><td>1</td></tr>
<tr><td colspan="5">합계: 13개 국 83명</td><td>83</td></tr>
</table>

출처 : 문화체육관광부(2014), 「2014년 주요사업」 내부자료 참조.

우리나라에서는 매년 ODA 수원국을 대상으로 문화동반자사업을 추진하고 있으며, 해당국 정부부처나 국·공립 기관의 추천을 받아서 초청하고 있다. 2019년 문화동반자사업 참여 기관별 초청 현황은 27개 국가에 58명이다.

〈표 4〉 2019년 문화동반자사업 참여 기관별 초청 현황

기관명		사업명/내용	초청인원
1	국립민속박물관	국외 박물관 전문가 연수	1
2	국립중앙도서관	해외 사서 연수 프로그램	4
3	국립현대미술관	현대미술 전문가 연수 프로그램	3
4	한국예술종합학교	문화동반자 · 예술가 초청연수(AMFEK)	5
5	트러스트무용단	전문무용교육과정(TEPT)	4
6	국제무용협회 한국본부	아시아 · 아프리카 · 중남미 댄스익스체인지 2019	5
7	한국문화재재단	문화유산 전문가 초청 연수	6
8	세종대 다문화연구소	2019 문화동반자 무용 예술 교류 사업 -춤으로 소통하는 아시아	3
9	배우공동체 자투리	이중언어베이스의 국제연극교류 인재 양성 프로그램 '개항'	4
10	유네스코아태무형유산센터	아태지역 무형문화유산 동반자 사업	6
11	전주세계소리축제조직위	2019 아시아소리프로젝트	6
12	충남문화재단	문화동반자 高 ON	3
13	안동축제관광재단	탈춤 관련 예술인 초청 교육	4
14	충북민예총	국가별 전통음악 프로그램 공유확산 연수	4
합계		14개 기관 27개국	58명

출처 : 문화체육관광부(http://www.mcst.go.kr) 보도자료(2019. 07. 17).

2019년에 이어 2020년 문화동반사업에 선정된(2020. 07.) 국가와 분야는 〈표 5〉와 같다. 2020년은 COVID-19 상황으로 한국에서 초청사업 진행은 불가능했다. 이에 국내 사업기관과 선정된 국가의 공공기관

에서 참여하는 온라인 프로그램으로 진행하였다.

2020년 선정 결과를 보면 문화동반자사업에 참여하는 국내기관과 연수를 희망하는 국가와 연수 분야를 알 수 있다.

〈표 5〉 2020년 문화동반자사업 선정 결과

기관명		연수 분야	국가(지역)
1	한국국제교육개발협력원	출판	라오스(비엔티엔)
2	상명대학교 천안 산학협력단	문화상품	라오스
3	부산국제교류재단	영화산업	인도네시아(자카르타)
4	한국연출가협회	현대공연	카자흐스탄(알마티시)
5	국제무용협회	현대공연	필리핀(마닐라)
6	하나를 위한 음악재단	대중음악	베트남(호치민)

출처 : 한국국제문화교류진흥원(www.kofice.or.kr)

2005년부터 추진해 온 문화동반자사업 대상국가에 변화가 나타났다. 즉 2013년부터는 문화동반자사업 대상 국가를 ODA 수원국(24개 중점협력 대상국 중심)으로 변경하고, 2018년 평가체계를 OECA/DAC와 국제개발협력 통합평가메뉴얼 상의 5대 평가지침 기준을 적용한 평가체계로 개편하였다.[128)]

따라서 2013년부터 2019년까지 중점협력국 역대 문화동반자사업 참여 인원을 보면 아시아 11개국(651명), 아프리카 7개국(36명), 중동·CIS 2개국(62명), 중남미 4개국(32명) 등 781명이 해당된다.

128) 한국국제문화교류진흥원(2018), 『2018 문화동반자사업 평가보고서』; 한국국제문화교류진흥원(2019), 『2019 문화동반자사업 평가보고서』 참조.

3. 제주특별자치도의 ODA사업 추진 현황과 문제점

제주특별자치도는 2012년부터 ODA사업에 참여하고 있으나, 문화 ODA사업은 추진되지 못했다. 따라서 이 절에서는 제주특별자치도에서 추진하고 있는 일반 ODA사업을 중심으로 현황과 문제점을 파악해 보고자 한다.

3.1. ODA사업 추진 현황

3.1.1. 법적·제도적 지원 현황

제주특별자치도는 2005년 1월 27일 '세계평화의 섬'으로 지정·선포되었고[129], 2021년 1월 17일은 16주년이 되는 해이므로 '세계 평화의 섬 제주'를 전 세계에 알릴 수 있는 특색 있는 사업을 ODA사업과 연계하여 추진할 수 있다.

'세계 평화의 섬' 지정에 따라 「세계 평화의 섬 범도민실천협의회 설치 및 운영 조례」가 제정되었다(2006. 01. 11.). 이 조례에 근거하여

---

129) 제주특별자치도에서는 '세계평화의 섬' 지정을 계기로 국제평화재단(외교부와 제주특별자치도 공동출자 기관)이 2006년에 설립되고, 그 산하에 제주국제평화센터(2006), 제주평화연구원(2006), 제주국제연수센터(2010) 등이 설립되었다.
제주국제연수센터(JeJu International Training Center, 2010년 10월 개소)에서는 매년 다양한 국제사업을 추진하고 있다. 2013년에는 21회 회의에 163개국 572명이 참가하였고, 2014년에는 9회 70개국 200명이 참여하였다.(제주특별자치도 평화협력과 내부자료 참조). 이 기구는 유엔훈련연구기구(UNITAR)와 제휴하여 설립되었으며, 개발도상국가의 사회 발전을 위한 연수프로그램을 통해 아시아·태평양 지역의 지속가능한 개발에 기여함을 목적으로 하고 있다.

'세계 평화의 섬 범도민실천협의회'가 구성되었으며, '제주평화봉사단'이 조직되었다(2006).

세계평화의 섬 지정(2005)에 따른 17대 평화실천사업 추진 현황[130]을 보면 〈1. 제주평화연구원 설립(완료), 2. 국제평화센터 밀랍인사 섭외(완료), 3. 제주국제평화센터 콘텐츠 확보(완료), 4. 모슬포 전적지 공원 조성(정체), 5. 남북장관급회담 개최(계속), 6. 북한 감귤 보내기 운동(계속), 7. 제주평화포럼 정례화(계속), 8. 제주4·3평화공원 조성(계속), 9. 제주4·3유적지 보존 관리(계속), 10. 4·3진상보고서 국정교과서 반영(완료), 11. 제주4·3 추모일 지정(완료), 12. 동북아 물교육 중심지 육성(완료), 13. 평화교육 지원(계속), 14. 평화관련 국제회의 제주 개최(계속), 15. 국제기구 설립 또는 유치(계속), 16. 동북아 평화협력체 창설(정체), 17. 남북민족평화축전 개최(완료)〉 등 완료사업 6건, 정체사업 2건, 계속사업 9건 등의 결과가 나타났다.

3.1.2. 제주특별자치도의 ODA사업 추진 실적[131]

① 제주특별자치도의 ODA사업 현황

제주특별자치도는 '세계평화의 섬' 지정에 따른 국제교류 네트워크 확대 차원에서 ODA사업 추진, 국제청소년포럼 운영, 국제기구와 국제교류도시 간 네트워크 활성화 사업을 추진하고 있다.

제주특별자치도는 2012년 KOICA와 업무협약을 체결하고, ODA사업의 원년으로 삼아서 2021년 현재까지 ODA사업을 추진하고 있다. 민·

---

130) 제주평화연구원(2020), 『세계평화의 섬 평화실천사업 2.0 구상』, 15쪽.

131) 제주특별자도 ODA사업 추진 실적은 평화대외협력과 내부자료, 주요업무보고, 보도자료 등을 참조하였다.

관합동 방문단을 구성하여 2012년 동티모르를 현지 조사하여 지원 대상을 선정하였다. 동티모르 ODA사업으로 1차 연도(2013)에 6천만원 상당의 의료장비를 딜리국립병원에 지원하였고, 2차 연도인 2014년 9월에는 5천만원 상당의 사무자동화 기기를 지원했다.

제주특별자치도에서 2013년부터 2019년까지 7년간 ODA사업 지원금 총액은 9.9억원이고, 7개 국가 대상 18개 사업이 추진되었다. 2020년에는 COVID-19 상황으로 이 사업이 전면 취소되었다. 2021년에는 1.1억원의 예산이 책정되어 있고, 3개 사업이 선정되었다(2021. 05. 19.).[132]

제주특별자치도에서 7년 간 추진한 ODA사업 수원국은 동티모르, 몽골, 인도네시아, 베트남, 부룬디, 우간다, 에티오피아 등 7개 국가이다.

〈표 6〉 제주특별자치도 ODA사업 추진 현황

연도/총액	수원국	사업명	사업비
2013~2015 (1.7억원)	동티모르	동티모르 의료장비 지원(2013)	6천만원
		동티모르 아일레우 주 물품(OA기기 및 생필품) 지원(2014)	5천만원
		KSLP(동티모르 한국어학교) 시설 및 교육용품 지원(2015)	6천만원
2016 (1.2억원)	몽골	몽골 자르갈탄 김치생산시설 지원	3천만원
	동티모르	동티모르 메띠나로 담수공급시설 지원	9천만원
2017 (2억원)	몽골	몽골 자르갈탄 김치판매시설 지원	4.5천만원
	에티오피아	에티오피아 한국전 참전용사 광장 조성 지원	3.5천만원

132) 제주특별자치도에서는 2020년에 『제주특별자치도 국제개발협력(ODA)사업 추진 지침』을 마련했다. 2021년에는 이 지침에 따라 사업참여기관을 공개적으로 모집하고, 수탁기관 선정위원회의 적격심사 절차를 거쳐 수탁자를 선정하였다.

	우간다	우간다 사랑의 씨앗 나누기	6천만원
	동티모르	동티므로 우호림 조성 지원	6천만원
2018 (2억원)	몽골	몽골 자르갈탄 김치판매시설 지원	9천만원
	부룬디	최정숙 여자고등학교 교육기자재 지원	1천만원
	인도네시아	생태관광(직업훈련) 지원	3천만원
	동티모르	우호림 조성 사업	7천만원
2019 (3억원)	몽골	농업기반시설지원 사업	5천만원
	부룬디	무진디마을 취약계층의 생계안정 지원 사업	5천만원
	인도네시아	생태관광 직업 훈련지원 사업	1억 2천만원
	동티모르	우호림 조성 사업	7천만원
	베트남	작은도서관 지원 사업	1천만원
2020	COVID-19 여파로 전면 취소		
2021 (1.1억원)	동티모르	딜리 어린이도서관 조성사업	5천만원
	부룬디	무진디 마을주민 일자리 창출 및 경제자립기반 지원사업	4천 225만원
	베트남	하이타인 초등학교 작은도서관 지원사업	1,790만원

출처 : 제주평화연구원(2020), 『세계평화의 섬 평화실천사업 2.0 구상』, 57쪽. ; 제주특별자치도 평화대외협력과 내부자료. ; 문화체육대외협력국 보도자료(2021. 05 19.).

② 제주평화봉사단 협력 사업

세계평화의 섬 범도민 실천협의회 소속 평화봉사분과위원회에서는 2012년부터 2019년까지 해외봉사활동과 제주특별자치도의 ODA사업을 담당하였다. 이 사업의 수탁기관은 제주평화봉사단이다.[133] ODA사업 추진 실적에는 우간다 사랑의 씨앗나누기(2017), 인도네시아 생태관광(직업훈련)지원(2018~2019) 등이 있다. 또한 해외 파견 사업을 보면 해외봉사단원을 모집하여 연 1회 아시아 지역 대상 생활환경개선사업, 문화교류, 교육지원 등에 역점을 두고 있다.

이 단체는 8년간(2012~2019) 한 국가 대상 7일~10일 정도 머무르면서 다양한 활동을 펼쳤다. 그동안 방문한 국가는 캄보디아 2회, 오키나와 1회, 몽골 2회, 미얀마 3회 등 총 8회로 나타났다.

이 외에도 제주평화봉사단에서는 동티모르, 필리핀, 베트남, 인도네시아, 키르키즈스탄 등 아시아 국가에 봉사단을 파견하는 한편 해외원조사업에도 참여하고 있다.

향후 제주평화봉사단 활동 중에 국제문화 이해 증진과 양자 간 문화교류 프로그램을 제주특별자치도의 문화 ODA사업과 연계하여 추진할 수 있는 전략이 필요하다.

③ 평화아카데미 운영 실적

이 교육과정은 2006년부터 2021년 현재까지 진행되고 있다. 평화아카데미는 제주 도민을 대상으로 평화의식을 고취할 수 있도록 운영되고 있으며, 문화 ODA사업과 관련성은 적은 편이다.

이 교육은 제주특별자치도와 세계평화의 섬 범도민실천협의회가 공동주최하였으며(2006~2012), 2013년부터 2021년 현재까지는 제주YMCA(제주시 지역)와 서귀포YMCA(서귀포시 지역)에서 위탁 운영하고 있다.

교육과정의 주요 주제는 평화, 환경 분야가 주를 이루고 있다. 향후

133) 이 부분은 제주평화봉사단 내부자료를 참조하였다. 제주평화봉사단은 2006년 범도민실천협의회 평화봉사분과위원회에 회원 단체로 가입되었고, 2007년 제주평화봉사단으로 창립하였다. 2013년 비영리민간단체로 등록한 이후 2019년까지 제주특별자치도의 해외봉사활동 업무를 담당하고 있다. 2020년은 COVID-19로 해외봉사단 파견 사업을 진행하지 못했다.

국제이해 증진에 필요한 프로그램과 문화 ODA사업의 이해 폭을 확장할 수 있도록 다양하게 운영할 필요가 있다.

④ 민간단체 협력 사업

제주특별자치도가 직접 수행한 ODA사업은 아니지만 민·관이 협력하여 추진한 실적을 통해 ODA사업 현황을 알 수 있다.

2012년 민간차원에서 국제원조사업을 담당한 사례는 다음과 같다.

- 캄보디아 우물지원 : 제주특별자치도와 국제국학원 공동 추진
- 만덕기념사업회 베트남 학교 지원사업 : 칸호아성 칸호아초등학교 건립 기증, 푸토성 번푸만덕중학교 건립 기증

3.1.3. 제주지역 대학의 ODA사업 추진 실적

KOICA는 2009년부터 ODA사업에 대학 지원사업을 포함하여 추진하고 있다. 이는 한국의 대학생들이 국제개발협력 강의 이수, 해외 현장학습 등을 통해 개발도상국가에 대한 이해와 협력의 기회를 얻을 수 있게 하려는 취지이다.

정부의 ODA사업에 제주지역의 대학이 선정되었으며, 향후 지방자치단체와 공공기관이 대학과 협력하여 ODA사업 분야 지원이 가능하다. 선정 대학에는 제주대학교(2013), 제주한라대학교(2014) 등이 있다.

① 제주대학교 ODA사업 사례[134)]

KOICA에서 시행하고 있는 "대학교 국제개발협력 이해 증진 사업"에 2013년 제주대학교가 선정되었다. 이에 따라 교양강좌로 '국제개발협

134) 이 사업 담당자(고은경, 전 글로벌이너피스 대표)의 자료 협조를 받았다.

력의 이해'를 개설하고 KOICA에서 3천만원을 지원받아 운영하였다. 1년 지원 기간 만료에 따라 제주대학교 자체적으로 교과목을 개설·운영하였다.

② 제주한라대학교 ODA사업 사례[135)]

이 대학은 KOICA에서 지원하는 "대학교 국제개발협력 이해 증진 사업"에 선정되어 2014년 교양 선택과목을 개설하여 운영하였다(간호학부 및 보건학부 재학생 100명 대상 개설).

3.2. 제주특별자치도 ODA사업의 문제점

제주사회에서는 ODA사업과 더불어 문화 ODA사업에 참여하여 세계와 협력하고 교류해야 한다는 이해가 부족한 편이다. 이러한 문제를 해결하기 위해서는 행정기관과 제주 도민 대상 '국제협력 이해 증진' 관련 교육기관 선정과 교육과정 운영이 급선무이다. 국제이해, 문화다양성 등 목적에 적합한 시민교육을 주도적으로 수행함으로써 제주사회에서 ODA사업이 역동적으로 추진될 수 있는 토대가 되어야 한다.

현재 정부와 별개로 지방자치단체들은 지역 특색을 갖춘 ODA사업

---

135) 제주한라대학교 국제개발협력센터 내부자료(2014)를 참고하였다. 이 대학은 2013년에 보건의료 ODA사업에 선정되어 베트남 중부지역 소재 병원 간호사들의 역량강화 사업을 추진하였다. 또한 2014년 교육부 국제협력선도대학에도 선정되어 4년간(2014~2018) ODA사업을 추진하였다. 즉 베트남 국립 후에대학교 간호대학의 실무중심 간호 교육 역량 강화에 역점을 두었다.
국제협력선도대학 육성사업은 교육부가 2012년부터 추진해 온 교육 분야 ODA사업으로 매년 전국 대학을 대상으로 하여 공모·선정하고 있다. 이 사업은 한국형 교육 ODA모델 발굴·확산을 목적으로 하고 있다.

을 개발·시행하고 있으며, 그 사례는 다음과 같다. '경북형 새마을운동 ODA 모델'(경상북도), '빈곤퇴치 및 참가형 원조로서의 농촌개발'(강원도), '중남미 교육환경 개선 사업 등 교육 분야 특화사업'(경기도), '베트남 홍강개발 사업'(서울시) 등이다.[136)]

따라서 제주특별자치도는 다른 지방자치단체에서 추진하고 있는 ODA사업을 참고하여 수원국이나 사업이 중복되지 않고 특화된 ODA 사업 개발이 필요하다.

만약 지금과 같이 단기적 지원 중심의 단일사업에 머무르거나 지원 대상 국가가 아시아 지역에 한정된다면 정부나 다른 지방자치단체의 ODA사업과 중복될 수 있는 단점이 있다.

제주특별자치도와 일부 민간단체가 연대하여 ODA사업 추진에 참여하고 있으나 ODA사업 추진 체계가 미흡하고, ODA사업에 대한 전반적인 정보 교류, 예산 지원, 전문인력 등이 부족한 실정이다.

제주특별자치도가 ODA사업을 원활히 추진하려면 현재 조직으로는 미흡하고, 다양한 협력체계가 구축되어야 한다. 제주특별자치도 평화대외협력과에서 ODA사업을 담당하고 있는데, 앞으로는 전담기구를 신설하고 중장기적인 계획을 수립하여 ODA사업을 추진할 수 있는 협력체계가 갖추어져야 한다.

136) 고은경(2013), 「제주형 ODA의 전략 규성과 나아가야 할 방향」, 『제주의 평화이미지 구축을 위한 지방정부 ODA 정책 토론회 자료집』, 제주특별자치도 세계평화의 섬 범도민 실천협의회 평화봉사 분과위원회 제주평화봉사단, 46쪽.

4. 제주특별자치도의 문화 ODA사업 특성화 전략과 과제

제주특별자치도는 2012년부터 ODA사업을 추진하고 있으며, 향후 문화 ODA사업을 통한 문화다양성 이해 증진 프로그램 추진이 필요하다. 또한 유네스코의 「문화적 표현의 다양성 보호와 증진에 관한 협약」 이행 권장을 반영할 수 있는 기회로 삼을 수 있다.

4.1. 특성화 전략

4.1.1. 제주특별자치도의 문화자원 활용화 전략

제주특별자치도는 전통 문화자원(민속, 언어, 문화유적 관리 등)을 보전해 온 정신과 이를 현대적으로 활용할 수 있는 축적된 기술을 수원국에 제공할 수 있다.

4.1.2. 제주특별자치도와 수원국 간의 상생 전략

제주특별자치도는 주로 아시아의 개발도상국가 또는 저개발국가에서 한류 열풍, 결혼이민, 노동 이동 등으로 유입 인구가 증가하고 있다. 이에 따라 제주특별자치도에서도 문화적 다양성을 경험하게 되므로, 이러한 경험을 토대로 하여 수원국의 문화를 이해하고 상생할 수 있는 방법을 모색해야 한다.

문화 ODA사업을 추진하려면 무엇보다도 공여국 참여자들의 문화 이해에 대한 태도가 중요하다. 즉 원조 활동을 위해 수원국(지역)의 문화정체성 존중과 이해에 필요한 지식과 교육이 일정 부분 요구된다.

4.1.3. 문화의 다양성 존중 전략

정부의 문화 ODA정책은 민선 6기와 7기 문화예술정책의 핵심인 '제주 문화예술의 섬 조성'과 밀접하게 연계되어 있다. 문화다양성을 인지하고 증진하는 조력자는 국가 또는 국제기구가 될 수 있으나 진정한 주체는 시민이므로 결국 문화 ODA정책을 추진한다는 것은 해당 지역 시민들의 문화적 영속성을 가능하게 하는 것이다.

문화다양성이란 문화적으로 소외된 약자를 보호하고 그들이 자신의 문화를 통해서 정체성을 표현하고 발전시킬 수 있는 창조적 영감을 제공한다는 뜻이다.

따라서 다양한 문화와 시민이 교류하고 공존할 수 있는 장소가 필요하므로, 제주특별자치도는 국제문화교류 증진의 구심점이 될 수 있다.

4.2. 향후 과제

4.2.1. 제주형 문화 ODA사업 개발과 추진

제주형 문화 ODA사업은 제주의 특성을 충분히 살릴 수 있는 문화관광 분야에서 찾을 수 있다. 즉 제주특별자치도의 장점으로 알려진 관광, 생태계 보존, 기후변화 대응 정책 등의 경험을 살려서 축척된 지식과 기술을 지원할 수 있다.

제주의 평화정신을 반영할 수 있는 다크투어리즘과[137] 문화자원을 연계한 문화 ODA사업 개발이 있다. 이 사업을 추진한다면 제주 전

137) 다크투어리즘(dark Tourism)은 죽음과 고통이 내재된 특별한 장소(재난, 재해, 역사적 참상이 발생한 비극적 장소)를 여행하는 것을 가리킨다.

지역에 산재되어 있는 근·현대 군사문화자원을 발굴하고 보존해 온 방법을 전달해 줄 수 있는 장점이 있다. 특히 다크투어지역이 있는 수원국과 역사적·문화적 교류를 통해 치유의 방법을 공유할 수 있다.

최근들어 제주의 전통문화 보전 대상으로 떠오른 언어 보전 정책의 실천 과정을 제주의 문화 ODA사업으로 선정할 수 있다. 이는 언어의 소멸 위기를 겪고 있는 국가 대상 지원이 가능하다. 이와 관련하여 조례 제정, 연구기관 설립 등 법적·제도적 기반 구축, 민간단체와 언론계, 문화예술계 등 지역사회 구성원들이 협력하여 보존운동에 동참하는 전략과 방법 등의 지식과 정책 공유가 가능하다.

문화예술계가 추진하고 있는 국제문화교류사업을 문화 ODA사업으로 전환하여 운영하는 방안이 있다. 특히 최빈국 예술가들을 초청하여 창작활동 기회를 제공해 주거나 예술가들이 창작활동을 할 수 있는 공간과 재료 등 물질적인 지원 등은 문화동반자사업에 해당된다.

매년 분야별로 제주의 예술가들이 국외 작가들과 교류하고 있는데 이를 문화 ODA사업으로 추진하여 국외 예술가들을 제주로 초청하여 단기·중기 체류가 가능하도록 지원한다. 또한 제주의 예술가들이 수원국이 요구하는 내용에 따라 창작 기반조성, 창작 교류 기회 제공 등 지원 가능한 방법도 있다.

전반적으로 제주특별자치도가 시행하고 있는 국제 교류 및 지원정책의 방향을 점검하여 문화 ODA사업과 연계하여 추진할 수 있다. '재외도민 대상 정체성 교육(모국방문단)'과 관련하여 현지에서 문화예술계 종사자들이 참여하는 문화예술 교류 사업으로 전환하여 시행할 수 있다.

4.2.2. 인력 양성 기반 구축

제주특별자치도가 문화 ODA사업을 지속적으로 추진하려면 이를 수행할 수 있는 전문인력이 양성되어야 한다. 이러한 인력 양성을 위해 국제이해협력, 국제이해 증진 프로그램을 운영할 수 있는 교육기관이 필요하다.

전문인력을 양성하여 수원국에 파견하는 방법과 수원국의 연수 대상자들을 제주로 초청하여 역량강화 기회를 제공하는 방법이 있다. 또한 제주로 유입된 외국인들(결혼이민자, 이주민 등)의 인적자원도 활용할 수 있다. 이들 중에 대상자를 선발하여 수원국가 별로 교육과정을 이수한 다음 파견 가능한 국가로 진출하여 문화 ODA사업에 참여하게 한다.

또한 시민단체, 민간기업, 대학 등이 협력하여 문화 ODA사업 추진에 필요한 전문인력을 양성할 수 있도록 하고, 아울러 제주의 청년층이 지원할 수 있는 환경을 조성해 준다. 현재 제주특별자치도에서 지원·운영되고 있는 '제주평화봉사단'을 활용하여 역량 강화 기회를 제공할 수 있다.

4.2.3. 민·관협력 협의체 구성 운영

제주형 문화 ODA모델을 개발하고 추진하려면 행정적·재정적 지원이 수반되어야 한다. 따라서 행정기관에서는 문화 ODA사업을 담당할 수 있도록 전담인력을 배치하고, 각 부서별로 업무 협력이 이루어져야 한다.

또한 제주특별자치도에 있는 국제기구, 제주특별자치도, 제주지역대학, 국제개발협력 관련 민간단체 등이 공동 협의체를 조직하여 문화

ODA사업 추진 방법을 마련한다.

제주형 문화 ODA사업 모델을 개발하려면 지금부터 민관산학이 협력하여 지혜를 모아야 하고, 국제시민 이해 교육이 뒷받침되어야 한다. 즉 수원국과 공여국 양자 간에 바람직한 사업 취지 이해가 필요하다. 이 사업이 성공하려면 제주사회의 공감대 형성이 선행되어야 하고, 그에 따른 인적·물적 인프라가 구축되어야 한다.

지방정부와 중앙정부 간 ODA사업 추진을 위한 가교 역할 기구가 필요하고, 대학과 민간단체 간에도 협력체계 구축과 운영 등을 조율할 수 있어야 한다.

문화 ODA사업 추진에 대비하여 인적 자원을 발굴하여 양성하고, 민관산학이 거버넌스를 구축할 수 있는 환경을 조성한다. 예를 들면 정부와 제주특별자치도의 ODA사업 네트워크 체계 구축, 제주특별자치도 각 부서별 ODA사업 네트워크 체계 구축, 제주특별자치도와 민간단체의 ODA사업 네트워크 체계 구축 등이 가능하다.

4.2.4. 국제문화 이해 증진 프로그램 개발과 운영

ODA사업은 정부 추진 사업이라는 인식이 퍼져 있지만 최근 일부 지방자치단체에서는 자체적으로 ODA사업을 추진하고 있다. 이러한 외부 환경을 고려하여 제주도는 특별자치도로서 정부와 지방이 협력하여 적극적으로 ODA사업을 추진할 수 있도록 다양한 교육과정을 운영해야 한다. 따라서 제주 도민들이 ODA사업을 정확하게 이해하고, 동참할 수 있는 기회를 마련해 주어야 한다.

제주특별자치도가 문화 ODA사업을 집행하려고 해도 도민들의 이해와 지지가 없으면 수행하기 어렵다. 이에 제주 도민 대상 국제개발협력

이해 증진 교육과정 운영이 중요하고, 평생교육기관 등에서는 지속적으로 세계시민교육을 추진할 수 있도록 한다.

공공 교육기관에 교육과정을 개설하는 방법이 있고, 민간단체나 공공기관에서 운영하는 평생교육기관을 활용하는 방안이 있다. 교육과정은 일정한 자격을 갖춘 교육기관에서 직접 운영하는 방법과 이와 관련된 국제적인 연수를 유치하거나 개최하는 방법이 있다.

문화 ODA사업에 대한 이해를 기반으로 하여 교육과정을 운영하고, 그에 대한 전문적인 인력을 양성함으로써 이들을 국외로 파견하여 수원국 국민들의 문화이해 증진에 기여할 수 있도록 한다.

지역 대학에서는 국제문화 이해 관련 교육과정을 개설하여 교양과목으로 이수할 수 있도록 안정적인 운영이 필요하다. 최소한 대학원과정에 국제개발협력 관련 학과 개설이 필요하다. 이 외에도 초·중·고등학교 학생과 일반인 대상 ODA사업과 국제문화 이해 교육과정 운영도 병행되어야 한다.

4.2.5. 한국국제협력단(KOICA) 제주지역센터 설립 유치 및 운영

제주특별자치도에 거점 센터를 설치하여[138] ODA사업 진행, 전문인력 양성과 지원 등 ODA사업을 일괄 운영할 수 있는 제도적 기반을 마련한다.

제주특별자치도의 입지조건, 관광 인프라 등을 적극적으로 활용하여

138) 제주특별자치도-한국국제협력단-제주대학교 등 3자간에 업무협약(MOU)을 체결하였다(2015. 08. 21.). 이후 2016년 6월 22일에 제주국제개발협력센터가 개소되었으며, 사무실은 제주대학교 내에 위치해 있다. 이 센터는 2021년 현재, 제주지역 ODA사업의 핵심거점조직으로 자리매김되어가고 있다.

국제개발협력 연수사업 유치가 가능하다.

4.2.6. ODA 관련 연구 기반 구축

제주특별자치도는 ODA사업과 관련하여 기초연구가 아주 부족하므로, 이 분야에 대한 연구 지원을 확충해 나가야 한다. ODA사업(문화ODA사업 포함)을 조직적·체계적으로 수행할 수 있는 기본계획을 수립해야 한다.

특히 제주평화연구원이 중심이 되고 제주지역 대학과 민간단체들이 협력하여 '제주형 ODA' 관련 연구·조사 사업이 진행될 수 있도록 적극적인 관심이 필요하다.

7장

유엔 지속가능발전목표(SDGs)의 제주특별자치도 적용 방향

1. 문제제기

우리사회에서 유엔 지속가능발전목표를 수립할 정도로 '지속가능발전'이란 용어가 보편적으로 쓰인 시기는 1987년 이후라 할 수 있다. 〈유엔의 환경과 개발에 관한 세계위원회〉(1987)에서 발표한 보고서인 『우리 공동의 미래』를 보면 "지속가능한 발전은 미래 세대가 그들의 필요를 충족시킬 능력을 저해하지 않으면서 현재 세대의 필요를 충족시키는 발전"이라 정의되어 있다. 이후 지속가능발전이란 용어의 사용이 전 세계로 확산되었다고 볼 수 있다.

유엔에서는 전 지구적 차원에서 미래세대를 위해 현재의 자연 상태를 유지하고, 더불어 인간의 삶의 질을 향상시키는데 필요한 목표를 수립하였는데, 이를 유엔 지속가능발전목표(SDGs : Sustainable Development Goals. 이하 약호를 사용함)라고 한다.

유엔 SDGs는 현재 세대는 물론 미래 세대들이 필요로 하는 부분을 충족시킬 수 있도록 경제 발전과 더불어 환경도 보호해야 한다는 미래지향적인 발전을 내포하고 있다.

유엔 SDGs는 새천년개발목표(MDGs)를 기반으로 하여 이 목표가 달성하지 못한 것을 달성하는데 목적이 있다. 유엔 SDGs는 2016년부터 2030년까지 15년 간 전 세계의 빈곤과 불평등, 기후변화의 해결을 위해 모든 국가들이 수행해야 한다는 국제적인 약속이다.

유엔의 미래 지향점을 반영하여 우리나라에서는 1992년 리우선언 이후 지속가능발전을 위한 전략 수립, 추진체계 정비 등 국제적인 협의사항 이행에 참여하였고, 2000년부터 지속가능발전이라는 용어를 보편적으로 사용하고 있다.

우리나라에서 지속가능발전위원회는 2000년 대통령 직속기구로 출범하였으나, 2010년 환경부 소속으로 지위가 변경되었고, 지방자치단체별로 조직된 지방의제21이 그 역할을 담당했다.

우리나라에서는 2019년 11월 국가 지속가능발전목표(K - SDGs) 계획을 수립하였고, 일부 지방자치단체에서는 지역의 각종 정책에 적용할 수 있는 지속가능발전목표 관련 계획을 수립하였다.

유엔 SDGs 17개 목표는 사회발전, 경제성장, 환경보전의 세 축을 기반으로 하고 있는데, 제주특별자치도 또한 이 기반에 역점을 두고 제주 지속가능발전목표(J - SDGs)를 수립하여 민선 7기 공약실천계획과 연계하여 추진할 필요가 있다.

따라서 이 글에서는 유엔 SDGs의 전반적인 내용을 개괄하고, 정부의 추진 방향과 지방자치단체의 정책 적용 사례 등을 살펴보고자 한다. 또한 유엔 SDGs 17개 목표에 기초하여 제주특별자치도의 정책 전반에 적용 가능성과 민선 7기 공약실천계획에 적용할 수 있는 기초자료로도 제공하고자 한다.

2. 유엔 지속가능발전목표(SDGs) 개관[139)]

2.1. 유엔 지속가능발전목표(SDGs)의 이해

2.1.1. 유엔 SDGs 선정 취지

유엔 SDGs는 2016년부터 2030년까지 진행될 계획이며, 이전 계획은 새천년개발목표(MDGs ; Millennium Development Goals)라고 한다. MDGs는 2000년에 채택되어 2002년부터 2015년까지 추진되었으며, 빈곤 퇴치를 위해 결정한 첫 번째 목표로 유엔 회원국과 전문가 집단에서 수립하였다.

MDGs와 SDGs의 제 특징을 비교해 보면(〈표 1〉 참조), 목표 달성 주체는 전자가 극심한 빈곤 중심임에 비하여 후자는 모든 형태의 빈곤과 불평등 감소에 역점을 두고 있다. 감시와 모니터링 방법을 보면 전자는 자발적으로 이행한 결과를 유엔에 보고하였는데, 후자는 유엔이 주도적으로 각 국가의 보고를 권고하는 등 좀더 강화된 방법을 취하고 있다. MDGs는 8개 목표, 21개 세부목표에 60개 지표가 선정되었다. SDGs는 17개 목표, 169개 세부목표에 241개 지표가 선정되었다.

또한 두 목표 수립에 참여한 구성원을 보면 MDGs는 유엔 내부의 소수만 참여함으로써 목표가 제한적이라는 한계가 있었다. 반면 SDGs는 MDGs의 한계를 보완하여 개별 국가들의 시민단체, 기업, 연구소 등 다양한 집단에서 참여하였다.

유엔 SDGs는 전 세계 국가들이 SDGs의 목표를 달성하기 위해 어떤

139) 이 부분은 국제개발협력시민사회포럼·한국국제협력단(2016), 『알기 쉬운 지속가능발전목표 SDGs』에 기초하여 작성하였다.

노력을, 어느 정도 추진해야 하는지 공동으로 협력하기로 한 국제적인 약속이다. 유엔 지속가능발전목표의 새로운 정신은 '단 한 사람도 소외되지 않는 것'이라는 슬로건에 잘 반영되어 있다.

〈표 1〉 새천년개발목표와 지속가능발전목표 비교

목표의 이름	새천년개발목표 (MDGs, 2002~2015)	지속가능발전목표 (SDGs, 2016~2030)
범위	사회발전 중심	지속 가능한 발전(경제, 사회, 환경 포함)
달성 주체	극심한 빈곤 중심	모든 형태의 빈곤과 불평등 감소
달성 대상 국가	개발도상국이 달성해야 하는 문제	개발도상국과 선진국 공통의 문제
재원 마련	개발재원 : 공적개발원조(ODA) 중심(공여국→수원국)	국내공공재원(세금), ODA, 민간재원(무역, 투자) 등 다양
감시와 모니터링	자발적으로 이행 결과를 유엔에 보고	유엔이 주도하여 각 국가의 보고 권고

출처 : 국제개발협력시민사회포럼·한국국제협력단(2016), 『알기 쉬운 지속가능발전목표 SDGs』, 8쪽.

2.1.2. 유엔 SDGs 수립 단계

유엔 SDGs 수립에는 다양한 참여자와 시간이 소요되었다. 즉 2012년 유엔시스템작업반을 중심으로 기본원칙을 정하였다. 2013년 5월 유엔 내 기관별 3종의 보고서와 유엔 사무총장 보고서를 발간하여 SDGs 목표 선정 토대를 마련하였다.

2014년 2월부터 지속가능발전목표 공개작업반을 중심으로 17개 목표를 선정하여 유엔에 제출하였고, 2015년 9월 제70회 유엔 개발정상회의에서 유엔 회원국(193개 국가)의 만장일치로 채택되었다. 이후 유엔 회원국에서는 SDGs를 반영한 국가별 목표를 수립하여 이행과정을 점검하고 있다.

〈표 2〉 유엔 지속가능발전목표(SDGs) 수립 절차

연번	수립 단계	주요 내용
1	유엔시스템작업반 (2012년 6월)	『우리가 원하는 모두를 위한 미래의 실현』 보고서에서 3개 기본원칙(인권, 평등, 지속가능성)과 4대 핵심 방향(평화와 안보, 포괄적 사회개발, 포괄적 경제개발, 환경적 지속가능성)을 제시하였다.
2	유엔 내 기관별 3종의 보고서 발간(2013년 5월)	유엔 사무총장 고위급패널, 유엔 사무총장실, 지속가능발전목표 공개작업반 - 세 기관의 보고서들은 약간의 입장차는 있으나 '빈곤퇴치, 성평등, 양질의 교육, 보편적인 보건 및 의료, 식량과 영양, 식수, 공평한 경제 성장과 양질의 일자리, 거버넌스' 등이 필요하다는 공통점에 합의하였다.
3	유엔 사무총장 보고서 발간 (2013년 7월)	선진국들도 당면하고 있는 불평등 관련 주제를 별도로 설정해야 한다는 국제 시민사회의 주장을 수용하였다.
4	지속가능발전목표 공개작업반의 역할 (2014년 2월~8월)	2014년 2월부터 유엔 기관의 아이디어를 포함하여 새로운 개발협력 목표를 제시하였다. - 13회의 회의과정을 거쳐서 2014년 8월 17개 목표를 반영한 문서를 유엔에 제출하였다.
5	정부 간 최종 협의 문서 작성 (2014년 9월~)	위 안을 수용하여 정부 간 협상을 통해 최종적으로 합의된 내용이 SDGs 17개 목표가 반영된 「우리가 사는 세상의 전환 : 2030년까지의 지속가능한 발전의제」라는 문서이다.
6	SDGs 17개 목표 채택 (2015년 9월 28일)	SDGs 17개 목표는 2015년 9월 29일에 개최된 제70회 유엔 개발정상회의에서 유엔 회원국(193개 국가)의 만장일치로 채택되었다.

출처 : 국제개발협력시민사회포럼·한국국제협력단(2016), 『알기 쉬운 지속가능발전목표 SDGs』을 참조하여 제구성.

2.1.3. 유엔 SDGs의 세부 내용

유엔 SDGs는 17개 목표와 169개 세부과제로 구성되었다([그림 1] 참조). 17개 목표에는 〈목표 1. 빈곤퇴치(7개), 목표 2. 기아종식(8개), 목표 3. 건강과 웰빙(13개), 목표 4. 양질의 교육(10개), 목표 5. 성평등(9개), 목표 6. 깨끗한 물과 위생(8개), 목표 7. 모두를 위한 깨끗한 에너지(5개), 목표 8. 양질의 일자리와 경제성장(12개), 목표 9. 산업,

혁신, 사회기반 시설(8개), 목표 10. 불평등 감소(10개), 목표 11. 지속 가능한 도시와 공동체(10개), 목표 12. 지속 가능한 생산과 소비(11개), 목표 13. 기후변화와 대응(5개), 목표 14. 해양생태계 보존(10개), 목표 15. 육상생태계 보호(12개), 목표 16. 정의, 평화, 효과적인 제도(12개), 목표 17. 지구촌 협력(19개)〉 등이 있다.

[그림 1] 유엔 지속가능발전목표

주 : 표 안에 있는 수는 세부목표 169개를 가리킨다.

출처 : 국제개발협력시민사회포럼 · 한국국제협력단(2016), 『알기 쉬운 지속가능발전목표 SDGs』, 21쪽.

유엔 SDGs 17개 목표의 세부내용은 〈표 3〉과 같다.

〈표 3〉 유엔 지속가능발전목표 세부 내용

목표	내용
목표 1.	모든 곳에서 모든 형태의 빈곤을 종식시킨다.
목표 2.	기아를 종식시키고, 식량 안보를 달성하며, 개선된 영양 상태를 달성하고, 지속가능한 농업을 강화한다.
목표 3.	모두를 위한 전 연령층의 건강한 삶을 보장하고 웰빙(weel-being)을 증진한다.
목표 4.	모두를 위한 포용적이고 공평한 양질의 교육 보장 및 평생교육 기회를 증진한다.
목표 5.	성평등 달성 및 모든 여성과 여아들이 자신의 능력을 발휘할 수 있도록 한다.
목표 6.	모두가 물과 위생설비를 사용할 수 있도록 하고 지속가능한 유지관리를 보장한다.
목표 7.	모두를 위한 적당한 가격이며 신뢰할 수 있고 지속가능한 현대적인 에너지에의 접근을 보장한다.
목표 8.	모두를 위한 지속적, 포용적, 지속 가능한 경제성장을 촉진하며 생산적인 완전 고용과 모두를 위한 양질의 일자리를 증진한다.
목표 9.	복원력이 높은 사회기반시설을 구축하고, 포용적이고 지속가능한 산업화를 증진시키며 혁신을 장려한다.
목표 10.	국가 내, 국가 간 불평등을 감소시킨다.
목표 11.	도시와 주거지를 포용적이며 안전하고 복원력 있고 지속가능하게 보장한다.
목표 12.	지속가능한 소비 및 생산 양식을 보장한다.
목표 13.	기후변화와 그로 인한 영향에 맞서기 위한 긴급 대응을 시행한다.
목표 14.	지속가능한 발전을 위한 대양, 바다, 해양자원을 보존하고 지속가능하게 사용한다.
목표 15.	지속가능한 육상생태계 이용을 보호·복원·증진하고, 삼림을 지속가능하게 관리하며, 사막화를 방지하고, 토지 황폐화를 중지하고, 생물다양성 손실을 중단한다.
목표 16.	지속가능발전을 위해 평화롭고 포용적인 사회를 증진하고, 모두가 정의에 접근할 수 있도록 하고, 모든 수준에서 효과적이고 책임성 있고 포용적인 제도를 구축한다.
목표 17.	이행수단을 강화하고 지속가능발전을 위한 글로벌 파트너십을 활성화한다.

출처 : 국제개발협력시민사회포럼·한국국제협력단(2016), 『알기 쉬운 지속가능발전목표 SDGs』 참조.

2.2. 유엔 SDGs 수립 과정에 참여한 시민사회단체의 역할

유엔 SDGs 수립에는 유엔과 회원국 정부, 유엔 기구, 시민사회단체, 기업, 연구소, 언론 등 다양한 관련자들이 참여하였으며, 국가별 목표 수립 시에도 자국의 시민사회단체들의 참여를 권장하고 있다. 이 제도는 우리 정부와 지방자치단체에도 해당되는 사항이다.

2.2.1. 국제 시민사회단체의 역할

국제 시민사회단체들은 2010년부터 'Beyond 2015'라는 캠페인 단체를 결성하였고, 2012년부터 유엔의 SDGs 수립 과정에 본격적으로 참여하였다. 이 단체는 2015년 기준 132개 국가의 1,000개가 넘는 시민사회단체들이 참여하는 국제적인 네트워크로 성장하였다. 이 캠페인은 시민사회단체들이 새천년개발목표(MDGs)를 계승하여 더욱 발전시키고, 전 세계 시민의 목소리를 반영한 목표를 만드는데 목적이 있다.

action/2015라는 캠페인 네트워크도 결성되었다. 이 단체는 2015년 기준 전 세계 2,020개가 넘는 시민사회단체들이 참여한 네트워크이다. 이 네트워크는 지속가능한 발전 목표 이행은 물론 지구가 겪고 있는 가장 긴급한 위기인 기후변화를 막기 위한 행동에도 동참을 권유하였다.

2.2.2. 한국 시민사회단체의 역할

유엔 SDGs를 수립하는데 국제적인 시민사회단체 외에도 한국의 시민사회단체가 참여하였다. 즉 2012년 초부터 지속가능발전목포 논의에 본격적으로 참여하였다.

그 내용을 보면 국제개발협력민간협의회(KCOC), 국제개발협력시민사회포럼(KoFID), 지구촌빈곤퇴치시민연대(GCAP - Korea) 등 3개 단체는 2014년 이후 'Beyond 2015 Korea'를 결성하여 다양한 활동에 참여하였다. Beyond 2015 Korea는 지속가능발전목표를 홍보하기 위한 캠페인을 전개하며, 일반 시민들에게 지속가능발전목표를 홍보하는데 적극적으로 참여했다.

2013~2015년에 한국의 국제개발협력 분야 시민사회 대표단은 유엔 총회기간 동안 뉴욕을 방문하여 총회를 참관하였고, 2015년에는 지속가능발전목표 협의 현장에도 참여했다.

2.3. 유엔 SDGs의 17개 목표 이행점검 방법

유엔 SDGs 수립에는 국제적인 합의가 이루어졌지만 이를 달성하는데 필요한 점검 방법이 마련되어야 하므로, 유엔 SDGs 달성을 평가할 수 있는 지표가 중요하다. 이 지표 개발에는 유엔에 속한 지속가능발전목표 지표 개발을 위한 관계자와 전문가 그룹이 참여하였다.

유엔 SDGs 17개 목표를 달성하기 위해 세부목표 169개가 선정되었고, 이를 측정할 수 있는 지표 241개가 개발되었다. 예를 들면 '목표 1. 모든 곳에서 모든 형태의 빈곤을 종식시킨다.'에 대한 세부목표 1.1은 '2030년까지 현재 기준으로 하루에 $1.25미만으로 살아가는 절대빈곤인구를 모든 곳에서 근절한다.'를 선정하였고, 이를 점검할 수 있는 지표를 개발하였다.

유엔 SDGs 달성을 감시하는 유엔 기구는 고위급정치포럼인데, 이 기구는 정기적으로 SDGs의 이행 상황을 평가해야 한다. 이 기구는 유엔 총회, 유엔 경제사회이사회와 공동으로 세계적인 차원에서 SDGs의 달성 정도를 감시한다. 평가는 모든 국가에 보고를 요청하는 자발적 형태로 진행된다. 보고서는 각 국가에서 장관급 지위를 가진 사람이 주도하여 준비해야 하고, 해당 국가 내의 관계자들이 절차에 참여할 수 있도록 보장되어야 한다.

3. 정부의 지속가능발전목표(K-SDGs) 수립 방향

3.1. 정부의 SDGs 국내 이행 현황

유엔 SDGs 발표 이후 각 국가의 이행 사례를 보면 국가별로 국가 전략을 마련하여 이행과 모니터링 체계를 구축한 후 구체적인 실행 계획을 추진하고 있다.[140]

세계 각국은 유엔 SDGs 이행을 위해 자국의 실정에 적합한 목표에 우선순위를 정하고, 국가별 전략, 이행과 모니터링 체계, 구체적인 실행 계획을 마련한다. 그 다음에 이를 실현할 수 있도록 정부, 민간, 시민사회 등 모든 사회 주체의 공동 노력을 요구한다.

다수의 OECD 회원국은 개별 SDGs 이행계획을 마련하여(핀란드, 프랑스, 노르웨이, 스위스), 대통령·총리 중심으로 조정체계를 구축하고(에스토니아, 핀란드, 프랑스, 독일, 멕시코), 국민 참여프로그램을 마련하는(핀란드, 독일) 등 체계적으로 이행을 준비하고 있다.

우리나에서는 유엔 SDGs 이행을 위해 리더십과 국민적 공감대 부족, 부처 간 상이한 이해관계 때문에 통합적인 접근은 미미한 상태이고, 기존 업무 체제하에서 대응하고 있는 정도이다.

정부는 관계부처 합동으로 유엔 SDGs 이행 점검에 필요한 지표 개발 등 기본계획을 수립하였다. 정부는 유엔 SDGs 17개 목표를 반영하여 『제3차 지속가능발전기본계획(2016~2035)』을 수립하였다. 3차 기본계획 14개 전략을 유엔 SDGs 17개 목표와 비교해 보면 전략과 목표가 정확하게 일치하지는 않지만 전부 반영되이 있나(〈표 4〉 참조).

---

140) 이 부분은 신승범(2016), 「유엔 지속가능발전목표(SDGs)의 이행 사례 및 시사점」을 참조하였다.

〈표 4〉 제3차 지속가능발전 기본계획과 유엔 SDGs 비교

유엔 SDGs 17개 목표		제3차 지속가능발전 기본계획 14개 전략
목표 1	빈곤퇴치	2-1. 사회 계층 간 통합 및 양성평등 촉진
목표 2	기아종식	2-2. 지역 간 격차 감소 2-3. 예방적 건강서비스 강화
목표 3	건강과 웰빙	2-3. 예방적 건강서비스 강화
목표 4	양질의 교육	2-1. 사회 계층 간 통합 및 양성평등 촉진
목표 5	성평등	
목표 6	깨끗한 물과 위생	1-3. 깨끗한 물 이용 보장과 효율적 관리
목표 7	모두를 위한 깨끗한 에너지	3-3. 지속 가능하고 안전한 에너지체계 구축
목표 8	양질의 일자리와 경제성장	3-1. 포용적 성장 및 양질의 일자리 확대
목표 9	산업, 혁신, 사회기반 시설	
목표 10	불평등 감소	2-1. 사회 계층 간 통합 및 양성평등 촉진
목표 11	지속 가능한 도시와 공동체	1-1. 고품질 환경 서비스 확보 2-4. 안전 관리 기반 확충
목표 12	지속 가능한 생산과 소비	3-2. 친환경 순환 경제 정착
목표 13	기후변화와 대응	4-2. 기후변화에 대한 능동적 대응
목표 14	해양생태계 보존	1-2. 생태계 서비스의 가치 확대
목표 15	육상생태계 보호	
목표 16	정의, 평화, 효과적인 제도	지속가능발전 이행 기반 강화
목표 17	지구촌 협력 (글로벌 파트너십)	4-1. 2030 지속가능발전 의제 파트너십 강화 4-3. 동북아 환경협력 강화

출처 : 관계부처합동(2016), 『제3차 지속가능발전 기본계획(2016-2035)』, 31쪽 참조.

3.2. 정부의 지속가능발전목표(K-SDGs) 추진 주체

3.2.1. 정부의 역할

정부는「새천년 국가환경비전」(2000. 06.)을 선언하면서 지속가능발전 방향에 동참하게 되었고, 이 선언 결과에 따라 2000년 대통령 자문기구인 〈지속가능발전위원회〉가 발족되었다.

정부에서는 2006년 10월「제1차 국가 지속가능발전 전략 및 이행계획(2006~2010)」을 발표하였다. 이어 2007년 8월「지속가능발전기본법」이 공표되고, 2008년 시행됨으로써 한국사회의 지속가능한 발전을 보장하는 법적 장치가 마련되었다.

한편 2010년 1월 13일「저탄소녹색성장기본법」이 제정되면서「지속가능발전기본법」은「지속가능발전법」으로 명칭이 변경되고, 지속가능발전위원회는 대통령 직속에서 환경부장관 소속으로 지위가 낮아졌다.

정부에서는 2011년 8월 사회적 형평성과 환경자원의 지속성을 더욱 강화하기 위하여「제2차 지속가능발전 기본계획(2011~2015)」을 수립하였고, 2016년에「제3차 지속가능발전 기본계획(2016~2035)」을 수립하였다.

정부에서는 SDGs를 달성하기 위하여 각 목표와 세부목표에 따른 정책을 추진해야 한다. 즉, SDGs 이행 추진 주체는 정부이고, 지속가능발전위원회가 그 역할을 수행하게 된다. 또한 유엔 SDGs 달성을 위해서는 정부의 정책과 제도가 준비되어야 하고, 이에 더하여 국민들의 지속적인 관심과 참여는 물론 정부에 대한 감시도 지속되어야 한다.

〈표 5〉 지속가능발전 관련 국내 주요 추진 단계

연도	국내	비고 (국외)
1992년		• UN환경개발회의(UNCED) - 리우선언, 의제 21 채택 - UN 3대 환경협약(기후변화, 생물다양성, 사막화 방지) 출범
1996년	• 의제21 국가실천계획 수립•시행	
2000년	• 새천년 국가환경비전 선언 • 대통령 소속 지속가능발전위원회 출범	
2002년		•지속가능발전정상회의(WSSD), 요하네스버그 선언 채택 - 빈곤퇴치, 환경보호 등 지속가능발전 세부 이행계획 합의
2005년	• 국가지속가능발전 비전 선언	
2006년	• 제1차 지속가능발전 전략 및 이행계획 수립 (2006-2010) 4대 전략, 48개 이행과제, 238개 세부이행과제 • 지속가능발전지표(77개) 선정	
2007년	• 「지속가능발전기본법」 제정	
2010년	• 「저탄소녹색성장기본법」이 제정되고, 「지속가능발전기본법」은 「지속가능발전법」으로 명칭 변경 - 환경부장관 소속 지속가능발전위원회로 개편	
2011년	• 제2차 국가지속가능발전기본계획(2011~2015) 수립 : 4대 전략, 25개 이행과제, 84개 세부이행과제 • UN지속가능발전센터(UNOSD) 유치(인천 송도)	
2012년		• UN지속가능발전회의(UNCSD) 개최 지속가능발전과 빈곤퇴치 맥락에서의 녹색경제 개념 설정 - UN지속가능발전목표(SDGs) 설정 합의
2014년	• 국가 지속가능성 보고서 발간	• 유엔사무총장보고서 발간
2015년	• 제3차 국가지속가능발전기본계획 수립(2016년 1월 국무회의 심의·확정)	• 제70차 UN 총회 - 2030 발전의제 및 지속가능발전목표(SDGs) 채택
2017년	• 환경부 소속 지속가능발전위원회를 범부처로 격상	
2018년 -2019년	• 한국 지속가능발전 목표(K-SDGs) 수립	

출처 : 노영순(2017), 『UN 지속가능발전목표(UN SDGs)와 문화정책의 대응 방안』, 한국문화관광연구원. ; 관계부처합동(2016), 『제3차 지속가능발전 기본계획(2016~2035)』 참조.

3.2.2. 국민의 역할

유엔 SDGs의 17개 목표와 169개 세부목표 달성에 참여하는 것은 정부와 관련 기구들만의 역할이라 생각할 수 있으나, 국민은 정부의 SDGs 이행 과정을 주기적으로 감시하고 살펴보아야 한다.

따라서 정부부처에서 SDGs 이행 결과 확인하기(사이트상에서 참조 가능함), 정부 SDGs 달성에 필요한 법·제도를 정비하고 예산을 조정하는 국회의 기능을 확인하기 등은 물론 정부 SDGs 달성을 위해 전문가 집단의 연구가 수반되어야 한다.

결국 정부가 SDGs를 달성하는 데는 국민들의 지속적인 관심이 필요하고, 법과 제도를 만드는 국회의 역할도 중요하다.

3.2.3. 지속가능발전위원회의 위상

국가단위로는 지속가능발전위원회가 설치되어 있고, 지방자치단체별로 지속가능발전위원회 또는 지속가능발전협의회가 설치되어 있다.

국가단위 위원회는 범부처 소속으로 격상되었고, 국가 지속가능발전 목표 수립에 주도적인 역할을 담당하고 있다. 광역자치단체와 기초자치단체 또한 지속가능발전협의회를 조직하여 지역의 목표 수립에 참여하거나 관련 사업을 추진하고 있다. 지방자치단체별 협의회는 대체로 환경업무 관련 부서가 담당하고 있다.

지속가능발전위원회는 「지속가능발전법」에 근거하여 운영되고 있으며, 지방자치단체에서는 관련 협의회 설치 및 운영 지원조례를 제정하여 각종 사업을 추진하고 있다.

3.3. 국가 지속가능발전목표(K-SDGs) 수립 방향[141]

3.3.1. 국가 SDGs 수립 기준

K-SDGs는 유엔 SDGs의 방향성과 구조를 준용하면서 한국의 상황을 고려하고 국민들이 체감할 수 있는 방향에서 수립한다는 기준을 정했다. 또한 이 목표는 국정 전반의 정책 방향을 지속가능발전 방향으로 전환할 수 있도록 나침반 기능을 해야 하고, 2030년에 달성 가능하도록 기획되어야 한다. 이 외에도 경제·사회·환경 등 정책 간 상호연계를 체계적으로 검토하여, 통합적 시각에서 이해 상충이나 불일치를 해소하는데 역점을 두어야 한다.

K-SDGs 수립 시에 '누구도 소외되지 않도록 한다.'는 원칙을 준용하여 취약계층과 이해관계자 등 국민 참여에 기반해야 함을 강조하고 있다. K-SDGs 작성 기준은 유엔 SDGs에서 제시한 17개 목표를 반영하되 169개 세부목표는 목표 내 대표성, 시급성, 국내 이행 필요성 등을 고려하여 선정하기로 했다.

또한 유엔 SDGs에 제시되지 않은 세부목표라고 하더라도 한국의 상황을 고려하여 반영할 수 있어야 하므로, 유엔 SDGs의 169개 세부목표와 241개 지표를 참조하여 국내 상황에 적합한 지표를 선정한다는 원칙을 정했다.

3.3.2. 국가 SDGs 수립 추진 과정

141) 환경부 · 지속가능발전위원회(2018), 「국가 지속가능발전목표(K-SDGs) 수립 추진 계획(안)」을 참조하였다.

문재인 정부는 국정과제로 '지속가능발전 거버넌스 재정립'을 채택(2017. 08. 국정과제 61)하고, 지속가능발전위원회를 환경부 소속에서 범부처 소속으로 위상을 격상시켰다.

정부에서는 유엔 SDGs의 이행절차에 따라 K-SDGs 지표 선정과 2030년까지 달성해야 하는 목표치를 설정해야 하고, 목표달성을 위한 이행과제 등 이행전략을 수립해야 한다. 이에 국가 지속가능발전목표(K-SDGs) 수립계획을 마련하여(2018. 02. 23.), '2030 K-SDGs 이행전략'을 수립하였다.

K-SDGs 이행전략 수립 참여자는 관계부처 K-SDGs 협의체(국장급), 실무 K-SDGs T/F(과장급), 주요 이해관계자 그룹, 국가 K-SDGs 포럼(원탁회) 등으로 구성하였다. 또한 국민 참여 거버넌스인 SDGs 목표별 민·관·학 공동 작업반 구성 및 운영(총 14개, 200여명)도 계획되었다.

정부는 K-SDGs를 수립하기 위하여 추진 계획안을 발표하고(2018. 04.), 이해관계자 그룹(K-MGDs) 대상 설명회를 개최하는 등(2018. 05. 11.) 기본계획 수립 절차를 이행하였고, 2019년 11월에 완료되었다.[142)]

4. 지방자치단체의 지속가능발전목표(SDGs) 추진 현황

4.1. 지방자치단체의 SDGs 수립 현황

4.1.1. 개요

142) 정부에서는 2019년 11월 국가 지속가능발전목표(K-SDGs)를 수립하였다. 환경부·지속가능발전위원회(2019:16)에서는 국가 지속가능발전목표(K-SDGs)로 2030년까지 달성해야 할 분야는 17개, 세부목표는 122개, 지표는 214개를 선정하였다.

우리나라는 「지속가능발전법」에 따라 지방자치단체별로 지속가능발전협의회(또는 지속가능발전위원회)를 조직하여 환경 보호와 보전에 역점을 둔 경향이 있다.

자체적으로 SDGs를 수립한 지방자치단체는 광역시·도와 기초자치단체가 있다. 광역자치단체로는 서울특별시, 충청남도, 광주광역시가 해당되며, 기초자치단체로는 인천광역시 부평구, 경기도 수원시, 충청남도 당진시 등이 있다(〈표 6〉 참조).

〈표 6〉 지방자치단체의 SDGs 대응 사례

연번	지방자치단체명	주요 내용
1	서울특별시	• 2013년 지속가능발전위원회 중심으로 기본계획 수립 및 이행 계획 수립 등을 추진하였고, 조례 제정 등을 통해 제도를 정비하였다. • 2017년 11월 '서울 지속가능도시 2030'를 통해 17개 목표와 96개 세부목표를 발표하였다.
2	충청남도	• 2013년 지속가능정책팀을 신설하여 지속가능발전지표 106개를 개발하였다. • 2015년 지속가능발전특별위원회를 조직하고, 2016년 지표를 보완하여 100개 지표로 확정하였다(경제 23개, 사회 24개, 환경 25개, 행정제도 21개, 배경 7개). ⇒ 선정된 지표는 정책포털스시템을 통해 관리하고 홈페이지에 공개하였다. • 2018년 1월 『충청남도 지속가능발전목표(SDGs) 2030』을 발표하고, 동 6월에 『충청남도 지속가능발전목표(SDGs) 2030—1단계(2018~2020) 이행계획』을 발표하였다.
3	광주광역시	• 2015년 '지속가능발전 광주비전'을 선언하고, 「저탄소 녹생성장기본조례」를 전면 개정하여 추진 근거를 마련하였다. • 2017년 지속가능발전 이행계획 추진과제 77개를 확정하였다.
4	인천광역시 부평구	• 2012년 지속가능발전위원를 발족하고 전략 및 이행계획을 확정하였다. • 비전 선포 후 매년 행정 수요 등을 반영하여 이행계획을 수정하였다. • 성과지표와 지속가능발전 지표(65개)를 연계하여 운영하고 있다.
5	경기도 수원시	• 1997년 지속가능발전협의회가 출범하였고, 시민사회 중심으로 지속가능발전 의제와 지표를 발표하였다. • 2017년 지속가능발전목표(SDGs) 작성을 위한 로드맵을 마련하고, 민·관 합동으로 비전과 세부목표를 선포하였다.
6	충청남도 당진시	• 2016년 지속가능발전 관련 정책 방향을 설정하였다. • 2017년 당진형 지속가능발전목표 17개와 57개 전략을 수립하였다.

출처 : 충청남도(2018ㄱ), 『충청남도 지속가능발전목표((SDGs) 2030』, 16쪽.

4.1.2. 서울특별시의 SDGs 수립 내용[143]

서울시는 유엔 SDGs를 적용하여 '서울 지속가능발전목표(SDGs) 2030'를 발표하고(2017. 11. 22.), 세부과제 이행 점검을 위한 지표를 개발하였다. 서울시는 SDGs 17개 목표에 96개 세부목표를 선정하였다.

서울시의 SDGs 수립 절차를 보면 2016년 서울 SDGs(안)을 마련하기 위해 기초 연구를 진행하고, 2017년에는 소위원회 구성, 워크숍, 간담회, 홍보부스 운영, 시민의견 수렴 등을 거치고, 지속가능발전위원회 심의를 통해 최종적으로 보고대회(2017. 11. 22.)를 개최하였다. 이후 서울시의 모든 정책, 계획, 행정은 서울 지속가능발전목표(SDGs)의 정신과 목표, 세부목표를 최대한 반영하여 수립·실행한다는 계획을 세웠다.

서울시 SDGs는 먹거리 안전(목표 2), 건강한 삶 보장(목표 3), 에너지 기본권 보장(목표 7), 양질의 일자리 확대(목표 8), 미세먼지 감축(목표 11) 등이 대표적이며, 이 계획에는 각 목표 달성을 위한 주요정책과 사업이 제시되어 있다.

4.1.3. 충청남도의 SDGs 수립 내용

① 『충청남도 지속가능발전목표(SDGs) 2030』 기본계획 수립

충청남도는 『지속가능발전 목표 2030 기본계획』(2018. 01.)을 수립하여 충남도정의 정책 기조로 삼는다는 계획이며, 주요 특징은 다음과

143) 이 부분은 「서울 지속가능발전목표(SDGs) 2030-서울을 바꾸는 17가지 방법」(서울특별시, 2018)을 참조하였다. 이 계획을 확장하여 2019년 4월 서울연구원에서는 『서울 지속가능발전 목표 2030 지표체계 구축과 평가방법』을 발간하였다.

같다. 충청남도에서는 SDGs의 이행을 위해 지속가능발전 지표의 미완성을 보완할 수 있도록 현행 전략 및 지표 체계 개선이 필요하다고 보았다. 또한 지속가능발전목표를 실천하기 위해 세부 실천과제와 이행계획 수립 및 직무성과계약 변경 필요성을 제시하였다. 이 외에도 지속가능발전 교육 및 홍보를 통해 시민사회, 민간협의체의 활성화를 유도하고 도-시-군 협업체계 구축 등이 필요함을 인정하였다.

충청남도 지속가능발전목표는 유엔 SDGs 17개 목표를 적용하여 세부목표와 61개 지표를 개발하였다. 충청남도는 지속가능발전목표를 실천하기 위하여 「충청남도 지속가능발전 기본조례」 제정(2018. 07. 30.)에 따라 지속가능발전특별위원회(기존, 자문기구)를 지속가능발전위원회로 변경하여 지속가능발전정책의 심의·평가 기구로 강화하고자 했다.

② 「충청남도 지속가능발전목표(SDGs) 2030」- 1단계(2018~2020) 이행계획 수립

「충청남도 지속가능발전목표(SDGs) 2030」은 장기계획이므로 이를 단계별로 실행할 수 있는 이행계획을 수립하여(2018. 06.) 실천하고 있다. 1단계는 2018~2020, 2단계는 2021~2025, 3단계는 2026~2030 등으로 구분되어 있다.

1단계 이행계획 수립을 위해 17개 목표에 따라 실천과제 126개, 세부사업 366개 등을 최종 선정하였다. 이행계획은 충청남도 법정·비법정 중·장기계획 146개, 2016~2018 주요업무계획, 2018 정부업무보고 대응 계획 등을 참조하여 세부사업을 선정하였다.

4.1.4. 경기도 수원시의 SDGs 수립 내용

경기도 수원시는「수원시 2030 지속가능발전목표(SDGs)」를 수립·발표하여(2017. 11. 22.) 10개 목표에 57개 세부목표와 133개의 지표를 확정하였다.[144)]

수원지속가능발전협의회는「수원시 2030 SDGs」를 수립하는데 중요한 플랫폼 역할을 했다. 이 기구는 토론회와 워크숍을 진행하여 수원시 SDGs 목표를 수립하고, 이행 과정의 필요성을 알리는데 주도적으로 참여했다.「수원시 2030 SDGs」수립에 참여한 기구는 수원지속가능발전협의회를 축으로 하여 수원시의 시민단체, 전문가, 행정관, 시민 등이다.

「수원시 2030 SDGs」는 '인간과 환경이 공존하는 지속가능한 도시 수원'을 비전으로 선정하고, 유엔 SDGs와 마찬가지로 환경, 경제, 사회 분야의 목표로 구성하였다. 수원시가 지속가능한 도시 지향을 위해 '모두를 위한 착한 에너지로 기후변화 대응, 건강하고 조화로운 생물다양성, 맑고 깨끗한 물순화 도시' 등을 주요 목표로 선정하였다.

수원시는 '수원시 2030 SDGs' 추진을 위해 2018년 핵심과제로 '수원형 지속가능발전목표 이행 모니터링 체계 구축'을 마련하여 이행계획 수립 및 평가 제도를 도입하였다.

4.1.5. 충청남도 당진시의 SDGs 수립 내용

충청남도 당진시는 지역 맞춤형 SDGs를 적용한『당진시 지속가능발전 기본계획』을 수립하였다(2017. 12.). 당진시 지속가능발전협의회와

---

144) 지속가능발전채널(2018. 07. 01.),「수원시 2030 지속가능발전목표… 유엔 SDGs 이행 위해 지방정부 차원 움직임」참조.

협력하여 기본계획을 수립하였으며, 목표, 세부과제, 지표 등을 개발하였다.

당진시는 유엔 SDGs와 연계하여 절대 빈곤층이 없는 당진, 건강한 삶 보장, 에너지·정의 실현, 국가 목표 수준의 온실가스 감축 등 17개 당진형 지속가능발전 목표와 57개 전략 등을 확정하였다. 당진형 SDGs에 기초하여 당진시의 정책을 추진할 수 있도록 사회복지비 비율, 신재생에너지 생산량, 미세먼지 기준 초과일수, 생활습관병 유병률 등 88개 지표를 선정하였다.

당진시는 당진 SDGs의 목표 달성을 위해 부서 협력과 사업 간 상호 관계성 유지에 역점을 두는 동시에 이행 점검과 환류 과정에 참여할 수 있는 거버넌스를 구축하였다.

4.2. 지방자치단체의 SDGs 이행 관련 조례 제정 현황

지방자치단체에 따라 지속가능발전목표 이행의 근거에 필요한 조례를 제정하여 제도를 정비하였다. 광역자치단체 단위와 기초자치단체 단위별로 지속가능발전협의회 지원조례가 제정되어 있다. 반면 제주특별자치도는 지속가능발전협의회 운영 관련 지원조례가 제정되어 있지 않다.

지방자치단체별로 제정된 조례 명칭을 보면「지속가능발전 기본조례, 지속가능발전 협의회 설치 및 운영 조례, 지속가능발전 협의회 지원조례, 지역공동체 상호협력 및 지속가능발전구역 지정에 관한 조례」 등 지역 실정이 반영되어 있다. 조례 명칭 중에 '지속가능발전협의회 설치 및 운영 조례'명 비율이 높고, 그 다음은 지속가능발전협의회 지원조례, 기본조례 순으로 나타났다.

5. 제주특별자치도의 유엔 지속가능발전목표 적용 방향

5.1. 제주특별자치도의 주요 정책 점검

제주특별자치도의 각종 기본계획 성격에 따라 환경, 경제, 사회 분야 등의 발전 방안이 포함되어 있는데, 기 수립된 계획과 향후 수립 예정인 계획에는 제주 지속가능발전목표를 반영할 수 있는 법적 근거가 마련되어야 한다.

여기서는 제주도정의 주요 기본계획과 민선 7기 공약실천계획 상의 목표를 유엔 SDGs 17개 목표와 비교해 보겠다.

5.1.1. 「제주미래비전」(2016) 목표와 유엔 SDGs 비교

「제주미래비전」의 6개 영역에 따른 목표와 유엔 SDGs를 비교해 보면(추진 전략은 〈부록 1〉 참조), 유엔 SDGs 17개 목표가 각 영역에 고르게 반영되어 있다. 향후 「제주미래비전」 세부과제를 시행할 때는 유엔 SDGs의 지표를 반영하여 이행 여부를 점검할 수 있는 장치가 마련되어야 한다.

따라서 「제주미래비전」에 제시된 정책과제들을 목적에 맞게 추진하기 위해서는 개발된 제주 지표를 적용하여 매년 평가하고, 그 결과를 다음 해 정책에 반영할 수 있는 환류 시스템이 마련되어야 한다. 이와 같은 이행점검 절차를 추진하려면 제주 SDGs를 추진할 수 있는 기본계획 수립이 최우선 과제이다.

〈표 7〉 제주미래비전 목표와 유엔 SDGs 비교

제주미래비전		SDGs 목표
부문	목표	
1. 생태·자연 청정	자연과 함께 번영하는 지속가능한 청정제주	목표 6. 깨끗한 물과 위생 목표13. 기후변화와 대응 목표14. 해양생태계 보존
2. 편리·안전 안심	편리하고 안전한 안심 제주	목표 9. 산업, 혁신 사회기반 시설 목표11. 지속 가능한 도시와 공동체
3. 성장 관리	성장과 보존이 조화로운 성장관리 제주	목표 7. 모두를 위한 깨끗한 에너지 목표10. 불평등 감소 목표16. 정의, 평화, 효과적인 제도
4. 상생 창조	지역과 기업이 상생하는 창조 제주	목표 2. 기아 종식 목표 8. 양질의 일자리와 경제성장 목표15. 육상생태계 보호 목표16. 정의, 평화, 효과적인 제도
5. 휴양·관광	도민체감형 지속가능한 휴양·관광 제주	목표12. 지속 가능한 생산과 소비 목표14. 해양생태계 보존 목표15. 육상생태계 보존 목표17. 지구촌 협력
6. 문화·교육·복지	행복하고 가치 있는 문화·교육·복지 제주	목표 1. 빈곤퇴치 목표 3. 건강과 웰빙 목표 4. 양질의 교육 목표 5. 성 평등

출처 : 제주특별자치도(2016), 『제주미래비전』.

5.1.2. 민선 7기 공약실천계획과 유엔 SDGs 비교

민선 7기 공약실천계획은 14개 분야, 115개 실천전략, 341개 세부과제가 선정되었으며, 이 계획과 유엔 SDGs의 반영 가능성을 비교하였다(세부 실천전략은 〈부록 2〉 참조).

민선 7기 공약실천계획 세부과제 추진 시에 유엔 SDGs 세부과제와 지표를 적용하여 시행할 수 있는 규정이 필요하다. 공약실천계획 추진 실적 평가 방법으로 제주 지속가능발전목표(J-SDGs)의 이행점검 지표를 적용할 수 있다.

제주 지속가능발전목표(J- SDGs) 기본계획을 수립할 때 민선 7기 공약실천계획을 반영하여 적어도 4년간 제주특별자치도의 발전 방향에 맞게 추진할 수 있어야 한다.

〈표 8〉 민선 7기 공약실천계획과 유엔 SDGs 비교

공약 분야	SDGs 목표	공약 분야	SDGs 목표
1. 소통강화	목표10. 불평등 감소	8. 미래산업	목표 7. 모두를 위한 깨끗한 에너지 목표 9. 산업, 혁신 사회기반 시설
2. 도민화합	목표16. 정의, 평화, 효과적인 제도 목표17. 지구촌 협력	9. 일자리/소상공인	목표 8. 양질의 일자리와 경제성장
3. 도정혁신	목표16. 정의, 평화, 효과적인 제도	10. 주거/생활환경	목표 11. 지속가능한 도시와 공동체
4. 청년	목표 8. 양질의 일자리와 경제성장	11. 교통	목표 9. 산업, 혁신 사회기반 시설
5. 환경	목표 6. 깨끗한 물과 위생 목표13. 기후변화와 대응	12. 보건복지/여성	목표 1. 빈곤퇴치 목표 3. 건강과 웰빙 목표 5. 성 평등
6. 농수축산	목표 2. 기아 종식 목표14. 해양생태계 보존 목표15. 육상생태계 보호	13. 보육/교육	목표 4. 양질의 교육
7. 관광	목표12. 지속가능한 생산과 소비	14. 문화예술체육	목표 3. 건강과 웰빙 목표 4. 양질의 교육 목표12. 지속가능한 생산과 소비

출처 : 도민화합공약실천위원회(2018), 『제주가 커지는 꿈 "도민과 함께"』, 제주특별자치도.

5.2. 제주 SDGs 수립 및 이행에 필요한 조례 제정 등 법적·제도적 지원 근거 마련

제주 지속가능발전목표(J-SDGs) 이행에 필요한 조례를 제정하여[145]

145) 제주사회에서는 지속가능발전목표 이행을 위한 제도지원 방안이 논의되었다. 제주특별자치도의회 주관 국제포럼 개최(2019. 06.), 제주연구원 · 제주특별자치도

지속적으로 지원할 수 있는 법적·제도적 지원 조건이 보장되어야 한다. 또한 제주특별자치도의 모든 정책과 계획에 반영될 수 있도록 관련 분야의 조례 제·개정이 필요하다.

제주도정의 각종 기본계획과 중·장기계획을 수립할 때는 지속가능발전목표와 연계 추진이 가능해야 하므로 이행과 평가 등 전 과정을 담당할 수 있는 전담조직이 지정되어야 한다.

5.3. 제주특별자치도 지속가능발전목표(SDGs) 2030 수립

제주특별자치도는 유엔 SDGs와 국가 SDGs를 기본으로 정하고 지방자치단체별 SDGs 등의 기본계획을 참고하여 제주 지속가능발전목표(J-SDGs) 기본계획을 수립할 필요가 있다.

'(가칭) 제주 SDGs 2030 기본계획' 수립 추진위원회 구성과 계획수립 절차를 준비해야 한다. 따라서 제주특별자치도, 행정시, 제주특별자치도교육청, 제주특별자치도 지속가능발전협의회, 제주시·서귀포시 지속가능발전협의회, 연구기관, 시민사회단체, 유관기관 등 민관협력 추진위원회를 조직한다. 이 추진위원회를 중심으로 기본계획 수립 일정, 방법, 예산 등 세부과정을 협의한다.

유엔 SDGs와 k-SDGs의 목표와 세부목표, 지표 등을 참조하여 '제주 SDGs 2030'을 수립한다. 제주 SDGs 수립에 따른 기준 마련, 총괄 담당, 목표 개발 담당, 세부 목표 담당, 지표 개발 담당 등 필요한 인력을 구성한다. 기본계획을 수립한 후에 이행계획을 수립한다. 또한 제주 SDGs 기본계획 수립에 따른 이행 점검 방안도 마련해야 한다.

의회 공공 세미나 개최(2019. 09.) 등이 있었다. 그 결과 「제주미래비전 실현을 위한 지속가능발전 기본조례」가 제정되었다(2019. 10. 31.).

제주 SDGs 수립에 필요한 연구기관, 협력기관, 예산, 기간 등을 체계적으로 수립하여 추진할 수 있도록 담당부서의 기능과 역할을 보장해 주어야 한다. 또한 제주 SDGs 2030 계획 수립 시에는 제주 도민들의 다양한 의견 수렴을 위해 워크숍과 세미나를 개최하고 적극적인 홍보와 교육도 병행할 수 있어야 한다.

5.4. 제주 SDGs와 세부목표에 문화적 가치 반영

유엔 지속가능발전목표는 모든 사람들의 생존권을 보장해 주는데 필요한 빈곤 퇴치, 기후변화 대응, 환경 보호 등 가시적인 가치에 역점을 둔 경향이 있는 반면 문화적 가치의 중요성은 소홀하게 다룬 것처럼 보인다. 결국 자연 훼손 결과 인간의 삶에 미치는 악영향은 바로 나타나므로, 환경보전에 대한 공유의식이 높은 편이다.

반면 문화(전통문화)는 국가와 민족별로 고유하며 정체성이 다르게 나타나기 때문에 문화적 가치의 중요성은 환경보존에 비해 세계인의 공감 유발이 어려울 수 있다. 따라서 문화의 훼손에는 결집력이 부족하기 때문에 유엔 SDGs 17개 목표에 직접 드러나지 않지만 세부목표 전반에 걸쳐 문화다양성의 가치가 반영되어 있다. 이에 제주 SDGs 기본계획을 수립할 때는 문화적 가치의 요소들을 반영할 수 있어야 한다.

또한 정부에서 추진하고 있는 문화영향평가제도를 참고하여 제주관련 지표 개발에 반영하고, 문화 ODA사업이 추진될 수 있도록 세부목표에 반영하여 제주특별자치도의 문화 브랜드 가치를 높여야 한다.

'(가칭) 제주 SDGs 2030' 수립을 통해 제주 도민들의 인식을 변화시킬 수 있는 교육이 지속가능해야 하고, 문화다양성의 가치를 확산하는 계기로 삼아야 한다.

제주 도민 대상 모든 교육과정에 제주 SDGs 관련 강좌(최소 1개 이상)를 의무화하고, 교육효과가 단기간에 나타나지 않더라도 지속적으로 강좌를 운영할 필요가 있다. 이 외에도 제주특별자치도에서 운영하는 각종 교육과정에 제주 SDGs를 반영할 수 있도록 권장한다.

5.5. 제주특별자치도 지속가능발전협의회의 역할 강화

5.5.1. 제주특별자치도 지속가능발전협의회 약사[146)]

이 기구는 1998년 '늘푸른제주21추진협의회'로 출발하여 2003년 '제주도의제21협의회'로 명칭이 변경되었다. 2005년 제주도지속가능발전협의회로 개칭되었고, 2015년 '전국의제21추진기구'의 명칭이 통합되면서 '제주특별자치도 지속가능발전협의회로 명칭이 변경되어 현재에 이른다.

이 기구는 창립 이후 2020년까지 책자 발간, 도민 대상 환경교육, 기후변화 대응 교육, 생태환경 관련 인력 양성교육, 워크숍, 관련 행사 등 제주특별자치도의 자연 보존의 중요성에 역점을 두고 있다. 또한 2013년 2월 7일 '한땀세상'을 개소하여 자원 재사용 및 재순환 공간으로 활용하고 있다.

특히 이 기구의 향후 역할과 제주 도민들의 의식을 알아보기 위하여 '지속가능발전목표 관련 비전 설정과 추진체계 구축을 위한 설문조사를 실시하였다(2018. 07.). 이는 유엔 SDGs 17개 목표에 대한 제주

---

146) 제주특별자치도 지속가능발전협의회(2018), 『1988~2018 우리가 함께 걸어온 20년 활동백서』를 참조하였다.

도민들의 의견 조사인데, 분석 결과를 보면 이 기구의 역할과 개선 방향, 향후 추진 목표 우선순위 등을 알 수 있다.

5.5.2. 현황 및 개선점

제주특별자치도는 지속가능발전협의회 운영 및 지원 조례가 제정되어 있지 않은 유일한 광역자치단체에 속한다. 현재 지원조례가 없어서 「지속가능발전법」에 근거하여 운영비와 사업비를 지원하고 있다.

제주특별자치도 지속가능발전협의회를 비롯하여 제주시와 서귀포시 각각의 협의회가 조직되어 있고 별도의 사무국을 운영하고 있다. 도와 행정시에서는 법령에 근거하여 매년 각 협의회의 운영비와 사업비를 지원하고 있다. 각 협의회 소관 부서로는 환경보전국 환경정책과(제주특별자치도), 청정환경국 환경관리과(제주시), 청정환경국 녹색환경과(서귀포시) 등이 있다.

제주특별자치도 지속가능발전협의회에서는 매년 환경과 생태계 보전 관련 교육사업을 진행하고 있기 때문에 도민들은 환경교육전담 기구로만 인식할 수밖에 없는 한계가 있다.

따라서 이 기구에서는 환경에 역점으로 두면서도 제주특별자치도의 각종 정책이나 계획에 유엔 SDGs를 반영할 수 있도록 적극적으로 참여해야 한다.

한편 제주 도민들은 이 기구의 활약상을 잘 인지하지 못하고 있으며, 협의회 또한 유엔 지속가능발전목표(SDGs) 이행을 위한 관심과 준비가 부족해 보인다. 이에 「(가칭) 제주특별자치도 지속가능발전협의회 운영 지원 조례」를 제정하여[147] 좀더 안정적인 활동을 할 수 있는 기반을 마련해야 하고, 이 기구의 위상을 강화함으로써 제주특별자치도의 지속가능발전목표 수립에 기여할 수 있어야 한다.

현재 이 협의회는 환경정책분과, 자연환경분과, 사회환경분과, 경제환경분과, 여성생활환경분과 등 환경, 사회, 경제, 여성 분야가 핵심을 이루고 있다.

향후 이 협의회의 기능을 강화하는 한편 문화다양성의 가치를 확산하고, 제주의 문화발전을 위해 문화 분야 분과위원회가 추가로 설치되어야 한다.

---

147) 2021년 3월 기준 관련조례는 제정되어 있지 않다.

『제주미래비전』 추진전략과 유엔 SDGs 비교

제주미래비전			유엔 SDGs
부문	목표	추진전략	
1. 생태 · 자연 청정	자연과 함께 번영하는 지속가능한 청정제주	1-1. 환경자원 총량보전 1-2. 중산간의 체계적 관리 · 이용방안 1-3. 수변 · 해양의 종합적 관리 · 이용방안 1-4. 환경부하가 최소화되는 청정사회체계 기반 마련 1-5. 지하수 가치증대 및 수자원 이용관리 강화 1-6. 지속가능한 청정 농업기반 마련 1-7. 청정에너지 공급확대와 소비수요관리 고도화	목표 6. 깨끗한 물과 위생 목표13. 기후변화와 대응 목표14. 해양생태계 보존
2. 편리 · 안전 안심	편리하고 안전한 안심 제주	2-1. 녹색 대중교통중심 교통체계로 전면개편 2-2. 사람중심의 친환경 · 저에너지 신 교통체계 구축 2-3. 사람과 물류의 접근이 편리한 광역인프라 개선 2-4. 건강하고 편리한 수준 높은 도시기반 조성 2-5. 도민과 관광객의 안전이 우선 되는 안심환경 조성	목표 9. 산업, 혁신 사회기반 시설 목표 11. 지속 가능한 도시와 공동체
3. 성장관리	성장과 보존이 조화로운 성장관리 제주	3-1. 미래인구의 유연한 대응방안마련 3-2. 성장관리 및 지역의 균형발전방안 마련 3-3. 보전과 이용이 조화되는 계획허가제 도입 3-4. 원도심 도시재생 전략수립 3-5. 제주경관의 가치 창출 방안 마련 3-6. 제주형 공유자원 활용 시스템 마련	목표 7. 모두를 위한 깨끗한 에너지 목표 10. 불평등 감소 목표 16. 정의, 평화, 효과적인 제도

제주미래비전			유엔 SDGs
부문	목표	추진전략	
4. 상생 창조	지역과 기업이 상생하는 창조 제주	4-1. 제주형 산업생태계 구축 4-2. 1차 산업의 성장견인력 강화를 통한 미래성장산업화 4-3. 지역주도의 투자유치체계 확립 4-4. 투자와 일자리의 선순환을 위한 인력수급체계 구축 4-5. 제주형 사회적경제 공동체 육성	목표 2. 기아 종식 목표 8. 양질의 일자리와 경제성장 목표 15. 육상생태계 보호 목표 16. 정의, 평화, 효과적인 제도
5. 휴양 · 관광	도민체감형 지속가능한 휴양 · 관광 제주	5-1. 제주형 관광콘텐츠 다양화 및 매력도 제고 5-2. 고품격 제주관광 융복합 관광산업 집중 육성 5-3. 글로벌 트렌드에 대응하는 제주관광 체질 개선 5-4. 도민참여 중심의 공존형 관광체계 구축	목표 12. 지속 가능한 생산과 소비 목표 14. 해양생태계 보존 목표 15. 육상생태계 보존 목표 17. 지구촌 협력
6. 문화 · 교육 · 복지	행복하고 가치 있는 문화 · 교육 · 복지 제주	6-1. 문화로 행복한 제주만들기 6-2. 제주 공감공동체 만들기 6-3. 제주 미래를 밝히는 창의적인재양성 6-4. 모두가 행복한 맞춤형 복지 구현	목표 1. 빈곤퇴치 목표 3. 건강과 웰빙 목표 4. 양질의 교육 목표 5. 성 평등

민선 7기 공약 세부 실천전략과 유엔 SDGs 비교

민선 7기 공약		유엔 SDGs
분야	세부 실천전략	
1. 소통강화	1-1. 도민참여 소통공감 마련 1-2. 도민 불편해소 통합 시스템 구축 1-3. 재외 제주인 동포 정착 및 네트워크 지원	목표10. 불평등 감소
2. 도민화합	2-1. 도민주도의 제2공항 건설 2-2. 4·3 완전한 해결을 위해 나아가는 한걸음 2-3. 강정마을의 완전한 회복 지원 2-4. 상생, 협력의 제주공감 지역공동체 형성 2-5. 남북교류협력 추진	목표16. 정의, 평화, 효과적인 제도 목표17. 지구촌 협력
3. 도정혁신	3-1. 제주특별자치도 완성 3-2. 재정 확대 및 건전재정 기조 지속 3-3. 제주자원 활용 자주재원 확보	목표16. 정의, 평화, 효과적인 제도
4. 청년	4-1. 공공부문 정규직 청년 일자리 1만명 창출 4-2. 청년의 안정적인 사회생활 지원 4-3. 청년의 취·창업 훈련기회 제공 4-4. '청년미래드림(DREAM)'지원	목표8. 양질의 일자리와 경제성장
5. 환경	5-1. 난개발 방지 및 관리체계 구축 5-2. 제주 경관의 체계적 관리 5-3. 제주 환경자원 총량 보전 5-4. 동북아 환경수도 조성 5-5. 자원순환 사회기반 조성 5-6. 고농도 미세먼지 관리 및 대응 5-7. 수자원 보전 및 이용체계 구축 5-8. 유수율 80%달성 및 스마트워터그리스 시스템 도입 5-9. 환경질환 예방체계 구축 5-10. 제주환경 공감플러스 센터 설립 5-11. 양돈 악취 및 가축분뇨 관리 강화 5-12. 기후변화 대응 생태계 보전관리 확대 5-13. 마르형 하논분화구 복원 추진	목표6. 깨끗한 물과 위생 목표13. 기후변화와 대응

민선 7기 공약		유엔 SDGs
분야	세부 실천전략	
6. 농수축산	6-1. 제주 농산물 가격안정관리제 추진 6-2. 농가 복지 및 농업경영 안정화 지원 6-3. 농업기술 경쟁력 강화를 위한 농업기술원 역할 확대 6-4. 감귤산업의 전략적 육성과 유통혁신 6-5. 농업인구 고령화에 대응한 영농인력 지원 확대 6-6. 제주형 스마트팜/스마트몰 구축 6-7. 맞춤형 농산물 거래정보 시스템 개발 6-8. 제주형 친환경 식재료 공급 체계화 6-9. 해녀문화 세계화를 위한 지원 확대 6-10. 어업인 복지향상 6-11. 제주광어 명품 브랜드화 및 양식산업 지원 확대 6-12. 해양쓰레기 처리시스템 구축 6-13. 제주해양경제도시 조성 국책사업 유치 6-14. 승마클러스터 육성	목표2. 기아종식 목표14. 해양생태계 보존 목표15. 육상생태계 보호
7. 관광	7-1. 제37차 APEC 정상회의 유치 추진 7-2. 제주관광산업전 및 지역특화산업 연계 MICE 행사 개최 7-3. 제주관광 질적 성장 추진 7-4. 제주관광산업 경쟁력 강화 7-5. 카지노산업 영향평가 제도 도입 7-6. 느림의 길 및 중산간 관광벨트 조성	목표12. 지속가능한 생산과 소비
8. 미래산업	8-1. 4차 산업혁명 시대 미래성장 동력 육성 8-2. 카본프리 아일랜드 실현을 위한 기반 구축 8-3. 제주혁신클러스터 구축 및 ICT제조산업 경쟁력 강화 8-4. ICT생태계 활성화 기반 구축 8-5. 첨단 ICT기술 기반의 제주항 물류기지 설립 8-6. 제주 그라스(Grasse)마을 기반조성을 통한 BT산업의 세계화 8-7. 용암해수 활용 제주형 융복합 해양에너지 상용화 추진 8-8. 장수의 섬 해양본초사업 추진	목표7. 모두를 위한 깨끗한 에너지 목표9. 산업, 혁신 사회기반 시설

민선 7기 공약		유엔 SDGs
분야	세부 실천전략	
9. 일자리/ 소상공인	9-1. 제주 소상공인을 위한 인프라 구축 9-2. 제주형 2차산업 육성 및 지역산업 경쟁력 강화 9-3. 제주 골목상권 육성 9-4. 사회적경제 선도도시 육성 9-5. 전기차 보급 확산의 영향을 받는 기존산업 지원 9-6. 고용복지 수행기능 강화 9-7. 고용복지 안전망 구축	목표8. 양질의 일자리와 경제성장
10. 주거/ 생활환경	10-1. 공동주택 공급 확대 및 주거복지 지원 10-2. 공동주택 및 임대주택 거주자 권익 보호 10-3. 수요맞춤형 도시재생 뉴딜사업 추진 10-4. 제주형 도시디자인 창출 및 건축문화 고도화 10-5. 제주시청 및 시민회관을 활용한 도시기능 정비 10-6. 기후변화에 능동적으로 대응하는 안전 섬 구축 10-7. 통합관제시스템 구축 등 안전사각지대 제로화 10-8. 안전한 교육환경 만들기 10-9. 제주하천 재생프로젝트 추진 10-10. 녹지공간 확대 및 도시경관가치 창출 10-11. 반려동물 문화정착 확산 및 동물보호관리 시스템 구축 10-12. 제주도민 과다부담 '특수배송비' 부담 경감 10-13. 삶의 질 향상을 위한 우도면 생활환경 개선 10-14. 섬 속의 섬 추자도를 도민과 함께 명품 섬으로 조성	목표11. 지속가능한 도시와 공동체
11. 교통	11-1. 대중교통체계 개편 안착 11-2. 주차문제 적극해결 11-3. 교통안전 스마트 도시 완성 11-4. 제주국제공항 수요대응시설 지속 확충 11-5. 항만시설 확충 11-6. 택시산업의 경쟁력 강화	목표9. 산업, 혁신 사회기반 시설

민선 7기 공약		유엔 SDGs
분야	세부 실천전략	
12. 보건복지/ 여성	12-1. 복지 사각지대 없는 지역복지공동체 건설 12-2. 공공의료서비스 역량 강화 12-3. 간호인력 처우개선 12-4. 장애인을 위한 지원체계 구축 12-5. 장애인이 행복한 제주 12-6. 교통약자 이동권 확대 12-7. 베이비붐 세대 노후준비 지원 탐나는 5060지원센터 운영 12-8. 안정적인 노후생활지원 확대 12-9. 어르신 돌봄 지원 체계 구축 12-10. 어르신 돌봄 시설/인력 지원 확대 12-11. 제주여성의 사회적 지위 향상 12-12. 일 · 가정 양립을 위한 여성 친화도시 조성 12-13. 노숙인시설 운영단체 지원 및 종사자 처우개선 12-14. 소방심신건강으로 안전한 제주 12-15. 국가유공자 예우 및 지원강화 12-16. 이북도민 복지 확대	목표1. 빈곤퇴치 목표3. 건강과 웰빙 목표5. 성 평등
13. 보육/교육	13-1. 보육 1등 제주특별자치도 구현 13-2. 어린이 청소년 학습 기반 조성 13-3. 교육청에 대한 비법정 전출금의 목적성 지원 확대 13-4. 어린이 놀이공간 확대 13-5. 청소년 역량강화 공간 마련 13-6. 제주 문화 · 체육 특성화 교육기반 조성 및 육성	목표4. 양질의 교육
14. 문화예술체육	14-1. 제주 역사문화 정체성 창달 사업 14-2. 제주 역사문화 연구 편찬 사업 14-3. 거점형 콘텐츠기업 및 창작지원센터 지원 14-4. e-스포츠 활동 지원 14-5. 문화예술 인프라 확충 14-6. 문화예술 창작 및 향유 기회 확대 14-7. 생활체육 활성화 14-8. 거점형 문화체육인프라 확충 14-9. 스포츠대회 유치 및 육성 14-10. 장애인 체육지원 활성화	목표3. 건강과 웰빙 목표4. 양질의 교육 목표12. 지속가능한 생산과 소비

강영환(1992), 『집의 사회사』, 웅진출판주식회사.

고은경(2013), 「제주형 ODA의 전략 구성과 나아가야 할 방향」, 『제주의 평화이미지 구축을 위한 지방정부 ODA 정책토론회자료집』, 제주특별자치도 세계평화의 섬 범도민 실천협의회 평화봉사분과위원회 제주평화봉사단.

고재환(2013), 『개정증보판 제주도속담사전』, 민속원.

고지영 외(2020), 『제주여성역사문화연구센터 설치 · 운영 방안 연구』, 제주여성가족연구원.

고창석 역(1999), 「제주풍토기」, 『제주학』 4호(겨울호), 이 건 저, 제주학연구소.

고창석 역(1996), 『효열록』, 제주교육박물관.

고창석 외 역주(2008), 『탐라지초본(耽羅誌草本) 하』, 이원조 저, 제주교육박물관.

관계부처 합동(2014), 「2014년 국제개발협력 종합시행계획(안)」.

관계부처 합동(2016), 『제3차 지속가능발전 기본계획(2016∼2035)』.

관계부처 합동(2021), 『제3차 국제개발 종합기본계획(2021~2025)』.

교육부(2017), 「인문학 진흥 5개년 기본계획(2017∼2021)」.

교육인적자원부(2007), 「인문학 진흥 기본계획」.

교육부 · 과학기술정보통신부 · 문화체육관광부(2019), 「인문사회 학술생태계 활성화 방안(2019∼2022)」.

교육부 · 문화체육관광부(2014), 「인문정신, 문화융성의 길을 열다 -인문정신 문화 진흥을 위한 7대 중점과제」.

교육부 · 문화체육관광부(2019), 『2019년도 인문학 및 인문정신문화 진흥 시행계획(1/2)』.

국정기획자문위원회(2017), 『문재인 정부 국정운영 5개년 계획』.

국제개발협력시민사회포럼 · 한국국제협력단(2016), 『알기 쉬운 지속가능발전목표 SDGs』.

김고운 외(2019), 『서울 지속가능발전 목표 2030 지표체계 구축과 평가방법』, 서울연구원.

김규원(2003), 『문화영향평가제도 해외사례 조사 연구』, 한국문화관광연구원.
김석윤(2016), 『21세기 다크투어리즘』, 도서출판 누리.
김성하 · 황선아(2016), 「문화영향평가, 성공적 도입을 위한 제언」, 『이슈&진단』 244호, 경기연구원.
김순이 엮음(2001), 『제주도신화전설』, 제주문화.
김순이 엮음(2002), 『제주의 여신들 2』, 제주문화.
김순이(2001), 「문화영웅으로서의 여신들」, 『제주여성문화』, 제주도.
김은석 · 문순덕(2006), 『제주여성문화』, 제주특별자치도 여성능력개발본부.
김지순(2001),『제주도 음식문화』, 제주문화.
김찬흡 외 옮김(2002), 『역주 탐라지』, 이원진 저, 푸른사상.
김태영(2013), 「호국 · 민주주의 정신과 경남의 다크투어리즘」, 『경남정책 Brief』, 경남발전연구원.
김태일 외 (2011), 『제주건축길라잡이』, 제주시 건축민원과.
김향자(2011), 『향토자원을 활용한 관광 프로그램 정책사업 추진 방안』, 한국문화관광연구원.
김혜숙 외 (2001), 『제주여성문화』, 제주도.
김화경(2003), 『세계 신화 속의 여성들』, 도원미디어.
김효정(2013), 『문화영향평가 실행을 위한 기초 연구』, 한국문화관광연구원.
노영순(2017), 『UN 지속가능발전목표(UN SDGs)와 문화정책의 대응 방안』, 한국문화관광연구원.
당진시 지속가능발전협의회(2017), 『당진시 지속가능발전기본계획』, 당진시.
도민화합공약실천위원회(2018), 『제주가 커지는 꿈 "도민과 함께"』, 제주특별자치도.
문순덕 외(2014), 『제주 문화융성 정책에 대한 인식과 발전 과제』, 제주발전연구원.
문순덕 외(2016), 『제주 문화예술의 섬 조성 전략』, 제주발전연구원.

문순덕 외(2017), 『제주문화지표조사』, 제주특별자치도 · 제주연구원.
문순덕 외(2019), 『제주 문화예술의 섬 활성화 전략』, 제주연구원.
문순덕(2004ㄱ), 『제주여성속담으로 바라본 통과의례』, 제주대출판부.(『제주 여성 속담의 미학』, 민속원, 2012. 재수록)
문순덕(2004ㄴ), 「통과의례 속의 제주여성 풍속 전승 양상」, 『제주여성전승문화』, 제주도.
문순덕(2005ㄱ), 「삼다와 바람: 바람과 인간의 삶」, 『교육제주』 127호(가을호), 제주도교육청.
문순덕(2005ㄴ), 「삼다와 돌: 돌과 인간의 삶」, 『교육제주』, 128호(겨울호), 제주도교육청.
문순덕(2005ㄷ), 「제주지역 신문광고에 나타난 여성대상어」, 『영주어문』 9권, 영주어문학회.
문순덕(2007), 『역사 속에 각인된 제주성 : 제주열녀들의 삶』, 도서출판 각.
문순덕(2008ㄱ), 「제주여성문화 연구의 현황과 과제」, 『제주도연구』 32권, 제주학회.
문순덕(2008ㄴ), 「제주여성문화유적의 문화적 위상」, 『제주특별자치도』 통권 112호, 제주특별자치도.
문순덕(2009ㄱ), 「제주도 문화정책의 현황과 과제」, 『제주발전연구』 13호, 제주발전연구원.
문순덕(2009ㄴ), 「제주의 창조 여신들」, 『제주여성사1』, 제주특별자치도 · 제주발전연구원.
문순덕(2010ㄱ), 「돌로 형상화된 제주여성상」, 『제주문화』 16, 제주문화원.
문순덕(2010ㄴ), 「제주방언의 성별어」, 『제주학연구』 5호, (사)제주학연구소.(『제주방언의 그 맛과 멋』, 보고사, 2014. 재수록)
문순덕(2011ㄱ), 「구비문학의 역사적 의미 : 항몽 김통정 설화를 중심으로」, 『제주발전연구』 15호, 제주발전연구원.

문순덕(2011ㄴ), 「제주특별자치도의회 여성 정치인들의 첫 무대」, 『참꽃』 10, 제주특별자치도 여성공직자회.
문순덕(2012ㄱ), 「물에서 만나는 제주여성들의 생활상」, 『제주문화』 18호, 제주문화원.
문순덕(2012ㄴ), 『제주여성 속담의 미학』, 민속원.
문순덕(2013ㄱ), 「제주여성, 책 속에서 밖으로」, 『제주문화』 19, 제주문화원.
문순덕(2013ㄴ), 「제주지역의 다크투어리즘 현황과 활성화 방안」, 『JDI Focus』 183호, 제주발전연구원.
문순덕(2013ㄷ), 『제주여성의 일생의례와 언어』, 인터북스.
문순덕(2014ㄱ), 「제주지역의 근대 역사문화 시설 현황과 활용 방안 연구」, 『해협권연구』 14, 한일해협권 연구기관 협의회.
문순덕(2014ㄴ), 『제주방언의 그 맛과 멋』, 보고사.
문순덕(2015ㄱ). 「제주특별자치도 문화 공적개발원조(ODA)의 특성화 전략과 과제」, 『JRI 정책이슈브리프』 208호, 제주발전연구원.
문순덕(2015ㄴ), 「제주지역 마을만들기 사업의 문화적 접근과 실천 과제」, 『JDI 정책이슈브리프』 212호, 제주발전연구원.
문순덕(2016), 「문화영향평가제도 시행에 따른 제주의 시사점」, 『JDI 정책이슈브리프』 261호, 제주발전연구원.
문순덕(2017), 「정부의 지역문화실태조사와 제주의 대응과제」, 『JRI 정책이슈브리프』 284호, 제주연구원.
문순덕(2018ㄱ), 「구비문학 속의 여성, 연구자의 시각 들여다보기-설화, 민요, 속담을 중심으로」, 『한국문학과예술』 28권, 숭실대학교 한국문화과예술연구소.
문순덕(2018ㄴ), 「유엔 지속가능발전목표(SDGs)의 제주특별자치도 적용 방향」, 『JRI 정책이슈브리프』 293호, 제주연구원.
문순덕(2018ㄷ), 「제주 여성생활문화사의 연구 동향과 전망」, 『한국문학과예술』 25권, 숭실대학교 한국문화과예술연구소.

문순덕(2019ㄱ), 「장르별 예술 활동 현황 : 시각예술」, 『제주특별자치도지』 제3권, 제주특별자치도.

문순덕(2019ㄴ), 「제주 예술 10년 성과와 과제」, 『제주특별자치도지』 제3권, 제주특별자치도.

문순덕(2019ㄷ), 「제주 여성교육기관, 회고와 전망」, 『설문대여성문화센터 50년』, 제주특별자치도 설문대여성문화센터.

문순덕(2019ㄹ), 「제주특별자치도의 인문학 진흥 지원제도 개선 방안」, 『JRI 정책이슈브리프』 314호, 제주연구원.

문순덕(2020ㄱ), 「공동체문화 실천의 장으로서 제주시 문화도시 실현」, 웹진 『제주는 섬이다』. 제주시문화도시센터.

문순덕(2020ㄴ), 「제주도 해양문화유산으로서 이어도」, 『이어도저널』 19호, (사)이어도연구회.

문순덕 · 강세현(2015), 『제주지역 내 지역 간 문화 격차 의식과 해소 방안 연구』, 제주발전연구원.

문순덕 · 김연진(2017), 『제주지역 문화예술 창작공간 지원사업 실태 및 활성화 방안』, 제주연구원.

문순덕 · 조현성(2016), 『제주지역의 문화복지정책 실태와 발전 방안』, 제주발전연구원.

문순덕 · 김석윤(2018), 『제주 해양문화자원 활용 방안 연구』, 제주연구원.

문순덕 · 박찬식(2013), 『제주 근대 역사문화 시설의 문화자원화 방안』, 제주발전연구원.

문순덕 · 김진호(2011), 『제주지역의 여성 정치참여 확대 방안 : 지방의회 진출 여성 도의원을 중심으로』, 제주발전연구원.

문화체육관광부 문화기반과(2017), 『2017 전국 문화기반시설 총람』.

문화체육관광부 문화기반과(2020), 『2020 전국 문화기반시설 총람』.

문화체육관광부(2017), 「인문정신문화 진흥 기본계획(2017~2021)」.
문화체육관광부(2018), 「인문정신문화 실태조사」.
박이엽 옮김(1998), 『탐라기행』, 시바료타로 지음, 학고재.
박찬식(2005), 「근대제주의 경제변동(서평)」, 『제주도연구』 27, 제주도연구회.
새문화정책준비단 · 문화체육관광부(2018), 『문화비전2030 사람이 있는 문화』.
서귀포시 · (사)한국예술인총연합회 서귀포지회(2016), 『2016 서귀포시 문예 연감』.
서귀포시 · (사)한국예술인총연합회 서귀포지회(2017), 『2017 서귀포시 문예 연감』.
서대석(2001), 『한국신화의 연구』, 집문당.
서울특별시(2018), 「서울 지속가능발전목표(SDGs) 2030-서울을 바꾸는 17가지 방법」.
성균관대학교 산학협력단·(주)이락(2013), 『살고 싶은 마을만들기-시범사업의 성과와 과제』, 국토연구원 도시재생지원사업단.
송성대(2019), 『문화의 원류와 그 이해』(개정증보판), 도서출판 각.
신승범(2016), 「유엔 지속가능발전목표(SDGs)의 이행 사례 및 시사점」, 외교부.
안행순 역(2012), 『지역 브랜드와 매력 있는 마을만들기』, 사사키 가즈나리 저, 제주발전연구원.
양영자 외 (2004), 『제주여성전승문화』, 제주도.
양혜원 외(2017), 『문화영향평가 표준평가도구 개발 연구』, 한국문화관광연구원.
오문복 외(2000), 『제주도마애명』, 제주도 · 제주동양문화연구소.
오재호 외(2016), 『경기도 인문학사업 발전 방안』, 경기연구원.
유승희 역(2006), 『우리 속에 있는 남신들』, 진시노다 볼렌 저, 도서출판 또 하나의 문화.
유엔의 환경과 개발에 관한 세계위원회(1987), 『우리 공동의 미래』.

이경재(2002), 『신화해석학』, 다산글방.
이기욱 역(1995), 『페미니즘과 언어이론』, 데보라 카메론 저, 한국문화사.
이수연 외(2005), 『문화관광정책의 성 분석 및 성 주류화 방안』, 한국여성개발원.
장영란(2001), 『신화 속의 여성, 여성 속의 신화』, 문예출판사.
장영란(2003), 『위대한 어머니의 여신 : 사라진 여신들의 역사』, 살림출판사.
전경옥 외(2004) 『한국여성문화사』, 숙명여대 아시아여성연구소.
전경옥 외(2005) 『한국여성문화사 2』, 숙명여대 아시아여성연구소.
전경옥 외(2006) 『한국여성문화사 3』, 숙명여대 아시아여성연구소.
정여진 외(2018), 『제주 여성연구 활성화를 위한 기초연구』, 제주여성가족연구원.
정정숙(2013), 『문화 영역 공적개발원조(ODA) 활성화 방안 연구』, 한국문화관광연구원.
정정숙(2015), 「문화영향평가의 의의와 과제」, 『서울시 문화영향평가제도, 어떻게 시행할 것인가? 발표자료집』, 서울연구원 · 문화사회연구소.
정호기(2008), 「전쟁 상흔의 치유 공간에 대한 시선의 전환 - 한국에서의 전쟁 기념물을 중심으로」, 『민주주의와 인권』 8-3, 5 · 18연구소.
정환문·정다정(2014), 「한국 문화분야 ODA문제와 나아가야 할 방향」, 『문화산업연구』 14-1, 한국문화산업학회.
(주)도시문화집단CS(2016), 『2016년 제주시 원도심 도시재생사업 문화영향평가 연구』, 한국문화관광연구원.
(재)한국지식산업연구원(2016), 『2016년 제주관광 질적 성장 기본계획 문화영향평가 연구』, 한국문화관광연구원.
제18대 대통령직인수위원회(2013), 「박근혜 정부 국정비전 및 국정목표」.
제주4 · 3사건진상규명 및 희생자 명예회복위원회(2003), 『제주4 · 3사건 진상조사보고서』.
제주대학교 탐라문화연구소(1985), 『제주설화집성(1)』.
제주대학교 탐라문화연구소 · 한라일보사(2008), 『일제하 제주도 주둔 일본군

군사유적지 현장조사 보고서Ⅰ』.
제주도(2003), 『제주도 근대문화유산 조사 및 목록화 보고서』.
제주도 · 제주발전연구원(2001), 『제주4 · 3평화공원 조성 기본계획』.
제주도 · 제주4 · 연구소(2003/2004), 『제주4 · 3유적 Ⅰ/Ⅱ』.
제주문화예술재단, 각 연도, 『제주문예연감』.
제주문화예술재단 편집(2009), 『개정증보 제주어사전』, 제주특별자치도.
제주문화원(2005), 『역주 증보탐라지』, 담수계 저(1954), 『증보탐라지』.
제주발전연구원(2008), 『제주여성문화유적』, 제주특별자치도인력개발원.
제주발전연구원(2009ㄱ), 『제주미래 비전과 전략』.
제주발전연구원(2009ㄴ), 『제주지역 마을만들기 진단 및 활성화 방안 연구』.
제주특별자치도 관광정책과(2016), 『제주관광 질적 성장 기본계획』.
제주특별자치도 문화체육대외협력국, 각 연도, 「주요업무보고」.
제주특별자치도 자치행정과(2019), 「제주특별자치도 제주형 마을만들기 사업 운영 지침(안)」.
제주특별자치도 평화대외협력과(2020), 『세계 평화의 섬 2단계 평화실천사업 시행계획(안)』.
제주특별자치도(2007), 『2025 제주광역도시계획』.
제주특별자치도(2008), 『(가칭) 제주평화대공원 조성 기본계획』.
제주특별자치도(2011), 『제2차 국제자유도시 종합계획(2012~2021)』.
제주특별자치도(2012), 『마을발전사업 매누얼』.
제주특별자치도(2013), 『제2차 제주향토문화예술진흥 중 · 장기 종합계획(2013~2022)』.
제주특별자치도(2015), 『2015 제주사회조사 및 사회지표』.
제주특별자치도(2016), 『제주미래비전』.
제주특별자치도(2018), 『2018 제주사회조사 및 사회지표』.
제주특별자치도(2020), 『2020 제주의 사회지표』.

제주특별자치도 · 제주역사문화진흥원(2011), 『제주도 일제 군사 시설 전수 실태조사 [I] 제주시 洞지역권』.
제주특별자치도 · 제주역사문화진흥원(2012), 『제주도 일제 군사시설 전수 실태조사 [II] 서귀포시권』.
제주특별자치도 여성능력개발본부(2007), 『제주여성사료집 I 』.
제주특별자치도 지속가능발전협의회(2018), 『1988-2018 우리가 함께 걸어온 20년 활동백서』.
제주평화연구원(2020), 『세계 평화의 섬 사업 2.0 구상』.
조주현 · 조명덕 역(1992), 『우리 속에 있는 여신들』, 진시노다 볼렌 저, 도서출판 또 하나의 문화.
지속가능발전채널(2018. 07. 01.), 「수원시 2030 지속가능발전목표… 유엔 SDGs 이행 위해 지방정부 차원 움직임」.
진성기(1959/1978), 『남국의 전설』, 학문사.
진성기(1991), 『제주도무가본풀이사전』, 민속원.
최 철 편역(1983), 「제주 풍토록」, 『동국산수기』, 金 淨 저, 명문당.
최창렬(1984), 「우리말 계절풍 이름의 어원적 의미」, 『한글』 183, 한글학회.
충청남도(2018ㄱ), 『충청남도 지속가능발전목표((SDGs) 2030』.
충청남도(2018ㄴ), 『충청남도 지속가능발전목표((SDGs) 2030-1단계(2018~2020) 이행계획』.
태혜숙(2004), 「한국의 식민지 근대체험과 여성공간」, 『한국의 식민지 근대와 여성공간』, 여성문화이론연구소.
태흥2리 마을회(2013), 『태흥2리 종합발전계획』.
한국국제문화교류진흥원(2018), 『2018 문화동반자사업 평가보고서』.
한국국제문화교류진흥원(2019), 『2019 문화동반자사업 평가보고서』.
한국국제협력단(2015), 『지속가능발전목표(SDGs) 수립 현황과 대응 방안』.
한국문화관광연구원(2013), 『지역문화 지표개발 및 시범적용 연구』, 문화체육관광부.
한국문화관광연구원(2014ㄱ), 『2013 지역문화지표 지수화를 통한 비교분석』, 문화체육관광부.
한국문화관광연구원(2014ㄴ), 『문화영향평가 실행에 관한 연구』, 문화체육관광부.
한국문화관광연구원(2016ㄱ), 『2014년 기준 지역문화실태조사 분석연구』, 문화체육관광부.
한국문화관광연구원(2016ㄴ), 『2015년 문화영향평가 연구』, 문화체육관광부.
한국문화관광연구원(2016ㄷ) 『2016년 문화영향평가 종합평가보고서』, 문화체육관광부.
한국문화관광연구원(2018), 『2018년 문화영향평가 종합결과보고서』, 문화체육관광부.
한국문화관광연구원(2019ㄱ), 『2017년 기준 지역문화실태조사-현황통계분석』, 문화체육관광부.
한국문화관광연구원(2019ㄴ), 『2017년 기준 지역문화실태조사-종합지수 분석 및 문화균형지수 시범연구』, 문화체육관광부.
한국문화관광연구원(2019ㄷ), 『2019년 문화영향평가 종합결과보고서』, 문화체육관광부.
한국문화관광정책연구원(2002), 『문화정체성 확립을 위한 정책 방안 연구』.
한국문화관광정책연구원(2004), 『여성문화정책 수립을 위한 기초 연구 : 성인지적 관점에서 본 문화정책』.
한국문화관광정책연구원(2005), 『문화정책의 성 인지(性 認知) 분석 평가지표 개발과 적용』.
한국수출입은행 경제협력본부(2009), 「우리나라 ODA 통계자료집」.
한국여성개발원(1994), 『여성의 문화활동 현황과 발전 방향에 관한 연구』.
한국여성개발원(1995), 『여성의 문화활동 프로그램』.

한국여성개발원(1998), 『여성의 문화활동 활성화 방안 연구 : 여성단체 역할과 정책 지원을 중심으로』.

한국여성개발원(2004), 『여성문화유산의 현황과 지역문화자원으로의 활용 활성화 방안』.

한국여성연구소 여성사연구실(1999), 『우리여성의 역사』, 청년사.

현용준(1976ㄱ), 『제주도신화』, 서문문고.

현용준(1976ㄴ), 『제주도전설』, 서문문고.

현용준(1980), 『제주도무속자료사전』, 신구문화사.

현혜경(2008), 「제주4·3의 기억과 다크투어리즘-사회문화운동으로서의 전망」, 『4·3과 역사』 8, 제주4·3연구소.

환경부·지속가능발전위원회(2018), 「국가 지속가능발전목표(K-SDGs) 수립 추진계획(안)」.

환경부·지속가능발전위원회(2019), 「국가 지속가능발전목표 수립 보고서」.

웹사이트

공적개발원조(www.odakorea.go.kr)

국가법령정보센터(www.law.go.kr)

난징대학살기념관(https://100.daum.net/encyclopedia/view/87XX77900225)

문화공간 양(http://www.culturespaceyang.com)

문화체육관광부(http://www.mcst.go.kr)

비무장지대(http://dmz.gg.go.kr)

색깔있는마을(http://www.smilebank.kr)

서귀포 문화빳데리충전소(http://cafe.daum.net/jejuartstation)

서귀포시(www.seogwipo.go.kr/index.htm)

5·18기념공원(https://100.daum.net/encyclopedia/view/52XXXX129444)

예술공간 이아(http://artspaceiaa.kr/main.do)

예술곶 산양(http:www.sanyang.or.kr)

오키나와 평화기념공원(https://100.daum.net/encyclopedia/view/87XX41400077)

외교부(www.mofa.go.kr)

위키백과(https://ko.wikipedia.org)

유네스코 한국위원회(www.unesco.or.kr)

이중섭 창작스튜디오(http://culture.seogwipo.go.kr/jslee)

자치법규정보시스템(http://www.elis.go.kr)

중앙선거관리위원회 선거통계시스템(info.nec.go.kr/main/showDocument.xhtml?electi)

제주도립김창열미술관(http://kimtschang-yeul.jeju.go.kr)

제주문화예술재단(www.jfac.kr)

제주시(www.jejusi.go.kr/index.ac)

제주특별자치도 지속가능발전협의회(www.la21jeju.or.kr)

제주특별자치도(jeju.go.kr/index.htm)
제주특별자치도의회(www.council.jeju.kr)
지속가능발전위원회(http://www.ncsd.go.kr)
통일부(www.unikorea.go.kr)
한계레(www.hani.co.kr)
한국국제문화교류진흥원(www.kofice.or.kr)
한국민족문화대백과사전(encykorea.aks.ac.kr)
현대미술관 창작스튜디오(http://www.jfac.kr)

(가)
가파도 / 191
개벽신화 / 63, 67
격납고 / 234
공동체 문화 / 290
공동체 정신 / 286, 289
공약실천계획 / 487, 488
공여국 / 459
공적개발원조 / 434, 438
광역의원 / 157, 158
광역자치단체 / 317
교육부 / 303, 305
구시(구유) / 136
구찌터널 / 218
국정과제 / 481
국제개발협력위원회 / 437
군사시설 / 227, 235, 251
군사유적 / 246
금백조로 / 114, 115
금백주 / 94
금상님 / 95, 97
기초자치단체 / 318, 386, 394
김만덕 / 118, 119
김창열미술관 / 427
김통정 / 123

(나)
낙천리 / 135
난징대학살기념관 / 216
남성문화유적 / 201
내왓당 / 94

(다)
다크투어리즘 / 213, 220, 225, 231
다크투어지역 / 461
대별왕 / 67
도로명 / 121
도시재생 뉴딜사업 / 348
돌담형 불턱 / 196
돌문화 / 28
돌하르방 / 142
동굴진지 / 232
등대 / 207
등명대 / 206
DMZ / 220, 221

(라)
레지던스 / 415
레지던시 사업 / 429

(마)
마라도 / 192
마라도등대 / 208
마을공동체 / 256, 266, 285
마을만들기 / 265, 267, 280
마을만들기 사업 / 274, 276

만덕로 / 119
무속신화 / 58, 114
무조신 / 99
문도령 / 91, 103
문화 / 20, 25
문화 ODA사업 / 436, 441, 459, 461
문화 공유 / 289
문화 핏줄 / 105
문화다양성 / 255, 290, 397, 460
문화동반자사업 / 445, 447, 449
문화복지정책 / 395
문화시설 / 406, 412,
문화영향평가 / 327, 337, 357, 358
문화영향평가제도 / 348
문화예술의 섬 / 344, 345
문화유산 / 200, 281
문화자원 / 204, 258, 265, 280, 284
문화정체성 / 22, 113
문화지수 / 391
문화콘텐츠 / 111, 281
문화콘텐츠산업 / 234
물부조 / 193
물소중이 / 195
물통 / 137, 190
물팡 / 138
물허벅 / 194
민간신앙 / 58

(바)

바람 / 147, 150
밭담 / 140
백줏도 / 92, 96, 99
본향당 / 199
봉천수 / 126, 199
불턱 / 195, 196
비무장지대 / 219, 222
비양도 / 192
빈집프로젝트 / 416
빗물통 / 193

(사)

산담 / 141
삼성신화 / 31, 70
삼승할망 / 77, 104
서답팡 / 133
서사무가 / 81
서천꽃밭 / 90, 104
설문대 / 73, 75, 113
소별왕 / 67
소천국 / 98, 100
수눔정신 / 289, 290, 293
수원국 / 442, 453, 462
신당 / 126, 197
신화 / 56, 88, 113

(아)
알드르비행장 / 226, 232
여성교육기관 / 181
여성능력개발본부 / 170, 188
여성문화 / 23, 26, 29
여성문화유적 / 51, 200
여성문화정책 / 25
여성어 / 51
역사문화 시설 / 240, 245
연화못 / 88, 103
영등할망 / 124
예술공간 이아 / 427
예술곶 산양 / 429
오키나와 평화기념공원 / 215
올레 / 143
올렛담 / 143
용천수 / 189
우도 / 193
우도등대 / 208
원담 / 143
유수암천 / 135
유엔 SDGs / 466, 468, 475
이어도 / 202, 210
이어도로 / 120
이중섭미술관 / 427
일제동굴진지 / 226
입주점포사업 / 416, 425

(자)
자청비 / 88, 90
저갈물 / 134
저승할망 / 59, 101
제주4 · 3 / 228, 230, 234
제주메세나운동 / 414
제주방언 / 144, 148
제주옹기굴제 / 261
조정철 / 117
지역문화정책 / 375
지역문화지수 / 365
지장샘 / 114

(차)
창작스튜디오 / 416, 426, 427
천덕로 / 116
천자도 / 95
천지왕 / 67
추자도 / 191

(카)
콘텐츠 / 218

(타)
통과의례 / 81, 90

(파)
팡돌 / 132, 134

평화공원 / 216
평화기념공원 / 224
평화의길 / 222

(하)

해양문화유산 / 207
해양문화자원 / 204
혼인의례 / 89
홀로코스트 / 224
홍랑길 / 118
홍윤애 / 117

(ᄆᆞᆯ)

ᄆᆞᆯ방에 / 125, 194, 199

문 순 덕(文舜德)

제주대학교 국어국문학과 및 동 대학원을 졸업하였다(문학박사). 제주대학교, 제주한라대학교, 제주관광대학교에서 강의를 하였고, 제주연구원 여성정책연구센터장 · 지역사회서비스지원단장 · 제주학연구센터장 등을 역임했다. 현재는 제주연구원 연구위원이다.

개인 저서로는 [제주방언문법 연구(2003), 역사 속에 각인된 제주여성-제주열녀들의 삶(2007), 섬사람들의 음식연구(2010), 제주여성 속담의 미학(2012), 제주여성의 일생의례와 언어(2013), 제주방언의 그 맛과 멋(2014)] 등이 있다.

공저/공편으로는 [제주도마애명(2000), 제주도세시풍속(2001), 제주여성, 어떻게 살았을까(사진자료집, 2001), 제주여성, 일상적 삶과 그 자취(신문기사자료집, 2002), 구술로 만나는 제주여성의 삶 그리고 역사(2004), 시대를 앞서간 제주여성(2005), 제주여성의 생애, 살암시난 살앗주(2006). 북제주군지명총람 1/2(2006), 한국의 가정신앙 - 제주도편(2007), 제주여성의 삶과 공간(2007), 제주여성사료집Ⅱ(2008), 제주여성문화유적(2008), 제주여성문화유적100(2009), 제주여성사Ⅰ(2009), 제주어사전(개정증보, 2009), 제주여성사Ⅱ(2011), 제주 사료와 설화 속의 중국(2012), 제주민속사전(2012), 제주전통향토음식(2012), 제주어와 영어로 곧는 제주이야기(2012), 제주방언 연구의 어제와 내일(2014), 제주어 표기법 해설(2014), 제줏말의 이해(2015), 제주 사난 제줏사람(2016), 제주문화원형-설화편 3권(2017~2019)] 등이 있다.

제주방언, 문화정책, 여성문화에 관심을 갖고 다양한 연구물을 발표하였고, 앞으로도 제주방언과 제주 문화 전반, 이주민(국내외) 관련 연구를 지속할 계획이다.

제주 여성문화와 미래 문화유산

초판 인쇄 2021년 6월 10일
초판 발행 2021년 6월 15일

지 은 이 | 문 순 덕
펴 낸 이 | 하 운 근
펴 낸 곳 | 學古房

주 소 | 경기도 고양시 덕양구 통일로 140 삼송테크노밸리 A동 B224
전 화 | (02)353-9908 편집부(02)356-9903
팩 스 | (02)6959-8234
홈페이지 | http://hakgobang.co.kr/
전자우편 | hakgobang@naver.com, hakgobang@chol.com
등록번호 | 제311-1994-000001호

ISBN 979-11-6586-387-6 93330

값 : 30,000원

■ 파본은 교환해 드립니다.